2017年国家社科基金后期资助项目（17FZXZ018）

先秦因循哲学论

A study of following philosophy
in the pre-Qin dynasty

许建良　著

人民出版社

国家社科基金后期资助项目
出版说明

后期资助项目是国家社科基金项目主要类别之一，旨在鼓励广大人文社会科学工作者潜心治学，扎实研究，多出优秀成果，进一步发挥国家社科基金在繁荣发展哲学社会科学中的示范引导作用。后期资助项目主要资助已基本完成且尚未出版的人文社会科学基础研究的优秀学术成果，以资助学术专著为主，也资助少量学术价值较高的资料汇编和学术含量较高的工具书。为扩大后期资助项目的学术影响，促进成果转化，全国哲学社会科学规划办公室按照"统一设计、统一标识、统一版式、形成系列"的总体要求，组织出版国家社科基金后期资助项目成果。

全国哲学社会科学规划办公室

2014 年 7 月

目　　录

绪　　论

审视中国哲学研究的现实,不得不惊讶的事实是:作为中国哲学固有概念的"因循",迄今仍未获得充分自由展示自身身影的任何机会,几乎成为一个为人所遗忘的概念①。这一事实导致的客观结果,不仅严重肢解了中国哲学的全貌,而且完全杜绝了因循这一思想资源生发现实效用的通途。在这个意义上,不得不说的是:分析研究先秦的因循哲学思想,不仅是中国哲学研究本身深入发展的必然要求和课题,而且也直接关系到来自文化资源对现代化发展生发润滑效用的效益的产生,以及描绘完整的中国文化图本的必要的环节。

一、从中国有无哲学的疑问谈起

在世纪之交,西方学者曾经提出 21 世纪是道家哲学世纪的预言,这一举措并没有聚焦中国知识人的注意力,这在前几年仍在热衷的中国有无哲学的疑问中就可以得到证实。

1. "哲学"概念引发的思考

中国古代典籍没有"哲学"这一概念,这是路人皆知的事实,我们现在使用的哲学这一概念,是近代留学日本的学子借鉴日本思想家西周的成果。西周(1829.3 — 1897.1)是日本江户时代后期幕末至明治初期的启蒙家、教育家;他汉学素养丰厚,1841 年在日本藩校养老馆学习兰学,1862 年奉幕府之命同津田真道、榎本武扬一起留学荷兰,学习法学、康德哲学、经济学、国

---

① 迄今虽有张岱年基于"因果"角度指出的《管子》《慎子》《吕氏春秋》里的"因"有强调客观性的一面(1989)、邓小南在史的轨道上分析"祖宗之法"与宋代政治基调时,得出"创新与因循"相辅相成的结论,对因循在社会更迭中的正面作用给予一定的认可(2009)等成果;以及日本实证主义研究家武内义雄不仅以因循解释老子的自然,而且直接用因循来概括老子哲学的特色(1927);金谷治强调道家的无为包含因循治理的深刻道理(1964);中岛隆藏则开了从词语角度对因循做被动性功能揭示的先河(1985),为全面认知中国哲学的真谛昭示了一个新的切入口。这些虽然具有借鉴意义,但仍显不足。哲学范畴的专门研究中没有因循的位置,因循也没能成为教科书的内容。参见《为"因循"翻案》,《新世纪的哲学与中国——中国哲学大会〈2004〉文集》上卷《传统与现代》,中国社会科学出版社 2005 年版,第 575—585 页。

际法等,1865 年回国在政府部门工作,并于 1873 年与森有礼、福泽谕吉、加藤弘之、中村正直、西村茂树、津田真道等人共同成立明六社,次年发行明六杂志,专门翻译介绍西洋哲学、致力构筑日本哲学的基础;他同福泽谕吉一起,将"philosophy"直接翻译为"哲学",逾越于一般音译的常理,这无疑折射着创造的光芒。同时,他还翻译使用了"艺术""理性""科学""技术"等诸多词汇。

西周将"philosophy"译为"哲学",并不是偶然之举,这与他厚实的汉学知识基础紧密关联。中国文化虽然没有哲学这一概念,但"哲"和"学"的概念是存在的。"哲"从口、折声,本义是聪明、有智慧的意思,诸如《说文解字》"哲,知也"、《尔雅》"哲,智也"的记载就是佐证;不仅如此,而且在先秦古典中存在许多使用例,诸如"世有哲王"(《诗·大雅·下武》)、"哲夫成城,哲妇倾诚"(《诗·大雅·瞻卬》)、"敷求哲人"(《书·伊训》)、"知人则哲,能官人"(《书·皋陶谟》),就是具体的证明。"学"的本义是学习,《广雅》的"学,识也"就是具体的说明;"学"还有学问的意思,如"才学"表达的就是这个意思;不仅如此,在中国的文化中,"学"还是接近知识、智慧的一种存在,《礼记·中庸》的"好学近乎知"就是具体的佐证。"哲"和"学"的整合,与哲学本义的爱智就完全吻合了。

2. 断定哲学有无的标准在其维系的文化

从上面词义的疏理中可以知道,即使在用西方哲学的标准来框架中国文化时,中国没有"哲学"这一概念,但西周的翻译在契合中国古代文化的维度上实现了名词的创造。当然,这仍是囿于有无哲学概念的讨论。如果不进到哲学思想本身的讨论,就无意义可言。

显然,在中国学界产生中国有无哲学疑问的背后,是缺乏自信心理的一种表现。我们现在的所谓学术已基本西化,远的不说,就说我们的研究生考试,无论在硕士还是博士的考试科目中,英语等外国语是必考科目,不仅如此,而且考上以后,仍要继续学习一年(硕士、博士各一年)。但是,遗憾的是,研究生考试中没有汉语的考试。就迄今的情况而言,汉语没有成为所有大学本科开设的必修课,无论如何也无法证明学生的汉语基础已经完全过硬。人是文化的产物,人存在的地理位置是相异的,之所以对外在他者发生影响,就在于他依附地理位置持有的文化因子的作用;所以,语言要对他人发生影响,必须保证语言所含有的文化因子的分量,因此,语言与其生存的文化是紧密联系的,语言不是简单的词汇。在这个意义上,语言的学习就是文化的学习。我想美国的研究生考试以及大学毕业以后的各种考试,英语

（GRE）始终是必考的科目，本身就是基于语言是文化思考的结果。

一切依据西方的结果，使自己迷失了方向，或者说迷失了自我。在信息化的时代，不向其他异文化学习肯定是死路一条，但学习不是跟着别人跑，而是学习他人的方法，来设想自己发展可能性的种种图案，从而推出超越他人发展并使他们刮目相看的图案，绝对不是单纯的速度。中国有5000多年辉煌的文明史，重续这辉煌就是21世纪所赋予中国知识人的无法推卸的责任。我们必须建立自己的信心，坚信发展不仅仅是科技的产物，发展永远只能是文化的效应。

中国不仅有古老的文明文化，而且有与其互作共长的古老的哲学，对此的论证显然不是我的主旨，所以，我想用日本理论物理学家汤川秀树的观点来概括：

> 特别说来，老子的哲学在所有这些哲学中是最古老的。在人类社会漫长的历史——也许应该广泛地说是在人类的漫长历史中，地球上许多不同地区曾经产生过各种文明，但又都衰亡了，而且我不由得感到，早在二千多年前，老子就已经预见到了今天人类文明的状况，甚至已经预见到了未来人类文明所将达到的状况。或者这样说也许更为正确：老子当时就已发现了一种形势，这种形势虽然表面上完全不同于今天人类所面临的形势，但事实上二者却是很相似的。可能正是这个原因，他才写了《老子》这部奇特的书。不管怎么说，使人感到惊讶的总是，生活在科学文明发展以前某一时代，老子怎么会向从近代开始的科学文化提出那样严厉的指控。[①]

汤川秀树于1949年获得诺贝尔物理学奖，时年42岁。他从五六岁开始就跟随外祖父小川驹橘学习中国古典，他自己回忆说："我不觉得这时候研读汉书毫无用处……虽然不明白其中的意义，但是从汉书中得到很大的收获。在之后阅读大人的艰深书籍时，不完全觉得想要抵抗，因为已经习惯了汉字。我习惯了令人畏惧的内容，仅仅依靠祖父的声音来背诵，这也是为何我遇到未接触的汉字却认为很熟悉的事实。"[②]

老子哲学不仅古老，而且在其独一无二的思想框架中，潜藏着宇宙奥秘

---

　　①　［日］汤川秀树著，周林东译：《创造力与直觉：一个物理学家对于东西方的考察》，河北科学技术出版社2000年版，第99—100页。
　　②　［日］汤川秀树著，周林东译：《创造力与直觉：一个物理学家对于东西方的考察》，河北科学技术出版社2000年版，第49页。

的普遍答案。汤川秀树认为,"在伽利略和牛顿于 17 世纪发现物理学的新
'道'之前,亚里士多德物理学就是公认的概念。当牛顿力学建立起来并被
认为是正确的'道'的时候,牛顿力学就又成为惟一得到公认的概念了。20
世纪物理学是从超越'惯常的道'并发现新的'道'开始的"①;老子的道就
是作为自然法则的真正的道,即"真正的道——自然法则——不是惯常的
道,不是公认的事物秩序。真正的名称——真正的概念——不是惯常的名
称,不是公认的名称。〔道可道,非常道。名可名,非常名。〕"②在他看来,
永恒的不是存在而是非存在,"伊壁鸠鲁自始至终坚持区分存在和非存在,
而老子和庄子则是从存在和非存在的区分还不存在的地方出发的。他们相
信,'浑沌'比有形物体更加基本。他们相信,达到心神宁静的方式不是把
存在物看成继续照此存在下去,而是把所有的存在物看成或迟或早要回到
非存在中去"③;正是老庄独特的思维模式给他的启发,引领他走向了核子
的介子理论的殿堂。这是值得我们认真思考的。

　　总之,任何哲学只能是自身文化的产物,中国的古老哲学源于古老的
文化。

二、何谓因循

　　在词义上,因循是一个复合词,由"因"和"循"复合而成,是依顺、遵循、
依从、因随、因顺的意思。具体的内容可以通过以下的视角来透视。

1. 因循的词义界定

　　(1)"因"的词义。《说文解字》曰:"因,就也";段注曰:"就高也。为高
必因丘陵,为大必就基阯"④。"因"为"就",意为依照现有情况或凭借当前
便利的意思。简言之,就是顺便即顺从便利的意思。显然,"就"与"因"的
因袭、沿袭的意思是一致的。也就是说,现实中的高、大是"因丘陵""就基
阯"的结果,"丘陵""基阯"既是"因""就"的对象,又是成就"高""大"的条

　　① 〔日〕汤川秀树著,周林东译:《创造力与直觉:一个物理学家对于东西方的考察》,河北科
学技术出版社 2000 年版,第 58 页。
　　② 〔日〕汤川秀树著,周林东译:《创造力与直觉:一个物理学家对于东西方的考察》,河北科
学技术出版社 2000 年版,第 57—58 页。
　　③ 〔日〕汤川秀树著,周林东译:《创造力与直觉:一个物理学家对于东西方的考察》,河北科
学技术出版社 2000 年版,第 84—85 页。
　　④ (清)段玉裁注:《说文解字注》,上海古籍出版社 1981 年版,第 278 页。

件和基础,而"因""就"又是实现"丘陵""基阯"成为"高""大"的条件,三者环环相扣,缺一不可。

(2)"循"的词义。"循"是形声字,从彳、盾声。它双人旁即彳,肯定与行走有关,故本义为顺着、沿着的意思,《说文解字》曰:"循,行也"。显然,作为"行"的循,不是一般的行,而是顺着某个东西而行即因顺而行。简言之,就是顺行。

毋庸置疑,"因"的顺便和"循"的顺行的意思是完全相通的,在完整的意义上,因循就是因顺外在他者而行为、行动的意思。在行为的具体关系里,上面提到的"丘陵"和"基阯"具有客观的可把握性,这不仅是因循的对象,而且是其依据。行为的主体始终处在被动及次要的位置,客体是行为关系的根本,受到恒在的重视。但两者始终存于不可或缺的境地,离开一方则另一方就无所附丽。在语言结构上,则为动宾关系。显然,因循的哲学文本释义与此是基本吻合的。因此,行为学的视角是因循哲学思想研究内置的因子,这是首先必须明确的。

2. 因循的家族

大家知道,词语的发展是过程性的,一般先有单词的使用,然后才有词组的出现。所以,因循出现在"因""循"之后,而以"因循"概念来表示"因""循"等所包含的意思,无疑是语言发展的最终结果。另一方面,因循绝对不仅仅是因、循,还包括其他成员。在语言结构里,不仅词性和承担的功能与因循相同,而且意义也无异。在这个意义上,随、顺、从、袭等构成的标明具体行为的动宾性语言结构的情况,理当也是本研究的对象,例如,从、随在《说文解字》里,用的是互释法,取意"随行",是行为的主体随从、因循客体;"顺,理也";段注曰:"理者治玉也,玉得其治之方谓之理,凡物得其治之方皆谓之理,理之而后天理见焉,条理形焉……顺者,理也。顺之所以理之,未有不顺民情而能理者"[1];"顺"是对玉的治理,治理之方叫"理",即"条理",对物也一样;只有治理才能找到玉乃至物的天然即本来之"理"(天理),离开治理,本来的天然之理就难以找到,具体的条理也就无法显现。"顺"是实现对玉乃至物治理的条件和理由,即"顺之所以理之"。在社会生活领域,要实现治理,就得顺从民情。"顺"就是因循、随顺的意思。这是本研究行论成立的前提设定。

---

[1] （清）段玉裁注:《说文解字注》,上海古籍出版社 1981 年版,第 418—419 页。

三、因循的最早提出

审视中国古代哲学史可知，虽然"因循"最初的使用是"因"和"循"分开的，但它们表达的具体意思则是相同的；由于在文化演绎的实践中，得以留存并在今天仍然持有生命意义的是"因循"，因此，辨明"因循"的最早提出，无疑是展示先秦因循哲学画卷的必然要素之一。以下通过两个层面来加以辨明。

1.《慎子·因循》篇的辨明

因、循最初是分开使用的，《庄子》就没有因循概念的出现，但有因、循的使用例，诸如"因其固然"①、《大宗师》的"以德为循"②，就是具体证明。

关于因循，为一般人所熟悉的是《慎子》的"因循"篇。不错，就慎子生活年代而言，这是比较早的专门研究。不过，遗憾的是，《慎子》本来没有篇名，我们现在看到的篇名是后来的唐人在编辑时加上去的③，"因循"的篇名自然也毫无二致。不仅如此，而且在内容上，《慎子·因循》里的实际论述，并没有涉及因循，仅仅止步于"因"，全文有"天道因则大""因也者，因人之情也""此之谓因"四个"因"，"因循"的出现仅限于篇名一处。显然，这不足以证明因循这一概念是慎子本人的自觉。

2."以因循为用"

虽然中国哲学的现实研究不重视乃至无视固有因循这一概念，但此非历史告诉我们的故事。司马谈是揭起因循旗帜的第一人，《史记·太史公自序》曰：

> 道家使人精神专一，动合无形，赡足万物。其为术也，因阴阳之大顺，采儒墨之善，撮名法之要，与时迁移，应物变化，立俗施事，无所不宜，指约而易操，事少而功多。④
>
> 道家无为，又曰无不为，其实易行，其辞难知。其术以虚无为本，以

---

① 《庄子·养生主》，(清)郭庆藩辑：《庄子集释》，中华书局1961年版，第119页。

② 《庄子·大宗师》，(清)郭庆藩辑：《庄子集释》，中华书局1961年版，第234页。

③ 参见[日]井上了：《〈慎子〉"因"的思想》，《待兼山论丛》(哲学编)33号，1999年，第29—40页。

④ (汉)司马迁撰：《史记》，中华书局1982年版，第3289页。

因循为用。无成执，无常形，故能究万物之情。不为物先，不为物后，故能为万物主。有法无法，因时为业；有度无度，因物与合。①

这里以"因循"为一个概念，是从方法论层面切入的分析，因循与"因阴阳之大顺""因时为业""因物与合"并用，是"因"具有相同的意义和承担与因循相同语言功能的最好证明；这是一种"无形""应物变化""无常形"的实践过程，是一种即物而形的实践。

方法论上的因循以"虚无为本"为依据和基础，这是道家哲学的本质所在；因循的价值目标指向在万物本性的完美演绎，"赡足万物""无所不宜""究万物之情""因物与合""无不为"包含的都是这个意思，张守节正义就认为"无不为者，生育万物也"；因循的价值追求在"事少而功多"，这为"其实易行"所支撑，张守节正义认为"其实易行"是"各守其分，故易行也"。换言之，实功是靠"守其分"来保证的；因循的动态图画则是"不为物先，不为物后"，裴骃集解对此解释曰："韦昭曰：因物为制"；而"因循为用"本身就是自然无为之道本质形下化效用的体现。换言之，因循是人的世界中道实现形下功用转化的最好途径和手段。

司马谈不仅提出了因循的概念，而且把"因循为用"作为道家实践哲学的枢机。后来班固"道家无为，又曰无不为，其实易行，其辞难知。其术以虚无为本，以因循为用。无成势，无常形，故能究万物之情。不为物先后，故能为万物主。有法无法，因时为业；有度无度，因物兴舍。故曰：'圣人不巧，时变是守'。虚者道之常也，因者君之纲也"②的总结，显然是对司马谈因循运思的肯定。

四、因　循　之　源

司马谈最早提出"因循"，可以说是对中国道家哲学的实践总结。因循哲学的思想渊源无疑在道家。

1. 因循之源在《老子》

虽然"因循"这一概念的出现在西汉司马谈的《太史公自序》，但先秦时期不乏反映因循思想的运思。值得注意的是管子的"静因之道"。管子说：

① （汉）司马迁撰：《史记》，中华书局1982年版，第3292页。
② （汉）班固撰：《汉书》，中华书局1962年版，第2713页。

"是故有道之君,其处也若无知,其应物也若偶之,静因之道也"①。"静因之道"的特点主要反映在"处"和"应物"上的"无知"和"若偶",这是一种无目的性、无臆想设计的自然无为的行为,即"不顾,言因也"②、"无为之道,因也"③;《说文解字》曰:"顾,环视也",它的意思是环视、环顾、顾虑;"不顾"自然是对此的否定,这就是因的真谛。

在管子看来,"毋先物动,以观其则。动则失位,静乃自得"④、"毋先物动者……言动之不可以观也。位者,谓其所立也。人主者立于阴,阴者静,故曰动则失位。阴则能制阳矣,静则能制动矣,故曰静乃自得"⑤;因循的行为需要虚静的支持,在与外在他物组成的具体关系里,采取虚静以待的方法最为重要,如果急于先于他物而采取行动,就无法知道他物的需要,故在本质的意义上,"因也者,舍己而以物为法者也。感而后应,非所设也。缘理而动,非所取也……因者,因其能者,言所用也"⑥,要做到"毋先物动"即静,关键在"舍己而以物为法"。换言之,外在他物成为自己行为的法则依据,这是因循行为得以成立的前提条件。这是必须注意的。

后来的《吕氏春秋》里有《贵因》篇,在总结历史的过程中,提出"三代所宝莫如因,因则无敌"⑦的因循功效的同时,也具体分析了从自然的因循即"夫审天者,察列星而知四时,因也"⑧,到人类社会的因循诸如墨子见荆王时因循其喜好并采取迎合的行为即"墨子见荆王,衣锦吹笙,因也"⑨,最后证明"因者无敌"⑩。"贵因"体现的是把因循置于价值天秤至高位置的追求取向,而不是一般对因循行为的推重。无疑,至此的因循思想发展,已经达到相当完备的程度。

此外,《庄子》中有不少因循的运思,日本汉学家金谷治在比较老子和

---

① 《管子·心术上》,(清)黎翔凤撰:《管子校注》,中华书局2004年版,第764页。
② 《管子·心术上》,(清)黎翔凤撰:《管子校注》,中华书局2004年版,第770页。
③ 《管子·心术上》,(清)黎翔凤撰:《管子校注》,中华书局2004年版,第771页。
④ 《管子·心术上》,(清)黎翔凤撰:《管子校注》,中华书局2004年版,第758页。
⑤ 《管子·心术上》,(清)黎翔凤撰:《管子校注》,中华书局2004年版,第767页。
⑥ 《管子·心术上》,(清)黎翔凤撰:《管子校注》,中华书局2004年版,第776页。
⑦ 《吕氏春秋·贵因》,陈奇猷校释:《吕氏春秋新校释》,上海古籍出版社2002年版,第933页。
⑧ 《吕氏春秋·贵因》,陈奇猷校释:《吕氏春秋新校释》,上海古籍出版社2002年版,第935页。
⑨ 《吕氏春秋·贵因》,陈奇猷校释:《吕氏春秋新校释》,上海古籍出版社2002年版,第935页。
⑩ 《吕氏春秋·贵因》,陈奇猷校释:《吕氏春秋新校释》,上海古籍出版社2002年版,第935页。

庄子时说:"相应于对道的看法相异,其处世术也是相异的。也就是说,相对于《庄子》内篇以因循为主,《老子》阐述谦下和无为。《老子》里没有'因'的语言,仅有'孔德之容,惟道是从'(21 章)、'圣人无常心,以百姓之心为心'(49 章)的论述,不过是能往因循方面考虑的语言,内篇正好相反,没有言说谦下的语言,无为也只有《逍遥游》篇的最后一句,其他地方没有。无为和因循虽然是类似的概念,似乎没有分别对待的必要,但是,支持它们的意识似乎是互相不同的"①。但是,毋庸置疑的是,《老子》里虽然没有出现"因""循"等概念,但"惟道是从"的"从"就是因循家族里的成员之一,而且还有"迎之不见其首,随之不见其后"(14 章)、"故物或行或随"(29 章)里的"随",以及"是以圣人常善救人,故无弃人;常善救物,故无弃物,是谓袭明"(27 章)、"见小曰明,守柔曰强。用其光,复归其明,无遗身殃,是为袭常"(25 章)里的"袭"(沿袭、因袭的意思),不仅在语言上承担与因循相同的功能,而且持有相同的意义,"因袭"也是今天日常语言使用的一个概念。

不仅在语言形式上,《老子》里存有反映因循思想的概念,而且中国因循思想的源头在老子,这就是"以辅万物之自然而不敢为"(64 章)昭示的深刻道理。"辅"是反映因循思想的最为原初的样态,"辅"的本义是车旁横木,横木的作用在辅助车辐使之能重载,其意思是从旁帮助,帮助的对象是万物的自然本性,行为主体并非不能为,而是抱着对万物敬畏的意识而采取"不敢为"的行为之方,这是"万物之自然"得以保全的枢机,这本身就是一种天道自然的方法,这是置外在他者为第一位置的真正确立;在内容上,与上面分析的《管子》因循的"毋先物动""舍己而以物为法者""因其能者,言所用也"的实质,也完全吻合。

总之,老子是中国因循哲学的源头,这是必须明确的。

2. 因循的完整样态在《庄子》

其实,金谷治不仅认为《庄子》内篇以因循为主,而且认为"庄子追求的处世之术,用因循二字就可以完全表达。《史记》在《太史公自序》里讨论'六家要旨'时,用'以虚无为本,以因循为用'来概括道家,'因'这个概念是庄子的……《庄子·养生主》里有'因其固然'、《德充符》有'常因自然'、《人间世》有'知其不可奈何而安之若命'、'托不得已以养中'等的解释。主要是根据道理来行动……因循自然的道理为最高……不是如我们能看到

---

① 《金谷治中国思想论集》(中卷),东京,平河出版社 1997 年版,第 324 页。

的老子为追求实效而设置的'无为'"①,这是符合事实的。不难想到,荀子评判"庄子蔽于天而不知人……由天谓之道,尽因矣"②的结论,正是用"因"来概括庄子的。

《庄子》里不仅有"因其固然"③,而且有直接动宾结构的"常因自然"④;在内容上,与后来成为因循活性化环节即"循名责实"、赏罚等联系的还有"形名已明而因任次之……赏罚已明而愚知处宜,贵贱履位;仁贤不肖袭情,必分其能,必由其名……知谋不用,必归其天,此之谓大平,治之至也"⑤。在语言形式上,还具备了"因其所然而然之"⑥那样的双动宾结构,昭示了在因循中实现创新的价值取向。总之,中国因循哲学的完整样态在《庄子》,这是分析文本而得出的自然结论。

五、因循的学派归属

在分析了因循思想的源头等问题后,接着必须面对的是它的学派归属的问题。

1. 因循成为道、法家共同选择的理由追问

因循成为道、法思想家各自思想实践演绎的共同选择,这不是偶然的事情,对此聚焦并思考其成因,既有必要,也具有重要意义。

(1)儒家的因循。在文字的层面,儒家思想家也有因、循的文字使用,这是无法无视的事实。

首先,孔子同时使用因、循,诸如"殷因于夏礼……周因于殷礼,所损益,可知也"(《论语·为政》),这是对夏、殷、周文化的总结,殷虽然事实上因袭夏的礼仪制度,周虽然事实上因袭殷的礼仪制度,但对它们而言,是无意识的,因为是"因于",并非直接的"因夏礼""因殷礼",当"夏礼""殷礼"作为因袭的对象时,因袭行为就成为殷周统治者的主动选择的行为;再如"子张曰:'何谓惠而不费?'子曰:'因民之所利而利之,斯不亦惠而不费乎'"(《论语·尧曰》),这里"民之所利"成为因循的对象,由于《尧曰》是

---

① 《金谷治中国思想论集》(中卷),东京,平河出版社1997年版,第319—320页。

② 《荀子·解蔽》,(清)王先谦撰:《荀子集解》,中华书局1988年版,第391页。

③ 《庄子·养生主》,(清)郭庆藩辑:《庄子集释》,中华书局1961年版,第119页。

④ 《庄子·德充符》,(清)郭庆藩辑:《庄子集释》,中华书局1961年版,第221页。

⑤ 《庄子·天道》,(清)郭庆藩辑:《庄子集释》,中华书局1961年版,第471页。

⑥ 《庄子·秋水》,(清)郭庆藩辑:《庄子集释》,中华书局1961年版,第578页。

《论语》最后一篇,体例也与前面有一点差异,研究认为成书较晚,就因循而言,已经发展到动宾的语言结构。但不能忽视的是,"民之所利"不仅因人而异,而且缺乏客观性;另外,也可找到"颜渊喟然叹曰:'仰之弥高,钻之弥坚。瞻之在前,忽焉在后。大子循循然善诱人,博我以文,约我以礼,欲罢不能"(《论语·子罕11》)。关于"循"的使用例,但这里的"循"不是在因循意义上使用的,表示的是循序渐进的意思,这也是必须明确的。

其次,孟子有"因"的使用,而无"循"的关注,诸如"故曰为高必因丘陵,为下必因川泽;为政不因先王之道,可谓智乎"(《孟子·离娄上1》),就是例证;这里的"因"都是动宾结构,说明是因循思想发展较为成熟时的产物;从内容上来看,既有对自然条件的因循,又有对先王之道的因循,后者昭示了对文化层面因循的重视。

最后,荀子不仅重视因袭,而且重视"循道",诸如"因其民,袭其处,而百姓皆安,立法施令莫不顺比"①"因其喜也,而入其道;因其怒也,而除其怨:曲得所谓焉"②,显示了对因循民众、个人实际情况而进行治理的重视;"循道而不贰"③"义者循理"④,则体现了对"道"和"理"的重视,这方面可以说是对老子思想的借鉴和吸收,但在总体上,荀子更强调大人的因素,诸如"大天而思之,孰与物畜而制之?从天而颂之,孰与制天命而用之?望时而待之,孰与应时而使之?因物而多之,孰与骋能而化之?思物而物之,孰与理物而勿失之也?愿于物之所以生,孰与有物之所以成?故错人而思天,则失万物之情"⑤里的"制天命而用之""理物""骋能"等,体现的都是对人的因素的强调,虽然有"应时而使之"即"应时"的强调,这也是一种形式的因循,但强调的仍然是"使之",把"万物之情"置于人的天秤上,反对"错人而思天",其价值取向是非常明确的。

总之,儒家思想家虽然有"因""循""袭"等体现因循思想观念的使用,但就具体用例较少的现实看,因循没有成为儒家思想家关注的焦点,出现相关的运思缺乏系统完整性的事实也是自然的;换言之,在儒家思想家那里,因循并没有上升到哲学的高度来进行衡量和具体的谋划,这与张岱年揭示的"因"具有强调客观性一面的情况,是颇为吻合的。这是不得不注意的地方。

---

① 《荀子·议兵》,(清末民初)王先谦著:《荀子集解》,中华书局1988年版,第289页。
② 《荀子·臣道》,(清末民初)王先谦著:《荀子集解》,中华书局1988年版,第253页。
③ 《荀子·天论》,(清末民初)王先谦著:《荀子集解》,中华书局1988年版,第307页。
④ 《荀子·议兵》,(清末民初)王先谦著:《荀子集解》,中华书局1988年版,第279页。
⑤ 《荀子·天论》,(清末民初)王先谦著:《荀子集解》,中华书局1988年版,第317页。

（2）客观外在的重视。道家推重道，法家推扬法，道、法虽然不是相同的存在，但它们都是外在于人的存在，这是相同的。道家的道先于天地而普遍存在于宇宙之中，老子"有物混成，先天地生，寂兮寥兮，独立不改，周行而不殆，可以为天下母。吾不知其名，字之曰道，强为之名曰大"（《老子》25章）的论述，就是最好的概括。道对万物一视同仁。道家的道，关键在其形下的无形、无名，是一种"无模式"，正是这种"无模式"的设置，使万物依归本性规律的即物而名、即物而形、即物而性、即物而得成为可能；换言之，任何模式都是一种限制，即"道可道，非常道"（《老子》1章），这与日本理论物理学家汤川秀树所说的科学发展的方向不是走向某种存在而是走向非存在的运思是一致的。换言之，非存在是宇宙永恒的存在，人类对科学只能永远处在接近的实践过程之中，而无法抵达科学的彼岸。

法家之所以强调法，把国家的强弱维系于法，即"国无常强，无常弱。奉法者强则国强，奉法者弱则国弱"①。法虽然是圣人的产品，但法度是外在于人的，一旦形成，人必须受其制约，具有客观的外在性，"夫摇镜则不得为明，摇衡则不得为正，法之谓也。故先王以道为常，以法为本……夫悬衡而知平，设规而知圆，万全之道也……释规而任巧，释法而任智，惑乱之道也。乱主使民饰于智，不知道之故，故劳而无功"②，就是最好的说明。法仿佛镜子和秤，如果摇动它们，就无法实现其"明"和"正"的功能；所以，法具有绝对的权威，不能随意为人的因素所左右。法家本身所强调的严刑峻法，追求的不过是"以法去法""以刑去刑"。

道、法家重视外在的客观存在，显然不同于儒家的自我中心主义，费孝通说得好，"自我主义并不限于拔一毛而利天下不为的杨朱，连儒家都该包括在内。杨朱和孔子不同的是杨朱忽略了自我主义的相对性和伸缩性。他太死心眼儿一口咬了一个自己不放，孔子是会推己及人的，可是尽管放之于四海，中心还是在自己。子曰：'为政以德，譬如北辰，居是所，而众星拱之。'这是很好的一个差序格局的譬喻，自己总是中心，像四季不移的北斗星，所有其他的人，随着他转动。孔子并不像耶稣，耶稣是有超于个人的团体的，他有他的天国，所以他可以牺牲自己去成全天国。孔子呢？不然。'子贡曰：如有博施于民，而能济众何如？可谓仁乎？子曰：何事于仁，必也圣乎！尧舜其犹病诸？夫仁者己欲立而立人，己欲达而达人，能近取譬，可

①　《韩非子·有度》，陈奇猷校注：《韩非子新校注》，上海古籍出版社2000年版，第84页。

②　《韩非子·饰邪》，陈奇猷校注：《韩非子新校注》，上海古籍出版社2000年版，第359页。

谓仁之方也已"①。对外在的重视,无疑基于对外在他物的敬畏的心理。这
是必须注意的。

2. "自然"是判明学派归属的枢机

客观的事实是,因循中贯穿的一条红线是自然,因循无为就是自然无
为,这是其基础,英国科学家李约瑟"道家对于大自然的玄思洞识,全与亚
里士多德以前的希腊思想匹敌,而为一切中国哲学的根基"②的洞察,可谓
击中中国哲学的要害。

(1)"自然"概念出现的情况。就"自然"使用的情况而言,《老子》5次,
《庄子》8次,《管子》1次,《韩非子》8次,《吕氏春秋》4次,《鹖冠子》4次;
《申子》里虽然没有自然的用例,但有"名自正""事自定""美恶自备""轻重
自得""无事而天下自极"等反映自然思想的资料;《黄帝四经》的情况与
《申子》相似,有"凡事无小大,物自为舍。逆顺死生,物自为名。名刑(形)
已定,物自为正"③。《慎子》的情况比较复杂,现有文本的《逸文》中,有"守
成理,因自然"的论述,但相同文献在《韩非子·大体》中也能找到,依据日
本学者井上了"关于现行本《慎子》的资料的问题"④中的观点,相关自然的
《逸文》是伪作,故不可依据。而在《慎子》里,诸如《申子》《黄帝四经》里反
映自然思想意义的"自得"等概念也无法找到。这是遗憾的事情。

(2)对儒家因循人情思想的辨析。就自然而言,也包含人性自然的方
面,诸如老子的"能辅万物之自然而不敢为"(《老子》64章),人的性情自然
属于人内在的自然,基于此,在判明因循学派归属的问题上,就无法无视儒
家因循人情的思想。下面就来具体分析一下:

首先,"礼生于情"。儒家经典《礼记·坊记》里有"礼者,因人之情而为
之节文,以为民坊者也"的记载,在郭店楚墓竹简《性自命出》里也有"礼作
于情,或兴之也"⑤;此外,《语丛一》有"礼,因人之情而为之"⑥的揭示,《语
丛二》有"情生于性,礼生于情,严生于礼……"⑦的强调,表达的都是相同
的思想。"因人之情"与"礼生于情"虽然表述存在细微的差异,但基本意思

---

① 费孝通:《乡土中国　生育制度》,北京大学出版社1998年版,第28—29页。
② [英]李约瑟著,陈立夫等译:《中国古代科学思想史》,江西人民出版社1990年版,第2页。
③ 《黄帝四经·经法·道法》,陈鼓应注译:《黄帝四经今注今译——马王堆汉墓出土帛书》,
商务印书馆2007年版,第25页。
④ 大阪大学中国学会:《中国研究集刊》,1999年6月第二十四号,第41—54页。
⑤ 荆门博物馆:《郭店楚墓竹简》,文物出版社1998年版,第179页。
⑥ 荆门博物馆:《郭店楚墓竹简》,文物出版社1998年版,第194页。
⑦ 荆门博物馆:《郭店楚墓竹简》,文物出版社1998年版,第203页。

是一样的;在郭店楚墓竹简里,相关的"情生于性"的运思,则严格区分了性与情的关系。

其次,《管子》的"礼者,因人之情"。与上面儒家思想相似的还有《管子》的"礼者,因人之情,缘义之理,而为之节文者也,故礼者谓有理也。理也者,明分以谕义之意也。故礼出乎义,义出乎理,理因乎宜者也"①;礼是因循人的内在情感和义的道理而所规定的礼节文饰,故礼就是有理,理是通过明确本分来彰明义的意思;用图式来表示的话,就是礼→←义←→理→←宜,这是一个双向互作共存的模式,最终的依归是"宜"即因循物事所宜。不仅如此,在《管子》那里,还有"性情"的讨论,即"是以明君顺人心,安情性,而发于众心之所聚"②,用例虽仅此一处,在总体上可以看出,性、情是区分使用的,譬如,"人情"的用例有 9 个,"民情"的用例有 2 个,"性"的用例有 16 个,"民性"的用例有 2 个。就性而言,不仅有人性的用法,而且强调复返本性,"凡人之生也,必以平正。所以失之,必以喜怒忧患。是故止怒莫若诗,去忧莫若乐,节乐莫若礼,守礼莫若敬,守敬莫若静。内静外敬,能反其性,性将大定"③,就是具体的例证;"人之生"的"生"就是"性",后面的"能反其性""性将大定"的"性"都是有力的证明,"生"与"性"在此,不仅互释,而且通假;这里的礼是作为节制"乐"的手段而定位的,但最终礼必须依归静来作为,这样才能保证复返本性的轨道。管子这里的喜、怒、乐("节乐")实际上都属于人情的方面,这样的话,礼就成了节制人情的工具,加上上面论述的因循人情而规定的礼节的内容,管子的礼就具有了双重的含义,既要因循人情,又要节制人情,两者如何统一? 实际上,在管子自身的思想系统里这也是矛盾的。基于这样的分析,可以这样认为,管子的"礼者,因人之情"的运思,是对儒家思想的借鉴,聚焦人、以人为中心本身就是儒家思想的本质特点,日本汉学家金谷治"《管子·心术上》里的法,与法家相异的是,它是依据道的存在,不是韩非式的实在法,无疑是自然法,或者可以说是与儒家道义性相折中的法。但是,这样的资料不仅仅局限在《心术上》"④的论断,无疑也是本观点的有力支持。

因此,因循人情而制定礼的运思是儒家的观点,与慎子直接把因循人情定义为因循即"因也者,因人之情也"⑤,是完全不一样的。管子的思想中,

①　《管子·心术上》,(清)黎翔凤撰:《管子校注》,中华书局 2004 年版,第 770 页。
②　《管子·君臣上》,(清)黎翔凤撰:《管子校注》,中华书局 2004 年版,第 565 页。
③　《管子·内业》,(清)黎翔凤撰:《管子校注》,中华书局 2004 年版,第 947 页。
④　《金谷治中国思想论集》(中卷),东京,平河出版社 1997 年版,第 463 页。
⑤　《慎子·因循》,钱熙祚校:《慎子》,中华书局 1954 年版,第 3 页。

虽然有强调法的一面,"法"的用例约有 423 个,但仍重视礼,"礼"的用例约有 127 个,这与荀子强调"礼"的倾向存在一致性。总之,因循人情仅仅显示对人的重视,而对外在客观性的因素显然是忽视的。所以,不能因为儒家存在礼以因循人情的运思,就断定因循归属儒家,在因循哲学的体系中,因循人情仅仅是冰山一角。

3. 道家的"道法自然"到法家"因道全法"

法家那里虽有自然概念的使用,但在中国哲学史上,自然是道家之所以为道家的标志性概念①,法家的标志性概念则是"理"②。关于这一观点,即使不限于自然这一概念,也可以从"道法"③概念中自然得出相同的结论。

(1)"道法自然"。老子说:"人法地,地法天,天法道,道法自然"(《老子》25 章)。"道法自然"是老子的洞察,其中的"法"既可做动词用,也可与道构成"道法"这一名词性的概念,当然,这仅是一种尝试性的理解。《庄子》里虽然没有道法这一概念,但存在道是法的依据意思的论述,即:

> 贱而不可不任者,物也;卑而不可不因者,民也;匿而不可不为者,事也;粗而不可不陈者,法也……中而不可不高者,德也;一而不可不易者,道也;神而不可不为者,天也……不明于天者,不纯于德;不通于道者,无自而可;不明于道者,悲夫!④

在社会文化现象中,法是其中的一个部分,但最为重要的是"明于天"和"通于道","不明于道"的行为是可悲的。郭象以"不明自然则有为,有为而德不纯也"注释"不明于天者,不纯于德",把天理解为自然;以"不能虚己以待物,则事事失会"注释"不通于道者,无自而可",把虚理解为道。这可以参考。虚、自然无为都是道的本质因子之一,这里的"无自而可"的意思,应该依据字面来理解,郭象的解释不清晰,它是没有通向"可"的途径的意思。换言之,离开道就失去一切通向可能的途径。对法自然也不例外。后来的

①　许建良著:《先秦道家的道德世界》,中国社会科学出版社 2006 年版,第 1—38 页。
②　许建良著:《先秦法家的道德世界》,人民出版社 2012 年版,第 1—71 页。
③　参考"'道法'这一概念,既有'遵从法'的意思,也有'依据道的法'即'道和法'的意思,这在《管子》《君臣》上下,《法法》可以看到,譬如《法法》'宪律制度必法道'、'明王在上,法道行于国',法作为根据,也就是说,这是把'道'作为在'法'之上的概念的立场。"(《金谷治中国思想论集》(中卷),东京,平河出版社 1997 年版,第 446 页)
④　《庄子·在宥》,(清)郭庆藩辑:《庄子集释》,中华书局 1961 年版,第 397—398 页。

《黄帝四经》的《经法》中有专门的《道法》篇。

（2）"因道全法"。道法是法家使用的一个重要概念，《管子》①《韩非子》各有 5 个用例；在词性上，既有动词也有名词。其运思的轨迹是：

首先，"道法万全"。在法家看来，"道法万全，智能多失。夫悬衡而知平，设规而知圆，万全之道也……释规而任巧，释法而任智，惑乱之道也"②，道法是治理的根本，即"此道法之所从来，是治本也"③，所以，"明君之重道法而轻其国"④、"明王在上，道法行于国"⑤。

其次，"道法者治"。在法家的心目中，道法直接与治乱紧密联系，"民不道法则不祥"⑥、"道私者乱，道法者治"⑦，就是说明。这里，遵循法而趋向治理，与上面讨论的道法是治理的根本就实现了对接。

动词的道法与名词的道法的统一的基础在道法本身。法家的法是完全依归道的产物，"宪律制度必法道"⑧、"事督乎法，法出乎权，权出于道"⑨，都是具体证明。当然，这是静态的表现。在动态的层面，法家与道家在道法问题上的连接，是法家通过"因道全法"⑩的因循的方法来完成的，这是必须注意的。这样，道家的标志性概念之一的道就在法家那里找到安身落户的依据，"道家最强调的思想，就是其大无外，其小无内，一统万物的自然，和永恒常在、自本自根的道"⑪。

总而言之，因循是沟通道家和法家的桥梁，其基础则在道法。道的根基在道家，法家则是通过"因道全法"的方法在自身的思想体系里完成了对道

---

① 参考"我认为，比从法家中心思想入手更为重要的是，道法思想作为特殊一派的思想是合乎事实的，这就是在源于以天地自然秩序为模范的天人相关思想的齐地产生的现实的政治思想……《管子》才是作为根源于齐的风土道法思想的书，传达了一种独特的政治思想"（《金谷治中国思想论集》（中卷），东京，平河出版社 1997 年版，第 464—465 页）、"在《管子》中，道法的相关资料不在较为古老的《牧民》篇里，这个非常重要。在《心术上》里，虽然含有持有较为古老传承的语句，但不在解释道法的地方。《管子》的成立在齐国的稷下，不是管子一人完成的，所以在时间上在公元前四世纪后期；道法关系的资料在稍后的公元前 3 世纪左右或稍晚。"（《金谷治中国思想论集》（中卷），东京，平河出版社 1997 年版，第 449 页）

② 《韩非子·饰邪》，陈奇猷校注：《韩非子新校注》，上海古籍出版社 2000 年版，第 359 页。

③ 《管子·君臣上》，（清）黎翔凤撰：《管子校注》，中华书局 2004 年版，第 559 页。

④ 《管子·君臣上》，（清）黎翔凤撰：《管子校注》，中华书局 2004 年版，第 559 页。

⑤ 《管子·法法》，（清）黎翔凤撰：《管子校注》，中华书局 2004 年版，第 302 页。

⑥ 《管子·任法》，（清）黎翔凤撰：《管子校注》，中华书局 2004 年版，第 902 页。

⑦ 《韩非子·诡使》，陈奇猷校注：《韩非子新校注》，上海古籍出版社 2000 年版，第 998 页。

⑧ 《管子·法法》，（清）黎翔凤撰：《管子校注》，中华书局 2004 年版，第 301 页。

⑨ 《管子·心术上》，（清）黎翔凤撰：《管子校注》，中华书局 2004 年版，第 770 页。

⑩ 《韩非子·大体》，陈奇猷校注：《韩非子新校注》，上海古籍出版社 2000 年版，第 555 页。

⑪ ［英］李约瑟著，陈立夫等译：《中国古代科学思想史》，江西人民出版社 1990 年版，第 56 页。

的嫁接。在思想史的维度,这是值得重视的,"从老庄、韩非来看法、道的话,本来很难联系起来。《韩非子》中虽然有解老、喻老与老子相关联的篇目,这些一直被轻视为是离开韩非的皮毛的折中资料,帛书资料的出土给此带来了巨大的冲击,出现了道与法紧密联系的思想,而且作为一种立场而强有力地存在过的假设也出现了"①、"道法思想是在立足于传统立场、同时又应对时代而提出新的政治思想时形成的,《管子》就是传达这一现象的重要资料,贡献于《管子》一书成立的管仲学派的主要哲学就是道法思想。汉代的书籍目录管子在道家里,后来又在法家,这就是既有道家又有法家"②;这是非常精当的概括。在道家"道法自然"的视野里,道与自然又是相通的,故从自然出发来判明因循哲学的归属,无疑属道法家。

六、因循的坐标原点是万物

　　因循为何不是先秦哲学思想家的共同选择,这跟哲学体系的出发点存在紧密的关系。因循行为成为可能的一个重要途径就是把自己置于万物的世界之中。换言之,因循哲学的坐标原点是万物,而不是人。

1. 文献的数据

　　众所周知,《论语》里只有一处"百物"即"天何言哉! 四时行焉,百物生焉"(《论语·阳货17》),没有万物的用例;《孟子》仅有一处"万物皆备于我矣"(《孟子·尽心上4》)的用例,而赵岐以"事"注"物"。万物没有成为儒家聚焦的对象,这显然与儒家以自己为本位紧密相连。③ 道家和法家则相反,虽然他们在宇宙论上存在一定的差异,庄子道家就有"宇宙"这一概念的提出和界定,后来的《鹖冠子》也有关于宇宙的运思,这在法家那里无法找到。但是,他们都重视万物。

　　就万物的具体用例而言,《老子》中有20个,《庄子》中有101个,《黄帝四经》中有9个,《鹖冠子》中有26个,《管子》中有123个,《商君书》中有5个,《申子》中有1个,《韩非子》中有25个,《吕氏春秋》中有32个。现有的《慎子》中虽然只有"生物"(《威德》)的用例而没有万物,但《庄子》"彭蒙田骈慎到闻其风而悦之,齐万物以为首"④的描述,正是以"齐万物以为首"

---

①　《金谷治中国思想论集》(中卷),东京,平河出版社1997年版,第462—463页。

②　《金谷治中国思想论集》(中卷),东京,平河出版社1997年版,第464页。

③　参见许建良:《"己"本位——儒家道德的枢机》,《人文杂志》2006年第2期。

④　《庄子·天下》,郭庆藩辑:《庄子集释》,中华书局1961年版,第1086页。

即齐同万物来加以概括的。

2. 万物的定位

作为因循坐标原点的万物,不是孤立的存在物,而是宇宙中的居民。在中国哲学思想史上,万物在一定程度上具有宇宙的意义,"事实上,道家将'宇宙'(cosmos)理解为'万物'(ten thousand things),这意味着道家哲学根本就没有'cosmos'这一概念。因为,就'cosmos'这个概念所体现的统一、单一秩序的世界来说,他在任何意义上都是封闭和限定了的"①,万物具有宇宙的意义,并不等于道家没有宇宙这一概念,我在上面提到,庄子、鹖冠子那里都有关于宇宙的讨论。

人类不是宇宙中的唯一居民,仅仅是宇宙万物的一个环节,基于这样的运思,天之道、时、理等就自然成为因循的对象。在此不难推测,实际上,在因循的运思里包含着人类作为万物的一分子,必须在与宇宙万物协调的关系中,才能实现人类自身福利的思考;换言之,不能离开宇宙万物的合理发展而追求人类自身的发展。对类的人是这样,对社会关系中的个人也一样。这是以自己为本位的儒家思想无法比拟的。

3. 万物的固然

作为坐标原点的万物,得到聚焦的是其"固然",如庖丁对自己解牛的技术说:"始臣之解牛之时,所见无非全牛者。三年之后,未尝见全牛也。方今之时,臣以神遇而不以目视,官知止而神欲行。依乎天理,批大郤,导大窾,因其固然……"②这里体现的是从天理到牛本性的"固然"的取向。重视本性的固然,因为万物之间差异就在各自固然密码的独特性上。基于此,因循自然就成为因循哲学的一个亮点,从老子的"辅万物之自然而不敢为"(《老子》64章),到庄子的"常因自然而不益生也"③,"辅万物之自然"已经变成了"因自然"的形式。因循自然带来的实际效果,韩非在解释老子的"辅万物之自然而不敢为"时说的"以一人力,则后稷不足;随自然,则臧获有余"④,可谓道出了实情。因循自然在实践中的演绎是,被因循的客体的性能可以得到最大限度的发挥,这不是个人英雄主义,而是寄希望于万物发

---

① [美]安乐哲(Roger T. Ames)、郝大维(David L. Hall)著,何金俐译:《道不远人——比较哲学视域中的〈老子〉》,学苑出版社2004年版,第17—18页。
② 《庄子·养生主》,(清)郭庆藩辑:《庄子集释》,中华书局1961年版,第119页。
③ 《庄子·德充符》,(清)郭庆藩辑:《庄子集释》,中华书局1961年版,第221页。
④ 《韩非子·喻老》,陈奇猷校注:《韩非子新校注》,上海古籍出版社2000年版,第451页。

挥各自的功能。

　　那么，为什么要因循自然呢？其理由就是"物固有所然，物固有所可；无物不然，无物不可"①；万物的"然"和"可"都存在于万物本身，而不在他处；而且没有统一的标准，"彼正正者，不失其性命之情。故合者不为骈，而枝者不为跂；长者不为有余，短者不为不足。是故凫胫虽短，续之则忧；鹤胫虽长，断之则悲。故性长非所断，性短非所续，无所去忧也"②；万物不同的"然"和"可"，形成了万物的丰富多彩性，万物的性分是自足的，"周与胡蝶，则必有分矣"③昭示的就是这个道理，郭象的"夫觉梦之分，无异于死生之辩也。今所以自喻适志，由其分定，非由无分也"的注释，就是最好的说明。所以，"性者，万物之本也，不可长，不可短，因其固然而然之，此天之数也"④，不失为形象的总结。

　　这种"分"的思想在因循中的运用，还包括权分的方面，这就是本性性分向外发展的结果，这是社会事务中的分，诸如"一兔走街，百人追之，贪人具存，人莫之非者，以兔为未定分也。积兔满市，过而不顾，非不欲兔也，分定之后，虽鄙不争"⑤，就是最好的说明。这种性分与社会层面的权分、职分相结合，就是因循中的"宜"。老子那里没有"宜"的讨论，《庄子》有"夫藏舟于壑，藏山于泽，谓之固矣。然而夜半有力者负之而走，昧者不知也。藏小大有宜，犹有所遁。若夫藏天下于天下而不得所遁，是恒物之大情也"⑥，这里讲了把小物藏到大的容器里是适宜的问题；不仅如此，庄子还注意到真人"与物有宜而莫知其极"⑦，即与外物相称合宜，这昭示着与外界合宜的重要性；在社会的事务上，则"官施而不失其宜，拔举而不失其能，毕见其情事而行其所为，行言自为而天下化，手挠顾指，四方之民莫不俱至，此之谓圣治"⑧，即"官施而不失其宜，拔举而不失其能"，设置官职等要合宜，选拔人不埋没才能。

　　这些运思在后来的韩非那里得到进一步的发展。韩非没有顺着万物本性固然的思路而发展，提出了"夫物者有所宜，材者有所施，各处其宜，故上

---

①　《庄子·齐物论》，(清)郭庆藩辑《庄子集释》，中华书局1961年版，第69页。
②　《庄子·骈拇》，(清)郭庆藩辑《庄子集释》，中华书局1961年版，第317页。
③　《庄子·齐物论》，(清)郭庆藩辑：《庄子集释》，中华书局1961年版，第112页。
④　《吕氏春秋·不苟论·贵当》，陈奇猷校释：《吕氏春秋新校释》，上海古籍出版社2002年版，第1637页。
⑤　《慎子·逸文》，钱熙祚校：《慎子》，中华书局1954年版，第9页。
⑥　《庄子·大宗师》，(清)郭庆藩辑：《庄子集释》，中华书局1961年版，第243页。
⑦　《庄子·大宗师》，(清)郭庆藩辑：《庄子集释》，中华书局1961年版，第230页。
⑧　《庄子·天地》，(清)郭庆藩辑：《庄子集释》，中华书局1961年版，第440页。

下无为。使鸡司夜,令狸执鼠,皆用其能,上乃无事"①、"治国之臣,效功于国以履位,见能于官以受职,尽力于权衡以任事。人臣皆宜其能,胜其官,轻其任,而莫怀余力于心,莫负兼官之责于君"②的观点。"有所宜"是属于万物的,但万物能否"处其宜"即自己的"宜"得到社会最适宜的使用,这里关系到社会治理的职能部门,"见能于官以受职,尽力于权衡以任事"是实现"人臣皆宜其能"的保证,这也是对庄子"官施而不失其宜,拔举而不失其能"的具体回应。

这里值得注意的是,在庄子那里,不仅真人的"与物有宜"是一种客观效果的描述,而且"不失其宜""不失其能"也是一种否定的语态,是对客观结果的一种消极的期望或态度;其间显然缺乏主观意向性的参与。韩非通过"有所宜""宜其能""处其宜"三种频道的设置,完美地把人的主观积极性参与到了人的"有所宜"的社会化实践过程之中,这里表达了法家社会改造的欲望和思路。具体而言,"有所宜"是对万物本性的肯定,这是韩非"因道"运思的具体落实和体现;"处其宜"是他社会改造方案的蓝图,即让每个人都处在适宜于自己本性的位置上;"宜其能"则是"有所宜"通向"处其宜"桥梁,社会治理就是要营造适宜于人所居处的环境和氛围,强调用人之长,这是因循哲学在管理上的对接。一个社会,只有营造好"宜其能"的坚固的桥梁后,"有所宜"的个人才能找到对接自己个性特点的"处其宜"的位置,只有这时,每个人才能吟唱属于自己的歌。③

七、研究的方法

最后,想简单地谈谈研究方法的问题。我 2010 年 5—6 月到台湾中国文化大学访学期间,曾经被邀请到台湾大学、东吴大学的哲学系去讲学,他们在我列举的选题中,不约而同地选定了"日本的中国哲学"的题目,这个题目对我而言,不需要特别的准备,只要把自己在那里留学、研究的 10 个年

---

① 《韩非子·扬权》,陈奇猷校注:《韩非子新校注》,上海古籍出版社 2000 年版,第 141—142 页。

② 《韩非子·用人》,陈奇猷校注:《韩非子新校注》,上海古籍出版社 2000 年版,第 540 页。

③ 参见"《道德经》整部著作所有的'无'形式都向我们表明,通过合作去寻求最优化人类间各种关系的个体行为,在没有任何强制的情况下,会使任何形式都得到充分利用。但正是每一形式的独特性,要求任何对这一最佳行为的概括都采用负向表述的方式。如同一个声乐老师能够讲明学生在获得其天才充分展示的过程中都必须克服的局限,但是所有的学生都必须唱属于自己的歌。"([美]安乐哲(Roger T.Ames)、郝大维(David L.Hall)著,何金俐译:《道不远人——比较哲学视域中的〈老子〉》,学苑出版社 2004 年版,第 58 页)

头的体会谈出来就行了。的确,日本的中国哲学研究和教学训练的方法,存在值得我们借鉴的价值。

顾名思义,《先秦因循哲学论》依据文献资料进行实证是最为基本的方法。具体而言,就是两个结合和两个融通。

1. 两 个 结 合

一是概念统计与观点提炼的结合。在对自然、万物、道法、名、实、因、循等重要概念出现的次数进行统计的基础上做具体观点的提炼。

二是资料分析与理论阐发的结合。采取原有文献与竹简等新出土文献结合阐释的方法,以史引论,坚持言之有据、论之有证的研究方针,克服臆想先行的弊端。

2. 两 个 融 通

一是学派的融通。先秦是中国思想史的春天,百家齐放、百家争鸣,处处折射出民主与自由奔放的激情和思想的火花。《论六家之要指》就讨论分析了道、儒、墨、法、名、阴阳。它们虽然存在思想的差异,但产生的舞台和时代背景都是相同的。本研究总结的因循哲学思想虽然认为属于道法的专利,但具体的整理没有限于道法两家,而是依归因循,以中国思想史为舞台来把握具体的观点的提炼,遵行一般考量与比较结合的路径,荀子、《吕氏春秋》因循思想的总结都是具体的例证。

二是中外的融通。因循虽然是中国哲学的财富,但今天,中国哲学已经不是中国的专利,已经成为地球村文明的共同财富,这是我们必须具备的自觉。但在对中国因循哲学的资源利用上,我们必须有自己的特长,这种特长自然既不来自对中国有无哲学的怀疑,也不来自中国因循哲学是中国人哲学的夜郎自大的情感,而只能源于融通中外研究之长的实践。日本汉学家武内义雄以"因循"解释老子"自然"的运思,以及西方学者赋予道家思想以"神秘主义"的称号,进而在世纪之交提出"21世纪是道家哲学的世纪"的预言和警示的方法,都值得我们学习;不能继续狭隘地固守某一学派来审视中国哲学,只有吸收他人的长处,来弥补我们自己的不足,把握住眼下的最佳时机,为中国因循哲学走向地球村而切实耕耘。

本书的具体推进方法,想依归从理论到实践的向度来执行。换言之,从因循的基础开始,经过何谓因循、为何因循、因循的对象的台阶,最后通向如何因循、因循的活性化实践的大门,从而尽力勾勒完整的先秦因循哲学思想的图画。

第一章 老子"袭常"的因循思想

在道家哲学的创始人老子的思想中,因循是其不可分割的组成部分。[①]虽然我们在《老子》里无法找到"因"和"循"概念的使用例,但老子在使用因循大厦里其他"从""袭""法"等的概念中,展示了丰富的因循思想,这将成为中国因循思想的最早样本,对此的整理和分析,是老子思想研究深入的自然课题,尤其在审视迄今为止的老子思想研究中,我们无法找到对他因循思想研究太多成果的现实面前,对此的正视显得极为重要。因为21世纪科学发展的现实,需要道家因循思想的文化力服务世界,从而保卫人类自身生活的家园,日本物理学家汤川秀树的"科学的发展远远不是促使人在许多不同方面形成和发展一种整体性观点,而是倾向于分裂和破坏这种观点"[②],就是对老子思想的感悟,这也自然成为西方人"21世纪是道家哲学的世纪"断言的证据。

本章的研究资料依据楼宇烈校释《王弼集校释》,并参考高明撰《帛书老子校注》和崔仁义著《荆门郭店楚简〈老子〉研究》等成果。

一、"惟道是从"的基础论

老子明确提出"孔德之容,惟道是从"(《老子》21章)。"惟道是从"里的"从"是顺从、随从、因从、遵从即因循的意思,因循的对象是道;具体的行为主体是"孔德"即大德。其意思是大德仅以因循道为自己的本旨。

显然,要理清老子因循的具体运思,有必要先理清大德为何的问题。众所周知,在老子那里,对"德"进行强调的情况还有"上德"(共有3个用例)、"广德"(1个用例),即"上德不德,是以有德;下德不失德,是以无德。上德

---

① 日本汉学家金谷治在比较老子和庄子时说:"相应于对道的看法相异,其处世术也是相异的。也就是说,相对于《庄子》内篇以因循为主,《老子》阐述谦下和无为。《老子》里没有'因'的语言,仅有'孔德之容,惟道是从'(21章)、'圣人无常心,以百姓之心为心'(49章)的论述,不过是能往因循方面考虑的语言。"(《金谷治中国思想论集》(中卷),东京,平河出版社1997年版,第324页)这一结论显然是值得商榷的。

② [日]汤川秀树著,周林东译:《创造力与直觉:一个物理学家对于东西方的考察》,河北科学技术出版社2000年版,第242页。

无为而无以为,下德为之而有以为"(《老子》38章)、"上德若谷……广德若
不足……"①这里有三点值得注意:一是上德在现实生活中没有德的名称,
这也正是它有德的原因。二是上德的本质是无为,之所以无为是不存在任
何为的理由;这些区别于下德。三是在形下的方面,大德仿佛低下的川谷、
仿佛不足一样。毋庸置疑,"不德"的特征与道无形的特质相一致,"若谷"
"若不足"的方面则体现道柔弱、处下的特征;在这个意义上,上德与道基本
没有任何区别,可以说是道在现实生活中的体现。大德的这些特质正是因
循道而行为积淀的结果。

　　要注意的是,大德在此主要应该从行为学的层面来进行理解。换言之,
大德是具有极致品德的行为,它主要是在行为结果的方面来立论的;在伦理
学意义上,可以说是效果论的视角。不过,不得不思考的问题是,为什么一
定要因循道来行为? 这是因循运思成立的前提条件。

二、万物互存性的外在理由论

　　"孔德之容,惟道是从"这一因循行为的运思,实际是在老子道、德关系
的坐标里展开的。上面已经明确了这一问题。在此,不得不追问的是,为何
要因循?

　　众所周知,在老子的思想世界里,"四大"是客观存在的即"有物混成,
先天地生,寂兮寥兮,独立不改②,可以为天地③母。未知其名④,字之曰道,
强为之名曰大。大曰逝,逝曰远,远曰反。故道大,天大,地大,王亦大。域
中有四大,而王居其一焉"(《老子》25章),道、天、地、人("王"是代表人社
会地位的符号)组成宇宙的四大,人仅仅是四大中的一员。这里必须注意
的是四大之间的关系。显然,天地人是中国古代知识人认识世界的一种常
用的频道,《易大传》把它总结为"三才"即:《周易》之为书也,广大悉备。
有天道焉,有人道焉,有地道焉。兼三才而两之……三才之道也"⑤、"昔者
圣人之作易也,将以顺性命之理。是以,立天之道曰阴与阳,立地之道曰柔

---

　　① 《老子》41章;日本汉学家武内义雄就是以因循来理解因循行为的,他说:"上德是身从道
那里获得的素质。所以,上德的人仅仅因循道、不想自己的德,其自己的德而不想这一点即是成为
上德的原因。"(《武内義雄全集》第五卷,东京,角川书店1978年版,第334页)

　　② 通行本有"周行而不殆",现据帛书本和竹简本删去。

　　③ "天地"通行本为"天下",现据帛书本改定。

　　④ "未知其名",通行本为"吾不知其名",现据竹简本改定。

　　⑤ 《周易注·系辞下》,楼宇烈校释:《王弼集校释》,中华书局1980年版,第572页。

与刚,立人之道曰仁与义"①。从三才的频道切入的话,四大就是三才与道。在产生的时间上,道是"先天地生",与三才除同具有"大"的特性以外,还有"反"和"独立不改"的特性,可以成为天地的根源。"反"即返回本原,"独立不改"即独立长存而不变。

道的本原在哪里?其独立长存不变具体如何体现和落实?这实际也是不得不思考的问题。其实,老子对此有着非常清晰的理性思考,"道之为物,惟恍惟惚。惚兮恍兮,其中有象;恍兮惚兮,其中有物。窈兮冥兮,其中有情;其情②甚真,其中有信。自今及古③,其名不去,以阅众甫。吾何以知众甫之然④哉?以此"(《老子》21章),就是对此的具体回答。道虽然是恍惚无形的,人在形下的世界无法凭借视觉器官来审视它,但它是"有象""有物"的具体存在;道的名字是后来赋予它的,本来是"未知其名"(《老子》25章)即不知道它的名字是什么,但"其名不去",这是从今天上溯到远古的结论,依据它可以欣赏到万物的本真状态。这在另一层面上给人们传递了一个强烈的信息,就是道与万物始终是同在的。

道与万物是共存的,但道本身是无形的,即"道常无,名朴;虽小,天下莫能臣也"(《老子》32章)。无形的道是质朴的存在,天下没有谁能役使它。另一方面,道是"无名"的即"道隐无名,夫唯道,善始且善成⑤"(《老子》41章);道虽然无名,但不仅善始善终存在于万物的世界里,而且辅助万物成长;也就是说,道是无处不在的即"譬道之在天下,犹川谷之于江海"(《老子》32章);在与万物的关系上,道辅助万物成长的实践告诉我们的是:"道⑥氾兮,其可左右。成功遂事而弗名有⑦;万物归焉而不为主"(《老子》34章)。道虽然帮助万物成就他们的发展,但自己不居功;万物归聚而来而不自以为主宰。

在老子看来,宇宙万物是相互共存的,是平等的,自己的价值只有在他者价值的实现中才能找到最终的完成,只有在他者的存在中才能找到自己存在的位置,这为宇宙的整体联系性所决定,整体性的维持在公平性和相互依存性,"天下皆知美之为美,斯恶已;皆知善之为善,斯不善已。故有无相

① 《周易注·说卦》,楼宇烈校释:《王弼集校释》,中华书局1980年版,第576页。
② 两"情"字通行本为"精",现据帛书本改定。
③ "自今及古",通行本为"自古及今",现据帛书本改定。
④ "然"通行本为"状",现据帛书本改定。
⑤ "善始且善成",通行本为"善贷且成",现据帛书本改定。
⑥ "道"通行本为"大道",现据帛书本改定。
⑦ "成功遂事而弗名有",通行本为"万物恃之而生而不辞,功成不名有",现据帛书本改定。

生,难易相成,长短相较,高下相倾,音声相和,前后相随"(《老子》2 章),有无、难易、长短、高下、音声、前后都是互相的关系,一方的存在决定着另一方法存在,或者说,一方的存在决定于另一方的存在方式,这就是美国科学家卡普拉所说的"东方神秘主义的主要流派……都认为宇宙是一个相互联系的整体,其中没有任何部分比其他部分更为基本。因此,任何一个部分的性质都取决于所有其他部分的性质。在这种意义上,我们可以说,每一个部分都'含有'所有其他部分,对于相互包含的这种想象似乎的确是对于自然界的神秘体验的特点。奥罗宾说:'对于超思维的意识来说,没有什么真正是有限的,它所依据的是对于每个部分都包含着全体,而又在全体之中的感知'"[1];正因为在这个意义上,道成就万物而不居功,万物归顺而不主宰。这种道在现实生活中的贯彻和体现就是圣人的行为之方,"是以圣人处无为之事,行不言之教,万物作焉而不辞,生而不有,为而不恃,功成而弗居。夫唯弗居,是以不去"(《老子》2 章),说的就是这个道理。

在宇宙世界里,万物是互相联系的,离开他物的运作,自身无法实现价值和找到存在的位置;道就是这一规律的总结。所以,不仅在宇宙中因循具有必要性,而且必须因循道。

三、万物本性的内在理由论

上面虽然回答了因循的理由,但这仅在整体宏观的层面得到确认。在个体微观的层面的理由,也是不得不究明的,不然,因循缺乏具体力量的驱动。因为作为行为的因循,其具体的载体一定是个人,离开个人就无所谓因循。在此,不得不重视的是,在因循的问题上,老子最早设置了价值追求目标,这就是众所周知的《老子》64 章:

通行本:是以圣人欲不欲……以辅万物之自然而不敢为。

帛书本:是以圣人欲不欲……能辅万物之自然而弗敢为。

竹简 A:是以圣人欲不欲……是故圣人能辅万物之自然而弗能为。[2]

竹简 B:圣人欲不欲……是故圣人能辅万物之自然而弗敢为。

---

① ［美］F.卡普拉著,朱润生译:《物理学之"道"——近代物理学与东方神秘主义》,北京出版社 1999 年版,第 281 页。

② 参见李零著:《郭店楚简校读记》,北京大学出版社 2002 年版,第 5 页。

除竹简 A 是"弗能为"以外,其他都是"不敢为",由于"弗能为"和"不敢为"的意思不同,故确认资料的可信性有一定的必要性。从老子思想的整体性而言,在所有版本中,"弗能为"的用例仅此一次,而"不敢"是老子心理学的重要概念之一,在通行本出现 8 次,其中"不敢为"就有 5 次。"不敢为"并非行为主体不具备某种能力而不能为,而是在正视和尊重外在客体存在价值的前提下产生的一种心理情感,以及由这种心理情感形成的对主体行为的调控;这是客体第一的价值取向,与老子他人优位的价值观相吻合。①

老子重视不敢是在与敢相互比较的实践中所做的抉择,从"勇于敢则杀,勇于不敢则活。此两者,或利或害"(《老子》73 章)中可以得知,敢带来的结果是"杀",不敢带来的结果是"活";在利益的天平上,杀是一种害,活是一种利。在老子看来,天道就是利而不害的存在,"执大象,天下往;往而不害,安平太"(《老子》35 章)、"天之道,利而不害"(《老子》81 章);在现实社会里,圣人就是因循天道的真实存在,因此,"圣人处上而民不重,处前而民不害,是以天下乐推而不厌。以其不争,故天下莫能与之争"(《老子》66 章);"不争"就是利益民众而不与他们争夺利益;这里圣人的"处上""处前"是圣人的现实位置,这种位置在现实生活中产生的实际效果是"民不重"和"民不害",即民众既不过分器重他们,也不加害他们。换言之,他们在民众的心中不过是普通人而已;其本质在于圣人努力于利益民众的实践,这些实践都在尊重民众的前提下得以进行,即在不敢冒犯民众的心理支配下进行,客观效果的"乐推而不厌"正是来自不敢,它最大限度地活化了圣人。也正是在这个意义上,老子把不敢视为"三宝"之一,"我有三宝,持而保之……三曰不敢为天下先……故能成器长"(《老子》67 章),就是具体的表述,"不敢为天下先"成为天下领导的原因。

老子不敢所面向的对象是万物的本性即"万物之自然","不敢为"不是什么都不为,而是采取"辅"的方法即辅助万物的本性自然健康发展,而不是依据自己的臆想设计来塑造万物,这就是老子在因循问题上设置的价值目标。在此,我们不得不思考的问题是,辅助万物的自然本性,万物就能得到适宜于自身本性的发展吗?

这一问题的秘诀在老子万物的本性自然里内置着"自能"的机能。老子认为:"道常无为而无不为,侯王若能守之,万物将自化。化而欲作,吾将镇之以无名之朴。无名之朴,夫亦将无,欲不欲以静,天下将自定。"(《老子》37 章)"无为而无不为"是老子贯穿主观行为和客观效果两个世界的纽

---

① 参见许建良:《他人优位——道家道德的枢机》,《中州学刊》2008 年第 1 期。

带,"无为"是行为主体的主观行为,"无不为"是主观行为带来的实际效果,其中包括行为的客观效果在外在他者那里所实际发生的影响,而这实际影响正是行为主体的主观意愿追求所带来的自然结果;正因为行为主体能够施行无为的行为,顺从万物的本性特征而不干扰万物,更不违背万物特性而随意行为,故万物就能在自己本性的轨道上获取自然的运作和发展即"自化";如果在实践里遇到"欲作"的情况,对统治者而言,不在于具体有意施行什么,而在于运用依循客观实际而进行治理,让民众远离欲望的无限追求,而达到"天下将自定","天下将自定"就是侯王无为行为带来的"无不为"的结果。

　　在万物的视野里,之所以能产生"万物将自化""天下将自定"等客观的效果,其奥妙就在万物本身具有自为、自能的机能装备。老子说:"以正治国,以奇用兵,以无事取天下……故圣人云我无为而民自化。我好静而民自正。我无事而民自富。我无欲而民自朴。"(《老子》57章)民众的"自化""自正""自富""自朴",除了外在统治者实行无为的治理以外,还在于他们本身具有内在的自能机能,如果没有内在的自能机能,即使有外在无为的宽松氛围,也不会产生"自化"等的效果。万物的自能机能实际上也就是依顺自身本性规律而自然获得的自己发展的能力。所以,这也是老子选择"能辅万物之自然而不敢为"行为的深在理由所在。

四、袭常和袭明的演绎论

　　在因循问题上,老子一方面提出"孔德之容,惟道是从",另一方面,又强调"见小曰明,守柔曰强。用其光,复归其明,无遗身殃,是为袭常"(《老子》52章);也就是说,能察见细小之物的称为"明",能持守柔韧的叫做"强";运用大道的光芒,复返内在的"明",不给自己带来灾殃,这就是因袭常道。需要说明的是,这里的"袭"是依据帛书本改定的,通行本是"习",尽管文字不同,但历来的理解并无任何差异,基本都是在因循的含义上进行阐释的;因循的对象是常道。

　　其实,在老子的思想世界里,道、常、常道是同时存在的,道的一种存在之方就是常道,《老子》1章的"道可道,非常道;名可名,非常名"[①]。所以,

---

　　① 日本物理学家汤川秀树对此的理解值得重视:"真正的道——自然法则——不是惯常的道,不是公认的事物秩序。真正的名称——真正的概念——不是惯常的名称,不是公认的名称。"([日]汤川秀树著,周林东译:《创造力与直觉:一个物理学家对于东西方的考察》,河北科学技术出版社2000年版,第57—58页)

在一定的意义上,老子的道就是常道,据此,这里的"袭常"也就是因循常道。他在推重"袭常"的同时,也强调"袭明"。老子对常的讨论是与"明"相关的:

> 致虚极,守静笃,万物并作,吾以观其①复。夫物芸芸,各复归其根,归根曰静。静②,是谓复命。复命曰常,知常曰明,不知常,妄③;妄作,凶。知常容,容乃公,公乃王,王乃天,天乃道,道乃久。没身不殆。(《老子》16章)
>
> 含德之厚者④,比于赤子……终日号而不忧⑤,和之至也。和曰常,知和曰明⑥。(《老子》55章)
>
> 是以圣人常善救人,故无弃人;常善救物,故无弃物;是谓袭明。故善人者,不善人之师;不善人者,善人之资。(《老子》27章)

这里必须注意的点有以下几个:一是命、常、和、明构成一个序列,前三者是明的条件;"复命"称为常,常是一种和的境遇或状态,对这些的认识就是明即慧明。二是"静"是复命的前提条件,是万物回归自身本性的轨道即归根。三是因循明能带来包容、公平、周普、循道、终身远离危殆;其具体的表现就是在社会生活中,既无"弃人",也无"弃物",以善人为师,以不善人为"资"。

可以说,一是标明了明的内容。二是在方法论上揭示了实现明的条件即静,日本汉学家武内义雄正是把这种方法解释为因循,"因循天常是人道,老子解释遵从天常的功夫时归结到虚静二字上……致虚就是去掉意欲而达到虚心,如果能够虚心自己就能够坚守静,能够坚守静的话,就能因循大道的自然而不会毁坏万物"⑦;换言之,静是因循的基本条件。三是在效果的层面分析了因循明的结果,在静态的维度是实现长久,在动态的层面是最大限度地发挥万物的力量。也就是说,因循常则也就是因循明,因循的真正实现,就朝向和谐的境遇,这也是道的功效的自然实现。

---

① "其"据帛书本增补。
② "静"据帛书本增补。
③ "妄"据帛书本增补。
④ "者"据帛书乙本和竹简本增补。
⑤ "忧"通行本为"嗄",现据帛书乙本和竹简本改定。
⑥ "和曰常,知和曰明",通行本为"知和曰常,知常曰明",现据帛书甲本和竹简本改定。
⑦ 《武内義雄全集》第五卷,东京,角川书店1978年版,第86页。

　　老子因循常则的运思在现实层面的演绎,就是其治道。通行本《老子》中,"治"共出现 13 次,其中动词用法的情况有 8 次,表示的都是管理、治理的意思,其中"治国"的用例约有 4 次,即"以正治国"(《老子》57 章)、"以智治国"、"不以智治国"(《老子》65 章)、"爱民治国"(《老子》10 章);此外,还有 1 个"治大国若烹小鲜"(《老子》60 章)的用例。"治人"的用例有 1 次,即"治人事天莫若啬"(《老子》59 章)。以上列举的两种情况,"治"在语言结构上,用的都是动词即治理的意思,这是必须注意的方面。其他 5 个名词的用法,也都表示治理、管理的意思,诸如"圣人之治""为无为则无不治"(《老子》3 章),以及 3 个"民之难治",即"民之难治,以其智多"(《老子》65 章)、"民之难治,以其上之有为,是以难治"(《老子》75 章),就是具体的说明。"治"也是帛书老子里的概念,诸如甲乙本里都有"正善治"。郭店竹简老子也不例外,"治"与"之"假借,如"以正之邦",这一点正与帛书老子的"以正之国"的情况相同;还有"治人事天",与通行本完全相同。

　　在老子的心目中,民众难易治理,主要在于"以其智多"和"以其上之有为",前者强调的是人为知巧的方面,这是远离自然无为的行为所致;后者指的是统治者的有为即依据自己主观臆想的治理行为,而不是依据民众的实际情况而形成现实的治理。正是在这个意义上,老子认为要达到真正的治理,就必须因循而行为,"为无为""事无事""味无味"(《老子》63 章)的意思也一样。无为能带来正面的效果,有为则相反,所以,"圣人无为,故无败;无执,故无失"(《老子》64 章)。社会治理是一个相互的过程,统治者虽然可以选择自己的行为,诸如无为、无执,但无法决定民众的行为。尽管无法决定民众的行为,但可以进行引导,"古之善为道者,非以明民,将以愚之。民之难治,以其智多。故以智治国,国之贼;不以智治国,国之福……玄德深矣,远矣,与物反矣,然后乃至大顺"(《老子》65 章),这里的"愚之"不能简单地理解为愚民,"愚"还有敦厚、素朴的意思,"智多"不是智当有的状态,"多"表示超过度的意思,具体而言,也就是背离了敦厚即"愚"的状态,而在方法论上,民众"智多"的实际情况,源自"明民"的实践;另外,这里的"不以智治国"也就是"愚之"的方法;这样的因循治理带来的结果是统治者与民众共同复返自身本性的轨道,社会进入大顺的状态。

　　显然,老子的因循思想,其主线是从道、袭常、袭明,这些概念虽然在字面上存在不同,但本质上是一致的,其精神是自然,这就是"人法地,地法天,天法道,道法自然"(《老子》25 章),宇宙中的"四大"的关系是平等的,这在上面已经讨论过了;道不是老子思想的终点,终点是"自然",这是不能忽视的;习惯对"道法自然"的"自然"做"自己"的解释,即道以自己为效法因循的对象。但《老子》里有 5 个自然的用例,贯穿它们来做自己的解释的话,就无法走出迷宫;换言之,自然在老子那里是一个概念,可以在本根论、生成论、存在论、方法论等层面来进行不同的理解。这里的意思是道因循效法自然,这一意思在另一层面的表达就是自然无为。

　　因循思想是老子整个思想的有机组成部分,他最早开创了中国因循哲学的先河,不仅从道、袭常代表因循,而且"道法自然"本身也是最好的因循的表达,这是不能忽视的。此外,老子最早揭示了因循的个体价值追求,即辅助万物的自然本性而行为,这在"不敢"即尊重外在他者的心理驱使下得到具体的落实,这是他人优位思想在因循实践方面的具体彰显,这些都是值得重视的。重新审视老子本有的因循思想,既是深化老子思想研究的需要,也是回应西方人"21 世纪是道家哲学世纪"新理念的必然课题。

第二章　管子"因天地之形"的因循思想

管子,名夷吾,字仲,或曰字敬仲。后其君尊之为仲父,故后世皆以仲称之。《管子》作为战国时齐国稷下学者著作总集,虽然内容庞杂,但这一事实从未阻碍学界对其思想研究的关注度,相反,它似乎成为学界投注更多关注的契机。综观由关注凝聚而成的研究成果,虽然不乏其政治、道德思想方面的探析,但是,令人遗憾的是作为《管子》思想丰富内容之一的"因循"问题的研究,至今仍没有形成专门的聚焦。这一现实不仅影响《管子》研究的精深发展,阻碍整个中国哲学研究水准的提振,而且造成事实上中国哲学资源现实合理利用的滞后局面。

关于管子研究的资料较多,这里以黎翔凤《管子校注》为基准,并参照(清)戴望著《管子校正》。

一、"因也者,无益无损"的基础论

当聚焦《管子》因循问题之时,首先遇到而又无法回避的问题是,在《管子》的系统里,何谓因循的问题。当我们走进《管子》因循的哲学殿堂时,就不难发现:

> 莫人言,至也。不宜言,应也。应也者,非吾所设,故能无宜也。不顾言,因也。因也者,非吾所所顾,故无顾也。不出于口,不见于色,言无形也。①
>
> 不言之言,应也。应也者,以其为之人者也。执其名,务其应,所以成之,应之道也。无为之道,因也。因也者,无益无损也。②

"顾"是环顾、顾虑的意思,而"因"是"无顾",即没有什么主观的思考、度量,这种行为表现在语言的表达上,就是"不顾言";在行为的考量上,"因"则是"无益无损",既不增加什么也不减少什么;在形上的意义上,"因"乃是

---

①　《管子·心术上》,(清)黎翔凤撰:《管子校注》,中华书局2004年版,第770页。

②　《管子·心术上》,(清)黎翔凤撰:《管子校注》,中华书局2004年版,第771页。

无为行为的无限积淀。应该注意的是,"不顾言""无益无损"的实质就是不主观有为,其行为的具体演绎积淀就是"无为之道"。以上是"因"在一般意义上的剖析。在主客体的视野里,就主体而言,对待客体行为的最好选择是"应"。在词源的意义上,"应"是回应、应和的意思,这不是一般回应,而是应和式的回应,行为的依据在客体,即"以其为之人者";主体的唯一选择就是听任自然的呼声,即"非吾所设";表现在语言上,就是"不宜言","宜"是度量的意思,"不宜"就是对言语不加度量;在动态的物际关系里,就是根据具体物的特性即"执其名",来营建物际的关系链,这是成就万物的枢机所在,即"所以成之";在形上的意义上,"应"乃是"不言之言"①,"不言"不是什么都不说,而是不以约定俗成的程式来说,不以主观臆想来说,"不言"本身就是一种言说,万物存在之方本身就是一种无声的语言。

显然,"因"和"应"在思想上是同质的,在形上的维度里,"因"表征的是行为主体的行为选择,而"应"昭示的是行为客体的行为应对;换言之,面对来自行为主体无为的因循行为时,客体唯一的应对就是应和主体的行为,从而完成主客体关系之间的动态和谐的建构,在尊重他者的过程中,获得自己存在的体验和自身价值的观照。事实上,这种建构绝对不是一次性的追求,而是无数次、无限的习惯成自然。这是来自自然无为而获得的自然状态,没有任何人为痕迹即"无形";在语言上、形色上都没有什么显示,因此是"不出于口,不见于色"的存在样态。

因循在《管子》这里,还有特殊的意思,那就是化育,即"渐也、顺也、靡也、久也、服也、习也、谓之化"②,"顺"与"习"具有同样的意思,就是化育。这一设定,实际上把因循与人的社会化紧密地联系到一起了,《管子》可谓独具慧眼。

要而言之,《管子》对因循的规定,起码有三个要点值得注意:一是"无顾""不宜",即没有主观臆想和度量;二是尊重他者即"以其为之人者";三是无形、无损益的"无为"。无为是基于对主观有意而为和无视他者行为的否定,是以他者为价值中心的行为选择以及其行为的不断施行的自然积淀的结果。

二、"任众人之力"的缘由论

因循行为实际上就是以他者为中心的行为主体的自然无为,这是《管

---

① 《庄子·徐无鬼》,郭庆藩辑:《庄子集释》,中华书局 1961 年版,第 850 页。

② 《管子·七法》,(清)黎翔凤撰:《管子校注》,中华书局 2004 年版,第 106 页。

子》在形上意义上给我们昭示的界定,但我们不得不质疑的是,在管子法家的系统里,为何要推重因循行为呢? 如果没有合理的理由,即使童话般美丽的因循行为,也是无法驱动触发现实的。关于这个问题,《管子》自然装备着理性的运思,虽然这个问题存在着复杂性,但在总体上,我们仍然可以从两个方面来条理这个问题。

1."因之修理,故能长久"

在《管子》看来,就统治者而言,"因"和"权"即因势利导的问题是非常重要的,即"计议因权,事之囿大也"①,切实施行"因权"的行为,是政治的大事:

> 明主不用其智,而任圣人之智;不用其力,而任众人之力;故以圣人之智思虑者,无不知也。以众人之力起事者,无不成也。能自去而因天下之智力起,则身逸而福多。乱主独用其智,而不任圣人之智;独用其力,而不任众人之力,故其身劳而祸多。②

> 心不为九窍,九窍治;君不为五官,五官治。为善者,君予之赏;为非者,君予之罚。君因其所以来,因而予之,则不劳矣。圣人因之,故能掌之。因之修理,故能长久。③

> 明主之治天下也,静其民而不扰,佚其民而不劳。不扰则民自循,不劳则民自试。④

对统治者而言,虽然个人的智慧、力量是非常有限的,但这并非政治的有限,因为仍然存在着走向政治无限的门径;如果能够因任天下的智慧来认知的话,那么在认知的道路上就不存在客观而真实的障碍即"无不知";如果能够因任民众的力量来举事的话,那么在事业的大道上,就不会有真实的阻障即"无不成"。因此,能否保持因任行为的顺畅,是政治"明乱"的分界;能否"自去"自己的智力,就成为"明主"和"乱主"的分水岭。这里没有深奥的道理,它仿佛人在生理构造上具有"九窍",人虽然从来不对"九窍"做什么,但"九窍"都能发挥各自的功能而正常运转一样;君主与"五官"的关系,也似人与"九窍"的关系,只要"因其所以来",给予相应的赏罚就行,

---

①　《管子·轻重甲》,(清)黎翔凤撰:《管子校注》,中华书局 2004 年版,第 1413 页。
②　《管子·形势解》,(清)黎翔凤撰:《管子校注》,中华书局 2004 年版,第 1187 页。
③　《管子·九守》,(清)黎翔凤撰:《管子校注》,中华书局 2004 年版,第 1044 页。
④　《管子·形势解》,(清)黎翔凤撰:《管子校注》,中华书局 2004 年版,第 1170 页。

自己始终处在"不劳"的境地,而且能够实现长久。所以,只有"因之",才能"掌之",也就是说,只有因循它,才能最后掌控它,这叫"因之修理,故能长久"。

应该注意的是,我虽然在这里使用了"掌控"这一概念,但这绝对不是动机上的行为选择和追求,而是来自因循客体行为而带来的客体对主体行为的回报和肯定,是效果上的自然效应,与《老子》所说的"后其身而身先""外其身而身存"(《老子》7 章)的情况基本是相同的,"身先""身存"正是由"后其身""外其身"的行为选择和追求所带来的自然结果。总之,"掌之"效果的实现,必须在"静其民""佚其民"的轨道上来贯彻进行;"静其民"就是对民众"不扰",这样民众就能按照自己本性的声音来行为即"自循";"佚其民"就是使民众"不劳",民众在逸乐的境遇里,就能够充分发挥自己的潜能而实现社会的功用即"自试"。而"静其民""佚其民"的行为,在根本的意义上,就是"无事"即不偏执地按照自己的主观意愿来一味举事。最后,不能忽视的是,《管子》在此圣人与众人的意识非常浓,前者以智慧为象征,后者则以体力为标的,我们应该结合当时的时代来全面看待这个问题,任何全面肯定或否定的态度都是不可取的。

2."见利莫能勿就"

以上从外在的方面,讨论了要实现社会的长治久安,统治者必须因循而为,即依循民众的智力来施行政治行为的决策。就人而言,智力作为人的素质因子之一,它们本身不是先天决定的,离不开后天的开发,因此显示的是一个动态的过程,而且智力在多大的程度上能够得到发挥,也不是一个常量,其间存在着客观的变数。就此而言,它们具有外在的显性。这是《管子》在外在的方面给我们提供的为何因循的理由。其实,在《管子》的系统里,还装备着内在理由的设置,这就是对人性的规定。简单地说,就是"明主之动静得理义,号令顺民心……"①"顺民心"就是依顺民众的性情。这些运思主要有:

(1)"民之所生,衣与食"。《管子》以人的基本需要为人性的主要内容:

> 夫民之所生,衣与食也。食之所生,水与土也。所以富民有要,食民有率。率三十亩而足于卒岁,岁兼美恶,亩取一石,则人有三十石。

---

① 《管子·形势解》,(清)黎翔凤撰:《管子校注》,中华书局 2004 年版,第 1172 页。

　　果蓏素食当十石,糠秕六畜当十石,则人有五十石。布帛麻丝,旁入奇利,未在其中也。故国有余藏,民有余食……故善者必先知其田,乃知其人,田备然后民可足也。①

吃饭和穿衣是民众的"所生","所生"表示的是生活、生存、生命的保证和所在,这是人性的基础。显然,这里强调的是人的自然需要。

　　(2)"见利莫能勿就,见害莫能勿避"。另一方面,人性还具有就利避害的特性:

　　　　夫凡人之情,见利莫能勿就,见害莫能勿避。其商人通贾,倍道兼行,夜以续日,千里而不远者,利在前也。渔人之入海,海深万仞,就彼逆流,乘危百里,宿夜不出者,利在水也。故利之所在,虽千仞之山,无所不上;深源之下,无所不入焉。故善者,势利之在,而民自美安,不推而往,不引而来,不烦不扰,而民自富。如鸟之覆卵,无形无声,而唯见其成。②

　　　　凡人之情,得所欲则乐,逢所恶则忧,此贵贱之所同有也。③

"就利""避害"是人的常情,没有什么能够阻止人性这一因子的驱动。譬如,商人夜以续日、不远千里地做生意,是因为有利可图的原因,即"利在前";渔人冒着生命危险出海打鱼,是因为能打到鱼而获取利益,即"利在水";所以,对人来说,只要存在利益,哪怕高山也"无所不上",即使深海也"无所不入"。

　　在人的系统里,"就利""避害"本身就是基本欲望之一,如果能够实现"就利"的欲望,人会觉得愉悦;如果"避害"不成反倒"逢所恶",则势必遭遇郁闷忧愁;这是人性的基本特征之一,无论人的地位如何即"贵贱之所同有"。因此,在"势利"面前,民众会形成"不推而往""不引而来""不烦不扰"的情势,而实现"自美安"和"自富";这里的"自"是自然的意思,不是自己的人为,仿佛"鸟之覆卵",是在"无形无声"的自然过程中显示功效的。

---

①　《管子·禁藏》,(清)黎翔凤撰:《管子校注》,中华书局2004年版,第1025页。
②　《管子·禁藏》,(清)黎翔凤撰:《管子校注》,中华书局2004年版,第1015页。
③　《管子·禁藏》,(清)黎翔凤撰:《管子校注》,中华书局2004年版,第1012页。

（3）"爱之则亲，利之则至"。人性不仅就利，而且"莫不欲利而恶害"①。在《管子》的心目中，理想的统治者即"明主之使远者来而近者亲也，为之在心；所谓夜行者，心行也。能心行德，则天下莫能与之争矣"②，"心行"也就是心术，其关键是以"德"为依归来施行日常的行为。具体而言，就是依据人的本性让民众最大限度地实现自身的价值，这是一个人自身本性客观外化的过程，所以，尊重本性的特征行事才是"行德"的基点和全部内容。具体而言，

> 民，利之则来，害之则去。民之从利也，如水之走下，于四方无择也。故欲来民者，先起其利，虽不召而民自至。设其所恶，虽召之而民不来也。③

人对利益的欲望，仿佛水向低的地方流淌一样，不可阻挡。人性具有追求利益满足的方面，这是客观的存在，无视乃至轻视都是有失智慧的举措。可行的选择是"设利以致之"④，这是基于"欲利而恶害"轨道而得出的明智决策；对统治者而言，要使民众向往你的统治，就必须"先起其利"。换言之，确立利于民众的措施，而废除危害民众的东西，这样势必"不召而民自至"。这种不以统治者意志为转移的行为，由于是以民众的本性为决策依据的，所以，对民众是自然的，因此称为"无为"。

事实上，对统治者而言，仅仅局限在满足民众利益这一点上，只能在数量上聚集民众，而民众能量能否充分发挥，至此仍然是一个未知数。所以，

---

① 《管子·版法解》，（清）黎翔凤撰：《管子校注》，中华书局 2004 年版，第 1205 页。详细参考"民之情，莫不欲生而恶死，莫不欲利而恶害"（《管子·形势解》，（清）黎翔凤撰：《管子校注》，中华书局 2004 年版，第 1169 页）、"凡人者，莫不欲利而恶害。是故与天下同利者，天下持之；擅天下之利者，天下谋之。天下所谋，虽立必隳；天下所持，虽高不危。"（《管子·版法解》，（清）黎翔凤撰：《管子校注》，中华书局 2004 年版，第 1205 页）这里提出了"与天下同利"和"擅天下之利"的问题。"同利"的行为是双赢的运思，行为主体自己与他人处在互动的关系整体世界里，自身的价值实现必须与满足他人利益需要为前提，自身的确证在他人的存在之中，所以，自身联动着整体社会天下，没有来自天下社会方面危险的担心，始终处在安全的境界；"擅利"的行为是没有价值实现的无效益或负效益行为，行为主体仅仅追求一己利益满足的运思，自己虽然处在社会关系之中，但是无视他人利益满足需要的基本事实，把他人作为无足轻重的存在，或者仅仅具有工具价值的存在物，自己与社会天下是分裂异化的，而自身始终处在孤立无援的境地，而且危险在即刻之中，这是因为他把自己与他人严格区分，而且把自己当作他人的对立面，没有整体联系的视野，是褊狭短视的。

② 《管子·形势解》，（清）黎翔凤撰：《管子校注》，中华书局 2004 年版，第 1175 页。

③ 《管子·形势解》，（清）黎翔凤撰：《管子校注》，中华书局 2004 年版，第 1175 页。

④ 《管子·版法解》，（清）黎翔凤撰：《管子校注》，中华书局 2004 年版，第 1203 页。

还必须辅之以"爱"：

> 凡众者,爱之则亲,利之则至。是故明君设利以致之,明爱以亲之。徒利而不爱,则众至而不亲。徒爱而不利,则众亲而不至。爱施俱行,则说君臣,说朋友,说兄弟,说父子。爱施所设四,固不能守。①
>
> 莅民如父母,则民亲爱之。道之纯厚,遇之有实。虽不言曰吾亲民,而民亲矣。莅民如仇雠,则民疏之。道之不厚,遇之无实,诈伪并起,虽言曰吾亲民,民不亲也。故曰:亲近者,言无事焉。②

"利之则至"昭示的是利益可以使人聚集到一起,但是,聚集到一起以后,如果形不成亲和力或凝聚力,就毫无实际的意义即"徒利而不爱,则众至而不亲"。而在亲和力的培养方面,"爱"的行为是有效的即"爱之则亲",所以,应该"明爱以亲之",这是基于"亲戚之爱"是人性需要轨道而得出的理性选择③。所以,"爱""利"必须互相配合,才能使君臣、朋友、兄弟、父子等都得到愉悦,才能实现安定的局面,不然不是"众至而不亲",就是"众亲而不至"。两者是互为表里的,"爱"显示的是"道之纯厚","利"显示的是"遇之有实",在客观的效应上,显示的是"民亲",而这一切得以实现的形上基础就是"无事"。

　　总之,对统治者而言,最重要的是依据人的本性的特征来进行行为的决策,即"民之所利,立之;所害,除之"④,最后实现"民人从"⑤的效应。在此应该引起注意的是,《管子》在人的本性问题对策上所坚持的"无为"和"无事"的方针,显然是对道家自然无为思想的继承。当然,我们绝对不能把《管子》简单地理解为与儒家类似的仅仅重视人的事务,而无视宇宙万物整体性运思的学派。应该说,在整体上,其视野是万物的,这里讲人性,主要是

---

① 《管子·版法解》,(清)黎翔凤撰:《管子校注》,中华书局 2004 年版,第 1203—1204 页。

② 《管子·形势解》,(清)黎翔凤撰:《管子校注》,中华书局 2004 年版,第 1175 页。

③ 《管子》有"亲戚之爱,性也"(《侈靡》,(清)黎翔凤撰:《管子校注》,中华书局 2004 年版,第 721 页)的论述,把"亲戚之爱"作为人性,这重在从血缘自然的方面切入问题,而不是跟儒家那样,把"仁"规定为"爱人"(《论语·颜渊 22》),不是一般的爱人,而是"亲亲,仁也"(《孟子·告子下 3》)、"仁之实,事亲是也"(《孟子·离娄上 27》)式的爱人,也就是说,仁是围绕人的血缘性关系而具体展开的。在操作实践上,它的实质就是"事亲",即侍奉亲族。在侍奉的方式上,以"爱"为切入口。如果从爱人就是"仁"的设定出发,这里自然也可以得出与儒家一样的《管子》人性善的结论,这是问题的另一个方面,大家可以思考。

④ 《管子·幼官》,(清)黎翔凤撰:《管子校注》,中华书局 2004 年版,第 177 页。

⑤ 《管子·幼官》,(清)黎翔凤撰:《管子校注》,中华书局 2004 年版,第 177 页。

以人为例子来具体说明问题,而且有偏重说明政治管理问题的考虑,"是以为人君者,坐万物之原,而官诸生之职者也。选贤论材,而待之以法;举而得其人,坐而收其福,不可胜收也"①,就是具体的佐证。

三、"顺人心"的对象论

选择因循行为的根由在本性,人的本性虽然具有"欲利"和"恶害"的特性,但这是客观的生物性特征,是不可抗拒的渊薮,人只有在这些欲望得到满足以后,其潜能才能产生喷发的前提条件;人的能量的喷发、能力的充分涌流只有成为客观事实,社会的整合力才能增强,社会整体的发展才有契机和希望,而这一切的实现正是因循行为价值实现的必然前提。因此,因循在解决了为何的问题以后,为因循行为进入实践操作程序设置了必要的条件。

因循行为一旦进入实践过程,首先遇到的问题就是"因循何物"? 换言之,因循以什么为自身行为的对象,这个问题不显性化,即使对为何因循有最经典的理解也将毫无意义。这里的空间也正是为这个准备的。

众所周知,重视"三才"问题的冥思与探讨,是中国哲学家的共同特征之一,史学大师司马迁对此有精当的总结:"臣谨案诏书律令下者,明天人分际,通古今之义,文章尔雅,训辞深厚,恩施甚美。"②《管子》也不例外,诸如"圣人若天然,无私覆也;若地然,无私载也"③"效夫天地之纪"④,人是天地中的一个存在,在宇宙中,最为关键的是保持关系的和谐平衡,即"故春仁,夏忠,秋急,冬闭,顺天之时,约地之宜,忠人之和。故风雨时,五谷实,草木美多,六畜蕃息,国富兵强,民材而令行,内无烦扰之政,外无强敌之患也"⑤,这里,"顺天之时""约地之宜"是"忠人之和"的前提条件,需要略加解释的是,"约地之宜"的"约",是和约的意思,和约是在人与地之间进行的,所以,包含着两个方面因素的考虑,尤其对人而言,不能无视"地之宜"的客观因素的存在,和约是人与地互作共存的和谐景象。"顺天之时"和"约地之宜"的综合意思,就是要求人尊重天地自然的因素,不能无视,应该在顺从天地规律的前提下,求得人与自然之间的和谐,这样才能达到"忠人之和",这里的"忠"实际就是"中",属于同音假借。毫无疑问,"人之和"的

---

① 《管子·君臣上》,(清)黎翔凤撰:《管子校注》,中华书局 2004 年版,第 554 页。
② (汉)司马迁撰:《史记》,中华书局 1982 年版,第 3119 页。
③ 《管子·心术下》,(清)黎翔凤撰:《管子校注》,中华书局 2004 年版,第 778 页。
④ 《管子·白心》,(清)黎翔凤撰:《管子校注》,中华书局 2004 年版,第 794 页。
⑤ 《管子·禁藏》,(清)黎翔凤撰:《管子校注》,中华书局 2004 年版,第 1018 页。

基础是人与自然的和谐,只有保证自然的和谐,人的丰衣足食才有希望,没有丰衣足食,根本谈不上"人之和"。

应该说,管子法家昭示我们的是一幅宇宙整体观的图画,整体无疑是由众多个体组成的,但整体不是个体的机械和合,而是一种整合,整合意味着互动联系性的客观性和重要性。换言之,每个个体只有在互动联系性的良性运作中才能发挥自己的价值,而互动联系性的驱动本身就离不开每个个体本身能量的发挥,这就是真正的互动。显然,这种思想与道家是非常相像的,其实这也是道家和法家都推重因循的公因子之一。在宇宙整体的视野里,管子法家因循的对象首先是万物,而人是万物中的必然存在因子,"清神生心,心生规,规生矩,矩生方,方生正,正生历,历生四时,四时生万物。圣人因而理之,道偏矣"①,就是具体而典型的佐证之一,这里的"清神"→"心"→"规"→"矩"→"方"→"正"→"历"→"四时"→"万物",是一个互相联系、环环相扣的链子。圣人"因而理之"行为的对象,不是别的,正是"万物",圣人自然是万物之一。

作为因循对象的万物,在广义上,包含着万事万物的理解,但如果以人为考量的基点,实际上包含着内外两个方面。内在的方面,就是万物的本性;外在的方面,则包括人以外的他物、他者。以下试从内外的进程向度来具体究明因循何物的问题。

1."因 人 之 情"

就人自身而言,作为万物之一的存在,也包括内外两个方面。

(1)"因人之情"。在上面关于为何因循的析理中,曾经讨论到在《管子》看来,本着人性"欲利""恶害"的特性来调控人的实践活动,是激发人能力的唯一最佳手段。而在具体的层面上,社会的管理不仅需要具体的政策执行者,还需要执行所参照的规则,这规则在中国哲学文化里的术语就是"礼",这"礼"作为后天的产物,它的形成以什么为准则,也是一个不得不考量的问题,在《管子》这里,

> 礼者,因人之情,缘义之理,而为之节文者也。故礼者,谓有理也。理也者,明分以谕义之意也。故礼出乎义,义出乎理,理因乎宜者也。法者所以同出,不得不然者也。故杀僇禁诛以一之也。故事督乎法,法出乎权,权出乎道。道也者,动不见其形,施不见其德,万物皆以得,然

---

① 《管子·轻重己》,(清)黎翔凤撰:《管子校注》,中华书局 2004 年版,第 1529 页。

莫知其极。①

　　审合其声,修十二钟,以律人情。人情已得,万物有极,然后有德。②

人的情感是因循的对象,这里虽然是讨论"礼""义""法""权""道"的相互关系的,但"因人之情"的结构,"人之情"是动词"因"的宾语,这是应该明确的。因循行为体现的是"道"的精神,虽然行为不留任何痕迹,但是,"万物皆以得",万物即使获得了自身的发展,可是仍然不知道其中的缘由即"莫知其极"。在根本的意义上,"礼"是一种"有理",而"理"本身则是"因乎宜",体现的是适宜的特征。在人性的平台上来理解"礼"的"有理",就是"礼"必须适宜人的性情之度。因此,只有依归人的性情的适宜度,才能营构起具有活力的"礼",这样的"礼"才是民众愿意自觉遵守的。

　　"律人情"就是依法人情的意思,这是对音乐的基本要求;聆听音乐,如果能够得到性情的愉悦和满足,人就生活在符合物理生活的轨道上,这样才能获得"有德"。但是,人的性情是变化,需要调控。《管子》说:

　　　　凡人之情,得所欲则乐,逢所恶则忧,此贵贱之所同有也。近之不能勿欲,远之不能勿忘,人情皆然,而好恶不同,各行所欲,而安危异焉,然后贤不肖之形见也。夫物有多寡,而情不能等。事有成败,而意不能同。行有进退,而力不能两也。故立身于中,养有节。宫室足以避燥湿,饮食足以和血气,衣服足以适寒温,礼仪足以别贵贱……不作无补之功,不为无益之事。③

如果自己欲想的东西能够得到满足,就一定快乐;如果遭遇上自己厌恶的东西,就势必忧愁万分,这是人之常情,是"贵贱之所同有";不仅如此,而且欲望的满足是无止境的,即"近之不能勿欲,远之不能勿忘";这是人情之必然。人之间的"好恶"是不一样的,如果个人独自行进在自己"所欲""所恶"的轨道上,那势必出现不同的结果即"安危异",因为,现实生活中的人是相异的,这种相异不是自然生理方面的差异,主要是人格方面的不同,正是人格的不同,带来了在"所欲""所恶"问题上的不同对策。显然,贤人在

---

① 《管子·心术上》,(清)黎翔凤撰:《管子校注》,中华书局2004年版,第770页。
② 《管子·五行》,(清)黎翔凤撰:《管子校注》,中华书局2004年版,第860页。
③ 《管子·禁藏》,(清)黎翔凤撰:《管子校注》,中华书局2004年版,第1012页。

"所欲""所恶"的问题上实践的结果是"安",而不肖者在这个问题实践的结果是"危";不同对策的选择,使不同人格的人在有限的社会生活里,在具体的"情""意""力"等方面,显示出鲜明的差异。所以,人存在于具体的生活境遇里,在育养等问题上存在着关节点即"养有节"。

关于"养有节"的问题,《管子》使用了四个"足",即"宫室足以避燥湿""饮食足以和血气""衣服足以适寒温""礼仪足以别贵贱",前三者都是基本生活的问题,最后才是道德问题。它昭示着一个强大的信息,就是人只有在基本生活得到满足以后,才能免于非分之想,即"不作无补之功,不为无益之事",满足基本生活需要是使人意气稳定的保证;对人来说,只有意气稳定,才能不执着于情欲的追求,并使耳目保持在合理的境地或状态上,从而远离争夺和怨怒。显然,这里强调了通过满足人的欲望来达到调节人对利益追求的目的的理念。而且,在人性上,人本身就存在追求满足的倾向。

(2)"顺人心"。在政治的运作上,必须以依顺民心为规则。

首先,"顺人心,安情性"。《管子》说:

> 夫民别而听之则愚,合而听之则圣。虽有汤武之德,复合于市人之言,是以明君顺人心,安情性,而发于众心之所聚。是以令出而不稽,刑设而不用。先王善与民为一体。与民为一体,则是以国守国,以民守民也。然则民不便为非矣。①
>
> 政之所兴,在顺民心;政之所废,在逆民心。民恶忧劳,我佚乐之;民恶贫贱,我富贵之;民恶危坠,我存安之;民恶灭绝,我生育之。能佚乐之则民为之忧劳,能富贵之则民为之贫贱,能存安之则民为之危坠,能生育之则民为之灭绝。故刑罚不足以畏其意,杀戮不足以服其心。故刑罚繁而意不恐,则令不行矣。杀戮众而心不服,则上位危矣。故从其四欲,则远者自亲;行其四恶,则近者叛之,故知予之为取者,政之宝也。②

社会是人的共同体,国家是民众的国家,不是君主的私有财产,所以,联合一切力量来进行治理是最为明智的举动。一切行为举措依归于"众心之所聚",这是顺从民心的最现实的表现,能收到"安情性"的功效,这是"与民为一体"的表现,能这样的话,刑罚等也就没有使用的必要了,这是真正的利

---

① 《管子·君臣上》,(清)黎翔凤撰:《管子校注》,中华书局2004年版,第565—567页。

② 《管子·牧民》,(清)黎翔凤撰:《管子校注》,中华书局2004年版,第13页。

用现实条件来进行治理的表现，即"以国守国，以民守民"。由于民众是国家的主人，所以，一个国家政治兴旺的玄机，就在于"顺民心"，违逆民心，只能走向废弃的境地；在人的生物性上，"佚乐""富贵""存安""生育"，都是人所欲望的，称为"四欲"，"忧劳""贫贱""危坠""灭绝"，都是人所厌恶的，称为"四恶"；对统治者而言，如果能满足民众的"四欲"，那民众必然能够为自己"忧劳""贫贱""危坠""灭绝"，即牺牲他们的一切利益来维护社会的稳定，客观上就会呈现"远者自亲"的景象；如果施行"四恶"，正好跟人性背道而驰，就会出现"近者叛之"的残局；能够领会这个道理，可谓政治的法宝，这些是刑罚等手段无法实现的。

其次，"顺民之功力"。依顺民心固然重要，依顺民之功力也不能忽视。

> 出国，司徒令命顺民之功力，以养五谷。君子之静居，而农夫修其功力极。然则天为粤宛，草木养长，五谷蕃实秀大，六畜牺牲具，民足财，国富，上下亲，诸侯和。①

"顺民之功力，以养五谷"，说明的是根据民众的实际力量来进行农业生产的安排，不能超过民众的力量来要求；所以，在外在的形式上，统治者是自然无为的样态即"君子之静居"，民众在宽松的氛围里，反倒能够极力事功，加上自然条件的辅助，最终实现"民足财""国富"，一片祥和的景象。

民心、民力是内在两个方面事务，不能偏废，这是应该注意的。

（3）"听必顺闻"。因循在视听的方面，也有具体的规定。

> 譊充，言心也，心欲忠。末衡，言耳目也，耳目欲端。中正者，治之本也。耳司听，听必顺闻，闻审谓之聪。目司视，视必顺见，见察谓之明。心司虑，虑必顺言，言得谓之知。聪明以知则博，博而不惛，所以易政也。政易民利，利乃劝，劝则告。听不审不聪，不审不聪则缪。视不察不明，不察不明则过。虑不得不知，不得不知则昏。②

耳朵的职能是用来听的即"耳司听"，但听也不是随意而行的，必须"顺闻"，即依顺自己亲耳听到的，并加以具体的审察来辨别真假，这是聪慧的表现即"闻审谓之聪"；眼睛的职能是用来看的即"目司视"，看不是没有任何限制

---

① 《管子·五行》，（清）黎翔凤撰：《管子校注》，中华书局2004年版，第874页。
② 《管子·宙合》，（清）黎翔凤撰：《管子校注》，中华书局2004年版，第230页。

的,必须"顺见",即依顺自己亲眼看到的,并加以考察来进行具体的取舍,这才是明智的行为即"见察谓之明";心的职能是用来思考的即"心司虑",但不是可以随便而行的,必须"顺言"依顺对同一问题的文字记载,并加上自己的辨别和思考,只有那些在现实生活中能够产生作用的记载才是有用的,这是知性的行为即"言得谓之知"。

只有"审"才能"聪","不审""不聪"则走向谬误;只有"察"才能"明","不察""不明"则走向过失;只有"得"才能"知","不得""不知"则走向昏聩。显然,依顺闻见等非常重要。这里有强调亲身实验的意思,必须依据第一手材料,不能凭借道听途说,对我们今天的建设仍然具有一定的积极意义。同时,不得不指出的是,这里主要是针对统治者而立论的,是一种政治的谋略,暂且放在这里讨论。

(4)"因三老里有司伍长案行之"。就社会的动态管理系统而言,社会秩序的整治是通过一系列的机构来完成的,每一机构代表一个社会角色,整个社会的管理就是通过角色链来完成的。就统治者而言,本人无法事事躬亲,必须依靠社会的角色链来完成整治,这就是依顺社会角色来实行管理。

> 与三老里有司伍长行里,因父母案行阅具备水之器。以冬无事之时,笼畚板筑各什六,土车什一,雨華什二,食器两具,人有之。锢藏里中,以给丧器。后常令水官吏与都匠,因三老里有司伍长案行之,常以朔日始出具阅之,取完坚,补弊久,去苦恶。①

"三老"是长老的意思;"里有司"即"里"之"有司",是里的长官的意思;"伍长"的"伍"是五家为"伍"的意思,"伍长"就是五家的负责人;"因"是因顺、顺应的意思。"因父母案行阅具备水之器"是顺应父母的方案而一起视察备水之器的意思,"因三老里有司伍长案行之"是因顺三老、里有司、伍长的方案而实行之的意思。换言之,就是依顺地方行政组织来实行具体的治理。因为三老、里有司、伍长是地方的具体表率,这样可以保证具体的整治措施贴切到位,使民众"应其赏而服其罚",在这样的氛围里,民众就能够养成公心即"民不比"②。

综上所述,因顺在人的方面,首先是必须依据人的内在性情来运思决定社会整治的具体方案,其次是凭借人的社会角色系统的力量来实行动态的

---

① 《管子·度地》,(清)黎翔凤撰:《管子校注》,中华书局2004年版,第1059页。
② 《管子·度地》,(清)黎翔凤撰:《管子校注》,中华书局2004年版,第1064页。

社会治理,这两个方面的整合就是以人为对象的因循行为的全部内容。

2."因天地之道"

在人之外的思维视野里,管子法家认为因循天地自然之道的功效无限。他说:

> 天道之极,远者自亲;人事之起,近亲造怨。万物之于人也,无私近也,无私远也,巧者有余,而拙者不足。其功顺天者天助之,其功逆天者天围之。天之所助,虽小必大;天之所围,虽成必败。顺天者有其功,逆天者怀其凶,不可复振也。①

依顺天道,功效无限即"顺天者天助之";违逆天道,凶险无限即"逆天者天围之"。所以,依顺和违逆是成败的分界线。下面详细加以讨论。

(1)"因天地之形"。在管子法家看来,天地宇宙并非毫无规则的混沌,而是有规则的,这些规则主要体现为"三常"。《管子》说:

> 天不一时,地不一利,人不一事,可正而视,定而履,深而迹。夫天地一险一易,若鼓之有桴,擿击则铛。天地万物之橐,宙合有橐天地。②
> 天有常象,地有常刑,人有常礼,一设而不更,此谓三常。兼而一之,人君之道也。分而职之,人臣之事也。君失其道,无以有其国。臣失其事,无以有其位。然则上之畜下不妄,而下之事上不虚矣。③

天地是万物生活的家园,人是万物之中的一个存在,因此,天地人都具有各自的"常",即天的"常象"、地的"常形"和人的"常礼",合起来就是"三常";之所以称为"常",是因为"一设而不更",即不变而常。毫无疑问,人的"常礼"是对天的"常象"、地的"常形"的依顺;换言之,天的"常象"、地的"常形"是人的"常礼"的基础和生命力之所在。在人的社会,只要按照"常礼"并采取"分而职之"的方法来进行管理,就可以使社会走向殷实而避免虚妄。这是一个方面。另一方面,"常"还体现在不同的对象上面,"三常"对万物都是一视同仁的,所以,在天地人那里,不存在"一时""一利""一事"

---

① 《管子·形势》,(清)黎翔凤撰:《管子校注》,中华书局2004年版,第43—44页。
② 《管子·宙合》,(清)黎翔凤撰:《管子校注》,中华书局2004年版,第206页。
③ 《管子·君臣上》,(清)黎翔凤撰:《管子校注》,中华书局2004年版,第550页。

的情况,对一切对象都是公平的。

也就是说,这里不是抽象地谈天道、地道,其间贯穿一个现实的功利动机,就是以此来演绎人道。也就是说,天道、地道只有切实融入人的生活,才有实际的价值意义,这就是以天道明人道。《管子》说:"立政出令,用人道。施爵禄,用地道。举大事,用天道"①、"不务天时,则财不生;不务地利,则仓廪不盈。野芜旷,则民乃菅;上无量,则民乃妄。"②在人类现实社会世界,其秩序的有常,离不开人道、地道、天道的合理利用;"务天时"可以生财,"务地利"则可以实仓廪,这些都是人的生存不可缺乏的。换言之,我们历来说,天时、地利、人和就是这个意思,三者的关系虽然是相互的,但是,在更为深层和理性的意思上,毫无疑问,天时、地利是人和的前提和条件,天时、地利代表的是自然的方面,人和是人的方面,人的世界需要依归自然世界规则而行为。显然,《管子》强调的是这个方面。

正是在这样的哲学运思下,《管子》提出"万世之国,必有万世之实,必因天地之道"③,"因天地之道"是带来"万世之实"的关键,"实"是殷实、丰实的意思,与上面提到的虚妄是完全相悖的。具体而言,"因天地之道"就是因循天地之自然的意思:

> 天因人,圣人因天……人事不起,勿为始。慕和其众,以修天地之从。人先生之,天地刑之,圣人成之,则与天同极。正静不争,动作不贰,素质不留,与地同极。未得天极,则隐于德。已得天极,则致其力。既成其功,顺守其从,人不能代……毋亡天极,究数而止。事若未成,毋改其刑,毋失其始……死死生生,因天地之形。④
>
> 天地之形,圣人成之。小取者小利,大取者大利。尽行之者有天下。⑤
>
> 桓公曰:愿闻水害。管仲对曰:水有大小,又有远近。水之出于山而流入于海者,命曰经水。水别于他水,入于大水及海者,命曰枝水。山之沟,一有水,一毋水者,命曰谷水。水之出于他水沟,流于大水及海者,命曰川水。出地而不流者,命曰渊水。此五水者,因其利而往之可

---

① 《管子·霸言》,(清)黎翔凤撰:《管子校注》,中华书局2004年版,第473页。
② 《管子·牧民》,(清)黎翔凤撰:《管子校注》,中华书局2004年版,第3页。
③ 《管子·侈靡》,(清)黎翔凤撰:《管子校注》,中华书局2004年版,第714—715页。
④ 《管子·势》,(清)黎翔凤撰:《管子校注》,中华书局2004年版,第885—886页。
⑤ 《管子·势》,(清)黎翔凤撰:《管子校注》,中华书局2004年版,第886页。

也,因而扼之可也。①

"因天"也就是"因天地之形",即"因天之固"②,因循天地之自然来养育民
众,天地之自然孕育着"万世无穷之利"③。对统治者而言,社会秩序的整
肃,必须依靠人事,不能凭借主观想象来先入为主,即"勿为始"。所以,合
理的做法是勉励偕同民众一起,"以修天地之从",切实体认天地的自然规
律,领略天地极限的奥秘,如果不能如此,那只能"隐于德",即隐遁自修其
德。一旦对天地规律有精当的认知,那就应该把它运用到造福社会的事业
之中,即"致其力"。无论事业成功与否,都应该顺守天地之道,"究数而
止",绝对不能以人的主观臆想来代替天地之道。圣人就是在因顺"天地之
形"而成就具体的事务,所以没有不成功的;因循法则,大小者无不利,正是
在这里展现出圣人的智慧和力量。

　　在古代,水害是人们最为熟悉的灾害之一,大禹治水的故事不仅广为流
传,而且为人们所赞不绝口。管子这里区分了"经水""枝水""谷水""川
水""渊水"五个种类,尽管具体的情势相异,但我们应该采取的对策都是
"因其利而往之""因而扼之";"因其利而往之"是依顺其有利的特点而让
水自然流淌,"因而扼之"的"扼",是掐住、堵住的意思,用我们今天的话来
讲,就是依据地形让水绕道走,显然这一行为的依据也是"利",只有这样才
能得出"可"的价值判断。

　　必须引起注意的是,在本质的意义上,因循虽然是自然而然的行为,但
管子法家没有机械地使用因循的概念,没有把它当成完全被动的行为来设
定,而是把天地之形与人类的利益结合起来进行考量,把利益作为因循行为
价值判断的标准,这里的利益不仅仅是人类单方面的利益,还包含天地自然
的利益的意思,这是不能忽视的。

　　(2)"善因天时,辩于地利"。《管子》强调"精时者,日少而功多"④;能
够精当地应对时顺、时化的人,就能够收到事少功倍的效果;显然,功倍来源
于时顺、时化所持有的自然功力。"精时"的运思主要包括以下几个方面:

　　首先,"和时节"。《管子》认为,"若因夜虚守静,人物则皇。五和时节,
君服黄色,味甘味,听宫声,治和气……坦气修通"⑤;"和时节"离不开修治

①　《管子·度地》,(清)黎翔凤撰:《管子校注》,中华书局2004年版,第1054页。
②　《管子·度地》,(清)黎翔凤撰:《管子校注》,中华书局2004年版,第1051页。
③　《管子·度地》,(清)黎翔凤撰:《管子校注》,中华书局2004年版,第1051页。
④　《管子·霸言》,(清)黎翔凤撰:《管子校注》,中华书局2004年版,第469页。
⑤　《管子·幼官》,(清)黎翔凤撰:《管子校注》,中华书局2004年版,第135页。

即"治和气",经过"治和气",最后才能达到"坦气修通"的境地。

其次,"因天时"。实际就是因循时顺、时化而行为的意思,"泾水十二空,汶渊洙浩满三之于,乃请以令,使九月种麦,日至日获,则时雨未下而利农事矣……故此所谓善因天时,辩于地利,而辟方都之道也。"①农事的安排一定要依顺天时、地利来规划和行动,以"利农事"为唯一的标准。

再次,"使之以时"。其实,因循时顺、时化而行为,不仅仅局限在纯粹自然的方面,还包括对人自身因顺时顺、时节的意思在里面。

　　昔先王之理人也,盖人有患劳,而上使之以时,则人不患劳也。人患饥,而上薄敛焉,则人不患饥矣。人患死,而上宽刑焉,则人不患死矣。如此而近有德而远有色,则四封之内视君其犹父母邪！四方之外,归君其犹流水乎！②

　　是以圣人之治也,静身以待之,物至而名自治之……则圣人无事。不可常居也……随变断事也,知时以为度。③

统治者"理人"时的"使之以时",对人的生养是非常重要的,因为在人性的层面,具有"患劳"的情愫,如果处理不好,自然对人内在力量的发挥造成直接影响,如果社会的统治者能够恰到好处地使用民众,即"自治之",民众就不会有"患劳"情愫的产生,在客观的效果上也会归向君主,仿佛"犹流水"的效应。统治者本人,显示的是"无事"的特色。"无事"自然不是什么事情都没有,而是没有同一的成事陈式的意思。陈式代表的是不变,所以,《管子》是反对的,"常居"就是相异于变化的方式,所以在价值判断上是"不可",必须因循时变来裁定具体的行为,以时变为行为的法度。所以,要使民众持有安定的生活,关键是观察把握好时机即"静民观时,待令而起"④。

最后,"因而为当"。在时顺、时节的问题上,唯一的方法就是依顺,但里面并非一个简单的行动就能解决问题的,不得不考虑的因素就是"当","当"本身是一个价值判断层面的问题,《管子》虽然没有明确地标示判断"当"的价值标准,但有一点是明确的,就是听从天道自然的声音,而不主观有为。它说:"天时不作,勿为客……成功之道,嬴缩为宝……嬴嬴缩缩,因

---

① 《管子·轻重乙》,(清)黎翔凤撰:《管子校注》,中华书局2004年版,第1455页。
② 《管子·戒》,(清)黎翔凤撰:《管子校注》,中华书局2004年版,第513—524页。
③ 《管子·白心》,(清)黎翔凤撰:《管子校注》,中华书局2004年版,第789页。
④ 《管子·势》,(清)黎翔凤撰:《管子校注》,中华书局2004年版,第886页。

而为当。"①"天时"的特征是自然，没有人为做作，所以称为"不作"，这是
"天时"本有的特征，自己是自己的主人，故称为"勿为客"，房玄龄注释为
"不因天时而动者，乃为客矣"。"赢缩"的本义是有余和不足，表示相反的
两种状态；如果作为动词，就是增加或缩小的意思，表示相对的两种行为。
如果转换视觉，我们也可以从一张一弛的角度来理解这个概念，正是从这个
意义上，房玄龄注释为"所谓时行则行，时止则止，其道乃著，故以为宝"，即
以时顺、时节为依归来裁定一张一弛的具体行为，这是成功之道。后面的
"赢赢缩缩"的意思也一样，采取"赢""缩"行为的时机在"因而为当"，即因
顺天时。

　　在《管子》中，社会的有序离不开实际的治理，国家的富裕则离不开对
时顺、时化的依顺，不然只能是痴人说梦，这就是"夫动静顺然后和也，不失
其时然后富，不失其法然后治。故国不虚富，民不虚治"②，"富"既包含着
作物的富裕，也包含着民众精力的充裕。

　　（3）"成功立事，必顺于理义"。除天道、天时是依顺的对象以外，还有
理义。《管子》中说：

　　　　成功立事，必顺于理义，故不理不胜天下，不义不胜人。故贤知之
　　君，必立于胜地，故正天下而莫之敢御也。③
　　　　是故别交正分之谓理，顺理而不失之谓道，道德定而民有轨矣……
　　公道不违，则是私道不违者也。行公道而托其私焉，寖久而不知，奸心
　　得无积乎？④

依顺理义是成就事业的基本条件和前提。"理"实际上就是"礼"即"别交正
分"，有礼就是有理，这是乘胜天下的法宝；"义"是取胜他人的法宝；能够依
顺理而行事并没有过失的就是"道"。贤明的君主，必定以理义来规范天
下，行公道而不行私法；如果在行公道的名义下而"托其私"，必然积聚"奸
心"，最后通向危亡之道，因为这是悖逆"理"的行为。

　　以上分析了因循何物的问题，在人的方面，既包括内在性情的因素，也
包括外在社会角色链的因子；在天的方面，既有天地之道的方面，也有天时
的因素；还包括在对人的治理时也必须注意"使之以时"的因素，这些方面

---

①　《管子·势》，（清）黎翔凤撰：《管子校注》，中华书局2004年版，第885—886页。

②　《管子·禁藏》，（清）黎翔凤撰：《管子校注》，中华书局2004年版，第1018页。

③　《管子·七法》，（清）黎翔凤撰：《管子校注》，中华书局2004年版，第117页。

④　《管子·君臣上》，（清）黎翔凤撰：《管子校注》，中华书局2004年版，第557—558页。

的整合,就是因循的全部对象。实际上,对人性情的因循,在精神实质上,是天道自然精神在人事上的使用,这是不能忽视的。

四、"得天之道,其事若自然"的调控准则论

在因循实践的推进过程中,虽然在前面的分析里,我们解决了因循何物即因循行为对象的问题,为因循行为的对象化完备了必要的前提条件。但是,在因循行为客体化实现的途径上,仅局限于此是远远不够的,尤其是在动态的实践进程中,会发生许多意想不到因素的影响乃至干扰,这自然就有一个如何调控的问题。调控行为的切实进行,不能没有依归的准则,而依归准则的不同选择,自然会带来不同因循实践的生机和效益。对此,《管子》法家也有自己精当的考量,这就是以"道"为调控的准则,实际上在上面分析到的"因天地之道"的"道",就是最好的佐证。作为调控准则"道"的内质,将通过以下几个方面来进行具体的展示。

1. 道"不见其形,不闻其声"

《管子》是在继承老子视"道"为看不到、听不见存在成果的前提下来把握"道"的。他说:

> 夫道者,所以充形也,而人不能固。其往不复,其来不舍。谋乎莫闻其音,卒乎乃在于心。冥冥乎不见其形,淫淫乎与我俱生……谓之道。[1]
>
> 凡道无所,善心安爱,心静气理,道乃可止……被道之情,恶音与声。修心静音,道乃可得。道也者,口之所不能言也,目之所不能视也,耳之所不能听也,所以修心而正形也。[2]
>
> 得天之道,其事若自然;失天之道,虽立不安。其道既得,莫知其为之;其功既成,莫知其泽之。藏之无形,天之道也。[3]

对人而言,"道"的形状是无法固定的,有去无回,来了也不停留;想象它又从来没有听见过它的声音,设法停止对它的思想却又留存在内心;隐隐约约

---

① 《管子·内业》,(清)黎翔凤撰:《管子校注》,中华书局2004年版,第932页。
② 《管子·内业》,(清)黎翔凤撰:《管子校注》,中华书局2004年版,第935页
③ 《管子·形势》,(清)黎翔凤撰:《管子校注》,中华书局2004年版,第42页。

看不到它的形状，却可以强烈地感受到它与我们一起共存；看不到它的形状，听不到它的声音，为了表述其实际的存在，我们就称它为"道"。"道"虽然没有固定的居所，但是，它一般停留在"善心安爱，心静气理"的地方，它的表现之一就是不喜欢"音与声"，因此，他人也自然就听不到它的声音。然而，只要"修心静音"，仍然可以体得"道"。总之，"道"既不能用言语来表达，又不能用眼睛来看，也不能用耳朵来听，但是"修心而正形"的依据。这里的"正形"，显然是正万物之形①。

2. "道之大如天，其广如地"

"道"虽然无形无声，但并不是完全不能把握，通过"修心静音"，还是可以体得的。所以，在《管子》看来，"道之大如天，其广如地，其重如石，其轻如羽，民之所以知者寡。故曰何道之近，而莫之与能服也。"②"天之道，满而不溢，盛而不衰。"③虽然天地到底有多大是无法确定的，但天地是具体而有限的，这一点是肯定的；在性质上，有时重，有时轻，这主要决定与"道"构成一个具体关系的物。换言之，"道"体现在羽毛那里就具有轻的特性，如果体现在石头那里就具有重的性质，这种特性在本质上就是"满而不溢，盛而不衰"；在本质上，"道"没有固定的形式，没有固定不变的性质。这些道理一般的民众是不知道的，所以，总认为"道"离我们很远。

显然，大小、广狭、轻重等都属于事实判断范畴，《管子》在此也着重从事实判断的视域来对"道"作具体的界定，即使用天地来比喻"道"，其有限中仍然蕴涵着无限性。"其重如石，其轻如羽"揭示了"道"的"无"特性，无法用具体形下的存在来比附"道"，这在一定程度上也昭示我们"道"的"无"特性具有相对性的价值意义。

3. "道也者，万物之要"

"道"虽然无法在形下的方面加以清晰的描绘，但是，"道"就在我们身边，与我们构成实在的世界。所以，"道"与万物有着非常密切的联系。这些联系，可以通过以下几个方面来加以把握。

（1）"四时生万物"。《管子》认为"夫天地一险一易，若鼓之有桴，摘挡

---

①　参见《内业》中'道'已经是内在经验的对象，由于情之静，精入体内，'气'按照道德上的正确道路自然流动"（［英］葛瑞汉著，张海晏译：《论道者：中国古代哲学论辩》，中国社会科学出版社 2003 年版，第 220—221 页）的观点。

②　《管子·白心》，（清）黎翔凤撰：《管子校注》，中华书局 2004 年版，第 810 页。

③　《管子·形势解》，（清）黎翔凤撰：《管子校注》，中华书局 2004 年版，第 1182 页。

则击。天地万物之橐,宙合有橐天地"①,万物来之于天地,"橐"的本义是风箱,这在《老子》那里就有用例②。它又说:"是故阴阳者,天地之大理也。四时者,阴阳之大径也"③、"天不动,四时云下,而万物化"④、"清神生心,心生规,规生矩,矩生方,方生正,正生历,历生四时,四时生万物。圣人因而理之,道徧矣"⑤。阴阳是天地的"大理",四时是阴阳的"大径"。换言之,天地是通过阴阳、四时展示和运作自己的;阴阳、四时的自然变化生养、化育了万物,"地生养万物,地之则也……地不易其则,故万物生焉"⑥,"地者,万物之本原,诸生之根菀也"⑦。天地是万物的本原,一切生命的"根菀"。天地自然而然,"不易其则",万物所以得到育养生长。

应该注意的是,《管子》看到了万物与天地、阴阳、四时间的自然关系,因为,万物随着阴阳、四时的变化而演绎着自身的消长过程,似乎有气生万物的意思。"四时生万物"的"生",主要是生养、化育的意思,而不是生育的意思。据此我们不难得出,《管子》是在本根论的意义上来认识天地与万物关系这一问题的,而不是发生论的角度,这是非常明显的。

(2)"道也者,万物之要"。在《管子》那里,天地最终为"道"所决定,这已经在上面昭然纸上了。所以,对万物而言,"道"就是自己之所以为自己的枢机:

> 道者,诚人之姓也,非在人也……道也者,万物之要也。⑧
>
> 大道可安而不可说。直人之言,不义不顾。不出于口,不见于色,四海之人,又孰知其则?⑨
>
> 虚者无藏也。故曰:去知则奚率求矣,无臧则奚设矣,无求无设则无虑,无虑则反复虚矣。⑩
>
> 天之道,虚其无形……偏流万物而不变。⑪

---

① 《管子·宙合》,(清)黎翔凤撰:《管子校注》,中华书局 2004 年版,第 206 页。

② 参见"天地之间,其犹橐籥乎? 虚而不屈,动而愈出。多闻数穷,不若守于中。"(《老子》5 章)

③ 《管子·四时》,(清)黎翔凤撰:《管子校注》,中华书局 2004 年版,第 838 页。

④ 《管子·戒》,(清)黎翔凤撰:《管子校注》,中华书局 2004 年版,第 510 页。

⑤ 《管子·轻重己》,(清)黎翔凤撰:《管子校注》,中华书局 2004 年版,第 1529 页。

⑥ 《管子·形势解》,(清)黎翔凤撰:《管子校注》,中华书局 2004 年版,第 1168 页。

⑦ 《管子·水地》,(清)黎翔凤撰:《管子校注》,中华书局 2004 年版,第 813 页。

⑧ 《管子·君臣上》,(清)黎翔凤撰:《管子校注》,中华书局 2004 年版,第 563 页。

⑨ 《管子·心术上》,(清)黎翔凤撰:《管子校注》,中华书局 2004 年版,第 759—760 页。

⑩ 《管子·心术上》,(清)黎翔凤撰:《管子校注》,中华书局 2004 年版,第 767 页。

⑪ 《管子·心术上》,(清)黎翔凤撰:《管子校注》,中华书局 2004 年版,第 770 页。

天曰虚,地曰静,乃不伐。絜其官,开其门,去私毋言,神明若存。纷乎其若乱,静之而自治。强不能偏立,智不能尽谋。物固有形,形固有名,名当谓之圣人。故必知不言无为之事,然后知道之纪。殊形异执,不与万物异理,故可以为天下始。①

"道"虽然与人不可分离,但人并不能支配"道",即"非在人",但真正精通"道"真谛的人,行为没有任何偏颇,就世俗对自己的反应,能够无动于衷,在语言、声色上不做任何的表现,所以,一般人也无法知道他们的行为之方;"道"是万物的要归即"要"。就其内质而言,它是"无虑"的,即"无求无设",正因为"无虑",所以能存在于虚静的境地。天地之道也是虚静而不炫耀于人的,所以,其精神和效用的大门公平地敞开于万物,而决不因为具体个物的不同而出现变化,是始终不渝即"不变"。② 也就是说,虽然在形式上"殊形异执",但在本质上始终是"不与万物异理",因为,万物本来就具有自己的"形",所以,可以成为天下的本源。圣人就是知道不言无为的事理,并娴熟"道之纪"真谛的人格存在。③

（3）"道者,扶持众物"。对万物而言,"道"不仅是宗要,是存在的依据,而且还直接是自己的辅助。《管子》说:

人之所失以死,所得以生也。事之所失以败,所得以成也。凡道无根无茎,无叶无荣。万物以生,万物以成,命之曰道。④
道者,扶持众物,使得生育而各终其性命者也。⑤

"道"是人生命的活力,是事成败的缘素,人和事都不能离开"道"的作用。在形式上,它本身虽然无根由,却是天地万物之根。⑥ 所以,万物得以生成,由于它能生成万物,所以就称其为"道"。不能忽视的是,"万物以生,万物以成",自然是万物所获得的生成,但是万物在各自本性轨道上所能获得的

①　《管子·心术上》,(清)黎翔凤撰:《管子校注》,中华书局2004年版,第764页。
②　参见"道冲而用之或不盈,渊兮似万物之宗。挫其锐,解其纷,和其光,同其尘,湛兮似或存。吾不知谁之子,象帝之先。"(《老子》4章)"万物之要"的表述与这里"万物之宗"的用词,非常近似,"要"和"宗"基本是同义,现实里就有"宗要"的概念。
③　参见"执今之道,以御今之有,能知古始,是谓道纪。"(《老子》14章)《管子》"道之纪"的提法显然源于《老子》"道纪"。
④　《管子·内业》,(清)黎翔凤撰:《管子校注》,中华书局2004年版,第937页。
⑤　《管子·形势解》,(清)黎翔凤撰:《管子校注》,中华书局2004年版,第1182页。
⑥　参见"谷神不死,是谓玄牝,玄牝之门,是谓天地根。"(《老子》16章)

生成,"道"并没有按照自己的臆想来先行。事实上,"道"也没有臆想,它的能量就在于能够根据万物各自的特征来润滑万物成长,即进行"扶持",使万物健康成长,得到自身当有的发展,而"终其性命"。

可以说,"道"的规定只有一个,但在对万物都起实际作用的实践中,有着极大的柔软性和调适性。《管子》又说:

> 其功顺天者天助之,其功逆天者天违之。天之所助,虽小必大;天之所违,虽成必败。顺天者有其功,逆天者怀其凶,不可复振也。①
>
> 道之所言者一也,而用之者异。有闻道而好为家者,一家之人也。有闻道而好为乡者,一乡之人也。有闻道而好为国者,一国之人也。有闻道而好为天下者,天下之人也。有闻道而好定万物者,天下之配也。道往者,其人莫来;道来者,其人莫往;道之所设,身之化也。持满者与天,安危者与人。失天之度,虽满必涸;上下不和,虽安必危。欲王天下而失天之道,天下不可得而王也。②
>
> 道者,一人用之,不闻有余;天下行之,不闻不足,此谓道矣。小取焉则小得福,大取焉则大得福,尽行之而天下服。③

"道"的表达虽然是一样的,但功用是相异的,关键是善于治理,譬如能在家、乡、国家、天下、万物等方面,善于依据"道"来治理的话,必然取得成功。"道"实际上就是"天之道",对人而言,能否顺从"天之道",直接关系到和谐、安危、成败,因为顺从"天之道"的话,就能够得到天地自然的援助,这种援助"虽小必大",所以,顺天的行为是最具功效的。

"道"的能力说大就大,说小就小,关键在具体境遇里对象的情况。具体地说,一个人运用"道"来进行实践,并没有听到"道"持有剩余能量的说法;整个天下都在依据"道"来施行具体的行为,也没有发现"道"有不足的情况。但是,客观上的成功与否,虽然与"道"有着密切的联系,但并不仅仅决定于"道"自身,跟行为主体对"道"的认识或体得有着更为重要的因缘,即"小取焉则小得福,大取焉则大得福",这里的"取"就是摄取"道"的意思。在静态的意义上,如何摄取、在多大程度上摄取等问题,其决定和选择的权利,都在行为主体人那里,而不在"道"那里。如果能完美地认识和依

---

① 《管子·形势》,(清)黎翔凤撰:《管子校注》,中华书局 2004 年版,第 44 页。
② 《管子·形势》,(清)黎翔凤撰:《管子校注》,中华书局 2004 年版,第 41—42 页。
③ 《管子·白心》,(清)黎翔凤撰:《管子校注》,中华书局 2004 年版,第 793 页。

据"道"来行动的话,那必然出现"天下服"的景象。换言之,人们都为"道"的效应而叹服。

　　"道"行于天下,但没有不足的情况,其实这里的秘诀还在于它对万物的公平、公正、公道性,"然而天不为一物枉其时,明君圣人亦不为一人枉其法。天行其所行而万物被其利,圣人亦行其所行而百姓被其利,是故万物均既夸众矣。是以圣人之治也,静身以待之,物至而名自治之……则圣人无事"①,天道"不为一物枉其时"的品质,来源于"行其所行"的内在本质规定,正因为能够不偏,所以,"万物被其利";而在人类的境遇里,圣人依归天道而行,故"百姓被其利";依归天道而行,在形式上体现的是"无事"的特点,"无事"是不施行悖逆民众本性规律的行为,所以,这里使用了"静身以待之",这是非常重要的。这一本质精神正是"道"作为调控准则的枢机所在。

　　在本质意义上,万物是自生的;"道"虽然在具体形下的方面,没有固定而显性的样态,但无处不在,而且成为万物存在事实上的依据,这是即物而"道";"道"存在的理由只有一个,那就是成就万物;"道"与万物对应的准则也只有一个,就是即物成物,行为的唯一依据是万物本身,而不是其他的需要;没有万物本身,就根本不可能存在"道"成就万物的童话。万物虽然五彩缤纷,但即物而"道"的特征本身就告诉人们一个公平无偏、公开无遗的故事。这就是要把"道"作为因循行为实践调控准则的全部理由。

五、"圣人成之"的实践论

　　调控准则的解决,无疑为因循行为的实践进程在宏观上设定了指针,但是,任何因循行为的实践,都离不开具体的操作,宏观最多也只是为微观的行动确定了方向,并不是具体行动本身。所以,在操作的意义上,还存在如何因循的现实问题,这个问题不解决,因循行为仍然不可能成为现实。下面就在这个层面上来具体展示一下《管子》的思想。

　　概而言之,在《管子》的坐标里,在价值判断的天平上,因循行为的功效是"人先生之,天地刑之,圣人成之,则与天同极……死死生生,因天地之形。天地之形,圣人成之"②,简言之,就是"成之",而不是重塑,这是非常重要的一点,"成之"昭示着在客体本性的轨道上来成就客体的理念。

---

① 《管子·白心》,(清)黎翔凤撰:《管子校注》,中华书局2004年版,第789页。
② 《管子·势》,(清)黎翔凤撰:《管子校注》,中华书局2004年版,第885—886页。

1."物至则应"

（1）"感而后应"。在《管子》看来,因循的过程也就是"应物"的过程,即"静因之道"：

> 人之可杀,以其恶死也。其可不利,以其好利也。是以君子不怵乎好,不迫乎恶,恬愉无为,去智与故。其应也,非所设也。其动也,非所取也。过在自用,罪在变化。是故有道之君,其处也若无知,其应物也若偶之,静因之道也。①

真正有道的君主,平时仿佛"无知",在与外在的对应过程中,仿佛偶然巧合即"若偶之"。之所以说仿佛,实际上,并非真正的偶然巧合,而是依据外在存在物的特性作出的判断,虽然是无意的,但不是无规则章法的,这就是"静因之道"。具体地说,之所以使用"若偶之",在实质上是"非所设",没有臆想的设计追求；具体的行动,也没有索取的取向追求；所以,这种行为看起来仿佛"无知"一样。显然,"无知"不是没有任何知识的意思,而是不采用固定陈式的知识来制约一切存在的意思。②

"非所设""非所取"虽然标明了"应物"的内质,但是,就操作方面的如何而言,至此仍然不免笼统。《管子》也并没有止步于此,它说：

> 人者,立于强,务于善,未于能,动于故者也。圣人无之,无之则与

① 《管子·心术上》,（清）黎翔凤撰：《管子校注》,中华书局2004年版,第764页。

② 参见"知识作为非理性的认知,是按其自身的状态对世界的接受,而无须求助于某些将一切事物区别于他事物的原则。经验的法则、思想和行为的习惯、既定的习俗、确定的标准、公认的方法、约定俗成的概念和范畴、规令、原理、自然法则和信条等等,所有这些成见要求我们介入,并'对各种事物的到来表示欢迎,对它们的离去进行护送',其结果就是Steve Goldberg所描述的'范畴的不断加固'。我们储存过去的经验,并根据确定的标准和原则对其进行整理,然后,我们回忆、预期并投身于这个充满偏见的世界"（[美]安乐哲（Roger T.Ames）、郝大维（David L.Hall）著,何金俐译：《道不远人——比较哲学视域中的〈老子〉》,学苑出版社2004年版,第49—50页）、"'无知'经常被翻译为'no-knowledge',实际上意味着没有某种由本体论存在决定的知识,这次知识假定现象后面有某种不变的本体。以一种否本体论存在为基础的知识涉及'非宇宙论'思想：这种思想并不预设某种'单一秩序'的世界以及各种相应的知性配备。因此,它是非理性的认知（unprincipled knowing）。这种认知不借助于那些决定某一现象的存在、意义或行动的规范或原理。'无知'提供事物之'德'——它的独特性和关注点——观念,却不生成关于事物的类概念或一般性知识。总而言之,'无知'是对每一适逢现象'道德'关系的一种领会,提供的是对'德'这特定焦点及其所释场域'道'的认知。"（[美]安乐哲（Roger T.Ames）、郝大维（David L.Hall）著,何金俐译：《道不远人——比较哲学视域中的〈老子〉》,学苑出版社2004年版,第49页）

物异矣。异则虚,虚者万物之始也……人迫于恶则失其所好,怵于好则忘其所恶,非道也……恶不失其理,欲不过其情……其应,非所设也。其动,非所取也。此言因也。因也者,舍己而以物为法者也。感而后应,非所设也。缘理而动,非所取也……故道贵因。因者,因其能者,言所用也。君子之处也,若无知,言至虚也。其应物也,若偶之,言时适也。若影之象形,响之应声也。故物至则应,过则舍矣。舍矣者,言复所于虚也。①

"应非所设""动非所取",这是言表"因"的,"非所设"就是"感而后应","非所取"就是"缘理而动",它们表示的是非行为主体主观计划的意思,圣人的"无之"就是这种情况。在本质上,"因"是"舍己而以物为法者",通俗地说,就是舍弃自己的主观臆想,以万物本身为一切行为的依据,即"因其能",因循万物的素质特性。在表面上看起来,因循行为是"无知""偶之";实际上,表明的则是"至虚""时适",因为,"虚者万物之始"。"时适"实际上就是适时的意思,在动态意义上的形象说法,仿佛"影之象形""响之应声"。影子是真实反映具体形状的,这里的"象"是反映的意思;回响是具体声音的回应,"应声"就是回应声音的意思;有形状才有影子,有声音才有回响,这就是"物至则应";没有形状就无所谓影子,没有声音也无所谓回响,这就是"过则舍"。

在这里具体语境里,影子和回响相对于形状和声音而言,无疑是因循的应对。"舍"是舍弃的意思,舍弃行为实际上就是虚无形式的回归,重新回归"无"形式的位置,为以后因循行为的施行创设新的条件。"物至则应"在具体社会教化的领域里,实际上充满着受教者的学习主动性诉诸,如果受教化者没有意欲,那么,教化者即使有最大的愿望,那种愿望也永远只能成为镜中之花、水中之月。

(2)"应物而不移"。因循行为虽然在一定程度上表现为"应物",即自然无为,诸如"是故圣人若天然,无私覆也;若地然,无私载也。私者,乱天下者也。凡物载名而来,圣人因而财之,而天下治;实不伤,不乱于天下,而天下治"②,就是具体的表现。天地没有"私覆""私载",对万物公平无偏,所以,万物愿意存在于天地之下即"载名而来",圣人治理社会也如天地即"因而财之",所以,社会就实现了治理。无私是走向"治"的门径,私则是社

① 《管子·心术上》,(清)黎翔凤撰:《管子校注》,中华书局2004年版,第776页。
② 《管子·心术下》,(清)黎翔凤撰:《管子校注》,中华书局2004年版,第778—779页。

会混乱的动因。另一方面,在主客体的关系上,主体的"应物"行为,并非自身特性的放弃。《管子》中说:

> 专于意,一于心,耳目端,知远之证。能专乎? 能一乎? 能毋卜筮而知凶吉乎? 能止乎? 能已乎? 能毋问于人而自得之于己乎? ……非鬼神之力也,其精气之极也。一气能变曰精,一事能变曰智。慕选者,所以等事也。极变者,所以应物也。慕选而不乱,极变而不烦,执一之君子。执一而不失,能君万物。日月之与同光,天地之与同理。圣人裁物,不为物使。①

> 心安,是国安也。心治,是国治也。治也者,心也。安也者,心也。治心在中,治言出于口,治事加于民。故功作而民从,则百姓治矣……圣人之道,若存若亡。援而用之,殁世不亡,与时变而不化;应物而不移,日用之而不化。②

对人而言,"一于心"非常重要。如何执一于心,其关键在"慕选而不乱"和"极变而不烦"。"慕选"讲的是选择人才的事务,要求依据同一的标准,"等事"而行;房玄龄注释"极变而不烦"为"极变以顺物宜,故不烦也",可以作为参考。而"极变"的行为本身,就是"应物"的理由,做到了这一点,就能够君临万物而实现对万物的治理和制御,而圣人就能够做到这一点。所以,在一般的意义上,因循虽然是被动的行为,但并不是主体的全部消失,而是"圣人裁物,不为物使",因循行为的主体仍然保持着自己之所以为自己的本质所在。天地与万物的关系也一样,天地没有因为万物之间的差异而放弃自身的任何特性。

在管子学派看来,一个国家的安定和治理,关键在个体心灵的安定和治理,尤其是统治者的心灵,也就是上面所说的"一于心""执一"。一旦获得了这种内在素质的修炼,那么在现实生活里将会产生不竭的效用,即使在变化迅疾的现实面前,也不会丢失即"与时变而不化";个体是繁多的,他们具有不同的个性,尽管如此,在具体的"应物"过程中,仍然不会改变已经获得的"一于心"的成果,即"应物而不移,日用之而不化"。

在此,应该注意的是"不化""不移"这两个概念,这里强调的不是圣人本身品性的方面,而是圣人在进行社会治理时,尤其是在社会教化的施行过

---

① 《管子·心术下》,(清)黎翔凤撰:《管子校注》,中华书局2004年版,第780页。
② 《管子·心术下》,(清)黎翔凤撰:《管子校注》,中华书局2004年版,第781—782页。

程里,必须采取的法式,体现的是平等的精神和品性。前面"慕选""极变"讲的都是这个,而且"不化""不移"本身,体现的也是一种"一",这是不能忽视的。所以,因循行为主体虽然必须"舍己而以物为法者",但仍然必须保持自身"不化""不移"的"一于心",这也是如何因循的课题。

2."因天下以制天下"

实际上,上面讨论的如何因循的问题,主要是因循行为主客体内在方面调适的问题,这只是如何因循的一个方面。因循实践的另一方面,是以外在存在为因循行为对象的实践。

(1)"因天下以制天下"。在《管子》的时代,成就霸王的事业是政治上的最大价值追求和最高目标,而走向霸王的征程,必须始于"以人为本"。

> 夫霸王之所始也,以人为本。本理则国固,本乱则国危。故上明则下敬,政平则人安,士教和则兵胜敌,使能则百事理,亲仁则上不危,任贤则诸侯服。霸王之形,德义胜之,智谋胜之,兵战胜之,地形胜之,动作胜之,故王也。夫善用国者,因其大国之重,以其势小之。因强国之权,以其势弱之。因重国之形,以其势轻之。①
>
> 明主不用其智,而任圣人之智;不用其力,而任众人之力。故以圣人之智思虑者,无不知也。以众人之力起事者,无不成也。能自去而因天下之智力起,则身逸而福多。乱主独用其智,而不任圣人之智;独用其力,而不任众人之力,故其身劳而祸多。②

应该注意的是,"以人为本"的切实施行,直接关系到国家的安危;而"以人为本"的内容包括"上明""政平""士教和""使能""亲仁""任贤"等方面,可以说都是就统治者而言的,是统治者在"以人为本"问题上的"当为",可以说这是成就霸王事业的根本方面;此外,就"霸王之形"而言,如果在"德义""智谋""兵战""地形""动作"等方面能够"胜之"的话,就一定能够实现霸王的事业。不过,在具体的过程中,都存在因循外在条件而行之的方面,譬如,大国、强国、重国的盛盈都是一个相对的概念,没有永恒的盛盈,正如房玄龄注释所说的那样,"然盛者有时而衰,盈者有时而息,故因其衰息之势,大者小之,强者弱之,重者轻之",利用客观的情势来有利自己的国

---

① 《管子·霸言》,(清)黎翔凤撰:《管子校注》,中华书局2004年版,第472页。
② 《管子·形势解》,(清)黎翔凤撰:《管子校注》,中华书局2004年版,第1187页。

家。在诸如"德义""智谋"的方面,也必须因任圣人之智、众人之力,如能做到"因天下之智力起",那一定"身逸而福多",这是贤明君主的标志;反之则"独用其智""独用其力",而置圣人之智和众人之力于不顾,其结果是"身劳而祸多"。

上面讨论的情况实际在一般的意义上,就是"因天下以制天下"。

> 昔莱人善染,练茈之于莱纯锱,绤绶之于莱亦纯锱也。其周中十金。莱人知之,闻纂茈空。周且敛马作见于莱人操之,莱有推马。是自莱失纂茈而反准于马也。故可因者因之,乘者乘之,此因天下以制天下。此之谓国准。①

一个国家的发展,必须凭借现实的生存条件来实现自己的发展,莱人与周人之间茈草的交易,决定于市场的价格,这就是"可因者因之,乘者乘之",能够依靠凭借的,一定要依靠凭借而利用之,这就是因循天下而制御天下的道理,是营建国家的准则即"国准"或国是。

(2)"因人之所重而行之"。上面讨论的"因天下以制天下",在一定程度上局限在形下的方面,诸如讨论的莱人的茈草,都是有形可见的。其实,在外在的因循方面,还包括形上的方面。

> 忽然易卿而移,忽然易事而化,变而足以成名,承弊而名劝之,慈种而民富。应言待感,与物俱长。故日月之明,应风雨而种。天之所覆,地之所载,斯民之良也。不有而丑天地,非天子之事也。民变而不能变,是梲之傅革。有革而不能革,不可服。民死信,诸侯死化。请问诸侯之化弊也。弊也者,家也。家也者,以因人之所重而行之。②

上面分析的"象形"和"应声"的情况,实际上也就是"应言待感,与物俱长"的事情,即如何与民众互作共存、共长的问题,对统治者而言,这是最为重要的政务。在社会化的进程中,一方面,应该深刻认识天覆地载对民众的重要性,不能任意"丑天地";另一方面,民众不是一成不变的,而是处在不断的变化之中,所以,当政者必须依顺民众的现实来进行适当的变革,这样才能顺应民心;如果"有革而不能革",就无法让民众信服。客观的现实告诉我

---

① 《管子·轻重丁》,(清)黎翔凤撰:《管子校注》,中华书局2004年版,第1481页。
② 《管子·侈靡》,(清)黎翔凤撰:《管子校注》,中华书局2004年版,第646—652页。

们,社会化实际上还包括醇厚民风的问题,除对民众自然无为以外,还应该关注重要问题,以此为切入口,推行深化醇厚民风的实践。以家庭为切入口,就是一个切合实际的问题,这是"以因人之所重而行之",即推行民众所重视的价值观,这是因循的外在方面。

非常清楚,行为的依据和决定权,不在行为主体,而在客体。教化主体即圣人仿佛影子、回响一样,是反映具体民众需求的,这也就是"舍己而以物为法者"的真谛所在。具体而言,就是"物至则应",这里包含着对因循对象自觉性的诉诸;在社会化的实践过程里,行为主体的美好设想,离开行为客体积极主动性的驱动和支持,永远只能是美好的乌托邦,而动态意义上因循实践的价值体现在这里找到了自己的切入口,这是不能忽视的。因循行为质量的高低,在于"象形"和"应声"的完美程度,这是不言自明的事实,因为,"应言待感"直接关系到"与物俱长";"俱长"非常重要,包含着行为主客体的共同生长,这也正好回应上面提到的行为主体的"不为物使"和"应物而不移,日用之而不化"的方面,而且在完整的意义上,行为主客体的角色不是固定不变的,而是具体的,这也正是《管子》在如何因循过程中关注到主客体两个方面的理由所在,这是睿智的表现。最后,不得不再次提醒大家注意的是,如何因循在总体上所显示出来的"无方应"的特色,即"举机诚要,则敌不量;用利至诚,则敌不校;明名章实,则士死节;奇举发不意,则士欢用;交物因方,则械器备;因能利备,则求必得;执务明本,则士不偷。备具无常,无方应也"[①],如果依据客体的具体特性来量定客体,那械器一定备用;依据客体的所能所利来装备客体,那期望的追求一定能够得到;这就是"备具无常"的道理,即没有常备的模式,一切都在无常的动态过程中,因为万物不仅变化无常,而且万物之间相异无常;因此,应对万物没有固定的模式。在这里,行为客体得到了无限的重视,不仅包括客体本身,而且包含客体的价值观,这是非常重要的。

六、"举能以就官"的活性化论

因循实践的运行,离不开实际的不断调适,而且这里的调适理当包含对因循实践取得成果的维持的考虑;换言之,就是如何使因循实践保持持续有效。因此,要使调适的实践优化发展,构建合理的驱动、激活机制是必不可少的。所以,在讨论如何因循的问题以后,紧接着不得不考虑的问题就是如

①　《管子·幼官》,(清)黎翔凤撰:《管子校注》,中华书局 2004 年版,第 165 页。

何使因循实践活性化和效益化。对此,《管子》也有精到的思考。

1."量能而授官"

在一定程度上,人的社会化是在人与人之间的熏陶、渗透实践中完成的,人际本身并非一个孤立的一维境遇。所以,人社会化的实际施行绝不是一个简单的过程。因此,因循行为的良性化运行,固然离不开理论本身的设计,但也需要实践机制的支撑,这是非常重要的方面。因为,在最终的意义上,人性是趋利的,而且缺乏为善的自觉。作为支撑机制之一,"量能而授官"就是其中的重要环节之一。

(1)"选贤论材,而待之以法"。选用人才必须有一定的基准,这就是法律。《管子》说:"是以为人君者,坐万物之原,而官诸生之职者也。选贤论材而待之以法,举而得其人,坐而收其福,不可胜收也。"①君主必须依靠臣下来运行具体的政务,所以,政务的畅行,必须依据人才选用的得当,如果得当,就能够"坐而收其福"。如何保证"选贤论材"的正当性,关键在于切实依据法律,因为,法律是公平的具象。

(2)"量能而授官"。根据人的能力来选用具体的人才,并根据其具体情况来授予具体的职务,"任官无能,此众乱也"②,把无能的人用到具体的位置,只能耽误事情,引发众乱。所以,"察能授官,班禄赐予,使民之机也"③,依据能力而任职、根据具体的功绩而赏罚,这是整治民众的枢机。所以,《管子》把"能不当其官"④作为三件君主应该慎重行事之一。它又说:"其选贤遂材也,举德以就列,不类无德。举能以就官,不类无能。以德弃劳,不以伤年。如此则上无困而民不幸生矣……官之其能,及年而举,则士反行矣。称德度功,劝其所能,若稽之以众风,若任以社稷之任,若此,则士反于情矣。"⑤举用人才,在"才"的方面,要求"举能以就官";在"德"的部门,要求"举德以就列",即必须根据"才"和"德"来选用,没有能力和德性的人,肯定是没有出路的,因为,"不类无德""不类无能"。就"才"的方面而言,必须使用人的特长,这样的话,能力的价值得到重视和使用,毫无疑问,可以使民众对畜养自己的能力产生信心,因为,只要有能力,到年头就可被举用。所以,有知识的人即"士",必然"反行""反于情",即反归于扎实

---

① 《管子·君臣上》,(清)黎翔凤撰:《管子校注》,中华书局2004年版,第554页。
② 《管子·君臣下》,(清)黎翔凤撰:《管子校注》,中华书局2004年版,第593页。
③ 《管子·权修》,(清)黎翔凤撰:《管子校注》,中华书局2004年版,第51页。
④ 《管子·立政》,(清)黎翔凤撰:《管子校注》,中华书局2004年版,第59页。
⑤ 《管子·君臣下》,(清)黎翔凤撰:《管子校注》,中华书局2004年版,第586—594页。

的行为,也就是积累自己能力的实践。

所以,"称德度功,劝其所能"一旦实现,这无疑在客观上优化了对民众整治的实践。能力成为衡量的标准,使得民众得到了使用自己能力而为社会做事的机会,社会和个人,各取所需,各尽所能,得到了完美的治理。

2."禄赏不可不重"

根据能力来选用具体人才到具体的职位上,这自然是对能力主义的重视,对民众重视自身能力的建设无疑是非常有利的。但是,个人一旦被选用到具体的职位上以后,能够在多大的程度上、多长的时间里,使"私我"与"社会我"尽量保持一致,这也是不得不考虑的问题,在此,赏罚就在管子法家那里占据了应有的位置。

(1)"上下之分不同任"。在《管子》看来,社会是依靠分际、名分而运转并互相合作的。

首先,"制天下有分"。他说:

> 治者所道富也,而治未必富也;必知富之事,然后能富。富者所道强也,而富未必强也;必知强之数,然后能强。强者所道胜也,而强未必胜也;必知胜之理,然后能胜。胜者所道制也,而胜未必制也;必知制之分,然后能制。是故治国有器,富国有事,强国有数,胜国有理,制天下有分。①

治理社会最重要的是追求"富""强""胜",而要对此加以实现,则必须掌握制御的道理,制御天下有"分","分"就是分际、名分的意思。

显然,"治国""富国""强国""胜国""制天下"形成一个实际的序列,呈现的是递进的取向。"治国"是这个序列的基础,"治国"的具体实行,必须依靠器备即"有器";要实现富国,必须先认知"富之事",然后才能达到,仅依凭治理是不够的;要实现强国,必须首先认知"强之数",然后才有可能达到,富裕不等于强大;"胜国"即战胜其他国家,必须首先认知"胜之理",然后才有可能达到,而仅凭强大这一点是远远不够的;战胜其他国家,并不等于制御天下,必须首先认知"制之分",然后才能实现制御。在当时的情况下,天下由许多诸侯国组成,各个诸侯国在天下的系统里确立自己应有的角色地位,才能保证天下秩序井然,这就是"制之分"的道理。

---

① 《管子·制分》,(清)黎翔凤撰:《管子校注》,中华书局 2004 年版,第 543 页。

其次,"不为君臣者,与功而不与分"。"制天下有分"的道理运用到一般的社会事务里,意味着在社会结构里,人具有不同的职分,"士闻见博学意察,而不为君臣者,与功而不与分焉。贾知贾之贵贱,日至于市,而不为官贾者,与功而不与分焉。工治容貌功能,日至于市,而不为官工者,与功而不与分焉。"①在相应的位置上,却没有履行该位置的义务,只能按照实际的事务而"与功",而不受分颁之赐给。

最后,"上下之分不同任"。职分虽然很多,但在不同位置上的人,都应该做好自己的本职工作。《管子》说:

> 心之在体,君之位也。九窍之有职,官之分也。耳目者,视听之官也。心而无与视听之事,则官得守其分矣。夫心有欲者,物过而目不见,声至而耳不闻也。故曰:上离其道,下失其事。故曰:心术者,无为而制窍者也,故曰君。无代马走,无代鸟飞,此言不夺能能,不与下诚也。②
>
> 专意一心,守职而不劳,下之事也。为人君者,下及官中之事,则有司不任。为人臣者,上共专于上,则人主失威。是故有道之君,正其德以莅民,而不言智能聪明。智能聪明者,下之职也。所以用智能聪明者,上之道也。上之人,明其道;下之人,守其职;上下之分不同任,而复合为一体。③

"心"对人而言,具有最为重要的地位,所以,称为人的"君之位";人体上面的器官(九窍),都各自承担着不同的职能即职分,作为主要器官的心,也不能干预其他器官的职能。社会的事务也一样,君臣各自的职能是不一样的;在下的人,应该专心坚守自己的职能,发挥自己的聪明才智,做好自己的本职工作,这是司职的要求;在上的人,应该使用好下面人的才智,但这不是单凭自己的主观臆想,必须依据"无为"的原则,这样才能保证"不同任"的"上下之分",准确而牢固地"复合为一体",即拧成一股绳,合成一股劲。如果拿人体来做譬喻的话,就是如果"心有欲",势必影响耳目等器官发挥自己的功能,会出现"物过而目不见""声至而耳不闻"的情况;在社会生活里,如果君主有意而为,"下及官中之事",势必出现"有司不任"的情况;所以,君

---

① 《管子·乘马》,(清)黎翔凤撰:《管子校注》,中华书局2004年版,第91页。
② 《管子·心术上》,(清)黎翔凤撰:《管子校注》,中华书局2004年版,第766—767页。
③ 《管子·君臣上》,(清)黎翔凤撰:《管子校注》,中华书局2004年版,第553页。

主不能"代马走",不能"代鸟飞"。因为"走"是马的职能,对马而言,一旦失去"走"的权利,就失去了实现自己职能的机会,也就没有自身存在的价值;"飞"是鸟的职能,对鸟而言,一旦失去"飞"的权利,也就断绝了一切实现自己职能的机会,自然也没有自己存在的价值;所以,君主以无为为依归,是保证臣下"守其分"的前提条件,"守其分"也就是履行自己的职分。另一方面,如果臣下"专于上",即染指上面的事务,也势必会使君主丧失威信。

(2)"量人力而举功"。赏罚历来是治理社会的调控方法之一,"申之以宪令,劝之以庆赏,振之以刑罚"①、"班禄赐予,使民之机也"②等,都是《管子》所推重的社会治理手段,而在赏罚上,《管子》认为应该慎重对待的问题之一就是"功不当其禄"③。

首先,"禄赏不可不重"。"禄赏"具有巨大的激励功能:"法者,将用民力者也;将用民力者,则禄赏不可不重也。"④法律的目的在于发挥民众的力量,要想形成最大的合力,必须重视"禄赏"。臣下的忠心,士兵冲锋陷阵而不惧怕死亡,都与施行合理的"禄赏"分不开;"禄赏"对威震国家、统摄民众具有不可抗拒的力量,即"莫之能圉","圉"是抵挡、防御的意思。所以,以"禄赏"为环节来调动乃至激励人的内力,是非常有效的途径之一。

其次,"量人力而举功"。君道就是依法办事,如何依法处理好事务,关键在能否"量人力而举功"⑤,即根据人的实际成绩来进行现实的评价,给予实际的赏罚。如果赏罚得当,人就会不怕死,也不容易产生争论的情况,即"禄予有功,则士轻死节……授事以能,则人上功。审刑当罪,则人不易讼"⑥;反之,如果赏罚不当,民众就会不屑一顾于禄赏,君主就失去了"劝民"的方法,法令也无法得以推行,即"禄赏加于无功,则民轻其禄赏;民轻其禄赏,则上无以劝民;上无以劝民,则令不行矣"⑦。

最后,"称德度功,劝其所能"。根据实际业绩来决定具体的赏罚,在业绩里,道德也占有重要的地位:"以德舁劳,不以伤年……称德度功,劝其所能,若稽之以众风,若任以社稷之任,若此,则士反于情矣"⑧、"爵授有德,则

---

① 《管子·权修》,(清)黎翔凤撰:《管子校注》,中华书局 2004 年版,第 50 页。
② 《管子·权修》,(清)黎翔凤撰:《管子校注》,中华书局 2004 年版,第 51 页。
③ 《管子·立政》,(清)黎翔凤撰:《管子校注》,中华书局 2004 年版,第 59 页。
④ 《管子·权修》,(清)黎翔凤撰:《管子校注》,中华书局 2004 年版,第 57 页。
⑤ 《管子·山权数》,(清)黎翔凤撰:《管子校注》,中华书局 2004 年版,第 1314 页。
⑥ 《管子·问》,(清)黎翔凤撰:《管子校注》,中华书局 2004 年版,第 484 页。
⑦ 《管子·权修》,(清)黎翔凤撰:《管子校注》,中华书局 2004 年版,第 57—58 页。
⑧ 《管子·君臣下》,(清)黎翔凤撰:《管子校注》,中华书局 2004 年版,第 586—594 页。

大臣兴义。"[1]《说文解字》释"弇,盖也"。"以德弇劳"和"称德度功"基本上是一个意思,"称德"必须衡量具体的功绩,即"度功","以德"也必须与实际的功劳相一致,即"弇劳"。显然,这里的"德",不是单纯的道德,而是表现道德水准的称号,即"爵授有德",这是激励一般人"兴义"的驱动力。

值得注意的是,在《管子》法家的视野里,君主的统治就在于"度法",而"度法"的全部内容就是"量人力而举功",根据人的实际业绩来论功行赏,这就是治理、整治民众的枢机。其要在公平性,这对民众重视自身能力的积累和培育非常关键,在客观的外在方面,对施行社会教化的效果形成自然保护的屏障。用我们今天的眼光来看,这仍然不失为贤明之举。

3."士农工商四民者……不可使杂处"

在中国教化思想史里,重视环境的影响一直是重要环节,诸如"孟母三迁"等,历来被传为佳话,这也是《管子》因循实践活性化调控系统的一个重要组成部分。《管子》认为:

> 桓公曰:定民之居,成民之事奈何?管子对曰:士农工商四民者,国之石民也。不可使杂处。杂处则其言哤,其事乱。是故圣王之处士必于闲燕,处农必就田壄,处工必就官府,处商必就市井。今夫士,群萃而州处,闲燕则父与父言义,子与子言孝,其事君者言敬,长者言爱,幼者言弟,旦昔从事于此,以教其子弟。少而习焉,其心安焉,不见异物而迁焉。是故其父兄之教,不肃而成。其子弟之学,不劳而能。夫是,故士之子常为士。[2]

在社会环境的方面,"士农工商"属于社会不同阶层的"四民",他们从事不同的职业,不仅职业的具体内容不一样,而且实现职业价值的地方也自然相异,诸如"士"一定"闲燕","农"一定靠近"田墅","工"自然靠近"官府","商"必定离不开"市井",就是具体的佐证。由于生活环境的长期自然熏陶,最后出现"四民"之子相应为"四民"的结果;在道德方面,父兄之间具有"不肃而成"的实际教育效果;在学习方面,子弟之间则存在"不劳而能"的惊人效应。显然,《管子》在这里显示了家庭道德形成机制上的耳濡目染性;超越血缘的界限,在同一职业领域里,职业技能的获得也同样具有不劳

---

① 《管子·问》,(清)黎翔凤撰:《管子校注》,中华书局2004年版,第484页。

② 《管子·小匡》,(清)黎翔凤撰:《管子校注》,中华书局2004年版,第400—401页。

而获的效果。所以,环境对人的影响非常重要,既然"四民"是社会不可缺少的机体,应该注意"四民"顺利成长的环境条件,即不能"杂处",因为,"杂处则其言咙,其事乱"。"尨"的本义是多毛的狗,引申义为尨茸,蓬乱的样子,如"孤裘尨茸","咙"是"尨"和"口"的组合词,因此,表示的是言语之乱的意思。

在自然环境方面,"水"对形成人性格的关系。

> 是故具者何也? 水是也。万物莫不以生,唯知其托者能为之正。具者,水是也。故曰:水者何也? 万物之本原也,诸生之宗室也,美恶贤不肖愚俊之所产也。何以知其然也? 夫齐之水道躁而复,故其民贪粗而好勇。楚之水淖弱而清,故其民轻果而贼。越之水浊重而洎,故其民愚疾而垢。秦之水泔冣而稽,垸滞而杂,故其民贪戾,罔而好事齐。晋之水枯旱而运,垸滞而杂,故其民谄谀而葆诈,巧佞而好利。燕之水萃下而弱,沉滞而杂,故其民愚戆而好贞,轻疾而易死。宋之水轻劲而清,故其民闲易而好正。是以圣人之化世也,其解在水。故水一则人心正,水清则民心易。一则欲不污,民心易则行无邪。是以圣人之治于世也,不人告也,不户说也,其枢在水。①

"水"是万物生命不可或缺的东西,所以,称为"万物之本原也,诸生之宗室也"。不仅如此,而且不同的水质,自然形成人的不同的品性特征,例如,由于齐国的水,具有"道躁而复"的特性,其民众具有"贪粗而好勇"的特点;楚国的水,具有"淖弱而清"的特性,其民众具有"轻果而贼"的特点;其他如越国、秦国、晋、燕国、宋国,由于水具有"浊重而洎""泔冣而稽""枯旱而运""萃下而弱""轻劲而清"等特性,长期生活在那里的人,分别具有"愚疾而垢""贪戾,罔而好事齐""谄谀而葆诈,巧佞而好利""愚戆而好贞,轻疾而易死""闲易而好正"的特点。因此,圣人治理社会,"其枢在水",如果能够"水一",使不同地区的人使用到同样的水,势必"人心正";如果能够"水清",则势必"民心易";"水一"则民众的"欲不污","民心易"则邪行。

注意环境对人社会化的效应,不仅在当时,就是在现在仍然不失积极的价值意义。尤其是水对形成人的性格特征的思想②,在当今科学发展的背

---

① 《管子·水地》,(清)黎翔凤撰:《管子校注》,中华书局2004年版,第831—832页。
② 参见"圣人通过确保一国之水的同与纯来改造国民道德"([英]葛瑞汉著,张海晏译:《论道者:中国古代哲学论辩》,中国社会科学出版社2003年版,第410页)。

景下,仍然不失价值的光芒和科学的意义,这实在是难得的。能在社会、自然两个方面,宏观地审视社会化的问题,对我们今天的启发也是非常深远的。

总之,按照能力和实功来确定社会角色和赏罚,对因循行为在人的社会化过程中所形成的成果的巩固,将具有积极而现实的意义,不然,在客观形下层面具有被动消极性的因循行为,很难实现自己的价值追求;同时,注意社会和自然环境对人的社会化实践的影响,对在人的社会化实践中贯彻因循行为也在最大的程度上给予了润滑;这些无疑对因循实践的效益化和活性化予以最大而有力的支撑。

经过以上的分析,不难得出,管子学派的因循思想,主要是作为在人社会化过程中实践操作层面的智慧,具有实践哲学的意义。其思想本身具有严密的逻辑结构,在总体上,它是由何谓因循、为何因循、因循何物、以何因循、如何因循、因循的活性化等环节组成的结构链。

在何谓因循的环节里,"无顾""无为""以其为之人者",值得重视;"无顾"是不做主观臆想的度量,"无为"不臆想而为①;由于"无顾""无为"显示的都是行为主体在自己的坐标里无所作为的特点,所以,主体自身始终居于次要的位置。在这样的关系定位中,作为行为客体的他人自然就占有绝对重要的位置,"以其为之人者"显示的就是以他者为价值中心的特点。

为何因循的环节,实际上是对因循行为施行理由的追问和回答。在总体上,因循行为无疑包含人与自然两个方面,但人事在最终的意义上是天道的运用,如何把天道运用到人事上,尤其是为什么要采取因循行为? 人事的中心是人,因循行为的决策必须依据人的本性特征来进行,选择因循行为的根由在本性,人的本性虽然具有"欲利"和"恶害"的特性,但这是客观的生物性特征,是不可抗拒的渊薮,人只有在这些欲望得到满足以后,其潜能才能产生喷发的前提条件;人的能量的喷发、能力的充分涌流只有成为客观事实,社会的整合力才能增强,社会整体的发展才有契机和希望,而这一切的实现正是因循行为价值实现的必然前提。

---

① 参见"'无为'常常被翻译为'no action'或者'non-action',事实上意指对个体行为域中现象之'德'无任何干扰的行为方针。这样,没有过去知识和积习的羁绊,行动相对来说就是直接的:它们既有包容性又是自然而然的。这些行为本身就是对遵照个体行动或与个体行动相关的项目或事件怀有敬意的结果。这些行动就是'自然而然的',是名副其实的非决断性行为。"([美]安乐哲(Roger T.Ames)、郝大维(David L.Hall)著,何金俐译:《道不远人——比较哲学视域中的〈老子〉》,学苑出版社2004年版,第47页)

因循何物的环节,告诉我们管子学派的哲学视野是宇宙的,"法出于礼,礼出于治。治、礼,道也。万物待治、礼而后定。凡万物阴阳两生而参视,先王因其参而慎所入所出"①,就是最好的说明。因此,人与自然两个方面都是因循的对象。在人的方面,既包括内在性情的因素,也包括外在社会角色链的因子;在自然的方面,既有天地之道的方面,也有天时的因素;这些方面的整合,就是因循的全部对象。

以何因循的环节,昭示我们万物是自生的;"无"形式的"道"是万物存在事实上的依据,"道"存在的理由只有一个,那就是成就万物;"道"与万物对应的准则也只有一个,就是即物成物,行为的唯一依据是万物本身,而不是其他的需要;没有万物本身,就根本不可能存在"道"成就万物的童话。万物虽然五彩缤纷,但即物而"道"的特征本身,就告诉人们一个公平无偏、公开无遗的故事。这就是管子学派要把"道"作为因循行为实践调控准则的全部理由。

如何因循环节,告诉我们一个"备具无常,无方应也"②的故事;万物不仅变化无常,而且万物之间相异无常;因此,应对万物没有固定的模式;行为客体得到了无限的重视,不仅包括客体本身,而且包含客体的价值观,这是非常重要的。

因循活性化的环节,强调按照能力和实功来确定社会角色和赏罚,对巩固因循行为成果具有积极的意义;注意社会和自然环境对人的社会化实践的影响,对在人的社会化实践中贯彻因循行为也在最大的程度上给予了润滑;这些无疑对因循实践的效益化和活性化形成自然的支持屏障。

这些环节互相以对方为存在和发展的条件,每个环节只有在结构链里找到自己的位置,每个环节的价值实现也自然只有在整个结构链的价值实现里找到答案;结构链不是所有环节的简单组合,而是各个环节的整合;结构链的功能实现,必须在每个环节充分实现自身功能的前提下才有可能;结构链的存在,也只有在每个环节共作互利的实践顺畅的前提下才有可能。整个结构链显示的是一个从理论到实践的不断递进的价值向度,没有何谓因循的设定,自然就没有其他环节产生和存在的理由和契机;没有为何因循的诉诸和解析,因循就缺乏本身存在的理由;而因循何物的问题不显性化解决,因循行为本身也只能成为永远的乌托邦;缺少以何因循的追问,因循行为本身就会因为缺乏导向标而迷津重重;如何因循问题不厘清,因循的实践

---

① 《管子·枢言》,(清)黎翔凤撰:《管子校注》,中华书局2004年版,第246页。
② 《管子·幼官》,(清)黎翔凤撰:《管子校注》,中华书局2004年版,第165页。

永远也不会现实化;因循活性化的问题不解决,因循行为的价值实现最多也只能是空中楼阁,或者说没有效益化,这里的效益化自然包含着由对因循行为效果巩固而来的效益。这就是管子学派因循思想的全部价值和秘密所在。换言之,管子学派因循思想是一个活性的机制,何谓因循、为何因循、因循何物、以何因循等环节,构成机制的基盘,是因循机制存在的基本条件;活性化问题的设置和明示,自然构成机制的动力系统,赋予机制以生命力,这是不能忽视的。

同时,我们不能忽视的是,对这个机制在价值判断坐标里的图式的考量。首先,它是功利的。《管子》虽然强调"其事若自然",但是也推重统治者治理天下必须依据一定的"术",而"术乎,大德哉! 物利之谓也"①;"术"之所以是"大德",因为它"物利"即使万物得利。在这个意义上,"大德"就是大得,《管子》也是以得释德,与中国道德哲学依归在相同的向度上。所以,虽然因循在表面形式上显示出消极被动的意义,但是,内在仍然包含着功利的考量。也可以说,是在多种价值取向的综合中,最后作出因循这一行为选择的,就在于它最能够体现价值追求,最能够获取实际的利益。所以,"管子差肩而问曰:'吾不籍吾民,何以奉车革? 不籍吾民,何以待邻国?'癸乙曰:'唯好心为可耳。夫好心则万物通,万物通则万物运,万物运则万物贱,万物贱则万物可因。知万物之可因而不因者,夺于天下。夺于天下者,国之大贼也。'"②

其次,它是实功的。《管子》是中国实学、实功思想的先驱之一。强调"举机诚要,则敌不量;用利至诚,则敌不校;明名章实,则士死节"③,"明名章实"的"名"是名称、名誉的意思,"实"则是实功的意思;名实必须一致,只有一致才能起到客观评价人的效用。这里的"明名章实"不是分离的现象,而是互相联系的一个整体;可以说,"明名"是为了"章实","章实"必须"明名",互为条件和依据;但在最终的意义上,"实"是"名"基础或土壤,"名"是"实"之花,只有这样才能出现"士死节"的结果,即不苟且偷生;这无疑在全社会营建重视实功、实用的价值机制起到积极的影响,对个体踏实地做好每一件事情无疑也起到激励的效用。

最后,《管子》的因循思想所表现出来的意义,绝不是消极单一的,无疑也包含着积极的意义,日本汉学家金谷治在讨论中国古代管子的因循思想

---

① 《管子·霸言》,(清)黎翔凤撰:《管子校注》,中华书局2004年版,第467页。
② 《管子·轻重甲》,(清)黎翔凤撰:《管子校注》,中华书局2004年版,第1433页。
③ 《管子·幼官》,(清)黎翔凤撰:《管子校注》,中华书局2004年版,第165页。

时,就是在被动的层面上审视的①,这显然是不足的。这种积极性的意义,在上面的论述中也已经分析,诸如对"应物"思想的分析,《管子》强调"物至则应",不至自然不应,过后也不再应,这种强调因循行为客体主动积极性诉诸的冲击波,使得来自静态境遇里主体角色持有的消极意义,在动态的主客体角色链里,在客体角色那里得到了积极意义的转换;这是就管子学派思想本身分析而得出的结论。其实,这种倾向绝对不仅仅局限在内在的思想本身,而且也体现在因循行为的语言表达形式里。诸如"土乃益刚,令甲士作堤大水之旁,大其下,小其上,随水而行"②、"薄德之君之府囊也,必因成刑而论于人"③,这里应该引起注意的语言表达形式是"随水而行""必因成刑而论于人",它们都是双动形式,"随"和"行"、"因"和"论",在这里都是动词,"随""因"等前一个动词是我们认为的因循行为主体的被动行为即因循行为本身,"行""论"等第二个动词,它们虽然是以第一因循行为为条件和前提的,但是因循行为主体发出的行为,无疑包含着主体的积极主动性,这是不能忽视的。在语言形式上,第一动词都呈动宾结构,这也是因循行为尊重客体的语言佐证;第二动词显然不是动宾结构,这也在语言形式上为我们运思因循行为主体在第一因循行为的前提下,自己主观臆想介入留下了空间。其实,这仅是语言的一个表现情况。在另一情况里,为我们理解主体积极主动性加入提供了更为客观的证据:"是以圣人之治也,静身以待之,物至而名自治之……则圣人无事。不可常居也,不可废舍也,随变断事也,知时以为度。"④这里提醒大家应该注意的是"随变断事","随"和"断"都是动词,而且都是同一行为主体发出的行为,第一动词和第二动词都有宾语,都是动宾结构;显然,第二动词不是因循,其行为也不可能是因循,"断事"本身就告诉我们,它的全部事务就是决断事务,行为主体的主动积极性在这里得到充分的表现,其价值也得到相应的实现,这是一目了然的。

概而言之,管子学派的因循思想,不仅存在体系机制链,而且其体系机制链具有严密的关系,其活性化环节是整个机制的动力装置,是生命活力源;被动消极不是因循行为的专利,被动前提下的主动积极性的诉诸,才是因循行为的正解,这不仅是分析思想本身得出的结论,而且也是语言形式昭示我们的戒律。

_____

① 参见[日]金谷治:《无为与因循》,《东方宗教》(日本)第23号,1964年3月。
② 《管子·度地》,(清)黎翔凤撰:《管子校注》,中华书局2004年版,第1063页。
③ 《管子·侈靡》,(清)黎翔凤撰:《管子校注》,中华书局2004年版,第638页)。
④ 《管子·白心》,(清)黎翔凤撰:《管子校注》,中华书局2004年版,第789页。

第三章　庄子"因其固然"的因循思想

西方人称 21 世纪将是道家哲学的世纪,这不仅给大家昭示了应该重视道家哲学的价值和意义,而且也给人们揭示了当今已经步入了文化融合时代的事实。道家哲学西方受到青睐,最主要的自然在道家哲学本身所包含的思想精义,因为,在本质意义上,道家哲学的坐标是宇宙万物的,而非人类的;西方科学的发展基本上是沿着开发人类理性的路径前进的,在理性进步的过程中,也给西方社会带来了严重的问题,诸如生态失衡、能源枯竭、人际关系疏离,已经成为 21 世纪今天的三大危机;可以说,道家哲学侧重的不是人类理性,而是宇宙。在今天文化融合的氛围里,来审视道家代表之一庄子①的思想,抛弃原有的研究庄子的框架,依据原典科学研究庄子,自然是庄子哲学研究的必需。②

众所周知,庄子哲学思想研究之多,是无法用言语来言表的。但是,这并不等于庄子哲学的研究已经走到了尽头,诸如庄子"因"即因循哲学的思想,至今并没有得到足够的重视,相关的成果自然也非常难觅,而认真整理和分析庄子因循哲学的思想,不仅是完善和加深道家哲学思想研究本身的需要,而且也是尽快从臆想先行的陈式研究中突破出来的要求。本章正是在这样的背景下,拟尽可能全面地整理和分析庄子的因循哲学思想,以就教于学界。

本书依据的资料是郭庆藩辑《庄子集释》(中华书局 1961 年版)。

一、因、循等概念的数字化统计

"因"的概念的确如日本汉学家金谷治所说,是庄子的专利,诸如"依乎天理,批大郤,导大窾,因其固然"③里的"因其固然","固然"指的就是牛生

---

① 《庄子》一书是研究庄子的主要依据,共 33 篇:内篇 7 篇、外篇 15 篇和杂篇 11 篇。学术界一般认为,内篇是庄子本人的思想,外篇和杂篇则有后学的思想在里面,不是庄子一人的思想,这里统一用"庄子"来表示庄子学派。

② 刘笑敢:《庄子哲学及其演变》(中国社会科学出版社 1988 年版),从单词和复合词出现先后的角度,详细讨论分析了《庄子》内、外、杂篇的先后问题,具有一定的代表性。

③ 《庄子·养生主》,(清)郭庆藩辑:《庄子集释》,中华书局 1961 年版,第 119 页。

理的本有特征,要做到"臣以神遇而不以目视,官知止而神欲行"①,因循牛的本有特征就特别重要。其实,《庄子》中不仅有因,还有"循"的概念,诸如在讨论真人时就讲到"以刑为体,以礼为翼,以知为时,以德为循"②,这里的"循"也是因循的意思。显然,在《庄子》那里,因循是分开的两个概念。从这里切入,完全可以说庄子因循思想产生在比较早的阶段,因为,《庄子》里没有"因循"概念的出现,只有"因"和"循"概念的单独使用③。"因"约有55次,其中非因循意义而用为副词的情况大约有5次;《内篇》约为20次,只有1次不是在因循意义上使用的。"循"约有16次,《内篇》约有2次,全部是在因循的意义上使用的。其他表示因循意思的词还有"随""顺"等。"随"约有27次,非因循意义上的用例约为4次,集中在外、杂篇;《内篇》约有5次。"顺"约有35次,有1例是在非因循意思的层面使用的;《内篇》约有7次,全部是在因循意义上使用的。所以,因循哲学思想在庄子哲学里有着非常丰富的内容④。

二、"天地与我并生"的基础论

　　"因""循""随""顺"等显示因循意义的概念出现的数字,已经确证了整理分析庄子因循哲学的必要性和意义。但是,庄子因循哲学意义的内涵,就此止步自然是无法领略的。所以,展示庄子因循哲学的多彩图画,我们有必要走进庄子因循哲学的大厦。在此,不禁要质问的问题是:庄子为何要选择因循行为?

1."万物与我为一"

　　在庄子的思想体系里,"天地与我并生,而万物与我为一"⑤,天地人构成同一个生存的空间,这就是宇宙;在宇宙里生活的居民是万物,绝对不是

---

　　① 《庄子·养生主》,(清)郭庆藩辑:《庄子集释》,中华书局1961年版,第119页。
　　② 《庄子·大宗师》,(清)郭庆藩辑:《庄子集释》,中华书局1961年版,第234页。
　　③ 在道家著作《黄帝四经》里,虽然存在比较丰富的因循思想,但仍然无法找到"因循"概念的使用;详细参见许建良:《〈黄帝四经〉因循思想探析》,《湖南科技学院学报》2007年第8期。
　　④ 日本汉学家金谷治认为,"不得不说的是因循哲学是庄子独特的思想"(《金谷治中国思想论集》(中卷),东京,平河出版社1997年版,第328页);他用"因循主义"来概括庄子的处世术(《金谷治中国思想论集》(中卷),东京,平河出版社1997年版,第329页);另外,他还认为,"庄子的人生哲学以因循主义为一贯;其次,其基础是万物齐同的哲学。"(《金谷治中国思想论集》(中卷),东京,平河出版社1997年版,第331页)
　　⑤ 《庄子·齐物论》,(清)郭庆藩辑:《庄子集释》,中华书局1961年版,第79页。

人类自己,人类只是万物之一的存在者。换言之,人类也是宇宙的居民。不过,人类不是一般的居民,它是具有智性而能利用外在于自己的他物的存在,诸如"至德之世,其行填填,其视颠颠。当是时也,山无蹊隧,泽无舟梁;万物群生,连属其乡;禽兽成群,草木遂长。是故禽兽可系羁而游,鸟鹊之巢可攀援而窥"①,就是最好的表述;利用禽兽之皮来做马笼头而系住马,并把马作为工具而游走;攀援到鸟鹊之巢而居高窥察远处;这些都是人类利用他物的例证。正因为这样,所以人类就对宇宙负有更大的责任。

这一责任的真正承担,就在于人类在多大程度上遵行天地之道而行为,"天无私覆,地无私载,天地岂私贫我哉?求其为之者而不得也"②;这里的"私",显然是偏的意思,郭象注曰"言物皆自然,无为之者也",这是可以参考的。正因为万物都存在属于自己的规律,万物就自身而言,一切都是自然的,没有人为的成分在内。不过,这种自然之道在形下的层面是无形的,庄子说:

> 夫道,有情有信,无为无形,可传而不可受,可得而不可见,自本自根。未有天地,自古以固存。神鬼神帝,生天生地。在太极之先而不为高,在六极之下而不为深,先天地生而不为久,长于上古而不为老。狶韦氏得之,以挈天地。伏羲氏得之,以袭气母。维斗得之,终古不忒。日月得之,终古不息……③
> 夫道不欲杂,杂则多,多则扰,扰则忧,忧而不救……④

道是以自己为根本的存在,其他外物无法决定道;在形下的层面,它是无形的,这是它"不欲杂"的结果;道的价值的体现,必须在与万物组成的关系世界才能维持,所以,在与万物的关系里,它是无为的,能够给万物创设最佳的符合自己本性特性的生长生态;道是真实的存在。所以,虽然在经验的层面无法对此加以把握,但仍然可以体得,通过具体的行为仍然可以传递道的信息;它是先于天地而生的存在,天地自然也必须依循它而运作;就实际的情况看,只要按道而行为,就能取得无限的功效并长久不息,诸如日月的"终古不息",就是得道的结果。

---

① 《庄子·马蹄》,(清)郭庆藩辑:《庄子集释》,中华书局1961年版,第334页。
② 《庄子·大宗师》,(清)郭庆藩辑:《庄子集释》,中华书局1961年版,第286页。
③ 《庄子·大宗师》,(清)郭庆藩辑:《庄子集释》,中华书局1961年版,第246—247页。
④ 《庄子·人间世》,(清)郭庆藩辑:《庄子集释》,中华书局1961年版,第134页。

2.“道之所以亏，爱之所以成”

回眸现实，不禁使人毛骨悚然，因为人类理性通过明辨仁义、是非来追求社会秩序良性化的客观效果，反而陷人于混乱之中。庄子说：

> 老聃曰……夫子若欲使天下无失其牧乎？则天地固有常矣，日月固有明矣，星辰固有列矣，禽兽固有群矣，树木固有立矣。夫子亦放德而行，遁遁而趋，已至矣；又何偈偈乎揭仁义，若击鼓而求亡子焉？意，夫子乱人之性也！①

宇宙万物是多种多样的，完全相同的样态是不存在的；在宇宙整体联系性的视野里，万物的存在都有本有的理由，诸如天地的“常”、日月的“明”、星辰的“列”、禽兽的“群”，都是“固有”的，即本来就存在的规则特性，人类对此只需自然而行就可以了，没有必要急急忙忙地打起仁义的旗帜，这样只能搅乱人的本性。

人类之所以热衷于仁义，其根本原因在于大道在现实生活里的失落，即“是非之彰也，道之所以亏也。道之所以亏，爱之所以成”②，这也正好符合老子“故③大道废，安④有仁义；慧智出，安有大伪；六亲不和，安有孝慈；国家昏乱，安有贞⑤臣”（《老子》18章）的运思。显然，在庄子这里，仁义道德也是在大道亏缺以后而登台的产物，没有最高的价值意义。

3.“不以人助天”

在庄子的视野里，道德自登台之日起，就一直行进在每况愈下的征途上，即“逮德下衰，及燧人伏羲始为天下，是故顺而不一。德又下衰，及神农黄帝始为天下，是故安而不顺。德又下衰，及唐虞始为天下，兴治化之流，枭淳散朴，离道以善，险德以行，然后去性而从于心。心与心识知而不足以定天下，然后附之以文，益之以博。文灭质，博溺心，然后民始惑乱，无以反其性情而复其初”⑥，从燧人伏羲、神农黄帝到唐虞，德风日下日衰，走的是一

① 《庄子·天道》，（清）郭庆藩辑：《庄子集释》，中华书局1961年版，第479页。
② 《庄子·齐物论》，（清）郭庆藩辑：《庄子集释》，中华书局1961年版，第74页。
③ “故”，据帛书和竹简本增补。
④ 4个“安”字，据帛书和竹简本增补。
⑤ “贞”通行本为“忠”，现据帛书本改定；竹简本为“正”，与帛书本意合。
⑥ 《庄子·缮性》，（清）郭庆藩辑：《庄子集释》，中华书局1961年版，第551—552页。

条"去性而从于心"的途径,带来的结果是民众越发的混乱,远离自身本性的家园,足以证明心识是无法成事的。所以,庄子呼吁"真人"的出现,因为真人"不以心捐道,不以人助天"①,把人的行为置于天、道的轨道上。

在庄子看来,宇宙万物的存在具有必然性,但这种必然性不是绝对的;换言之,必然性的价值体现必须具有一定的场域,这场域不是别的,正是整个宇宙的联系性,没有宇宙整体联系的视野,每个万物存在的必然性就无法得到确证和体现;在这个视野里,万物存在必然性的价值体现就失去了绝对的意义,而只具有相对的意义,这是必须认识的。作为人类,认识这一点尤为重要。庄子说:

> 物无非彼,物无非是。自彼则不见,自知则知之。故曰彼出于是,是亦因彼。彼是方生之说也,虽然,方生方死,方死方生;方可方不可,方不可方可;因是因非,因非因是。是以圣人不由,而照之于天,亦因是也。②

> 可乎可,不可乎不可。道行之而成,物谓之而然。恶乎然? 然于然。恶乎不然? 不然于不然……故为是举莛与楹,厉与西施,恢诡谲怪,道通为一。其分也,成也;其成也,毁也。凡物无成与毁,复通为一。唯达者知通为一,为是不用而寓诸庸。庸也者,用也;用也者,通也;通也者,得也;适得而几矣。因是已。已而不知其然,谓之道。③

是非、生死、可不可、横纵、丑美都是相对的,没有绝对统一的标准,其具体的判断必须依据具体的物来做出,诸如"然"的判断理由就在"然",这称为"然于然","不然"的判断理由就在"不然",这称为"不然于不然"。究其原因,就在于万物都不是在孤立的境遇里完成自身的实践的,道运行在宇宙之中,称为"道通为一";无须人去有意而为,只要采取"因是已"即因循的方法,郭象注释曰"达者因而不作";成玄英疏曰"夫达道之士,无作无心,故能因是非而无是非,循彼我而无彼我。我因循而已,岂措情哉";没有任何揉进个人情感的必要性。这是值得参考的。采取因循的方法而不知道其中的原因,这就是道与万物切合的奇妙之处;在社会整治的实际过程中,圣人不偏执于具体的是非标准,而依循天道自然的规律来进行具体的整治,这也是因

---

① 《庄子·大宗师》,(清)郭庆藩辑:《庄子集释》,中华书局 1961 年版,第 229 页。
② 《庄子·齐物论》,(清)郭庆藩辑:《庄子集释》,中华书局 1961 年版,第 66 页。
③ 《庄子·齐物论》,(清)郭庆藩辑:《庄子集释》,中华书局 1961 年版,第 69—70 页。

循的方法。

所以,在庄子哲学里,天人不是对抗的存在,即"天与人不相胜也,是之谓真人"①。对人而言,天是绝对的存在,"且夫物不胜天久矣,吾又何恶焉!"②人唯一的责任就是遵循大道自然的规则行为,这也是荀子批评"庄了蔽于天而不知人……由天谓之道,尽因矣"③的原因所在。在此,应该引起注意的是"以德为循"的表述,"循"就是"因",也就是我们今天所说的因循。而"德"的这一动态特性,与"道"又是统一的,因为"道"也持有"因是已"的特性。

三、"物固有所然"的对象论

以上辨明了因循的外在理由。实际上,因循价值的最终实现,仅有外在理由是远远不够的,还必须有内在理由的支持,这就是万物内在自能机能的设置。庄子说:"鸿蒙曰:'意! 心养! 汝徒处无为,而物自化。堕尔形体,吐尔聪明,伦与物忘;大同乎涬溟,解心释神,莫然无魂。万物云云,各复其根,各复其根而不知;浑浑沌沌,终身不离;若彼知之,乃是离之。无问其名,无窥其情,物固自生。'"④万物之所以能够"自化""自生",就在于万物具备这个机能。为什么呢? 这是因为"物固有所然,物固有所可。无物不然,无物不可"⑤,万物存在着之所以为自身的内在理由即"所然""所可",这样在万物自身的系统里,不存在"不然""不可"的情况。

辨清了施行因循行为的内外理由以后,就可以进到因循何物的阶段了。关于这个,庄子明确地昭示了两点:一是"天之理",二是"顺物自然"。

1."天 之 理"

因循虽然是整治宇宙秩序的需要,但因循需要一定的标准,这样才能保证万物真正受到重视以及整体性审视环境的无形设置。正是在这个意义上,庄子非常重视因循天理,他认为"是以圣人不由,而照之于天,亦因是也"⑥、"夫至乐者,先应之以人事,顺之以天理,行之以五德,应之以自然,然

① 《庄子·大宗师》,(清)郭庆藩辑:《庄子集释》,中华书局 1961 年版,第 234—235 页。
② 《庄子·大宗师》,(清)郭庆藩辑:《庄子集释》,中华书局 1961 年版,第 260 页。
③ 《荀子·解蔽》,(清末民初)王先谦著:《荀子集解》,中华书局 1954 年版,第 262 页。
④ 《庄子·在宥》,(清)郭庆藩辑:《庄子集释》,中华书局 1961 年版,第 390 页。
⑤ 《庄子·齐物论》,(清)郭庆藩辑:《庄子集释》,中华书局 1961 年版,第 69 页。
⑥ 《庄子·齐物论》,(清)郭庆藩辑:《庄子集释》,中华书局 1961 年版,第 66 页。

后调理四时,太和万物"①。天理与自然是统一的,因循它们来整治宇宙,就可以达到"太和万物"的效果。其实,天理是与无为、无知相通的,在庄子的心目中,"无为君子,从天之理"②,对圣人而言,"去知与故,循天之理"③就是主要的事务。

天理就是道,所以,"夫道,覆载万物者也,洋洋乎大哉!君子不可以不刳心焉。无为为之之谓天,无为言之之谓德……故执德之谓纪,德成之谓立,循于道之谓备,不以物挫志之谓完"④,这里天与道前后置换,因循道就意味着完备,道是万物运作依归的依据。所以,能否因循道,将直接决定着物事的成败与否。庄子说:

> 且道者,万物之所由也。庶物失之者死,得之者生。为事逆之则败,顺之则成。故道之所在,圣人尊之。今渔父之于道,可谓有矣,吾敢不敬乎!⑤
>
> 天无为以之清,地无为以之宁,故两无为相合,万物皆化生。芒乎芴乎,而无从出乎!芴乎芒乎,而无有象乎!万物职职,皆从无为殖。故曰天地无为也而无不为也,人也孰能得无为哉!⑥

道是万物行为所依归的存在,所以,万物如果失道则势必走向死亡,如果得道则势必生存;依顺道而行为的话,一定能够成功;违逆道而行为的话,势必失败。所以,圣人对道怀有尊敬之情。对道持有敬意,这是非常重要的,然后从此出发来体道,为实际的依顺做好最为基本的准备。道的实质就是自然无为,天地是自然无为的楷模,由于天地各自能够严谨履行无为的行为之方,因此,宇宙间的万物就能够在自己的本性轨道上得到最为合理的客观发展。对人来说,虽然现实的图画无法与天地相比,但天地的无为之道是人类的导标。

2."顺 物 自 然"

因循的另一对象就是万物,或者说万物的本性。

---

① 《庄子·天运》,(清)郭庆藩辑:《庄子集释》,中华书局1961年版,第502页。
② 《庄子·盗跖》,(清)郭庆藩辑:《庄子集释》,中华书局1961年版,第1006页。
③ 《庄子·刻意》,(清)郭庆藩辑:《庄子集释》,中华书局1961年版,第539页。
④ 《庄子·天地》,(清)郭庆藩辑:《庄子集释》,中华书局1961年版,第406—407页。
⑤ 《庄子·渔父》,(清)郭庆藩辑:《庄子集释》,中华书局1961年版,第1035页。
⑥ 《庄子·至乐》,(清)郭庆藩辑:《庄子集释》,中华书局1961年版,第618页。

　　（1）"常因自然"。说起万物的本性，就无法回避庄子的"情"。庄子认为"有人之形，无人之情。有人之形，故群于人；无人之情，故是非不得于身"①，"有人之形"是与他人合群的条件，"无人之情"是远离是非缠身的保证。非常明显，庄子这里的"人之情"，并非一般意义上立论，而是以是非为内涵的特殊设定，所以，"惠子曰，人而无情，何以谓之人？庄子曰，道与之貌，天与之形，恶得不谓之人？惠子曰，既谓之人，恶得无情？庄子曰，是非吾所谓情也。吾所谓无情者，言人之不以好恶内伤其身，常因自然而不益生也。"②由于人是"道与之貌，天与之形"，因此，是非、好恶等世俗社会所具有的价值判断并不是一般意义上的"情"，也就具备了认可的理由；在道在场的环境里生活的人，根本不需要是非、好恶等世俗情感的满足。在这个意义上，庄子的无情，指的是人不为是非、好恶等价值的导向所限制，乃或为其牵着鼻子走，而应该依顺"自然③而不益生"。

　　这里的"自然"，指的就是万物本性的自然状态，而不是别的什么，相当于老子的"能辅万物之自然而不敢为"（《老子》64 章）的"自然"。对此的理解，我曾在其他地方从本根论的层面切入来进行透视，但从"言人之不以好恶内伤其身，常因自然而不益生也"的前后关系来看，从存在论的层面来加以理解似乎更为合理。因为，"常因自然"前面的内容，讲的正是本性的问题，后面不过是省略了自然的主体，因此在前后的关系上，自然的主体角色位置是非常清楚的。自然作为道家哲学的标志性概念，在《庄子》内篇里有2 个用例，外、杂篇有 6 个用例，具有非常丰富的内容。在存在论层面加以演绎的自然，还有"无名人曰：汝游心于淡，合气于漠，顺物自然而无容私焉，而天下治矣"④、"知尧桀之自然而相非，则趣操睹矣"⑤。这里的"顺物自然"无疑是万物之自然，"尧桀之自然"则是人之自然；总之是万物的本性自然。庄子在此向我们昭示了一个信息，就是因循万物之自然时不能偏私，本性的自然状态是相异的，"知尧桀之自然而相非，则趣操睹矣"说的就是这个意思，它告诉我们，不能因为尧桀的本性图画不一样，就以一方而否定另一方。

　　必须注意的是，庄子在确定因循对象为万物本性自然的同时，还强调因

---

　　①　《庄子·德充符》，（清）郭庆藩辑：《庄子集释》，中华书局 1961 年版，第 217 页。

　　②　《庄子·德充符》，（清）郭庆藩辑：《庄子集释》，中华书局 1961 年版，第 220—222 页。

　　③　关于道家"自然"的概念的分析，详细可参见拙作《道家"自然"论辨》，《武汉商贸学院学报》2008 年 7 月创刊号。

　　④　《庄子·应帝王》，（清）郭庆藩辑：《庄子集释》，中华书局 1961 年版，第 294 页。

　　⑤　《庄子·秋水》，（清）郭庆藩辑：《庄子集释》，中华书局 1961 年版，第 578 页。

循民众的重要性。显然,民众是万物之一的存在。他说:

> 贱而不可不任者,物也;卑而不可不因者,民也;匿而不可不为者,事也;粗而不可不陈者,法也;远而不可不居者,义也;亲而不可不广者,仁也;节而不可不积者,礼也;中而不可不高者,德也;一而不可不易者,道也;神而不可不为者,天也。故圣人观于天而不助,成于德而不累,出于道而不谋,会于仁而不恃,薄于义而不积,应于礼而不讳,接于事而不辞,齐于法而不乱,恃于民而不轻,因于物而不去。物者莫足为也,而不可不为。不道于天下者,不纯于德。①

必须因循民性,使他们不离自身本性之本,即"因于物而不去",这是纯备道德的课题。无疑,庄子对真正的仁义等道德是肯定的,这一趋向与老子相一致。由法→义→仁→礼→德→道→天组成的序列,法居于最低的位置,天则占有最高的位置。在圣人的视角,对天应该采取"不助"的方法,应该成德但要"不累",依道行事而"不谋",精通仁而"不恃",对义则应薄而"不积",行为顺应"礼而不讳",遵循"法而不乱","不助"等用词都是否定性的,因为"助""累""谋""恃""积""讳""乱"等行为都是有意而为,是有失自然之谐和的,这是《庄子》对仁义等道德之方的规定。显然,因循民众的本性主要是对社会统治者而要求的。

因循的对象是万物的本性虽然已经得到确认,但是,本性的内涵如果不明确的话,因循行为意义的具体体现也就黯然失色了。所以,在此有必要来检点一下庄子对本性的基本把握。

(2)真性自然。万物的自然状态就是万物的真性的状态,就是本性之所以为本性的所有和规定。这在庄子那里,前后的思想有一个发展的过程。

首先,喜怒哀乐是本性的基本内容。庄子说的"喜怒哀乐,虑叹变慹,姚佚启态"②,指的正是人情感的十二种不同表现。③ 庄子上面主张人无情,主要是警告人们远离是非、名利等情欲的重要性,而对基本的人的生理情感是持肯定态度的,这是不能忽视的。

其次,环境因素也是本性自然的内容。庄子说:

---

① 《庄子·在宥》,(清)郭庆藩辑:《庄子集释》,中华书局1961年版,第397—401页。
② 《庄子·齐物论》,(清)郭庆藩辑:《庄子集释》,中华书局1961年版,第51页。
③ 参见成玄英疏:《庄子集释》,(清)郭庆藩辑:《庄子集释》,中华书局1961年版,第54页。注12。

> 　　马,蹄可以践霜雪,毛可以御风寒,龁草饮水,翘足而陆,此马之真性
> 也。虽有义台路寝,无所用之。及至伯乐曰:我善治马。烧之剔之,刻之
> 络之,连之以羁络,编之以皂栈,马之死者十二三矣。饥之渴之,驰之骤
> 之,整之齐之,前有橛饰之患,而后有鞭荚之威,而马之死者已过半矣。①

　　在后期庄子那里,人和天是同一的,所以,天性自然,并非人的主观欲望,这
也是性的规定之一。② 依附于马来加以说明的话,蹄踏霜雪、毛御风寒、吃
草饮水等都是性的具体内容。如果说以上对本性的规定显得抽象不易把握
的话,在此,就已经非常具体可感了,这些都是马的真性。使用真性自然是
相对于后面的伯乐治马而说的,“烧之剔之”“刻之络之”,以及使之饥渴等
都是违背马本性而不自然的行为,为此,一些马的本性就会失去生存的土壤
和空间,因此,“马之死者已过半”就是其客观的自然结果。庄子还进一
步说:

> 　　孔子观于吕梁,县水三十仞,流沫四十里,鼋鼍鱼鳖之所不能游也。
> 见一丈夫游之,以为有苦而欲死也。使弟子并流而拯之。数百步而出,
> 被发行歌而游于塘下。孔子从而问焉,曰,吾以子为鬼,察子则人也。
> 请问,蹈水有道乎? 曰,亡,吾无道。吾始乎故,长乎性,成乎命。与齐
> 俱入,与汨偕出,从水之道而不为私焉。此吾所以蹈之也。孔子曰,何
> 谓始乎故,长乎性,成乎命? 曰,吾生于陵而安于陵,故也;长于水而安
> 于水,性也;不知吾所以然而然,命也。③

　　人能“蹈水”而行,在于他“始乎故,长乎性,成乎命”。不难知道,在此,
“故”“性”“命”是在同一意义上使用的。也就是说,我生于陆地而适应陆
地并以之作为自己的安身之处,这就是“故”;长大以后,游于水中,并能很
快适应环境,对水驾轻就熟,这是“性”;随顺自然,“不知吾所以然而然”,这
是“命”即天命。总之,对丈夫来说,是“从水之道而不为私”,完全是随顺自
然,没有任何用“私”即私念的表现。
　　显然,这里的性又进一步拓宽了其内涵规定,把我们一般认为的环境因
素也看成性,它们都是后天的。

---

　　① 《庄子·马蹄》,(清)郭庆藩辑:《庄子集释》,中华书局1961年版,第330页。
　　② 参见“仲尼曰,有人,天也;有天,亦天也。人之不能有天,性也。”(《庄子·山木》,(清)郭
庆藩辑:《庄子集释》,中华书局1961年版,第694页)
　　③ 《庄子·达生》,(清)郭庆藩辑:《庄子集释》,中华书局1961年版,第656—658页。

最后,习惯也是本性自然的内容。庄子认为,"生而美者,人与之鉴,不告则不知其美于人也。若知之,若不知之,若闻之,若不闻之,其可喜也终无已,人之好之亦无已,性也。圣人之爱人也,人与之名,不告则不知其爱人也。若知之,若不知之,若闻之,若不闻之,其爱人也终无已,人之安之亦无已,性也。"①"鉴"字,从金,监声,是古代用来盛水或冰的青铜大盆,《说文解字》曰:"鉴,大盆也;一曰鉴诸,可以取明水于月。"《广雅》曰"鉴谓之镜",当是从功能上界定的。郭象注释曰"鉴,镜也"。"鉴"即今天说的镜子。用器皿盛水而照人,自然是人类文明进步的表现。人往往只看到自己以外的他人,而无法看到自己,也无法做出自己与他人的比较;而镜子的出现,就打破了这一沉默。镜子作为工具而能够实现映照的功效完全是一种自然行为,并无任何目的性可言,在与镜子组成的境遇里,镜子都会一如既往地行事。这样的话,给人带来的"可喜也终无已",人们喜好"鉴"的行为也就没有止境,这是性。也就是说,作为万物之一的镜子的本性具有公平无私待物的特性。圣人的爱人也一样,圣人本人是不知道的,爱人的名称是他人给予的,如果他人不告知的话,人们就不知道圣人的爱人行为,不论知与不知、闻与不闻,圣人都一样地对人,而人们安逸地习惯这样的情况也就没有穷尽,这也是性。这里是从习惯的方面来论性的。

内篇与后来的思想有明显的差异,后期庄子进一步拓宽了前期庄子的思维框架,把环境、习惯也视作本性自然的内容,虽然具有宽泛性,但是,环境、习惯所强调的无疑也是自然性的东西,而不是其他。

3."定乎内外之分"

庄子认为,万物都具有"分",即分限、分际。他说:

> 小知不及大知,小年不及大年。奚以知其然也? 朝菌不知晦朔,蟪蛄不知春秋,此小年也。楚之南有冥灵者,以五百岁为春,五百岁为秋;上古有大椿者,以八千岁为春,八千岁为秋。②

> 汤之问棘也是已。穷发之北有冥海者,天池也。有鱼焉,其广数千里,未有知其修者,其名为鲲。有鸟焉,其名为鹏,背若太山,翼若垂天之云,抟扶摇羊角而上者九万里,绝云气,负青天,然后图南,且适南冥也。斥鴳笑之曰:"彼且奚适也? 我腾跃而上,不过数仞而下,翱翔蓬

---

① 《庄子·则阳》,(清)郭庆藩辑:《庄子集释》,中华书局1961年版,第882页。
② 《庄子·逍遥游》,(清)郭庆藩辑:《庄子集释》,中华书局1961年版,第11页。

蒿之间,此亦飞之至也。而彼且奚适也?"此小大之辩也。①

　　万物在本性上具有"小知"和"大知"、"小年"和"大年"的差异,"朝菌""蟪蛄"是"小知""小年"的代表,"冥灵""大椿"则是"大知""大年"的代表;这是生命长短的差异。另一方面,生物能力方面,万物也存在差异,诸如鲲、鹏、雀鸟所能够游、飞的距离、高度是不同的,但是,雀鸟在观望鲲、鹏时,没有悲观,而是"笑之曰",因为它认为自己虽然只能"翱翔蓬蒿之间",但这是自己的能力所致。

　　万物的生命、生物能力存在客观的差异,这就是万物的"分":"昔者庄周梦为蝴蝶,栩栩然蝴蝶也,自喻适志与,不知周也。俄然觉,则蘧蘧然周也。不知周之梦为蝴蝶与? 蝴蝶之梦为周与? 周与蝴蝶,则必有分矣,此之谓物化"②、"故夫知效一官,行比一乡,德合一君,而征一国者,其自视也亦若此矣。而宋荣子犹然笑之。且举世誉之而不加劝,举世而非之而不加沮。定乎内外之分,辨乎荣辱之境,斯已矣。"③觉之周和梦之蝴蝶,都"有分","知效一官"等也是在分限内的自然运作,是自得。所以,我们不应该因为举世的"誉之"和"非之",而不问原因就随之"加劝"和"加沮",万物都是分际内自然运作的结果。在这个意思上,最重要的就是"定乎内外之分",这是在他我关系里对性分的自我定位。对人来说,整备这种自觉意识尤为重要。

　　《老子》强调万物的自然本性,但并没有明确的性分规定,这种思想由庄子开始,为后来西晋思想家郭象所继承和发展。④

4."尽其所受乎天"

　　在庄子的视野里,万物本性自然虽然具有分际、分限,但在万物各自的

---

① 《庄子·逍遥游》,(清)郭庆藩辑:《庄子集释》,中华书局 1961 年版,第 14 页。
② 《庄子·齐物论》,(清)郭庆藩辑:《庄子集释》,中华书局 1961 年版,第 112 页。
③ 《庄子·逍遥游》,(清)郭庆藩辑:《庄子集释》,中华书局 1961 年版,第 16—17 页。
④ 参见"夫质小者所资不待大,则质大者所用不得小矣。故理有至分,物有定极,各足称事,其济一也"(《庄子·逍遥游注》,(清)郭庆藩辑:《庄子集释》,中华书局 1961 年版,第 7 页)、"性各有极,苟足其极,则余天下之财也"(《庄子·逍遥游注》,(清)郭庆藩辑:《庄子集释》,中华书局 1961 年版,第 25 页)、"夫年知不相及,若此之悬也,比于众人之所悲,亦可悲矣。而众人未尝悲此者,以其性各有极也。苟知其极,则毫分不可相跂,天下又何所悲乎哉! 夫物未尝以大欲小,而必以小美大,故举小大之殊,各有定分,非羡欲所及,则羡欲之累可以绝矣"(《庄子·逍遥游注》,(清)郭庆藩辑:《庄子集释》,中华书局 1961 年版,第 13 页)、"苟足于其性,则虽大鹏无以自贵于小鸟,小鸟无羡于天地,而荣愿有余矣。故小大虽殊,逍遥一也"(《庄子·逍遥游注》,(清)郭庆藩辑:《庄子集释》,中华书局 1961 年版,第 9 页)。

系统里,他们都是自足的,即"天下莫大于秋毫之末,而大山为小,莫寿于殇子,而彭祖为夭。天地与我并生,而万物与我为一"①,假如以"秋毫之末"为大的话,大山也就为小了;若以殇子为长寿的话,那彭祖也就只能列入短命的行列。② 所以,大小、长短并不是不可逆转的唯一事实判断,相互的位置是可以倒置互换的,这取决于评价标准的选定。他又说:

> 骈拇枝指,出乎性哉,而侈于德;附赘悬疣,出乎形哉,而侈于性;多方乎仁义而用之者,列于五藏哉,而非道德之正也。是故骈于足者,连无用之肉也;枝于手者,树无用之指也;多方骈枝于五藏之情者,淫僻于仁义之行,而多方于聪明之用也。是故骈于明者,乱无色,淫文章。青黄黼黻之煌煌,非乎,而离朱是已。多于聪者,乱五声,淫六律,金石丝竹黄钟大吕之声,非乎,而师旷是已。枝于仁者,擢德塞性,以收名声,使天下簧鼓以奉不及之法,非乎,而曾史是已。骈于辩者,垒瓦结绳窜句,游心于坚白同异之间,而敝跬誉无用之言,非乎,而杨墨是已。故此皆骈旁枝之道,非天下之至正也。彼正正者,不失其性命之情。故合者不为骈,而枝者不为跂,长者不为有余,短者不为不足。是故凫胫虽短,续之则忧,鹤胫虽长,断之则悲。故性长非所断,性短非所续,无所去忧也。③

"合"对"枝"而言,就为"骈";"枝"对"合"而言,就为"跂";"长"对"短"而言,就为"有余","短"对"长"而言,就为"不足"。也就是说,"骈""跂""有余""不足"是在"合"与"枝"、"长"与"短"组成的相关境遇里产生的不同现象,并没有以物自身系统为仅有的参照系。在万物的世界,万物都有自身独特的系统,这在上面的论述中已经分析过,在自身的系统里,只要是任性自然的,就都是合理的。所以,"合""枝""长""短"在它们自身的系统里,根本不存在"骈""跂""有余""不足"的情况。明辨这一点是非常重要的。凫的胫虽然很短,但在它本性的系统里,这足够发挥其正常的功能;鹤的胫与凫的胫相比,是长的,但在它自身的生命系统里,正适合其本性的运行。如果要给凫添胫、给鹤截胫的话,只能增加忧悲。所以,"性长非所断,性短非所续",明了这一事理,也就没有担忧的理由了。

---

① 《庄子·齐物论》,(清)郭庆藩辑:《庄子集释》,中华书局1961年版,第79页。
② "殇"的意思是未成年而死;"彭祖"是传说中最长寿的人。
③ 《庄子·骈拇》,(清)郭庆藩辑:《庄子集释》,中华书局1961年版,第311—317页。

在大小的方面也一样。庄子说：

> 河伯曰，然则吾大天地而小毫末，可乎？北海若曰，否。夫物，量无穷，时无止，分无常，终始无故。是故大知观于远近，故小而不寡，大而不多，知量无穷。证曏今故，故遥而不闷，掇而不跂，知时无止。察乎盈虚，故得而不喜，失而不忧，知分之无常也。明乎坦途，故生而不悦，死而不祸，知终始之不可故也。计人之所知，不若其所不知；其生之时，不若未生之时；以其至小，求穷其至大之域，是故迷乱而不能自得也。由此观之，又何以知毫末之足以定至细之倪，又何以知天地之足以穷至大之域！①

在动态的坐标里，虽然"量无穷，时无止，分无常，终始无故"，变化多端，但在小、大各自的系统里，根本不存在"寡""多"的问题。假如脱离万物自身的本性系统，以外在他物为参照系的话，譬如，"以其至小，求穷其至大之域"的话，就必然产生迷乱，无法实现本性的自得。因此，"毫末"如不求天地之功的话，周身之外皆为弃物，因为性分的大小虽然是客观存在的，但自身是自足的，没有必要作性外之求。

对个体来说，来自天然的性情是自足的，即"尽其所受乎天"②。所以，对人来说，认识自足就抵达了本源，即"有足者至于丘"③，"丘"是本的意思。显然，这种以万物自身为评价标准的运思，对增强个体的自信、发挥个体的内在潜能，不能不说是设置了最好的平台。这里的"天"当是天然的意思，即自然之天，是内在的天，具有先天性。

关于天人关系，张岱年在《中国哲学大纲》里曾经提出"天人相类与天人相通"。庄子属于后者，推重的是天与人是一个整合体，人可以超出自身狭隘的局限，而在精神上提升到整个宇宙的境界，以宇宙为人生的舞台，与其他万物同呼吸、同命运，体现的是协和一体的特点，这是外在的天。两者既区别又互相联系，应该引起注意。

四、"因其所大而大之"的实践论

以上分析了因循何物的问题，答案是天道自然和万物自然，万物自然状

---

① 《庄子·秋水》，（清）郭庆藩辑：《庄子集释》，中华书局1961年版，第568—569页。
② 《庄子·应帝王》，（清）郭庆藩辑：《庄子集释》，中华书局1961年版，第307页。
③ 《庄子·大宗师》，（清）郭庆藩辑：《庄子集释》，中华书局1961年版，第235页。

态虽然多彩多样,这种多彩多样是为万物各自的"分"所决定的;万物分际虽然具有各自不同的极限,但在万物自身的系统里,他们是自足的。这强调了评价标准的相对性,提醒人类必须注意相对性,不能局限在绝对性中,绝对性的评价标准只能抹杀万物个体的潜能。这些无疑为因循行为在现实世界发挥效用奠定了基础。但是,因循不是静态层面的故事,而是动态系统里的演绎。所以,因循问题的最终解密,还必须揭开如何因循的面纱。

1. "任其性命之情"

前面提到,在庄子那里,"物固有所然,物固有所可",万物之所以为该物的理由在自身,所以,因循就是"因其固然"[1],在具体的实践过程中的演绎则包括以下几个方面。

（1）"任其性命之情"。庄子说:

> 桑乎又曰,舜之将死,真泠禹曰:汝戒之哉! 形莫若缘,情莫若率。缘则不离,率则不劳。不离不劳,则不求文以待形。不求文以待形,固不待物。[2]

> 且夫属其性乎仁义者,虽通如曾史,非吾所谓臧也。属其性于五味,虽通如俞儿,非吾所谓臧也……吾所谓臧者,非仁义之谓也,臧于其德而已矣。吾所谓臧者,非所谓仁义之谓也,任其性命之情而已矣。[3]

"情莫若率",因为"率则不劳"。为何不劳呢? 我们还得从"率"这行为所持有的内涵来分析。"率情"也就是顺情、因循情的规律来应对情,这是一劳永逸的做法。作为善的"臧"并不是仁义,而是善于自得,其具体内容就是"任其性命之情"。"任"作为一种行为,《说文解字》解释为"任,保也"[4],"保"是养的意思。概而言之,就是保养的意思。在这个意义上,"任其性命之情"就是保养性命之情,所以,随顺是应对性情的一个方面,而保养又是一个方面,后者可以说是更高的层次。这是分析文本得出的自然结论。

（2）"安其性命之情"。在更高的层次上,还应安情。庄子认为,自从三代以下,人们没有空闲使性情得到安逸、平静,因为,大家都奔走在仁义的旅

---

①　《庄子·养生主》,(清)郭庆藩辑:《庄子集释》,中华书局1961年版,第119页。

②　《庄子·山木》,(清)郭庆藩辑:《庄子集释》,中华书局1961年版,第686页。

③　《庄子·骈拇》,(清)郭庆藩辑:《庄子集释》,中华书局1961年版,第327页。

④　(清)段玉裁注:《说文解字注》,上海古籍出版社1981年版,第375页。

途上,所以说,仁义等是扰乱天下的根源,即"自三代以下者,匈匈焉终以赏罚为事,彼何暇安其性命之情哉"①。因此,要使人的性情得到安逸,出路在无为即"故君子不得已而临莅天下,莫若无为。无为也而后安其性命之情"②,无为就是"顺物自然而无容私焉,而天下治矣"③,"性命之情"得到安顿,万物都可以得到自己本性充分运作的空间④。

可以说,"率"指明的是应对性情的一般因循的方法,"任"显示的是如何因循的道理和要求,"安"则昭告着因循所应追求的价值标准,它们是一个从低到高的递进性的行为链。

在此必须引起注意的是,庄子内篇里没有"性",在外杂篇则有非常丰富的内容,既有性德并提、性为生之质的论述,又有性分自足、安性命之情的规定,这自然反映出内、外杂篇的时间先后性。另外,在内篇里,有时尽管情就是性,但到这里,已经明确提出"性命之情",以及应对"性命之情"的具体方法,诸如"率""任""安"等,显示了哲学认知上的进步。

2. "应 物 无 方"

因循的对象虽然是万物,但在庄子那里,有时主要集中在人类事务的方面。在人文明化的过程里,因循主要体现为以下几个方面。

(1)"因其所大而大之"。在因循的具体操作实践里,庄子认为:

> 河伯曰,若物之外,若物之内,恶至而倪贵贱? 恶至而倪小大? 北海若曰,以道观之,物无贵贱。以物观之,自贵而相贱。以俗观之,贵贱不在己。以差观之,因其所大而大之,则万物莫不大;因其所小而小之,则万物莫不小;知天地之为稊米也,知〔豪〕末之为丘山也,则差数睹矣。以功观之,因其所有而有之,则万物莫不有;因其所无而无之,则万物莫不无;知东西之相反而不可以相无,则功分定矣。以趣观之,因其所然而然之,则万物莫不然;因其所非而非之,则万物莫不非。知尧、桀

---

① 《庄子·在宥》,(清)郭庆藩辑:《庄子集释》,中华书局1961年版,第365—368页。
② 《庄子·在宥》,(清)郭庆藩辑:《庄子集释》,中华书局1961年版,第369页。
③ 《庄子·应帝王》,(清)郭庆藩辑:《庄子集释》,中华书局1961年版,第294页。
④ 参见"无为实际即取消任何统治,只有取消一切统治形式,人的自然本性才能得到保护发展,这是中国古代的无政府主义观点。"(刘笑敢著:《庄子哲学及其演变》,中国社会科学出版社1988年版,第290页)这种解释显然是难以令人信服的,而且有政治化压倒一切的味道。在整个《庄子》的思想里,"无为"绝对不是什么都不做,这里的无为,也包含顺物自然的方面,顺物自然本身就是为,在《庄子》那里是最好的作为,所以称为无为。

之自然而相非,则趣操睹矣。[①]

北海若对河伯如何来审视贵贱、小大的问题,从六个方面作了具体回答。一是"道"的视野,万物不存在贵贱的差别。二是万物的视角,都是以自己为高贵而以他者为低贱。三是社会习俗的角度,贵贱不是个人自己本有的品质,而是来自外在他者的评价。四是差别的层面,万物大小的差异是相对的,在于评价标准的不同,即"因其所大而大之""因其所小而小之";通过天地与稊米、毫末与丘山的关系,不仅可以看到大小的相对性,也可以明了大小的互相变化性,这样认识差别也就不难了。五是功用的方面,在万物的世界里,相应的职能是分定的。所以,有无具体的功用,应该根据具体的职能来加以评判,即"因其所有而有之""因其所无而无之",换言之,有无是相对的,不存在绝对超越一切的有无功用,这样的话,具体物的"功分"就可得到定夺。六是"趣"(即价值判断)的视域,不存在绝对不变的是非标准,而应该采取"因其所然而然之""因其所非而非之"的方法,根据具体的情况来进行具体的判断实践,不能凭主观臆想而行使。

(2)"应物无方"。在最终的意义上,人的社会化毕竟不是单方面的美好想象,而是主客体互动的世界。所以,离开任何一方的配合和努力,都不会开出绚丽的花朵。

首先,"和而不唱"。庄子认为,在人的社会化过程中,主体的社会和客体的民众是互动的一个整体,互为对方存在和实现价值的对象。也就是说,如果客体没有主观的意欲,主体的任何热情都会白费。正是在这个意义上,庄子强调:"鲁哀公问于仲尼曰,卫有恶人焉,曰哀骀它。丈夫与之处者,思而不能去也。妇人见之,请于父母曰,与为人妻,宁为夫子妾者,十数而未止也。未尝有闻其唱者也,常和人而已矣。无君之位以济乎人之死,无聚禄以望人之腹,又以恶骇天下。和而不唱,知不出乎四域,且而雌雄合乎前,是必有异乎人者也……"[②]对人应该"常和",而非己唱,即"和而不唱",这样才能得人心,形成向心力和凝聚力。

"不唱"自然不是完全被动消极,或者什么都不为,而是不主动倡导价值之方的意思,在实际的过程中,则依据万物的特性而切入适合该物的方法,来提供该物最好的发展条件。庄子说:"夫道,渊乎其居也,寥乎其清

---

① 《庄子·秋水》,(清)郭庆藩辑:《庄子集释》,中华书局1961年版,第577—578页。
② 《庄子·德充符》,(清)郭庆藩辑:《庄子集释》,中华书局1961年版,第206页。

也。金石不得，无以鸣。故金石有声，不考不鸣。万物孰能定之"①、"大人
之教，若形之于影，声之于响。有问而应之，尽其所怀，为天下配。处乎无
响，行乎无方……出入无旁，与日无始，颂论形躯，合乎大同。"②金石之声，
在于"不考不鸣"，"考"是"鸣"的条件，这就是大人之教仿佛形影、声响的
关系一样，没有形、声，就不可能有影、响，教化就仿佛影、响一样，即"鸣"是
对"考"的回应。这形、声就好比"有问"，大人之教是"应之"；应该"尽其所
怀，为天下配"，采用"无响""无方"之方，来应对万方。换言之，也就是"圣
人之生也天行，其死也物化。静而与阴同德，动而与阳同波。不为福先，不
为祸始。感而后应，迫而后动，不得已而后起"③，即"感而后应"，而不是无
视客体的一意孤行。

　　"和而不唱"和"感而后应"是互相联系的，"和而不唱"实际上就是应
和而不主动倡导什么，应和就是"感而后应"，其根据在客体，只有当客体有
具体的意欲倾向时，根据这些倾向，来选择具体的应对策略。在此，客体的
需要是第一位的。在主动倡导的系统里，是根据臆想的蓝图来向行为客体
机械地施行某种行为，具有单一化、板式化的特点，缺乏实际的针对性，而前
者由于根据在客体，所以，具有明确与切实的切入口，针对性强。④

　　其次，"应物无方"。庄子说："老聃曰……夫昭昭生于冥冥，有伦生于
无形，精神生于道，形本生于精，而万物以形相生……其用心不劳，其应物无
方，天不得不高，地不得不广，日月不得不行，万物不得不昌，此其道与！"⑤
万物不仅在外形上相异，而且有着完全不同的存在之方，所以，教化要求
"应物无方"，"无方"是没有固定之方的意思，表明以万物的存在之方为个
人社会化之方，这也就是"应众宜"⑥，即应万物之宜，与物相化。

　　再次，"应物而不穷"。庄子说："夫水行莫如用舟，而陆行莫如用车。
以舟之可行于水也，而求推之于陆，则没世不行寻常。古今非水陆与？周鲁
非舟车与？今薪行周于鲁，是犹推舟于陆也！劳而无功，身必有殃。彼未知

　　①　《庄子·天地》，(清)郭庆藩辑：《庄子集释》，中华书局1961年版，第411页。
　　②　《庄子·在宥》，(清)郭庆藩辑：《庄子集释》，中华书局1961年版，第395页。
　　③　《庄子·刻意》，(清)郭庆藩辑：《庄子集释》，中华书局1961年版，第537页。
　　④　参见"夫王德之人，素逝而耻通于事，立之本原而知通于神。故其德广，其心之出，有物采
之。故形非道不生，生非德不明。存形穷生，立德明道，非王德者邪？荡荡乎忽然出，勃然动，而万
物从之乎！此之谓王德之人。"(《庄子·天地》，(清)郭庆藩辑：《庄子集释》，中华书局1961年版，
第411页)"有物采之"与"感而后应"的精神实质是相同的。
　　⑤　《庄子·知北游》，(清)郭庆藩辑：《庄子集释》，中华书局1961年版，第741页。
　　⑥　《庄子·天地》，(清)郭庆藩辑：《庄子集释》，中华书局1961年版，第416页。

夫无方之传,应物而不穷者也。"①船行于水,车行于陆,这是常理。如果行船于陆的话,那么势必费力耗时也不会有什么进展,即"劳而无功,身必有殃"。所以,应该根据万物的具体情况来选择具体应对之策,这样才能处于"不穷"的境地。

最后,"随成"。这也是因循方法的具体运用。庄子说:"冉相氏得其环中以随成,与物无终无始,无几无时。日与物化者,一不化者也。阖尝舍之!夫师天而不得师天。与物皆殉。其以为事也,若之何!夫圣人未始有天,未始有人,未始有始,未始有物,与世偕行而不替,所行之备而不洫,其合之也若之何!汤得其司御门尹登恒为之傅之,从师而不囿;得其随成,为之司其名;之名嬴法,得其两见。"②这里的"随成",实际上是"随物而成"的简略形式,与"夫随其成心而师之"③基本相同,其价值坐标的原点是客体。所以,主体对客体是"与物无终无始,无几无时""日与物化",天、人、始、物始终处于冥一的状态。"随成"为魏晋玄学的思想代表王弼所充分继承和发展。④

不得不说的是,"随其成心而师之""因其所大而大之""因其所小而小之""因其所有而有之""因其所无而无之""因其所然而然之""因其所非而非之"等是一组具有相同语言结构的用例,都是一个双动的二维结构。也就是说,"因"是动词,"其所大"等是宾语,"大"等是动词,"之"是宾语,总而言之,就是动1(因)→宾1(其所大等)→动2(大等)→宾2的结构,"其所大等"就是物被视为大等的理由,"之"指的是物,两个宾语所指基本相同,而且两个动词也都是同一行为主体发出的。可以说,在语言结构形式上,已经打破了内篇的框架,取得了因循哲学在当时当有的最高成就,这是不容忽视的。

五、"百材皆度"的活性化论

庄子因循的系统不仅在消极被动的前提下体现主体积极能动性的追

---

① 《庄子·天运》,(清)郭庆藩辑:《庄子集释》,中华书局1961年版,第513页。

② 《庄子·则阳》,(清)郭庆藩辑:《庄子集释》,中华书局1961年版,第885页。

③ 《庄子·齐物论》,(清)郭庆藩辑:《庄子集释》,中华书局1961年版,第56页。

④ 参见"(大成若缺,其用不弊;大盈若冲,其用不穷;大直若屈,大巧若拙,大辩若讷)随物而成,不为一象,故若缺也。大盈〔充〕足,随物而与,无所爱矜,故若冲。随物而直,直不在一,故若屈也。大巧因自然以成器,不造为异端,故若拙。大辩因物而言,己无所造,故若讷也。"(楼宇烈校释:《王弼集校释》,中华书局1980年版,第122—123页;带括号的是《老子》原文,不带的是王弼的注释)王弼使用了"随物而成"的完整形式,后面的"随物而与""随物而直"则是以相同的句型加以发挥,这一学术渊源的联系至今尚未为学人所重视。

求,而且视野开阔,没有陷于为因循而运思因循,而是在社会这个更为宽广的视野上量考了因循,这也是不能忽视的地方。这些思想主要包括以下两个方面。

1."百材皆度"

(1)"百材皆度"。庄子在社会化方面的一个重要举措就是推行"不言之教"[1],旨在通过它而自然形成一个"百材皆度"的社会现实,这是庄子的社会化目标设计。庄子说:"少知问于大公调曰,何谓丘里之言? 大公调曰……五官殊职,君不私,故国治;文武大人不赐,故德备;万物殊理,道不私,故无名。无名故无为,无为而无不为。时有终始,世有变化,祸福淳淳,至有所拂者而有所宜,自殉殊面;有所正者有所差,比于大泽,百材皆度;观于大山,木石同坛。"[2]万物有着不同的存在之方,即"万物殊理","道"能公正不私地对待万物,让万物感觉到的是他们自己自然所为,所以,道"无名"而无为,但"无为而无不为"[3]。无为在具体操作上,就是因循,由于因循不是"有所正者",所以,最后客体实现了"百材皆度",都得到了应有的成育。

"百材皆度"是一个所有万物都得到自己应有发展成长的生存生态,个体之间的发展不形成任何相互的妨碍,这寄予个体最大的希望,给予个体最好的生存环境,体现了对个体价值的最大张扬。可以说,在中国古代文化里,这是关于个体理论的一道最为亮丽的风景线。但在"百材皆度"的境遇里,"顺人而不失己"[4]的至人人格无疑又是每个个人的努力的目标。

(2)"尸祝不越樽俎而代之"。作为因循的客观目标,以上无疑是社会方面的诉求;对个人而言,同样存在目标,这就是在社会系统里各司其职,这是社会顺利运行趋于安定的前提条件。庄子说:

> 尧让天下于许由,曰,日月出矣,而爝火不息,其于光也,不亦难乎? 时雨降矣,而犹浸灌,其于泽也,不亦劳乎? 夫子立而天下治,而我犹尸之,吾自视缺然。请致天下。许由曰,子治天下,天下既已治也,而我犹代子,吾将为名乎? 名者,实之宾也,吾将为宾乎? 鹪鹩巢于深林,不过一枝;偃鼠饮河,不过满腹。归休乎君,予无所用天下为。庖人虽不治

---

① 《庄子·德充符》,(清)郭庆藩辑:《庄子集释》,中华书局1961年版,第187页。
② 《庄子·则阳》,(清)郭庆藩辑:《庄子集释》,中华书局1961年版,第909—910页。
③ 参见"为学日益,为道日异,损之又损,以至于无为,无为而无不为。"(《老子》48章)
④ 《庄子·外物》,(清)郭庆藩辑:《庄子集释》,中华书局1961年版,第938页。

庖,尸祝不越樽俎而代之矣。①

日月出来后,产生自然之光,如果"爝火不息"的话,就显得多此一举;天下雨,对万物是自然灌溉,如果"犹浸灌"的话,就是劳而无功的举措。显然,以上的两种情况都是不自然的举措。尧想把天下让给许由,但在许由看来,天下已经治理得非常好,"我犹代子,吾将为名乎?"但是,"名者,实之宾也"。换言之,名实必须统一在一处,名必须归附于实。现在,社会得到治理的实在尧,所以,名号自然也应该归尧。因此,许由不接受尧的禅让,并提出"予无所用天下为",用我们今天的话说,就是无功不受禄。

无功不受禄在这里,虽然有名实必须统一的理性运思,但在更为宽广的意义上,也有不贪欲、纵欲的考虑。鹪鹩做巢的"不过一枝",偃鼠饮水的"不过满腹",都是取足一己而不做额外追求的行为,而世人贪求功名,实际上就是贪欲的表现。诸如"庖人"是掌管庖厨之人即膳夫,"尸祝"即太庙里的神主及太常、太祝,他们各有自己的职责,即使膳夫怠工,不治庖,尸祝也不能滥职而放弃自己的工作,来代替膳夫治庖的,应该各司其职,在既定的社会关系序列里尽到自己应尽的责任,这是最重要的。从另一方面来看,如果越过自己的性分来为行的话,那么势必出现占有他人资源或者实现价值机会的可能,这才是最可怕的方面。

2."不 一 其 能"

因循虽然体现着对外在他者的重视和敬意,但是,这一行为动力的不竭化,仅仅有个人的努力是无法解决问题的,还必须有外在机制的支持。这样才能保证因循行为成为个人选择的内在动力。

(1)"不失其能"。庄子说:"官施而不失其宜,拔举而不失其能,毕见其情事而行其所为,行言自为而天下化。手挠顾指,四方之民莫不俱至,此之谓圣治。"②"圣治"的社会任贤时"不失其宜",举贤时"不失其能",这样使人人尽其能而"行其所为",最后必然达到"行言自为而天下化"的理想境地。

(2)"不一其能"。上面说的是选拔人才时不漏掉任何一个有实际能力的人,在人际关系里,人与人之间的能力是存在客观差异的,这也是必须直面的。对此,庄子认为:

---

① 《庄子·逍遥游》,(清)郭庆藩辑:《庄子集释》,中华书局 1961 年版,第 22—24 页。
② 《庄子·天地》,(清)郭庆藩辑:《庄子集释》,中华书局 1961 年版,第 440 页。

> 颜渊东之齐,孔子有忧色。子贡下席而问曰,小子敢问:回东之齐,夫子有忧色,何邪? 孔子曰,善哉汝问。昔者管子有言,丘甚善之,曰褚小者不可以怀大,绠短者不可以汲深。夫若是者,以为命有所成而形有所适也,夫不可损益。吾恐回与齐侯言尧、舜、黄帝之道,而重以燧人、神农之言。彼将内求于己而不得,不得则惑,人惑则死。且汝独不闻邪? 昔者海鸟止于鲁郊,鲁侯御而觞之于庙,奏《九韶》以为乐,具太牢以为膳。鸟乃眩视忧悲,不敢食一脔,不敢饮一杯,三日而死。此以己养养鸟也,非以鸟养养鸟也。夫以鸟养养鸟者,宜栖之深林,游之坛陆,浮之江湖,食之鳅鲦,随行列而止,委迤而处。彼唯人言之恶闻,奚以夫譊譊为乎! 咸池九韶之乐,张之洞庭之野,鸟闻之而飞,兽闻之而走,鱼闻之而下入,人卒闻之,相与还而观之。鱼处水而生,人处水而死。彼必相与异其好恶,故异也。故先圣不一其能,不同其事。名止于实,义设于适,是之谓条达而福持。①

"褚小者不可以怀大,绠短者不可以汲深"显示的是量体裁衣,不勉强而为的精神,不能也没有理由对"小""短"进行损益,这就是"命有所成而形有所适也,夫不可损益"。例如,用对待人的方法(己养)来对待鸟的话(鸟养),结果是鸟三日而死,人与鸟的生活习性是相异的,所以,得根据具体的本性条件来行为。

总之,不能"一其能",即采取同一的方法对待所有的万物,以不变应万变,这是名实不相符的表现。对个体来说,因循自己的本性,是自己本性自得的最好切入口,也是实现自身"福持"的条件;同时,切实根据个体的情况来使用个体,把个体使用到最能发挥自己特长的地方,这既是名实相符的要求,也是外在的原则必须以个体的调适为依归的需要,即"义设于适"。"不一其能,不同其事"说的是不能用划一的方法来对待所有的个体,强调的是差异性的方面,而注意差异性的尺度是"名止于实,义设于适"。这里的"实"是个人之"实","适"也是个人之"适",这是应该注意的。试想,每个人在社会的角色系统里,都能发挥自己的特长,实现自己本性的发展,这对社会化实践必然会形成有力的支持。

(3)"官治其职"。对庄子而言,"天生万民,必授之职"②。在社会的层

---

① 《庄子·至乐》,(清)郭庆藩辑:《庄子集释》,中华书局 1961 年版,第 620—622 页。
② 《庄子·天地》,(清)郭庆藩辑:《庄子集释》,中华书局 1961 年版,第 421 页。

面,社会官职是多样的,"五官殊职,君不私,故国治"①,君主对处在不同官
职的人都必须公平对待即"不私",这样才能较好实现国家的治理。虽然有
"不失其能"的美好理想,也有"不一其能,不同其事"的用能的具体方法,但
是,这些都是主观的设想,在社会实际生活里,能否得到切实的如愿以偿,那
并非一个定数。所以,庄子说:"官治其职,人处其事,乃无所陵……能不胜
任,官事不治,行不清白,群下荒怠,功美不有,爵禄不持,大夫之忧也"②;社
会官员都能够履行自己的职责,人们都能切实自己的事务,那社会一定会秩
序井然即"无所陵";如果能力无法完成自己具体承担的职务,官员又不能
切实履行自己治理的责任,这样势必走向混乱。所以,

　　　　是故古之明大道者,先明天而道德次之,道德已明而仁义次之,仁
　　义已明而分守次之,分守已明而形名次之,形名已明而因任次之,因任
　　已明而原省次之,原省已明而是非次之,是非已明而赏罚次之,赏罚已
　　明而愚知处宜,贵贱履位;仁贤不肖袭情,必分其能,必由其名。③

"天"即天道自然具有最高的地位,道德、仁义、分守等都是社会治理的规定
理则,个人如果能够按照社会分配的职分来行事,做到名副其实,这样的话,
社会就必须给予具体的"因任",即依据能力给予具体的社会职位;"原省"
"是非""赏罚"都是具体的社会评价环节。"原省"一般解释成"宽恕并免
除其罪",实际上,在这里前后的语序里,这种解释缺乏连贯性,给具体的理
解增加了困难。我认为,是否可以从推究省察的角度来理解,就是对一个
人"因任"的实际情况进行推究省察,从而得出"是非"的评价,再根据具
体的是非而进行赏罚的处理,最后,根据赏罚而调整具体的职位,追求的
效果就是"愚知处宜,贵贱履位",无论是"仁""贤"还是"不肖",都能够
因袭性情实际,得到符合自己能力的社会职分,并在实际社会治理的生活
中,接受社会评价机制的检查,保持名实的一致。换言之,绝对杜绝不称
职的人在实际的职位上敷衍,这对社会的实际有效治理是极为不利的。
　　当然,不得不重视的是,这里庄子虽然把赏罚作为社会评价系统里的一
个方面,但是,在对赏罚的价值定位上,庄子并不看重。庄子说:

---

① 《庄子·则阳》,(清)郭庆藩辑:《庄子集释》,中华书局1961年版,第909页。
② 《庄子·渔父》,(清)郭庆藩辑:《庄子集释》,中华书局1961年版,第1027页。
③ 《庄子·天道》,(清)郭庆藩辑:《庄子集释》,中华书局1961年版,第471页。

　　　本在于上,末在于下;要在于主,详在于臣,三军五兵之运,德之末
也;赏罚利害,五刑之辟,教之末也;礼法度数,形名比详,治之末也;钟
鼓之音,羽旄之容,乐之末也;哭泣衰绖,隆杀之服,哀之末也。此五末
者,须精神之运,心术之动,然后从之者也。①

在最终的意义上,"礼法度数"不过是"治之末",必须在"精神之运,心术之
动"以后,才能显示出具体的效应。这里的"精神之运,心术之动",无疑是
道德教化,所以,仍然存在着看重道德教化的倾向。总之,"赏罚利害,五刑
之辟"是"教之末",与"三军五兵之运"是"德之末"一样。这是应该明
确的。

　　　"因任"作为因循的一部分,主要侧重于因循在社会治理层面的有效利
用,不限于因循而谈因循,把因循置于整个社会化的机制里面,其意义是不
容忽视的。而且这种名实一致的思想,与法家重视功效的思想存在相切合
的一面,这些都是值得深思的。因为,这些都存在于重视人之外的道、法的
道家、法家那里,与重视人自身的儒家形成明显的差异,儒家思想本身更多
地呈现的就是虚无性,没有丝毫实用,正是在这个层面上,司马谈说:"儒者
博而寡要,劳而少功,是以其事难尽从"②、"夫儒者以六艺为法。六艺经传
以千万数,累世不能通其学,当年不能究其礼,故曰'博而寡要,劳而少
功'"③。儒家只讲究做好文章,而根本不顾实效。

　　　因循作为庄子哲学的本有课题,其思想是非常丰富的。它从自然出发,
依据"物固有所然,物固有所可"的设定,把万物的依据置于自身;虽然如
此,但万物不是孤立的存在,而是与天地、道、自然共同构成一个宇宙。由于
万物的依据的自身,所以,每个万物在宇宙中都具有必然性和不可替代性;
不可替代的万物,是相异的,各自具有自身本性的疆域,这是为先天的性分
规定的,由于万物性分万异,所以,对人类社会而言,既需要确立宇宙的视野
来保证人类自身的生存环境的良性化,又需要确立不能以一统的方法来对
待不同个性的人的理念。所以,现实大道缺位而仁义道德泛滥,和谐的生活
远离人类而去。因此,选择因循是追求和谐生活秩序的需要。
　　　因循需要人对外在他者的敬畏、敬意,需要万物在本质上是宇宙的一部

---

① 《庄子·天道》,(清)郭庆藩辑:《庄子集释》,中华书局1961年版,第467—468页。
② (汉)司马迁撰:《史记》,中华书局1982年版,第3289页。
③ (汉)司马迁撰:《史记》,中华书局1982年版,第3290页。

分,因而在宇宙中具有相同作用的公平的视野。因循不是消极的行为,在被动消极的前提下,在庄子这里,已经形成了比较完整的双动宾的二维结构,尽管缺乏主动性的设定,这也正是道家的本来样式,在被动前提下的主动,是在后来生活里的发展;另外,"随成"的样式,也为后来玄学代表之一的王弼所继承与发展。"百材皆度"这一社会化目标的设定,在最大程度上显示了对个体价值的重视,这是在其他学派的思想里无法找到的。这种重视个体并不是什么无政府、绝对自由的始作俑者。因为,在庄子的整个体系里,万物一体的视野是主线,个体价值的实现非但不能损害他人利益,而且在满足他人利益的基础上进行,这与儒家的血缘个人出发的利益追求的模式正好相反。这些也是今天人类面临生态危机、能源危机、人际疏离现实时应该认真思考的。

第四章 申不害"随事而定之"的
因循思想

申不害(约公元前375—337年),先秦著名法家思想家。①《史记·老子韩非列传》称他"京人也②,故郑之贱臣。学术以干韩昭侯,昭侯用为相,内修政教,外应诸侯,十五年。终申子之身,国治兵强,无侵韩者。申子之学本于黄老而主刑名。著书二篇,号曰《申子》③"④、"太史公曰……申子卑卑,施之于名实……皆原于道德之意,而老子深远矣。"⑤这里的"刑名"和"名实",并非矛盾的概念,其所指的内涵是相同的,是循名责实层面上的定位⑥,而非赏善罚恶意义上的诠释。所以,循名责实角度的"刑名",实际也就是"形名",这是应该注意区分的。⑦

学界习惯称商鞅、申不害、慎到是法、术、势的代表,而韩非是集法、术、势于一身的大成者。《史记·韩世家》曰:"申不害相韩,修术行道,国内以治,诸侯不来侵伐。"⑧司马迁在用"术"概括申不害的同时,也揭示出了他与道家的联系即"行道"。他"行道"的主要内容之一,就是因循之道,因循正是中国哲学史上连接道家和法家、道法家的标志性概念之一,这也正好可

---

① 《汉书·艺文志》载有"申子六篇",((汉)班固撰:《汉书》,中华书局1962年版,第1735页),列在法家。

② 《史记索隐》"按:《别录》云:'京,今河南京县是也。'"((汉)司马迁撰:《史记》,中华书局1982年版,第2146页)

③ 《集解》:"刘向《别录》曰:'今民间所有上下二篇,中书六篇,皆合二篇,已备,过太史公所记。'"《索隐》:"今人间有上下二篇,又有中书六篇,其篇中之言,皆合上下二篇,是书已备,过于太史公所记也。"((汉)司马迁撰:《史记》,中华书局1982年版,第2146页)《正义》"阮孝绪《七略》云《申子》三卷也。"((汉)司马迁撰:《史记》,中华书局1982年版,第2146页)另外,《意林》《隋书·经籍志》《旧唐书·经籍志》《新唐书·艺文志》皆称《申子》三卷。

④ (汉)司马迁撰:《史记》,中华书局1982年版,第2146页。

⑤ (汉)司马迁撰:《史记》,中华书局1982年版,第2156页。

⑥ 参见《汉书·万石卫直周张传》中的《张欧传》:"孝文时以治刑名侍太子。"师古曰:"刘向《别录》云:'申子学号曰刑名。刑名者,循名而责实,其尊君卑臣,崇上抑下,合于《六经》。'"((汉)班固撰:《汉书》,中华书局1962年版,第2204页)班固也是用"循名而责实"来概括申不害的。

⑦ 就法家商鞅而言,在"刑名"问题上与申不害是相异的,主要侧重在赏罚的维度;可以参考《史记·韩非传》"喜刑名法术之学"。《集解》引《新序》曰:"申子之书言人主当执术无刑,因循以督责臣下,其责深刻,故号曰'术'。商鞅所为书号曰'法'。皆曰'刑名',故号曰'刑名法术之书'。"((汉)司马迁撰:《史记》,中华书局1982年版,第2146—2147页)

⑧ (汉)司马迁撰:《史记》,中华书局1982年版,第1869页。

以形象地描绘出申不害的思想特色。限于其研究的资料,关于他因循思想的研究成果并不多见。但是,在对中国因循哲学的发掘和整理中,申不害的因循思想自然具有不可或缺的意义,这也是我想利用有限资料对此进行总结的原因。

关于他的研究资料,史书上尽管说法不一,但是,实际我们今天能够看到的资料非常有限,仅有《大体》(《群书治要》第三十六卷)①、《君臣》②(《御览》卷三百九十及卷六百二十四)和一些佚文。本章将依据这些资料和其他散见于《韩非子》《吕氏春秋》《淮南子》中的资料,来尽可能地勾画其因循思想的图画。③

一、"任法而不任智"的依据论

任何思想的产生和生长都离不开一定的时代背景和土壤,先秦法家思想的产生也不例外。在老子道家倡导"能辅万物之自然而不敢为"和儒家孔子推重血缘仁爱的文明冲浪中,法家是以强调定于道法为标志而加入文明浪潮行列的,从而为中国历史上的文化争鸣增添了绚丽而多彩的一笔,是时代孕育和催生了他们的思想。《淮南子·要略》曰:

> 申子者,韩昭釐之佐,韩、晋别国也。地墽民险,而介于大国之间,晋国之故礼未灭,韩国之新法重出,先君之令未收,后君之令又下,新故相反,前后相缪,百官背乱,不知所用。故刑名之书生焉。秦国之俗,贪狼强力,寡义而趋利。可威以刑,而不可化以善,可劝以赏,而不可厉以名。被险而带河,四塞以为固,地利形便,畜积殷富。孝公欲以虎狼之势而吞诸侯,故商鞅之法生焉。④

---

①　参见《申子大体篇义证》(王叔岷撰:《先秦道法思想讲稿》,台湾"中央研究院中国文哲研究所":《中国文哲专刊》2,1991年5月,第337—348页)。

②　参见《汉书·元帝纪》:"以刑名绳下。晋灼注:刑,刑家也;名,名家也。太史公曰:'法家严而少恩,名家俭而善失真。'师古注:'晋说非也。刘向《别录》云申子学号刑名。刑名者,以名责实,尊君卑臣,崇上抑下。宣帝好观其《君臣篇》。绳谓弹治之耳'"((汉)班固撰:《汉书》,中华书局1962年版,第278页)、《御览》221引《七略》亦云:孝宣皇帝重申不害《君臣篇》。《君臣》当也是申不害的主要作品之一;关于《君臣》,也可参见《汉书·艺文志》,道家有"《黄帝君臣》十篇。"颜师古注:"起六国时,与《老子》相似也。"((汉)班固撰:《汉书》,中华书局1962年版,第1731页)

③　参见《法家三派重术之申不害》(王叔岷撰:《先秦道法思想讲稿》,台湾"中央研究院中国文哲研究所":《中国文哲专刊》2,1991年5月,第193—204页)。

④　刘文典撰:《淮南鸿烈集解》,中华书局1989年版,第711页。

申不害辅助韩昭侯,处在"晋国之故礼未灭,韩国之新法重出"的不寻常的时刻,要使韩国在大国包围的处境中立住脚,应对新旧的矛盾,克服动乱和迷茫,实在是一个非常艰巨的任务;面对这种严峻的处境,申不害提出"刑名"的思想来解决"百官背乱,不知所用"的问题,为社会实利的积累确立了行为之方;这仿佛商鞅提出法度来确立权益之分而抑制贪欲之心一样。

申不害重视"刑名"法度,其主要原因之一就是法度具有相对的稳定不变性,《御览》638引申子曰:"尧之治也,盖明法察令而已。圣君任法而不任智,任数而不任说。黄帝之治天下,置法而不变,使民安乐其法也。"①就一般而言,这里尧与黄帝合而论之,显示的是儒道融合的倾向。"任法""任数",而"不任智""不任说",对"智"和"说"的轻视,当时它们的变化无常性,这样人不知如何是好,难以应对;"任数"的"数"就是"术",因此,这里主要是法术,在法度的氛围里,民众能体现和享受到"安乐"的感受;就人的社会化征程而言,体验安乐的感受是一件多么重要的事情啊! 在动乱的当时是这样,就是在今天,又何尝不是这样呢! 在此必须注意的是,申不害推重法术虽然是从"百官背乱,不知所用"出发,本于统治者的利益考虑,但是,"使民安乐其法"也告诉人们,他没有完全忽视民众的利益考虑,虽然这还称不上民本的运思,但就把民众置入社会治理的视野而言,是值得肯定的。

二、"明法正义"的价值选择论

在申不害看来,法度之所以能够使民众安乐,就在于法度本身所持有的"正",尽管他强调"术",但"正"是最为基本的,"术"不过是"正"的因循运用。他说:

> 昔者尧之治天下也以名,其名正则天下治;桀之治天下也亦以名,其名倚而天下乱;是以圣人贵名之正也。(《申子·大体》)
> 《申子》曰:明君治国,三寸之机运而天下定,方寸之谋正而天下

---

① 类似的文献在《管子》中也能找到,详细参考:"昔者尧之治天下也,犹埴之在埏也,唯陶之所以为;犹金之在垆,恣冶之所以铸。其民引之而来,推之而往,使之而成,禁之而止。故尧之治也,善明法禁之令而已矣。黄帝之治天下也,其民不引而来,不推而往,不使而成,不禁而止。故黄帝之治也,置法而不变,使民安其法者也。"(《管子·任法》,(清)黎翔凤撰:《管子校注》,中华书局2004年版,第901页)

治。一言正而天下定,一言倚而天下靡。①

《申子》曰:明君治国,而晦晦,而行行而止,故一言正而天下定,一言倚而天下靡。②

《申子》曰:君必有明法正义,若悬权衡以称轻重,所以一群臣也。③

"名"即名号,它显示的是形名的统一。治理天下以"名",就是采用名号这种具体的标准,如果名号反映现实的利益需求,再加上以名责实的具体操作途径的切实配套,社会的治理一定能够收到实际的效果;尧与桀虽然都依据名号来进行社会的治理,但得到的客观效果是完全相异的,其原因就在一个"名正",一个"名倚";从这一客观历史中完全可以认识到,社会的统治者必须"贵名之正"。

明君治理社会能够做到"而晦晦""而行行",就在于一个"正",能"正"就能稳定天下,不能"正"即偏倚的话,天下势必产生摩擦,"靡"通"摩",有摩擦则势必走向争斗而导致社会秩序的混乱。这里的"而晦晦""而行行"的"而"是"能"(依据王叔岷的观点)的意思,这两句话的意思就是能以晦为晦,能行所必行。"晦"是一种客观的事实,客观的事实在社会的治理中能够得到客观的反映,对民众而言,这是莫大的庆幸,这是"有明法正义"的行为;在社会整治的实践中运用持有正义的法度来决断具体的事务,这与"若悬权衡以称轻重"一样,能统一君臣的行为。据此不难推断,申不害似乎在法术问题的运思上,更着重于君臣之间效果的预测和期望,而不是民众。显然,其思想具有官本位的倾向,这是当注意的。

申不害的公正的运思源于天道无私,他说:

申子云:天道无私,是以恒正。天道常正,是以清明。④

刚者折,危者覆,动者摇,静者安。名自正也,事自定也。(《申子·大体》)

① 《太平御览》卷三百九十《人事部三一·言语》,(宋)李昉等撰:《太平御览》,中华书局1960年版,第1804页。

② 《太平御览》卷六百二十四《治道部五·治政三》,(宋)李昉等撰:《太平御览》,中华书局1960年版,第2798页。

③ 《艺文类聚》卷五十四《刑法部·刑法》,(唐)欧阳询撰,汪绍楹校:《艺文类聚》,上海古籍出版社1965年版,第967页。

④ 《钦定四库全书·子部》,(唐)虞世南撰,(明)陈禹谟补注:《北堂书钞》卷一百四十九《天部·天一》"天道无私"下引。

天地自然而行,不偏不倚,公平地对待一切万物,所以宇宙间"恒正"而"清明";天地之所以能够这样,关键在于自身的虚静,躁动则势必失去平衡,失去平衡就趋向偏,"名自正""事自定"就无所附丽;这里的"名"就是他重视的名号,"事"当是物事,而不是事情,关于"物事"的概念,今天的日语中还在使用,而我们自己却已经很少这样使用了,往往导致一些研究难以正确反映古代文献的原意,当然对加深中国古代思想的研究是不利的,这必须引起注意。《黄帝四经》相似的文献,也正好可以佐证"物事"的诠释,即"名自命也,物自正也,事之定也"[1]。"自正""自定"就是自得。

　　强调虚静而否定躁动的运思,在《黄帝四经》中也能看到,诸如"虚无形,其裻(寂)冥冥,万物之所从生。生有害,曰欲,曰不知足。生必动,动有害,曰不时,曰时而〔怀〕(倍)。动有事,事有害,曰逆,曰不称,不知所为用。事必有言,言有害,曰不信,曰不知畏人,曰自诬,曰虚夸,以不足为有余"[2],就是例证。就语言的表达形式而言,"名自正也,事自定也"与道家老子的运思,显然存在一定的相异性,从"万物将自宾。天地相合以降甘露,民莫之令而自均"(《老子》32章)、"万物将自化"(《老子》37章)、"天下将自定"(《老子》37章)里,可以清楚地看到,两者的主语是不一样的;换言之,申不害是名号和物事,而老子是万物、民、天下。简言之,申不害重视的是"事"的方面,而老子强调的是物或万物的方面,老子思想体现的是对万物个体权分的重视,而申不害强调的是物事的自得,显然没有对外在他者个体权分的意识,而就行为主体而言,缺乏如何保证物事自得的运思和训练,没有尊重外在他者的心理的激发和积淀,自然显得空洞乏味。这是必须注意的。

　　强调法度的公正是法家共同的抉择,在商鞅的思想里,也能找到这样的运思,即:

　　　　天地设,而民生之。当此之时也,民知其母而不知其父,其道亲亲而爱私。亲亲则别,爱私则险,民众,而以别险为务,则民乱。当此时也,民务胜而力征。务胜则争,力征则讼,讼而无正,则莫得其性也。故贤者立中正,设无私,而民说仁。当此时也,亲亲废,上贤立矣。凡仁者

---

　　① 《黄帝四经·经法·论》,陈鼓应注译:《黄帝四经今注今译——马王堆汉墓出土帛书》,台湾商务印书馆1995年版,第141页。
　　② 《黄帝四经·经法·道法》,陈鼓应注译:《黄帝四经今注今译——马王堆汉墓出土帛书》,台湾商务印书馆1995年版,第5页。

以爱〔利〕为务,而贤者以相出为道。民众而无制,久而相出为道,则有乱。故圣人承之,作为土地货财男女之分。分定而无制,不可,故立禁。禁立而莫之司,不可,故立官。官设而莫之一,不可,故立君。既立君,则上贤废而贵贵立矣。然则上世亲亲而爱私,中世上贤而说仁,下世贵贵而尊官。上贤者,以〔赢〕①相出也;而立君者,使贤无用也;亲亲者,以私为道也,而中正者使私无行也。②

中正既是民众得其本性的保证,又是阻障私行发生的枢机,而自然也是社会得以治理的关键,与申不害是一致的。

由于申不害以"刑名"著称,所以,其存在与名紧密相连,可以说,名号是他思想的象征,而相异于同时代的其他思想家,譬如,在慎到那里,很少提及"名",有时"名"对他并不重要,诸如"故无名而断者,权重也;弩弱而矰高者,乘于风也;身不肖而令行者,得助于众也。故举重越高者,不慢于药;爱赤子者,不慢于保;绝险历远者,不慢于御。此得助则成,释助则废矣"③,就是具体的说明。"权重"作为一种"无名而断"而得到肯定,成为"助"的因子之一,这与申不害离开名正无法实现治理的运思显然是不一样的;但是,慎到同样强调司职、参验,即"故明主之使其臣也,忠不得过职,而职不得过官。是以过修于身,而下不敢以善骄矜守职之吏;人务其治,而莫敢淫偷其事。官正以敬其业,和顺以事其上。如此,则至治已"④;这是值得重视的现象。强调名虽然是法家的一个特点,与老子"道可道,非常道;名可名,非常名"(《老子》1 章)的运思显然是大相径庭的,而与儒家孔子的想法具有相似性,诸如"名不正,则言不顺;言不顺,则事不成;事不成,则礼乐不兴;礼乐不兴,则刑罚不中;刑罚不中,则民无所错手足。故君子名之必可言也,言之必可行也。君子于其言,无所苟而已矣"(《论语·子路3》),从"名不正"到"刑罚不中",刑名不正,民众无法把握自己的行为之方法,自然也不利于社会治理,所以,名与言、言与行必须一致;当然,孔子言行统一与申不害的循名责实具有相似性,但两者的区别仍然是明显的。

---

① "赢"字本为"道",今据范钦本改定。详细参见《开塞》,蒋礼鸿撰:《商君书锥指》,中华书局 1986 年版,第 52—53 页注释。

② 《商君书·开塞》,高亨注译:《商君书注译》,中华书局 1974 年版,第 73—74 页。

③ 《慎子·威德》,钱熙祚校:《慎子》,中华书局 1954 年版,第 2 页。

④ 《慎子·知忠》,钱熙祚校:《慎子》,中华书局 1954 年版,第 5 页。

三、"因能而受官"的政治决策论

公正的确立,为因循的具体落实打下了坚实的基础。众所周知,因循这个概念,在现存的《慎子》里,虽然有"因循"的篇目,但这是唐人编辑时加上去的。所以,其概念的首次使用当是《史记·太史公自序》的"以虚无为本,以因循为用",《申子》里也没有因循的概念,仅有"因"的概念,与《慎子》存在一致性。

1."因能而受官"

关于何谓因的问题,虽然申不害没有如慎到那样明确的界定,不过,据以下资料可以简要回答这个问题即:"申子曰:法者,见功而与赏,因能而受官。"①君臣之间的因循,就是因循人的具体能力,授予具体的职位;"受"同"授",这与韩非对"术"的理解是一致的,即"术者,因任而授官,循名而责实,操杀生之柄,课群臣之能者也,此人主之所执也"②,"因任"就是因循的行为,人的能力成为因循的对象。虽然,内在的人性没有成为申不害因循关注的对象,虽然能力与人性有联系,但毕竟不是人性本身;也正是于此,可以看到他运思在政治决策上的聚焦。这是必须注意的地方。

2."示天下无为"

因的本质是"无为":他说:

> 故善为主者,倚于愚,立于不盈,设于不敢,藏于无事,窜端匿迹,示天下无为。是以近者亲之,远者怀之。(《申子·大体》)
>
> 申子曰:"上明见,人备之;其不明见,人惑之。其知见,人饰之;不知见,人匿之。其无欲见,人司之;其有欲见,人饵之。故曰:吾无从知之,惟无为可以规之。"一曰:申子曰:"慎而言也,人且和女;慎而行也,人且随女。而有知见也,人且匿女;而无知见也,人且意女。女有知也,人且臧女;女无知也,人且行女。"③

---

① 《韩非子·外储说左上·说五》,陈奇猷校注:《韩非子新校注》,上海古籍出版社2000年版,第708页。

② 《韩非子·定法》,陈奇猷校注:《韩非子新校注》,上海古籍出版社2000年版,第957页。

③ 《韩非子·外储说右上·说二》,陈奇猷校注:《韩非子新校注》,上海古籍出版社2000年版,第775页。

对君主而言,施行素朴的生活方式、立足"不盈"的状态即适可而止地对待欲望的满足、保持"不敢"的心态——对他人的敬畏①、尽量使自己的行为克制保持在"无事"的范围内,无奈施行有为的时候,也要把痕迹藏匿起来。总之,给天下民众昭示一幅无为的社会治理图画,只有这样,才能对附近的人显示出亲和力,对远方的人渗透出感召力。总之,君主必须远离"知""见",操行无为的行为之方,才能"规之","规"与"窥"是古今字,这里是窥察了解情况的意思;而"司"是古"伺"字,也是窥察的意思。所以,君主操行无为的行为,是因循行为得以成立的前提,这是非常清楚的。

无为意味着对心智的否定:

> 韩昭厘侯视所以祠庙之牲,其豕小,昭厘侯令官更之。官以是豕来也,昭厘侯曰:是非向者之豕邪? 官无以对。命吏罪之。从者曰:君王何以知之? 君曰:吾以其耳也。申不害闻之,曰:何以知其聋? 以其耳之聪也;何以知其盲? 以其目之明也;何以知其狂? 以其言之当也。故曰去听无以闻则聪,去视无以见则明,去智无以知则公。三者不任则治,三者任则乱。②

对申不害而言,因循就是无为,耳目心智是靠不住的,必须"去听""去视""去智",国家才能得到治理,反之则必乱。这里的"任"是用的意思。

这里的"不盈""不敢"与老子道家思想中的"不形式"的行为群所体现的思想特点有一定的相似性,但不完全相同,因为申不害这里有"立于""设于"条件的设置或限制,这也是非常重要的,值得引为注意。尤其是"窜端匿迹",具有明显的藏匿的倾向,"窜"也是藏的意思,把端倪和迹象都隐藏起来,这有伪装的意思,而且,具有明显的人为的痕迹,与老子道家的思想存在较大的差距,这也说明申不害的因循思想仅仅是在君臣之间运用的一种

---

① "不敢"是道家老子的一个重要概念,《老子》里约出现 8 个,这个概念同样出现在帛书和竹简本中,诸如"以辅万物之自然,而不敢为"(《老子》64 章),就是具体的例证。另外,在《黄帝四经》里也有相似的运思,参见"立于不敢,行于不能;战示不敢,明示不能。"(《黄帝四经·十大经·顺道》,陈鼓应注译:《黄帝四经今注今译——马王堆汉墓出土帛书》,台湾商务印书馆 1995 年版,第 329 页)这与申不害的运思和语言结构非常相像,在"不敢""不能"前有具体的限制性行为即"立于""行于""战示""明示",这是值得注意的,明显相异于老子的表达。

② 《吕氏春秋·任数》,陈奇猷校释:《吕氏春秋新校释》,上海古籍出版社 2002 年版,第 1076 页。

法术,具有狭隘性。①

3.“身与公无事”

推重因,这与申不害对其功效的预测和期望分不开。他说:“凡因之道,身与公无事,无事而天下自极也”(《申子·大体》)、“镜设精,无为而美恶自备。衡设平,无为而轻重自得”(《申子·大体》)。实行因循之道,天下能自然而然地达到治理的极致,这是因为公与私都能行进在名分的道路上,“身”就是自己即私人的意思;因循之道的效果,就仿佛精致的镜子,不需要任何其他的操作,就能自然反映出具体物的美丑一样即“美恶自备”;仿佛秤,能自动秤出重量一样即“轻重自得”。

显然,申不害没有如慎到那样在何谓因的问题上,把人之情性作为因的对象,已经对人的资能存在“自能”的能力有模糊的猜测,老子道家的因循思想的重点之一,就是对人性自能的设定;申不害离开人本身的考察,而把因循限制在君臣关系的领域,尽管对因循的无为实质和其“无事”“自极”功效有一定的认识和把握,并且显示出在政治决策上的追求,但仍然无法消除其思想的狭隘性,显示的是黄老道家的思想特色。

四、“用圣人之符”的实践论

在申不害的场合,限制在君臣关系里的因循,又是如何操作的呢? 这自然是认识因循问题的关键,下面将对此进行具体的分析。

1.“名者天地之纲”

众所周知,在申不害看来,因循是君道,作为是臣道;而在君主如何因循的问题上,申不害又回到了刑名的循名责实上。他说:

---

① 同时参见“韩昭厘侯视所以祠庙之牲,其豕小,昭厘侯令官更之。官以是豕来也,昭厘侯曰:是非向者之豕邪? 官无以对。命吏罪之。从者曰:君王何以知之? 君曰:吾以其耳也。申不害闻之,曰:何以知其聋? 以其耳之聪也;何以知其盲? 以其目之明也;何以知其狂? 以其言之当也。故曰去听无以闻则聪,去视无以见则明,去智无以知则公。去三者不任则治,三者任则乱。以此言耳目心智之不足恃也。耳目心智,其所以知识甚阙,其所以闻见甚浅。以浅阙博居天下,安殊俗,治万民,其说固不行。十里之间,而耳不能闻;帷墙之外,而目不能见;三亩之宫,而心不能知……故君人者,不可不察此言也。治乱安危存亡,其道固无二也。故至智弃智,至仁忘仁,至德不德。无言无思,静以待时,时至而应,心暇者胜……故曰君道无知无为,而贤于有知有为,则得之矣。”(《吕氏春秋·任数》,上海古籍出版社2002年版,第1075—1076页)

为人主者操契以责其名,名者天地之纲,圣人之符;张天地之纲,用圣人之符,则万物之情无所逃之矣。(《申子·大体》)

主处其大,臣处其细。以其名听之,以其名视之,以其名命之。(《申子·大体》)

名是"天地之纲,圣人之符",对君主而言,非常重要;"契"就是"符",即契符,这是一种标准,依据它来"责其名"即循名责实,这样的话,就能掌握万物的具体情况,即"万物之情无所逃之",民众自然在万物之中,这是申不害区别于慎到的地方,在仅存的《慎子》里,没有万物的概念。因循作为君主之术,君主就是操契符来审察臣下为的实际情况的,这种情况也就是"主处其大,臣处其细",君主的"大"的实现,一切以名为依归,名成为"听""视""命"的准则,这是规则管理,名在人的外在,具有一定的客观性,之所以说"一定",是想表明它不是绝对的,因为名的制定也是人为的结果,而申不害毕竟没有具体讨论如何确立名,这也是问题的模糊处,如果是君主一人定名的话,就很难保证其客观公正性,这也是需要注意的地方。

利用契符来进行循名责实的因循实践,申不害在历史上可谓颇有建树,《淮南子·泰族训》里有"申子之三符"①的记载,高诱注曰,"申不害治韩,有三符验之术",不过,刘安认为这不是"治之大本"。《论衡·效力》也有"韩用申不害,行其三符,兵不侵境,盖十五年"。② 对"三符"给予了肯定的评价。

在此,想提醒大家注意的是,慎到的"因也者,因人之情也,人莫不自为也"的因循的界定,以人的本性为聚焦点,人的本性得到重视;但是,申不害虽然也注意到了"万物之情",但他只是为了君主因循上的对人情的掌控,这也正是君术的奥秘所在,民众的性情成为君主利用的工具,人性本身没有得到重视,两者的区别是本质性的,这大概与术重视主观内在的方面、势要归客观外在的方面存在必然的联系;主观内在难免情感有为,客观外在不免理性无为;因为前者显示的是主观第一性,后者只是客观第一性。虽然同是法家,侧重的不同带来思想的巨大差异,而给现实的影响自然也会有很大的差异。

众所周知,《老子》36 章有"国之利器不可以示人",《帛书》乙本:国利

① 《淮南子·泰族训》,刘文典撰,冯逸、乔华点校:《淮南鸿烈集解》,中华书局 1989 年版,第692 页。

② 《论衡·效力》,黄晖撰:《论衡校释》,中华书局 1990 年版,第 586 页。

器不可以示人;《帛书》甲本:邦利器不可以视人。郭店楚墓竹简没有36章的文献。就通行本和帛书而言,"国之利器"都成为话题,而申不害的法术是否是老子"国之利器"的具体化,这是很有意义的话题。

2."治不逾官"

在重势派慎到那里,"治乱安危,存亡荣辱之施,非一人之力也"[1],所以他推重"贤使任职"。申不害清醒地认识到,国家的治理,依靠君主一人是无能为力的,必须各个职能部门共作。他说:

> 夫一妇擅夫,众妇皆乱;一臣专君,群臣皆蔽;故妒妻不难破家也,乱臣不难破国家也。是以明君使其臣,并进辐凑,莫得专君。今人君之所以高为城郭而谨门闾之闭者,为寇戎盗贼之至也。今夫弑君而取国者,非必逾城郭之险而犯门闾之闭也,蔽君之明,塞君之听,夺之政而专其令,有其民而取其国矣。今使乌获、彭祖负千金之重而怀琬琰之美,令孟贲、成荆带干将之剑卫之,行乎幽道,则盗犹俞之矣。今人君之力非贤于乌获、彭祖,而勇非贤于孟贲、成荆也,其所守者非特琬琰之美、千金之重也,而欲勿失,其可得耶?(《申子·大体》)
> 明君如身,臣如手;君若号,臣若响;君设其本,臣操其末;君治其要,臣行其详;君操其柄,臣事其常。(《申子·大体》)

他反对一臣专权,而强调群臣协力,君主勉强而为自己不擅长的事情,"而欲勿失,其可得耶?"肯定是不行的。国家社会的治理必须君臣相互配合,这如"身"和"手"必须配合才能完成人之常事一样。君主是本、要,臣下是末、详;君主握有权柄,臣下必须完成常务。要注意的是,申不害的法术强调的主要是君主的绝对权威,臣下只有听命的权利,这就是"君若号,臣若响"给我们输送的信息;君主积极主动,臣下消极被动。

审察臣下职责完成的情况固然重要,但选择臣下等的工作同样重要,《韩非子·外储说左上·说五》中的"韩昭侯谓申子曰:法度,甚不易行也。申子曰:法者,见功而与赏,因能而受官"[2],"见功而与赏"是依据功劳进行奖赏的事务,"因能而受官"说的就是依据人的具体能力来授予具体职位的

---

① 《慎子·知忠》,钱熙祚校:《慎子》,中华书局1954年版,第5页。
② 《韩非子·外储说左上·说五》,陈奇猷校注:《韩非子新校注》,上海古籍出版社2000年版,第708页。

事情,这一运思类似于慎到的"是以大君因民之能为资,尽包而畜之,无能去取焉"①,这存有关注人的内在素质的意向。因功论赏对激活因循的实践成果非常重要,这一思想资料不多,但值得重视。

君主施行权柄并非无法无天,必须依据法术,"失之数而求之信,则疑矣"②,所以,君主虽然可以积极主动,但必须在法术的框架下行为。就具体的循名责实实践而言,必须本着"治不逾官,虽知不言"③,韩非解释说,"治不逾官,谓之守职也可"④,这既是对君主权柄的要求,也是对臣下行为的规定,后来韩非的参验就是在这基础上发展起来的。

3."随事而定之"

作为君道的因循,申不害虽然没有明确规定何谓因循的问题,但我们仍然能够看到他在因循问题上表现出的一些主动性。他说:

> 是以有道者自名而正之,随事而定之。鼓不与于五音而为五音主,有道者不为五官之事而为治主。君知其道也,臣知其事也。十言十当,百言百当者,人臣之事,非人君之道也。(《申子·大体》)

君道与臣道是相异的,臣道在如何做好具体承担的事务上,君道在宏观的掌控而不躬亲具体的事务,仿佛鼓不在五音中占有具体的位置,但事实上成为五音的主导;有道的君道不承担具体的职务,却能成为国家社会治理的主心骨。这要求君主必须"随事而定之","随"也是因循家族里的成员,"随事"就是因循物事的意思。具体的物事是在国家社会治理的动态实践中表现出来的,无法预先测知,所以要求"随事而定之","随"和"定"是两个行为动词,行为的主语都是君主或有道者,"定之"的"之"就是前面的"事",实际上就是"随事而定事","随事"的因循行为,自然具有被动性,要求君主消解个人一己的主观臆想,尽量倾听客观物事的声音,以把握住实情;在此基础上的"定之"的行为,无疑包含了君主的主观意见,是君主主动发出的行为,具有积极性,正是这积极性所携带的信息再次返回臣下,臣下根据这些信息吸收形成新的臣道职责的内容。

申不害因循的操作实践告诉我们,名是君主判断事务的基本依据,不能

---

① 《慎子·民杂》,钱熙祚校:《慎子》,中华书局1954年版,第3页。
② 《韩非子·难三》,陈奇猷校注:《韩非子新校注》,上海古籍出版社2000年版,第919页。
③ 《韩非子·难三》,陈奇猷校注:《韩非子新校注》,上海古籍出版社2000年版,第919页。
④ 《韩非子·定法》,陈奇猷校注:《韩非子新校注》,上海古籍出版社2000年版,第962页。

无视法术之名;对臣下的考察必须紧贴其具体的职位来进行评价;臣道之一正是按自己的职分来行为,不过,在现有的文献里,他没有如慎到那样明确地提出权分、职分的运思;君主的因循不是一味被动消极的,其积极性就在"随事而定之","定之"的行为是君主主动发出的,具有积极主动性。所以,在仅有的用例里,他的因循运思显示了语言的双动"二维结构","随"和"定"都是动词,"定"的行为在吸收"随"行为的被动性的基础上,赋予了行为主体积极性的参与,这是应该注意的地方;前面提到的"因能而受官"的语言结构也一样。所以,仅用消极性来评价因循是无法准确囊括的。

　　申不害处在变动多乱的时代,选择依归刑名法术治理国家社会的方针;本于天地无私而赋予法度公正的内涵,依此为因循的准的;但是,他把因循确立为君道,显然把因循的意义狭隘化了,体现的完全是君无为而臣有为,即他的君道、臣事,臣只有随君之号而响的消极被动的功能,显示的是君权至上的思想倾向,即韩非所说的"明主之道,在申子之劝'独断'也"①、"申子曰:'独视者谓明,独听者者聪。能独断者,故可以为天下主'"②,这是必须注意的。臣下虽然是国家社会治理所不可或缺的,但在最终的意义上,臣下仍然是工具的角色赋予。在他的思想中,虽然注意到"近者亲之,远者怀之"的问题,但他对民众利益的重视,其程度是非常有限的,在君主独断的机制下,民众的呼声是无法达上的。所以,《意林》二引刘向云:"申子学本黄、老,急刻无恩,非霸王之事",这个评价当是公允的。

---

① 《韩非子·外储说右上·经二》,陈奇猷校注:《韩非子新校注》,上海古籍出版社 2000 年版,第 759 页。
② 《韩非子·外储说右上·经二》,陈奇猷校注:《韩非子新校注》,上海古籍出版社 2000 年版,第 783 页。

第五章　慎到"因人之情"的因循思想

慎到为战国时期的思想家,韩非法家思想的先驱①,慎到学派的代表人物;约生于公元前 400 年前后②。"慎到,赵人。田骈、接子,齐人。环渊,楚人。皆学黄老道德之术,因发明序其指意,故慎到著十二论,环渊著上下篇,而田骈、接子皆有所论焉。"③

学界慎到的思想研究虽有一定程度的论及,但关于他因循思想的整理分析,至今仍然是一个盲点。众所周知,"因循"在中国至今恐怕仍然是一个不受人喜爱的词汇,但因循是先秦道家、道法家所重视和意欲倡导的、可供选择的社会治理的指导思想和行为方针之一。在语言学的角度,汉语中反映因循意思的概念不仅仅是因循这个双语词,实际上,还存在不少单词同样反映因循意思的情况,诸如从、顺、随、因、循、率等,这是从来没有为人所注意的死角,并非限于中国,恐怕是整个汉学界,日本学者也不例外。④ 因此,对慎到因循思想的分析总结,不仅是慎到研究的必然课题,而且是深入研究道家、道法家和黄老道家的需要。⑤

关于慎到学派的研究资料,现在留下的可以放心使用的不多。其实到底有多少研究文献,这本身在史学的领域就有矛盾。《史记》的记载是"十

---

① 参见"慎到是从道家转向法家的第一人,成为后来韩非子的先驱。"(《武内義雄全集》第五卷,东京,角川书店 1978 年版,第 157 页)

② 本于日本学者金谷治的观点(《金谷治中国思想论集》(中卷),东京,平河出版社 1997 年版,第 437—438 页)。

③ (汉)司马迁撰:《史记》,中华书局 1982 年版,第 2347 页。

④ 日本著名中国思想研究者金谷治就认为"庄子追求的处世之术,用因循二字就可以完全表达。《史记》在《太史公自序》里讨论'六家要旨'时,用'以虚无为本,以因循为用'来概括道家,'因'这个概念是庄子的。老子有'无为',但不是'因',《荀子·解蔽》的'庄子蔽于天而不知人……由天谓之道,尽因矣'就是对此的总结。《庄子·养生主》有'因其固然'、《德充符》有'常因自然'、《人间世》有'知其不可奈何而安之若命'、'托不得已以养中'等解释。主要是根据道理来行动……因循自然的道理为最高"(《金谷治中国思想论集》(中卷),东京,平河出版社 1997 年版,第 319—320 页)、[日]井上了:《〈慎子〉"因"的思想》(《待兼山论丛》(哲学编)33 号,1999 年,第 29—40 页),虽然是探讨因循的,但仅仅局限于"因",而忽视其他同样持有因循意思概念的综合考虑,虽然比较了慎到与庄子"因"的不同,但局限于因的内容,而对为何选择因等宏观方面的问题没有任何考虑和交代,视野存在狭隘性的质疑。

⑤ 王叔岷撰:《先秦道法思想讲稿》,台湾"中央研究院中国文哲研究所":《中国文哲专刊》2,1991 年 5 月,第 173—192 页。

二论"，裴骃的《集解》载有"徐广曰：'今《慎子》，刘向所定，有四十一篇'"，《吕氏春秋·慎势》旧本高诱注："慎子名到，作法书四十一篇，在申不害、韩非前，申、韩称之也。"唐代马总的《意林》卷二载有"《慎子》十二卷"；《汉书艺文志》著录有《慎子》四十二篇，宋代郑樵《通志·艺文略》载有《慎子》旧有十卷，四十二篇，今亡九卷三十七篇①。现在我们能够见到的是清人钱熙祚编辑而成的守山阁本，他是根据散见于《群书治要》《意林》《太平御览》里的资料校对而成的。另外，在《庄子》《荀子》《韩非子》中也有关于慎到的论述，这些自然也是必须统筹考虑而辨真伪的佐证资料。使用收集在《诸子集成》中的《慎子》，参考王叔岷的《慎子佚篇义证》②，并在此基础上参考日本汉学研究的最新成果③。

一、"因循"的正式提出

显然，在《庄子》那里，因循是分开的两个概念。因循作为一个概念虽然出现在篇名，但在内容的具体论述里，使用的都是因，所以，这两者的不一致，也正好佐证《慎子》的篇名是唐人所加的结论。就现在可以看到的七篇而言，都有二字组合的篇名，而《民杂》《君人》就是以开头的二字作为篇名的，其他则不是这个规则。当然，在本质上，不影响对慎子思想的总结，因为，不仅他在《因循》和《民杂》里都有对"因"的具体论述，而且这本身就体现因循的特质。

另外，从历史上一些思想家对慎到思想的认识，也可以反证因循是慎到的一个重要的政治哲学理念和实践的行动方针，诸如西晋郭象在注释"公而不党，易而无私，决然无主"时用"各自任也"④来加以概括，可以说是一语中的；"各自任"的意思显然是因循万物让他们各自在自己本性的轨道上发挥应有的效用。就是《四库全书提要》也有"今考其书，大旨欲因物理之当然，各定一法而守之，不求于法之外，亦不宽于法之中，则上下相安，可以清静而治。然法所不行，势必刑以齐之。道德之为刑名，此其

---

① 具体篇目的辩证不是这里的主心，详细可以参考日本学者金谷治的《关于慎到的思想》（《金谷治中国思想论集》（中卷），东京，平河出版社1997年版，第416—440页）的论述。

② 王叔岷撰：《先秦道法思想讲稿》，台湾"中央研究院中国文哲研究所"：《中国文哲专刊》2，1991年5月，第319—336页。

③ 由于现行《慎子》来于钱熙祚校辑的《守山阁丛书》，里面有其他文书的混入，对此日本学者井上了有专门的详尽校对，见井上了："关于现行本《慎子》的资料的问题"（《中国研究集刊》，大阪大学中国学会，1999年6月第二十四号，第41—54页），本文也是参考这一研究成果的。

④ （清）郭庆藩辑：《庄子集释》，中华书局1961年版，第1086页。

转关,所以申韩多称之"的总结,可见,因循物理而施行法律,实是慎到的核心,这自然也支持这里研究分析其因循思想的理由,同时也显示这一研究行为本身所具有的价值和意义。这就是要分析慎到因循思想的理由诉求。

二、"因人之情"的依据论

既然在有限史料的平台上,存在讨论慎到因循思想的合理性,那自然只有进入慎到因循思想的大门,来考察其具体的样态和轨迹,才能揭示其在中国因循思想长河里的位置和作用,这就是下面要进行的分析。

1. 因循思想历史演绎的轨迹

虽然在《老子》一书里没有出现"因"的概念,但有"从",诸如:21 章:

> 通行本:孔德之容,惟道是从。
> 帛书甲乙本:孔德之容,唯道是从。

23 章:

> 通行本:故从事于道者,道者同于道,德者同于德,失者同于失。
> 帛书甲乙本:故从事而道者,同于道。

此外,也可以在竹简《太一生水》中找到"以道从事者"的资料,其意思当是遵从道来行为的举措,显示的无疑是因循的意思。仅据此就完全有理由说,在老子那里就已经有丰富的因循思想。①

---

① 参见"相对于《庄子》内篇以因循为主,《老子》没有'因'的概念,仅有'孔德之容,惟道是从'(21 章)、'圣人无常心,以百姓之心为心'(49 章)等可以往因循方面考虑的语言,内篇正好相反,言说谦下的语言没有,无为也只有《逍遥游》最后的一句。无为和因循虽然是类似的概念,似乎没有分别对待的必要,但是,支持它们的意识似乎是互相不同的"(《金谷治中国思想论集》(中卷),东京,平河出版社 1997 年版,第 324 页);所谓的不同,就是他认为老子的谦下、贵柔、"物壮则老""揣而锐之,不可长保""圣人后其身而身先,外其身而身存","是积极的追求实效的功利主义。内篇的因循与此相反。"(《金谷治中国思想论集》(中卷),东京,平河出版社 1997 年版,第 325 页)显然,在参考的同时,也完全有重新对此认识评价的必要性,因为有时追求实效的功利主义完全是本着普遍人性的特征而来的行为,并不是人的有为追求,尤其是在评价自然主义人性论思想的时候,必须注意这一点。

《庄子》虽然出现"因其固然"①、"常因自然而不益生也"②、"因于物而不去"③的概念,但是,没有明显地回答何谓因的问题,这仍需要人去总结概括,没有发展到"因"是什么的明确的语言阶段,这是在语言特征上反映出来的情况。

2. "因 人 之 情"

何谓因循呢？思想史上当是慎到最早界定"因"的概念,以精当而明确的语言形式回答了"因"是什么的问题,即:

> 因也者,因人之情也。人莫不自为也,化而使之为我,则莫可得而用矣⋯⋯此之谓因。④

因循是"因人之情"的意思,这是最为原本的关于"因"的界定。"人之情"指的是人的性情,这是存在于人内在的素质,是人之所以为人的规定性,其特征就是"自为"。在人性"自为"面前是没有例外的,所以,指望通过化育、教化的施行来改变人性运作的方向,从而达到"为我"即为其他人的利益考虑而行为,这是无法实现社会功用的。在慎到的心目中,化育、教化虽然不是毫无功效,但功效是微小的,"天道因则大,化则细"⑤,就是具体的佐证⑥。在一定程度上,可以说,在慎到的视野里,"化"的力量是不够的,因为人性的特征是"自为"的。众所周知,面对人性趋利的特点,韩非的对策是"夫圣人之治国,不恃人之为吾善也,而用其不得为非也。恃人之为吾善也,境内不什数;用人不得为非,一国可使齐"⑦;显然,韩非变换了角度,从善恶、是非的角度对慎到人性"自为"的概念进行了深入的说明,因为,"自为"利益自身在一定的度内,不会产生任何问题,不过,人性的欲望追求是没有止境的,追求不属于自己的东西就是非法的,但指望人自己为善即"恃人之为吾善",是不可靠的,因为这样的人韩非虽然没有完全否定,但"不什数"显示,是非常少的,这就是法的来

---

① 《庄子·养生主》,(清)郭庆藩辑:《庄子集释》,中华书局1961年版,第119页。

② 《庄子·德充符》,(清)郭庆藩辑:《庄子集释》,中华书局1961年版,第222页。

③ 《庄子·在宥》,(清)郭庆藩辑:《庄子集释》,中华书局1961年版,第398页。

④ 《慎子·因循》,钱熙祚校:《慎子》,中华书局1954年版,第3页。

⑤ 《慎子·威德》,钱熙祚校:《慎子》,中华书局1954年版,第3页。

⑥ 荀子在概括"庄子蔽于天而不知人"时,就是用"由天谓之道,尽因矣"(《荀子·解蔽》,(清末民初)王先谦著:《荀子集解》,中华书局1988年版,第391页)来加以概括的。

⑦ 《韩非子·显学》,陈奇猷校注:《韩非子新校注》,上海古籍出版社2000年版,第1141页。

由,只有这样才能避免商鞅提到的大家在大街上追同一只兔子闹剧的发生。

教化在慎到的视野里虽然没有完全否定,诸如"今也国无常道,官无常法,是以国家日缪。教虽成,官不足,官不足则道理匮,道理匮则慕贤智,慕贤智则国家之政要,在一人之心矣"①,也可佐证。但教化的力量是微小的,这也就是他诉诸法的内在理由之一,同时为其"因"的社会政治实践设置了理论的基石。至此,是一般的人性的讨论。总之,"因"就是因循性情。

3. 人性的特征

作为君主因循对象的人的性情,又是一个什么状态呢? 这也是必须言明的,不然,君主的因循行为就无法落到实处。在慎到看来,人性的最大特性是"自为",这就是为自己考虑的意思。具体而言,就是利己心:

> 匠人成棺,不憎人死,利之所在,忘其丑也。②
> 家富则疏族聚,家贫则兄弟离,非不相爱,利不足相容也。③
> 能辞万钟之禄于朝陛,不能不拾一金于无人之地;能谨百节之礼于庙宇,不能不弛一容于独居之余,盖人情每狎于所私故也。④

存在利益的地方,人会毫无羞耻感地去追逐;家庭里兄弟背离也是由于利益的问题。换言之,对人而言,利益的力量超过血缘情感的力量,这是慎到与儒家不同的价值诉诸和追求;人必须在社会里生活,当然要受到社会礼仪的约束,但在一个人独处的时候,人的利己的私心就会发动起来自动调控人的具体行为,这是必须注意的。⑤

从人性趋利来设定人性,是道法家、黄老道家相同的特点,诸如"夫凡人之情,见利莫能勿就,见害莫能勿避"⑥"民之于利也,若水于下也,四旁无

---

① 《威德》,钱熙祚校:《慎子》,中华书局1954年版,第2页。
② 《慎子·逸文》,钱熙祚校:《慎子》,中华书局1954年版,第9页。
③ 《慎子·逸文》,钱熙祚校:《慎子》,中华书局1954年版,第10页。
④ 《慎子·逸文》,钱熙祚校:《慎子》,中华书局1954年版,第13页。
⑤ 参见"慎子曰:今一兔走,百人逐之,非一兔足为百人分也,由未定。由未定,尧且屈力,而况众人乎? 积兔满市,行者不顾,非不欲兔也,分已定矣。分已定,人虽鄙,不争。故治天下及国,在乎定分而已矣"(《吕氏春秋·审分览·慎势》,陈奇猷校释:《吕氏春秋新校释》,上海古籍出版社2002年版,第1120—1121页),这里的记载也是与上面慎子对人本性特征的把握是互相吻合的。
⑥ 《管子·禁藏》,(清)黎翔凤撰:《管子校注》,中华书局2004年版,1015页。

择也"①、"民之欲富贵也,共阖棺而后止"②、"好利恶害,夫人之所有也……喜利畏罪,人莫不然"③、"夫安利者就之,危害者去之,此人之情也"④,就是最好的说明。这既不同于儒家孔子的"性相近,习相远",以及孟子的"性善论",也不同于荀子的"性恶论",而一般的研究往往把它们归入"性恶论"的做法是有失严谨的。当然,这也是基于儒家重义轻利的立场并以此为行为的当为准则的结果。不过,是难以自圆其说的。

4. 君主的顺性而为

人性具有为自己的私利考虑这一特点,对在社会治理层面驰骋的君主而言,最为重要的就是依据这个现实特征来行为,而不指望人自觉主动地来考虑你的利益,上面揭示的"人莫不自为也,化而使之为我,则莫可得而用矣。是故先王见不受禄者不臣,禄不厚者,不与入难。人不得其所以自为也,则上不取用焉。故用人之自为,不用人之为我,则莫不可得而用矣",就是最好的说明。

但是,在此必须注意的是,慎到在界定"因"的同时,设定了因循行为活动的具体领域,我上面的分析实际上仅仅完成了一部分,剩下的另一部分就是这里出现的"先王""上"的内容。"先王""上"显然是同义词,这昭示人们,慎到没有单纯以界定"因"而规定因循行为的对象,而是超越静态的限制而把"因"放到了一个动态活动的领域。换言之,慎到虚拟了人性活动的舞台。这里作为主语登场的就是"先王""上"。在这个意义上,完全可以说"因"是君主们的事务。显然,慎到注意到了"因"在社会治理层面的重要性和必要性。

对君主等统治者而言,面对人性的特点,针对不愿接受俸禄的人,就不能聘任他为臣;对于所得俸禄不优厚的人,则不给他们指派艰巨的工作;如果无法创设让人充分实现"自为"的机制和氛围,这就无法获取自己的"用";因此,运用人性"自为"的特征,尽最大的可能给"自为"的实现创设最好的条件,而不指望民众主动来为自己创造财富和用途,只有这样才能实现足用。当然,君主等统治者的这种行为本身,就是一种因循本性的行为实践,是"因人之情"的需要和要求,这是不能忽视的地方。

---

① 《商君书·君臣》,高亨注译:《商君书注译》,中华书局1974年版,第171页。

② 《商君书·赏刑》,高亨注译:《商君书注译》,中华书局1974年版,第133页。

③ 《韩非子·难二》,陈奇猷校注:《韩非子新校注》,上海古籍出版社2000年版,第893页。

④ 《韩非子·奸劫弑臣》,陈奇猷校注:《韩非子新校注》,上海古籍出版社2000年版,第279页。

三、"当世用刑而民不从"的理由论

以上的分析实际上回答了何谓因循的问题。但是,社会治理的实践可以有许多途径和方法来完成,为何一定要因循呢?这又是一个不得不考虑的问题。

1. 刑罚的不足

在慎到看来,忠孝等道德是不足以整治好国家的,正所谓"乱世之中,亡国之臣,非独无忠臣也;治国之中,显君之臣,非独能尽忠也。治国之人,忠不偏于其君;乱世之人,道不偏于其臣。然而治乱之世,同世有忠道之人。臣之欲忠者不绝世,而君未得宁其上,无遇比干子胥之忠,而毁瘁主君于闇墨之中,遂染溺灭名而死。由是观之,忠未足以救乱世,而适足以重非,何以识其然也?曰:父有良子而舜放瞽叟,桀有忠臣而过盈天下。然则孝子不生慈父之家,而忠臣不生圣君之下"①。换言之,道德不是在道德的土壤上生长起来的,显然这与儒家从人性本善的假设开始而诉诸的道德说教是不一样的,当然,与老子的"故大道废,安有仁义;知慧出,安有大伪;六亲不和,安有孝兹;国家昏乱,安有贞臣"②所显示的人类文明的向度是一致的。日本汉学家诸如武内义雄就是据此断定这是后来混入老子的内容,当然,这是值得深入思考的课题。

不仅如此,现实还昭示刑罚的无效性,诸如"有虞之诛,以幪巾当墨,以草缨当劓,以菲履当刖,以艾(冠)当宫,布衣无领当大辟,此有虞之诛也。斩人肢体,凿其肌肤,谓之刑;画衣冠,异章服,谓之戮。上世用戮而民不犯也,当世用刑而民不从"③,告诉我们的就是这个故事。慎到处在从推重道德到推扬刑罚的时代,不过,不幸的是,刑罚并没有在全社会营造起权威性,即使用刑,民众仍然不遵从刑法而行为,这里的"从"也是因循的意思,这是因循家族里的另一个因子,绝对不能忽视,上面提到的日本学者对因循思想的分析,仅仅局限于"因"的考察,其他体现因循意义的概念没有进入他们的视野,其狭隘性是不言而喻的。在此,民众不因循刑罚而行为,肯定存在一定的原因,可以成为原因的因素当是刑罚本身没有因循人的本性和民众

---

① 《慎子·知忠》,钱熙祚校:《慎子》,中华书局1954年版,第4—5页。
② 《老子》43章。文字按帛书本校定。
③ 《慎子·逸文》,钱熙祚校:《慎子》,中华书局1954年版,第8页。

的职分来制定,仅仅依据社会的需要,而所谓的社会需要,又往往止步于统治者的需要。

2. 个人贤智的不足

在慎到的视野里,"王者有易政而无易国,有易君而无易民。汤武非得伯夷之民以治,桀纣非得蹻蹻之民以乱也。民之治乱在于上,国之安危在于政"①。民众的治乱决定于统治者,而民众的治乱直接关系到国家的安危,这就是"民之治乱在于上,国之安危在于政"。可以说,一个国家的社会治理,最终落实到民众的治理。在慎到那里,国家的治理必须依靠法度,这就是"故治国无其法则乱,守法而不变则衰。有法而行私,谓之不法。以力役法者百姓也,以死守法者有司也,以道变法者君长也"②;法度不仅与私相对立,而且需要不断变革,这就是法、守法、变法这三个概念给我们辐射的信息,而能够掌控变法实践的只有君主等统治者③。换言之,在慎到看来,统治者具有绝对的权威。

统治者绝对权威的意识化的确立,其实与慎到所处时代是紧密联系的。从韩非"古人亟于德,中世逐于智,当今争于力"④、"上古竞于道德,中世逐于智谋,当今争于气力"⑤的论述来看,慎到的时代应该是追逐"智"或"智谋"的时代,本来"智"与"力"应该是部分重合的概念,但韩非在此用来分别区分两个不同的时代,我想原因不在别处,就在"智"或"智谋",这不是科学理性层面的智慧,而是一种巧智,就是老子说的"慧智"⑥,这是与健康的科学文明相悖的存在。正因为是巧智,所以无法成为真正的"力",这是非常清楚的。在这样的背景下,慎到强调统治者的权威⑦,无疑就是推重他们的智慧。但是,统治者的智慧难以成为绝对的唯一的条件,即:

　　　君之智,未必最贤于众也,以未最贤而欲以善尽被下,则不赡矣。

---

①　《慎子·逸文》,钱熙祚校:《慎子》,中华书局1954年版,第11页。
②　《慎子·逸文》,钱熙祚校:《慎子》,中华书局1954年版,第9页。
③　同时参见"礼从俗,政从上,使从君。"(《慎子·逸文》,钱熙祚校:《慎子》,中华书局1954年版,第7页)
④　《韩非子·八说》,陈奇猷校注:《韩非子新校注》,上海古籍出版社2000年版,第1030页。
⑤　《韩非子·五蠹》,陈奇猷校注:《韩非子新校注》,上海古籍出版社2000年版,第1092页。
⑥　参见"大道废,安有仁义;慧智出,安有大伪;六亲不和,安有孝慈;国家昏乱,安有贞臣。"(《老子》18章)
⑦　参见"多贤不可以多君,无贤不可以无君。"(《慎子·逸文》,钱熙祚校:《慎子》,中华书局1954年版,第9页)

若使君之智最贤,以一君而尽瞻下则劳,劳则有倦,倦则衰,衰则复反于不瞻之道也。①

　　弃道术,舍度量,以求一人之识识天下,谁子之识能足焉?②

君主一人智慧未必比民众的智慧强,所以就成就社会事业而言,存在着"不瞻"的缺陷;即使君主具备最好的道德之智,并事事躬亲的话,也容易走向疲劳而衰竭的途径,这又会以另一种方式陷入"不瞻之道";结论是一个人的智慧无法完成"识天下"的任务。也就是说,社会的治理必须借助于"道术"和"度量"来完成③。

3. "助"的现实选择

　　面对人智存在的局限,来运思社会治理的方案时,慎到提出了"助"的思想,通过借助于外在的"助"来弥补个人智的不足。在宽广的社会生活领域,一些为人们所熟知的佼佼者也是借助于外在的辅助而实现佼佼的。他说:

　　　　毛嫱,西施,天下之至姣也。衣之以皮倛,则见者皆走;易之以元緆,则行者皆止。由是观之,则元緆色之助也……故腾蛇游雾,飞龙乘云,云罢雾霁,与蚯蚓同,则失其所乘也。④

毛嫱、西施是天下的美女,但不同的打扮就造成"见者皆走"和"行者皆止"的不同效果,这源于"衣之以皮倛"和"易之以元緆"的不同;所以,美女也需要美丽的打扮的辅助。"飞龙乘云""腾蛇游雾"也是借助于云雾的辅助即"所乘",离开"所乘"就寸步难行⑤。

　　在社会管理的层面,也需要"助成"。他又说:

----

①　《慎子·民杂》,钱熙祚校:《慎子》,中华书局1954年版,第4页。
②　《慎子·逸文》,钱熙祚校:《慎子》,中华书局1954年版,第9页。
③　参见"教虽成,官不足,官不足则道理匮,道理匮则慕贤智,慕贤智则国家之政要,在一人之心矣。"(《慎子·威德》,钱熙祚校:《慎子》,中华书局1954年版,第2页)
④　《慎子·威德》,钱熙祚校:《慎子》,中华书局1954年版,第1页。
⑤　同时参见"行海者,坐而至越,有舟也;行陆者,立而至秦,有车也。秦越远途也,安坐而至者,械也"(《慎子·逸文》,第7页)、"燕鼎之重乎千钧,乘于吴舟,则可以济。所托者,浮道也"(《慎子·逸文》,钱熙祚校:《慎子》,中华书局1954年版,第8页)的资料,这些也是讲的助道,显然与慎到把握人性的不足紧密联系。

故智盈天下,泽及其君;忠盈天下,害及其国;故桀之所以亡,尧不能以为存。然而尧有不胜之善,而桀有运非之名,则得人与失人也。故廊庙之材,盖非一木之枝也;狐白之裘,盖非一狐之皮也;治乱安危,存亡荣辱之施,非一人之力也。①

故贤而屈于不肖者,权轻也;不肖而服于贤者,位尊也……尧为匹夫,不能使其邻家。至南面而王,则令行禁止。由此观之,贤不足以服不肖,而势位足以屈贤矣。故无名而断者,权重也;弩弱而矰高者,乘于风也;身不肖而令行者,得助于众也。故举重越高者,不慢于药;爱赤子者,不慢于保;绝险历远者,不慢于御。此得助则成,释助则废矣。②

厝钧石,使禹察锱铢之重,则不识也。悬于权衡,则氂发之不可差,则不待禹之智,中人之知,莫不足以识之矣。③

同一个尧,由于职位的不同,带来完全不同的社会待处,"治乱安危,存亡荣辱之施,非一人之力",个人的力量是渺小的,结论是"得助则成,释助则废",统治者需要"势位"的辅助,"权衡"作为可以称重量的准则,具有客观性。

就社会整治而言,统治者的权威和势位是其实现社会治理的辅助。这里要注意的是,慎到的"势位"并非依据具体人的运思,而是对社会治理角色"位"的规定,因为无论谁都无法一直做统治者,但社会永远需要有人来治理,这与因人设事的运思是相悖的。④

人群居在具体的社会中生活,一个人无法脱离外在的援助而完成生活的一切需要,"小人食于力,君子食于道"⑤,说的也是这个意思,显然这符合慎到总体上强调的"助成"的道理。⑥

---

① 《慎子·知忠》,钱熙祚校:《慎子》,中华书局 1954 年版,第 5 页。
② 《慎子·威德》,钱熙祚校:《慎子》,中华书局 1954 年版,第 1—2 页。
③ 《慎子·逸文》,钱熙祚校:《慎子》,中华书局 1954 年版,第 7 页。
④ 参见"法非从天下,非从地出,发于人间,合乎人心而已。治水者,茨防决塞,九州四海,相似如一,学之于水,不学之于禹也"(《慎子·逸文》,钱熙祚校:《慎子》,中华书局 1954 年版,第 12 页),大禹虽然以善于治理水而闻名,但是,治水的实践就不能从大禹那里学习,而应该从具体的水患那里学习,慎到更强调客观性的价值。
⑤ 《慎子·逸文》,钱熙祚校:《慎子》,中华书局 1954 年版,第 11 页。
⑥ 庄子也强调"待",参见"夫列子御风而行,泠然善也,旬有五日而后反。彼于致福者,未数数然也。此虽免乎行,犹有所待者也。若夫乘天地之正,而御六气之辩,以游无穷者,彼且恶乎待哉"(《庄子·逍遥游》,(清)郭庆藩辑:《庄子集释》,中华书局 1961 年版,第 17 页)、"夫知有所待而后当,其所待者特未定也。庸讵知吾所谓天之非人乎?所谓人之非天乎?"(《庄子·大宗师》,(清)郭庆藩辑:《庄子集释》,中华书局 1961 年版,第 225 页)

总之,人的贤智即道德之智是无法完成社会整治的任务的,社会的治理需要"助成",而实现"助成"的最好实践方法就是因循,这是其最大价值量的保证。慎到虽然没有完全否定贤智,但荀子认为"慎子蔽于法而不知贤①",这是"道之一隅也。夫道者,体常而尽变,一隅不足以举之。曲知之人,观于道之一隅而未之能识也,故以为足而饰之,内以自乱,外以惑人,上以蔽下,下以蔽上,此蔽塞之祸也"②,尽管荀子的"不知贤"的评价未必准确,但慎到对贤智轻视的态度是明显的。

四、"因民之能为资"的实践论

以上回答了慎到为何强调"因"的问题,这无疑为我在这里阐明如何因循的问题做好了充分的准备和铺垫。就如何因循的问题,将拟从以下几个方面来加以辨明。

1. "因民之能为资"

人要过社会生活,在实践中,必须依据权分和职分来运作因循。

(1)权分。慎到在静态层面的因循界定是"因人之情",但人情离不开外现于社会生活,这时的"人之情"就变成了"民之情",显然,"民之情"是动态层面上量定而使用的概念。他说:

> 民杂处而各有所能,所能者不同,此民之情也。大君者,太上也,兼畜下者也。下之所能不同,而皆上之用也。是以大君因民之能为资,尽包而畜之,无能去取焉。③

这里的"能"当是"情"外在化的具体样态。民众在社会中生活时,表现出各自不同的能力,这是民众的"情实"。显然,"民"是慎到意识化的概念,是人在社会生活中代表政治权分的符号。民众各自的具体"所能",正是统治者实现社会统治的所用。所以,统治者必须"因民之能为资",这里的"资"是资用、资助的意思;统治者面对"所能者不同"的民众,采取的行为选择只能

---

① 注曰:"慎子本黄老,归刑名,多明不尚贤、不使能之道,故其所曰'多贤不可以多君,无贤不可以无君'。其意但明得其法,虽无贤亦可以为治,而不知法待贤而后事也。"(《荀子·解蔽》,(清末民初)王先谦著:《荀子集解》,中华书局1988年版,第391页)

② 《荀子·解蔽》,(清末民初)王先谦著:《荀子集解》,中华书局1988年版,第393页。

③ 《慎子·民杂》,钱熙祚校:《慎子》,中华书局1954年版,第3页。

是"尽包而畜之,无能去取",不能依据自己的意愿来进行任何的选择。换言之,具有"所能不同"的民众,具有相等的为社会服务的权分和地位,即法家所说的"分",虽然慎到在此没有用"分"的概念,但"明于死生之分,达于利害之变,是以目观玉辂琬象之状,耳听白雪清角之声,不能以乱其神;登千仞之溪,临蝘眩之岸,不足以湑其知。夫如是,身可以杀,生可以无,仁可以成"①里谈到"死生之分",这里的"分"就是分际的意思,在这个问题上,慎到与其他法家思想家的立场是一致的。因此,这里的"因民之能为资"的"能"就是"分","民之能"就是"民之分",这是因人而异的,对具体的个人而言,他的"能"就是他的"分",这是不能受到任何侵害的,这是应该注意的地方②。

（2）职分。权分具有平等性,对此统治者没有选择的余地。这种平等是个人在具体社会角色的落实中,能得到符合自己"所能"的保证。在政治领域,社会的事务是通过不同的职分分工来落实并完成的,这就是"人君苟任臣而勿自躬,则臣皆事事矣。是君臣之顺,治乱之分,不可不察也"③告诉我们的道理;也就是说,臣有臣的职责,君有君的职能,相互之间不能逾越自己职分规定的范围来做事,"君臣之顺,治乱之分"说的就是职分的问题,慎到已经把它上升到"治乱"的高度,可见其重要性,这是角色意识的理性反映,值得重视。

在现实生活中,因人设事的做法是人治社会的普遍之方,这些所谓的"方"在文化的层面得不到任何的积累,因为随着人的变动而付之东流,这也是中国历史上"一朝天子一朝臣"所揭示的天子无视法度而强为人治的情况。但是,慎到非常重视职分的建设,虽然在前面有所提及,但下面的资

---

① 《慎子·逸文》,钱熙祚校:《慎子》,中华书局 1954 年版,第 13 页。

② 关于"分"的运思,商鞅就有专论《定分》,"法令者,民之命也,为治之本也,所以备民也。为治而去法令,犹欲无饥而去食也,欲无寒而去衣也,欲东〔而〕西行也,其不几亦明矣。一兔走,百人逐之,非以兔〔可以分为百也,由名分之未定〕也。夫卖〔兔〕者满市,而盗不敢取,由名分已定也。故名分未定,尧舜禹汤且皆如鹜焉而逐之;名分已定,贪盗不取。今法令不明,其名不定,天下之人得议之。其议,人异而无定。人主为法于上,下民议之于下,是法令不定,以下为上也。此所谓名分之不定。夫名分不定,尧舜犹将皆折而奸之,而况众人乎? 此令奸恶大起,人主夺威势,亡国灭社稷之道也。今先圣人为书而传之后世,必师受之,乃知所谓之名;不师受之,而人以其心意议之,至死不能知其名与其意。故圣人必为法令置官也,置吏也,为天下师,所以定名分也。名分定,则大诈贞信,民皆愿悫,而各自治也。故夫名分定,势治之道也;名分不定,势乱之道也。故势治者不可乱,势乱者不可治。夫势乱而治之愈乱,势治而治之则治。故圣王治治不治乱"(《商君书·定分》,高亨注译:《商君书注译》,中华书局 1974 年版,第 190 页)。另外,商鞅还有"故立法明分,而不以私害法,则治"(《商君书·修权》,高亨注译:《商君书注译》,中华书局 1974 年版,第 110 页)的论述,这都是值得参考的。

③ 《慎子·民杂》,钱熙祚校:《慎子》,中华书局 1954 年版,第 4 页。

料也非常清晰地昭示了这一行为追求取向：

> 古者，立天子而贵之者，非以利一人也。曰：天下无一贵，则理无由通，通理以为天下也。故立天子以为天下，非立天下以为天子也；立国君以为国，非立国以为君也；立官长以为官，非立官以为长也。①

立天子是为了让他去治理天下，但天下不仅仅是为天子而存在的，是民众的天下；立国君也是为了让他来治理国家，而不是为了君主的利益来建立国家，因为国家是民众的国家，离开民众就无所谓国家；立具体的官长是为了社会管理队伍的建设，并不是倒过来。应该特别注意的是，这里的"官长"的概念，这实际上就是"职分"的代名词，显然，慎到具有深刻的职分意识。就具体的君臣之职分而言，慎到认为"君臣之道：臣事事而君无事，君逸乐而臣任劳，臣尽智力以善其事，而君无与焉，仰成而已。故事无不治，治之正道然也"②，"事事"是臣的职分，"无事"是君的职分，如果臣能尽力做好自己的本职工作，君主不干预臣的事务而等待他们成功的话，就能"事无不治"，这是社会治理的本真之道。显然，这也就是人们常说的君无为而臣有为，这是典型的黄老道家的社会管理哲学③。基于此，完全有理由认为，《慎子》一书的内容有的是比较晚的，可能在秦汉之际或西汉末，这也正是黄老道家思想最为活跃的时期，《史记·太史公自序》中"以虚无为本，以因循为用"，正是对黄老道家的总结，这也是"因循"概念的明确用例。

最后，"任职"。在慎到"因"的思想里，"任职"的运思是不能忽视的，这里的"任"正是因循意义上的因任，这是一般的研究所忽视的地方。这是一个含有多层含义的概念，既有把臣下因任到具体的位置上，"亡国之君，

---

① 《慎子·威德》，钱熙祚校：《慎子》，中华书局1954年版，第2页。
② 《慎子·民杂》，钱熙祚校：《慎子》，中华书局1954年版，第3—4页。
③ 参见"无为也，则天下而有余；有为也，则为天下用而不足。故古之人贵夫无为也。上无为也，下亦无为也，是下与上同德，下与上同德则不臣；下有为也，上亦有为也，是上与下同道，上与下同道则不主。上必无为而用下，下必有为为天下用，此不易之道也。"（《庄子·天道》，（清）郭庆藩辑：《庄子集释》，中华书局1961年版，第465页）这里的"不易之道"，与慎到的"治之正道"完全是相同的概念；《庄子》体现的也是典型的持有功用标尺的上（君）无为而下（臣）有为的思想，上下相异之道是职分的需要，在思想内容上与慎到也是一致的。日本学者井上了认为《庄子》天道篇主张君臣异道，强调了为了督责臣下之术的"因"，而《慎子》的君臣异道仅仅依据君的无事而得到充分担保，上用下之事的时候并非"化"而应该"因"，提倡了与《庄子》完全不同的"因"的概念（参见［日］井上了：《〈慎子〉"因"的思想》，《待兼山论丛》（哲学编）33号，1999年，第35—36页）；这是值得商榷的，他们都是黄老道家的君无为而臣有为，基本上是一致的，而且都包含着功用的考虑。

非一人之罪也;治国之君,非一人之力也。将治乱,在乎贤使任职而不在于忠也"①,说的就是这个。"贤使任职"实际上就是习惯所说的使贤任能的意思,不能仅仅以"忠"为衡量的准绳。另一个意思就是它同时也是一个考核衡量的标准,在这个意义上,它具有称职的意思。具体而言,就是因任职分来检查履行职分的情况,下面的资料就是具体的说明:

> 人君自任,而务为善以先下,则是代下负任蒙劳也,臣反逸矣。故曰:君人者,好为善以先下,则下不敢与君争为善以先君矣,皆私其所知以自覆掩;有过,则臣反责君,逆乱之道也……是以人君自任而躬事,则臣不事事,是君臣易位也。谓之倒逆,倒逆则乱矣。②

> 故明主之使其臣也,忠不得过职,而职不得过官。是以过修于身,而下不敢以善骄矜守职之吏;人务其治,而莫敢淫偷其事。官正以敬其业,和顺以事其上。如此,则至治已。③

"自任"显然不是任职的表现,它本身就是一种"事",君本来的职分是"无事",这是严重超越职分疆界的行为,做了本来属于臣下的事情;如果一个君无视自己的职分规定而争抢做不属于自身职分范围事情的话,在这种的境遇里,臣下还不敢与君相争,只能假装不知道;如果君在做事的过程中出现过错,这时臣下反而会出来问责君,慎到认为这是逆乱之道。显然,臣下没有监督君的任何权利;由于君"自任"而导致"臣不事事",这是倒逆的君臣易位。所以,当为的方法是,忠于职守但不能超过职分的规定,具体做事不能逾越官职的要求,这是真正的称职。这样的话,就能抵达"至治"的境界。

　　权分、职分、任职是三个互相联系的环节,这组成慎到因循的实践链,缺一不可。诸如权分中定分的运思④,除受到商鞅法家的影响外,还与庄子道家思想存在密切联系,"故夫知效一官,行比一乡,德合一君,而徵一国者,其自视也亦若此矣。而宋荣子犹然笑之。且举世而誉之而不加劝,举世而非之而不加沮,定乎内外之分,辩乎荣辱之境,斯已矣"⑤,慎到基本也是从

---

① 《慎子·知忠》,钱熙祚校:《慎子》,中华书局1954年版,第5页。

② 《慎子·民杂》,钱熙祚校:《慎子》,中华书局1954年版,第4页。

③ 《慎子·知忠》,钱熙祚校:《慎子》,中华书局1954年版,第5页。

④ 参见《法家三派重势之慎到》,王叔岷撰:《先秦道法思想讲稿》,台湾"中央研究院中国文哲研究所":《中国文哲专刊》2,1991年5月,第183—186页。

⑤ 《庄子·逍遥游》,(清)郭庆藩辑:《庄子集释》,中华书局1961年版,第16—17页。

内外两个层面来审察"人之情"和人的"所能不同"的,具有相似性;就职分而言,《庄子》里也有"鹪鹩巢于深林,不过一枝;偃鼠饮河,不过满腹。归休乎君,予无所用天下为。庖人虽不治庖,尸祝不越樽俎而代之矣"①的记载,庖人、尸祝具有不同的职分要求,所以,按照职分行为是社会走向有序的必然之途。因此,对尸祝而言,即使在庖人不下厨的情况下,也不能以此为理由代替庖人而"治庖",因为这是越职的行为,这是值得注意的。

2."任法而弗躬"

在慎到看来,权分、职分、任职的真正落实,还必须有法度的保证,不然只是空话而已,因循行为即使得到施行,也根本无法发挥出本有的价值。这是因为"官不私亲,法不遗爱,上下无事,唯法所在"②的缘故。也就是说,法度能够杜绝"私亲""遗爱",它们是一种偏,偏于私己血缘。在这个意义上,法度是公的代表。

(1)法度的依据在"分"。上面分析"分"时,已经通过权分和职分来加以辨明,在现存有限的资料里,我们也能看到慎到法与"分"相联系的运思。他说:

> 君人者,舍法而以身治,则诛赏予夺,从君心出矣。然则受赏者虽当,望多无穷;受罚者虽当,望轻无已。君舍法,而以心裁轻重,则同功殊赏,同罪殊罚矣,怨之所由生也。是以分马者之用策,分田者之用钩,非以钩策为过于人智也,所以去私塞怨也。故曰:大君任法而弗躬,则事断于法矣。法之所加,各以其分,蒙其赏罚而无望于君也。是以怨不生而上下和矣。③

"法之所加,各以其分"昭示的自然是法度依据"分"来得到规定的意思;要注意的是,这里有"故曰"的字样,显然这一运思不是慎到的原创,在上面的论述中,我已经提到,在《吕氏春秋》中关于"慎子曰:一兔走……"的文献,在《商君书》中有同样的文献,《吕氏春秋》很可能误认为是慎到的文献,因为,在商鞅那里不仅有《定分》的专论,还有"分定"的运用即"分定而无制,不可,故立禁"④;基于这个情况,本人认为不应该作为慎到的资料来运用

---

① 《庄子·逍遥游》,(清)郭庆藩辑:《庄子集释》,中华书局1961年版,第24页。
② 《慎子·君臣》,钱熙祚校:《慎子》,中华书局1954年版,第6页。
③ 《慎子·君人》,钱熙祚校:《慎子》,中华书局1954年版,第6页。
④ 《商君书·开塞》,高亨注译:《商君书注译》,中华书局1974年版,第73—74页。

（在王叔岷的《先秦道法思想讲稿》中虽然提到了这个情况，但没有对此做具体说明，只是顺理成章地作为慎到的资料使用而已）。就人而言，在人情"自为"这一点上没有例外，从"人之情"走向"民之情"，就显示出个人的"所能不同"，而一个社会的合理运行，正是在"所能不同"的民众共作中完成的。换言之，社会机构所需的"所能"也是不同的，即需要通过不同职位的设置来完成社会事务，这是容易为人所理解的。

由于法度与职分紧密相连，所以，君主以法度来施行社会治理最为重要，如果不按照法度来进行治理，而依据自己的想法来运作的话，社会日常的"诛赏予夺"等事务就会以君主的意志为转移而完全脱离法度的轨道，出现不公平的事情就无法避免。治理社会的法度，仿佛在处理马、田的事务过程中用为标准的"策""钩"，具有客观公平性，因此可以远离偏私行为以及由此而来的怨恨的产生，从而实现社会的和顺。

在此，不得不提醒大家注意的是，"受赏者虽当""受罚者虽当"①里的"当"，是一个重要的概念，在《黄帝四经》中得到集中的讨论，在此就不作讨论②。

（2）实功性。法度具有强制性，对人性自然而言，并非最佳选择，但它可以整肃人心，即"一人心"：

> 法虽不善，犹愈于无法，所以一人心也。夫投钩以分财，投策以分马，非钩策为均也。使得美者，不知所以赐；使得恶者，不知所以怨，此所以塞愿望也。故蓍龟，所以立公识也；权衡，所以立公正也；书契，所以立公信也；度量，所以立公审也；法制礼籍，所以立公义也。凡立公，所以弃私也。明君动事分功必由慧，定赏分财必由法，行德制中必由礼。故欲不得干时，爱不得犯法，贵不得逾亲，禄不得逾位，士不得兼官，工不得兼事；以能受事，以事受利。若是者，上无羡赏，下无羡财。③
>
> 为人君者不多听，据法倚数以观得失。无法之言，不听于耳；无法之劳，不图于功；无劳之亲，不任于官。④

---

① 《慎子》里共有8个"当"，其他6个见于"有虞之诛，以幪巾当墨，以草缨当劓，以菲履当刖，以艾（冠）当宫，布衣无领当大辟，此有虞之诛也。斩人肢体，凿其肌肤，谓之刑；画衣冠，异章服，谓之戮。上世用戮而民不犯，当世用刑而民不从"（《慎子·逸文》，钱熙祚校：《慎子》，中华书局1954年版，第8页）。

② 参见许建良：《〈黄帝四经〉"过极失当"的得当论》，《学习论坛》2007年第3期。

③ 《慎子·威德》，钱熙祚校：《慎子》，中华书局1954年版，第2—3页。

④ 《慎子·君臣》，钱熙祚校：《慎子》，中华书局1954年版，第6页。

法度是建立"公义"的依据所在,这仿佛"钩策"是建立"公识"的依据所在、"权衡"是建立"公正"的依据所在、"书契"是建立"公信"的依据所在、"度量"是建立"公审"的依据所在一样。公的确立就意味着私的弃绝。在具体的社会生活实践里,欲望的满足不能违背节气,施行仁爱不能冒犯法度,权贵不能偏于亲族,俸禄不得超过职位的标准,官员不能兼职,工匠不能兼做两件事;依据人的能力来分派具体的相应事务,依据完成事务的情况授予相应的报酬①;这样的话,在上的官员就没有人会羡慕奖赏,在下的工匠也就没有人会羡慕银财。人的社会活动必须与自己的职分相吻合。换言之,必须在角色的轨道上运行。不仅如此,不仅一切需按照法度来行为,而且必须有功效,毫无功效的行为是不能在官员的行列占有位置的;这里"无劳之亲"的"无劳"当是劳动成果的意思,不是简单的劳动本身,不出成果的劳动不是真正意义上的劳动,他视"身无功而厚禄三危"(《励忠节钞》诚慎部所引《慎子》,这在《淮南子》及《文子》里也有类似的文献)②,这与后来韩非称"多费"为奢侈存在内在的联系③。

毋庸置疑,慎到这里的"以事受利"实际上包含一个参验的过程。不过,他没有明言,诸如商鞅的"论劳举功以任之"④,也包含参验的程序在里面;后来的韩非就提出了"形名参同"⑤的思想,推重"人主将欲禁奸,则审合刑名,刑名者,言与事也。为人臣者陈而言,君以其言授之事,专以其事责其功。功当其事,事当其言,则赏;功不当其事,事不当其言,则罚"⑥;显然是商鞅、慎到思想的发展。

(3)权威性。在慎到看来,法度具有至上的权威性,任何人都不能无视或违背法度,即"故有道之国,法立则私议不行,君立则贤者不尊,民一于

---

① 参考"授官予爵出禄不以功,是无当也"(《商君书·靳令》,高亨注译:《商君书注译》,中华书局1974年版,第103页)、"国以功授官予爵,此谓以盛知谋,以盛勇战。以盛勇战,以盛知谋,其国必无敌。国以功授官予爵,则治省言寡;此谓以治去治,以言去言"(《商君书·靳令》,高亨注译:《商君书注译》,中华书局1974年版,第105页)、"故君子操权一政以立术,立官贵爵以称之,论劳举功以任之,则是上下之称平。上下之称平,则臣con尽其力,而主得专其柄。"(《商君书·算地》,高亨注译:《商君书注译》,中华书局1974年版,第70页)

② 井上了文章第54页。

③ 参考"众人之用神也躁。躁则多费,多费之谓侈。圣人之用神也静。静则少费,少费之谓啬。啬之谓术也生于道理。夫能啬也,是从于道而服于理者也。众人离于患,陷于祸,犹未知退,而不服从道理。圣人虽未见祸患之形,虚无,服从于道理,以称蚤服。"(《韩非子·解老》,陈奇猷校注:《韩非子新校注》,上海古籍出版社2000年版,第395页)

④ 《商君书·算地》,高亨注译:《商君书注译》,中华书局1974年版,第70页。

⑤ 《韩非子·扬权》,陈奇猷校注:《韩非子新校注》,上海古籍出版社2000年版,第145页。

⑥ 《韩非子·二柄》,陈奇猷校注:《韩非子新校注》,上海古籍出版社2000年版,第126页。

君,事断于法,是国之大道也"①;所以,"有权衡者,不可欺以轻重;有尺寸者,不可差以长短;有法度者,不可巧以诈伪"②,它能杜绝伪诈行为的产生。

法度与职分紧密连接,具有实功性、权威性,这就是慎到所规定的作为因循对象的法度。

3. 因　势

虽然历来在讨论韩非时,都认为他是法家的集大成者,继承了商鞅、申不害、慎到的法术势,其中"势"的思想关涉慎到。不过,今天在仅有的资料里,并未给我们留下太多的东西。就资料而言,慎到是"势位"并提的,他说:

> 尧为匹夫,不能使其邻家。至南面而王,则令行禁止。由此观之,贤不足以服不肖,而势位足以屈贤矣。③
>
> 离朱之明,察秋毫之末于百步之外。下于水尺,而不能见浅深。非目不明也,其势难睹也。④

前面说到,慎到处在尚贤的时代。不过,他认为"贤"的力量是微小的。因此,必须依靠势位这一为人所无法看到的威力,这显然与上面讨论的职分的严肃性与法度的权威性是一致的。

总之,因循的实践一方面要依据人的社会性规定即权分、职分来行为,另一方面必须依归法度和势位来行为。在推重法度的情况下,做到"因人之能为资"非常重要,其中表现出的角色意识和参验的社会管理实践运思,都是值得重视的因子。当然,不得不说的是,法度一般都是代表公的,因此,法家的思想直接与公私联系。基于此,慎到展示出来的是"凡立公,所以弃私也",公私处在互相对立的位置上⑤,不是相容的,这显然与商鞅的运思相异,从"以商之口数使商,令之厮舆徒重者必当名,则农逸而商劳。农逸则良田不荒,商劳则去来赍送之礼无通于百县,则农民不饥,行不饰。农民不饥,行不饰,则公作必疾,而私作不荒,则农事必胜。农事必胜,则草必垦矣"⑥,可

---

① 《慎子・逸文》,钱熙祚校:《慎子》,中华书局1954年版,7页。

② 《慎子・逸文》,钱熙祚校:《慎子》,中华书局1954年版,第7—8页。

③ 《慎子・威德》,钱熙祚校:《慎子》,中华书局1954年版,第1—2页。

④ 《慎子・逸文》,钱熙祚校:《慎子》,中华书局1954年版,第8页。

⑤ 参见"法之功,莫大使私不行;君之功,莫大使民不争。今立法而行私,是私与法争,其乱甚于无法;立君而尊贤,是贤与君争,其乱甚于无君。"(《慎子・逸文》,钱熙祚校:《慎子》,中华书局1954年版,第7页)

⑥ 《商君书・垦令》,高亨注译:《商君书注译》,中华书局1974年版,第28—29页。

以清楚地看到,商鞅主张"公作必疾,而私作不荒",公私处在兼容的境地,认为只有这样才能达到"农事必胜";而且这与道家《老子》19章的"少私须欲"所体现的价值取向也是相异的,这是值得注意的。

五、"不设一方以求于人"的活性化论

前面提到,慎到不寄希望于化育,因为,"教虽成,官不足,官不足则道理匮,道理匮则慕贤智,慕贤智则国家之政要,在一人之心矣"①,他追求"不劳而化"的"理",坚信"通理以为天下"②。显然,"理"即道理是慎到思想中的一个重要概念,这也符合庄子的评价,即"夫无知之物,无建己之患,无用知之累,动静不离于理,是以终身无誉。故曰至于若无知之物而已,无用贤圣,夫块不失道"③。

慎到的"理"的实质是什么?对此的理解无疑有助于深刻理解其因循的思想。慎到说:

> 天有明,不忧人之暗也;地有财,不忧人之贫也;圣人有德,不忧人之危也。天虽不忧人之暗,辟户牖必取己明焉,则天无事也;地虽不忧人之贫,伐木刈草必取己富焉,则地无事也;圣人虽不忧人之危,百姓准上而比于下,其必取己安焉,则圣人无事也。故圣人处上,能无害人,不能使人无己害也,则百姓除其害矣。圣人之有天下也,受之也,非取之也。百姓之于圣人也,养之也,非使圣人养己也,则圣人无事矣。④

这里必须注意的是天的"明",地的"财",圣人的"德";民众在于"明""财""德"的具体关联互动中,实现了"己明""己富""己安",这就是"得",是天的"明",地的"财",圣人的"德"的具体化样态的凝聚。民众之所以能在天、地、人"三才"的世界中实现自己的得,关键在于"三才"采取的都是"无事"的行为之方;尤其是在人的世界里,圣人能"无害人",对天下是"受之"而不是主动出击去获取,百姓对于圣人采取的是奉养的方法,而不让圣人来奉养自己,真正获得"己安"。

---

① 《慎子·威德》,钱熙祚校:《慎子》,中华书局1954年版,第2页。

② 《慎子·威德》,钱熙祚校:《慎子》,中华书局1954年版,第2页。

③ 《庄子·天下》,(清)郭庆藩辑:《庄子集释》,中华书局1961年版,1088页。

④ 《慎子·威德》,钱熙祚校:《慎子》,中华书局1954年版,第1页。

　　"无事"①实际上就是无为,慎到反对主观的有为行为,"是故不设一方以求于人,故所求者无不足也。大君不择其下,故足;不择其下,则易为下矣。易为下则莫不容,莫不容故多下,多下之谓太上"②,"不设一方以求于人""不择其下",而是根据客观的具体情况来最大限度地因循,充分发挥其效用,这样体现的"莫不容",客观效果当然是"无不足","不设""不择"就是道家"不形式"家族谱系中的无为行为,对此,庄子的评价是"公而不党,易而无私,决然无主,趣物而不两,不顾于虑,不谋于知,于物无择,与之俱往,古之道术有在于是者。彭蒙田骈慎到闻其风而悦之,齐万物以为首……知万物皆有所可,有所不可,故曰选则不遍,教则不至,道则无遗者矣"③,"民之能"不同,但君主都应该把他们用到符合他们所能的职位上,这样无疑能发挥最大的效用,庄子的评价是精到的。

　　显然,慎到的"因"的实质是无事,他要追求的道理就是依归无事而进行社会整治的真谛,这似乎有些从法度开始,而最后又回到自然无为的轨道的味道,所以,荀子说"尚法而无法,下修而好作,上则取听于上,下则取从于俗,终日言成文典,反紃察之,则偶然无所归宿,不可以经国定分;然而其持之有故,其言之成理,足以欺惑愚众,是慎到、田骈也"④,当然,就"尚法而无法"而言,通过刑罚来达到不用刑罚的充分展现人性自由的状态,本身就是法家的追求⑤,诸

————

　　① 日本学者井上了认为这一概念是慎到、申不害首先提出的,后来为《老子》用"无为"来解释,但意思已经有了变化(参见[日]井上了:《〈慎子〉"因"的思想》,《待兼山论丛》(哲学编)33号,1999年,第35页),这是日本学者基于《老子》成书较晚的主观设定而得出的结论,当然是需要重新认识的。主要理由就是《老子》通行本中有12个无为,4个无事,尤其是"为无为,事无事,味无味"(《老子》63章,第164页),帛书甲本也一样,以及"故圣人云,我无为而民自化,我好静而民自正,我无事而民自富,我无欲而民自朴"(《老子》57章,第150页),帛书和竹简本也都同时出现无为和无事。王叔岷认为,这是慎到"发明老子的指意"(王叔岷撰:《先秦道法思想讲稿》,台湾"中央研究院中国文哲研究所":《中国文哲专刊》2,1991年5月,第180页)。

　　② 《慎子·民杂》,钱熙祚校:《慎子》,中华书局1954年版,第3页。

　　③ 《庄子·天下》,(清)郭庆藩辑:《庄子集释》,中华书局1961年版,第1086页。

　　④ 《荀子·非十二子》,(清末民初)王先谦著:《荀子集解》,中华书局1988年版,第93页。

　　⑤ 参见"在齐那里,有一种重视超越人的能力的如自然法那样的力量巨大的'势'的思想,慎到把它运用到了政治思想之中(慎到是公元前四世纪末的人)。如果这样来解释的话,慎到的思想在显示法家特色的同时,在其他地方也显示出道家的特色,这是能够解释得通的。《庄子·天下》评论慎到时说,'弃知去己而缘不得已'、'与物宛转',这无疑是道家式的因循的样态,其'缘不得已'所说的自然必然式的力量,既与前面讨论的'势'的思想相通,有一种装备了绝对理法的性格,基于'动静不离于理'的'理'的使用,这是非常明显的。《荀子·非十二子》'尚法而无法'的批评,以及《解蔽》里的'蔽于法而不知贤'的批评刚才以'缘不得已'为中心而立论的舍弃贤知是共通的;两者之间巨大相异处的可能显示,就是'法'这个词是为了与后代韩非式的法思想相连而进行理解的缘故,事实上却不是这样的,理由在后面还有'无法'。"(《先秦法家思想的展开》,《金谷治中国思想论集》(中卷),东京,平河出版社1997年版,第450—451页)

如"重刑少赏,上爱民,民死上;重赏轻刑,上不爱民,民不死上。利出一空者,其国无敌;利出二空者,国半利;利出十空者,其国不守。重刑明大制,不明者,六虱也。六虱成群,则民不用。是故兴国罚行则民亲,赏行则民利。行罚,重其轻者,轻者不至,重者不来,此谓以刑去刑,刑去事成。罪重刑轻,刑至事生,此谓以刑致刑,其国必削"①,就是最好的佐证。同样,慎到重视自然无为,自然与他对自然的重视分不开,日本学者井上了认为慎到"丝毫没有对天地自然因循的思想"②,这显然是站不住脚的,"治水者,茨防决塞,九州四海,相似如一,学之于水,不学之于禹也"③就是具体的理由,"学之于水"而"不学之于禹"本身就是对天地自然的重视,对人的理性思考;就是慎到"因也者,因人之情"的界定,显然也是对自然人性的肯定和重视,所以,无论从哪方面来说,井上了的观点都是难以自圆其说的。

最后,不得不说的是,就迄今的研究而言,一般都注意到了慎到与道家的联系④,对其与儒家思想的联系注意仍然不够,其中虽然有对"因人之情"与《礼记·坊记》"礼者,因人之情而为之节文"的联系⑤,相关内容在郭店竹简《语丛一》中也有"礼,因人之情而为之节文"⑥。但是,对儒家仁爱的运思显然也有明显的联系,诸如"行德制中必由礼……爱不得犯法"⑦、"官不私亲,法不遗爱"⑧、"君之智,未必最贤于众也,以未最贤而欲以善尽被下,则不赡矣"⑨,就是证明;同时,慎到推重"立国君以为国,非立国以为君

---

① 《商君书·靳令》,高亨注译:《商君书注译》,中华书局 1974 年版,第 108 页。
② [日]井上了:《〈慎子〉"因"的思想》,《待兼山论丛》(哲学编)33 号,1999 年,第 37 页。
③ 《慎子·逸文》,钱熙祚校:《慎子》,中华书局 1954 年版,第 12 页。
④ 参考"观荀、庄二子之论,其学实合道/法为一家。故《史记》谓其学黄、老道德之术,《汉·志》以其书隶法家也"(吕思勉著:《经子解题》,华东师范大学出版社 1995 年版,第 175—176 页)、"慎到对当时在东方主诸国已经成为一般化常识的政治主张的人治主义和尚贤思想,利用不断勃兴的道家思想,从而成为具有特异特征的叛逆的思想家。优于把握历史现实的韩非留下了'上古竞于道德,中世逐于智谋,当今争于气力'意味深重的语言,如果依据这个来推论的话,慎到的时代就是'逐于智谋'的尚贤主义的全盛期,慎到叛逆于此,意欲探求获取新的政治理念。如果说其成果可能还没有趋于成熟,但那新的意图由韩非进行吸收,据此,在法家思想的大成中起到真正的作用,而且同时也助长了道家思想中的政治倾向,进而也可以认为,在后来的道家思想和法家思想的融合中也起到了粘合的作用。"(《金谷治中国思想论集》(中卷),东京,平河出版社 1997 年版,第 437—438 页)
⑤ 上揭井上了文章。
⑥ 《物由望生》,李零:《郭店楚简校读记》,中国人民大学出版社 2007 年版,第 207 页。
⑦ 《慎子·威德》,钱熙祚校:《慎子》,中华书局 1954 年版,第 3 页。
⑧ 《慎子·君臣》,钱熙祚校:《慎子》,中华书局 1954 年版,第 6 页。
⑨ 《慎子·民杂》,钱熙祚校:《慎子》,中华书局 1954 年版,第 4 页。

也"①,与儒家孟子的"民为贵,社稷次之,君为轻"(《孟子·尽心下14》)也存在一定的相似性,这些都是儒家特色。当然,除此以外,慎到还与名家名实派的循名责实的思想具有紧密的联系,诸如"故明主之使其臣也,忠不得过职,而职不得过官。是以过修于身,而卜不敢以善骄矜守职之吏;人务其治,而莫敢淫偷其事。官正以敬其业,和顺以事其上。如此,则至治已"②,就是具体的证明。王叔岷虽然注意到了慎到与名家以及儒家的联系,但主要限于立名分和名正言顺的角度,而非循名责实的方面。③

基于以上的分析,可以肯定,慎到是中国思想史上第一对"因"进行界定的思想家,虽然在《庄子》中已经出现"因",但并没有对"因"的理论界定,因此,他可能是在借鉴总结已有的"因"的思想资源的基础上得出的结论;其思想是道法儒相融合的产物,因此,完全可以说《慎子》的成书较晚,具有黄老道家的思想特色。其权分、职分的运思,对今天的社会管理的实践以及由此而得到推进的政治文明仍然具有积极的借鉴意义。

---

① 《慎子·威德》,钱熙祚校:《慎子》,中华书局1954年版,第2页。
② 《慎子·知忠》,钱熙祚校:《慎子》,中华书局1954年版,第5页。
③ 王叔岷撰:《先秦道法思想讲稿》,台湾"中央研究院中国文哲研究所":《中国文哲专刊》2,1991年5月,第185—186页。

第六章　荀子"率道而行"的因循思想

荀子(约前313—前238),先秦儒家著名代表人物之一,"荀卿嫉浊世之政,亡国乱君相属,不遂大道而营于巫祝,信機祥,鄙儒小拘,如庄周等又猾稽乱俗,于是推儒、墨、道德之行事兴坏,序列着数万言而卒"①,在宣扬和集成儒家思想的实践中,融合了道家、法家等的思想,显示出他在紧贴社会实践而寻找解决社会现实问题方法上的开放的胸怀和卓越的睿智。正是这种开放融合的心境,促使他在理性审视孔子和孟子仁义思想的基础上,营建了以"礼"为中枢的思想体系②,由于人与禽兽的区别在于礼仪,社会的治理就在于礼仪之道的落实;而落实的具体化就是"率道而行",即因循道而行为,这是荀子因循思想的标志性表述。学术界对荀子的思想研究虽然成果不少,但对其因循思想的总结仍然罕见,这也正是本章所要解决的课题。

荀子的"数万言"就是我们今天看到的《荀子》,本章资料主要是刘向校定的《荀子》,共三十二篇。③

一、何谓因循:"由天谓之道,尽因矣"

在因循的问题上,荀子的一个主要贡献就是在借鉴思想史成果的基础上,界定了何谓因循的问题,这是首先要彰明的。

荀子在分析墨子等思想家的思想时说:"墨子蔽于用而不知文,宋子蔽于欲而不知得,慎子蔽于法而不知贤,申子蔽于执而不知知,惠子蔽于辞而不知实,庄子蔽于天而不知人。故由用谓之道,尽利矣;由俗谓之道,尽嗛矣;由法谓之道,尽数矣;由执谓之道,尽便矣;由辞谓之道,尽论矣;由天谓之道,尽因矣;此数具者,皆道之一隅也。"④这里的"由"都是顺随、随从,即因循的意思。道是一个整合体,在形下有许多表现,因循之道只是其中的一个组成部分,其具体的内容是"由天谓之道,尽因矣";也就是说,因循天道

---

① (汉)司马迁撰:《史记》,中华书局1982年版,第2348页。

② 《荀子》中约出现364个"礼",134个"仁",其中"仁义"32个。

③ 资料以(清末民初)王先谦著《荀子集解》(北京,中华书局1988年9月)本为准,参见梁启雄著《荀子简释》(中华书局1983年版)。

④ 《荀子·解蔽》,(清末民初)王先谦著:《荀子集解》,中华书局1988年版,第262页。

自然是因循的具体内容。要注意的是,虽然诸如"用""俗""法""执""辞""天"都是因循的对象,但只有"天"成为对象时,才是因循之道。换言之,因循的依据在客观性;而对"用""俗""法""执""辞"的因循,不过是因循在社会生活层面的活用。但这种活用不是可以选择的,而是必须遵行的,这就是"夫道者,体常而尽变,一隅不足以举之。曲知之人,观于道之一隅而未之能识也,故以为足而饰之,内以自乱,外以惑人,上以蔽下,下以蔽上,此蔽塞之祸也"①;道是本体经久不变却能穷尽现实所有变化的存在,这种综合性和统摄性的特征昭示,人对道的认识不能偏于一隅,而墨子等仅仅依归"用""俗""法""执""辞""天"来行为而无视其他要素的做法显然是片面的,带来的结果只能是"蔽塞之祸";对"蔽塞之祸"的克服,就在于对道的整体性把握;把握的秘诀就是因循,这当是荀子界定因循的本质。

二、"人能群"的理由论

就人类社会而言,既然礼仪成为人与禽兽的区别,为什么仍然要以因循天道自然来行为呢? 众所周知,荀子具有宇宙的视野,就"万物"(51 个用例)、"自然"(2 个用例)而言,充分显示出他的思想与道家的联系;就"自然"而言,儒家的孔子、孟子都没有使用这个概念,他不仅强调"性之和所生,精合感应,不事而自然谓之性"②,而且以自然与人为相对,即"若夫目好色,耳好声,口好味,心好利,骨体肤理好愉佚,是皆生于人之情性者也,感而自然,不待事而后生之者也。夫感而不能然,必且待事而后然者,谓之生于伪。是性、伪之所生,其不同之征也"③;因此,他的思想显示出综合性的特征。所以,在宇宙中生活的人类,必须协调群道而致于和谐。具体的运思如下:

1. 天 道 恒 常

在荀子的心目中,天道是外在于人的客观存在;在中国思想史上,荀子最早提出了"明于天人之分"④的运思,这在天人关系的长河里,无疑有着深远而积极的意义。他说:

---

① 《荀子·解蔽》,(清末民初)王先谦著:《荀子集解》,中华书局 1988 年版,第 262 页。
② 《荀子·正名》,(清末民初)王先谦著:《荀子集解》,中华书局 1988 年版,第 412 页。
③ 《荀子·性恶》,(清末民初)王先谦著:《荀子集解》,中华书局 1988 年版,第 437—438 页。
④ 《荀子·天论》,(清末民初)王先谦著:《荀子集解》,中华书局 1988 年版,第 308 页。

　　天行有常,不为尧存,不为桀亡。应之以治则吉,应之以乱则凶。强本而节用,则天不能贫;养备而动时,则天不能病;修道而不贰,则天不能祸。故水旱不能使之饥,寒暑不能使之疾,祆怪不能使之凶。本荒而用侈,则天不能使之富;养略而动罕,则天不能使之全;倍道而妄行,则天不能使之吉。故水旱未至而饥,寒暑未薄而疾,祆怪未至而凶。受时与治世同,而殃祸与治世异,不可以怨天,其道然也。①

天道的运行是有规律的,即"常",这种规律是不因任何对象而发生变化的;换言之,天道之常具有客观的公平性,"不为尧存""不为桀亡",就是具体证明。现实社会客观存在的吉凶的情况,不是天道的选择或作为,而是人自身"应之以治"和"应之以乱"的区别;前者是因循天道而来的结果,后者则是在因循过程中过分彰显人力而来的结果。在这个意义上,荀子得出了"不可以怨天,其道然也"的结论。

2. 天 人 和 一

　　由于天道是外在于人的客观而公平的存在体,所以,人必须与天道保持谐和一致。荀子说:"上取象于天,下取象于地,中取则于人,人所以群居,和一之理尽矣。"②在宇宙世界里,人不是孤立的存在,他与天地组成一个共同体;就人自身而言,实行的是群居,实践演绎呈现"和一之理"的特点;"和一"不是人自身的谐和一致,而是在天地人坐标里体现的整体宏观上的和谐。

3. "人 能 群"

　　在荀子万物的视野中,一方面,"物类之起,必有所始……草木畴生,禽兽群焉,物各从其类也"③,人以外的物类是群居的;另一方面,"今以夫先王之道,仁义之统,以相群居,以相持养,以相藩饰,以相安固邪"④,人类社会奉行的同样是群居。不过,人类群居的能力显然不同于其他物类,因为人不是宇宙万物中普通的一员,而是主宰者。他说:

　　水火有气而无生,草木有生而无知,禽兽有知而无义,人有气、有

---

　　①　《荀子·天论》,(清末民初)王先谦著:《荀子集解》,中华书局1988年版,第306—308页。
　　②　《荀子·礼论》,(清末民初)王先谦著:《荀子集解》,中华书局1988年版,第373页。
　　③　《荀子·劝学》,(清末民初)王先谦著:《荀子集解》,中华书局1988年版,第6—7页。
　　④　《荀子·荣辱》,(清末民初)王先谦著:《荀子集解》,中华书局1988年版,第65页。

生、有知,亦且有义,故最为天下贵也。力不若牛,走不若马,而牛马为用,何也? 曰:人能群,彼不能群也。人何以能群? 曰:分。分何以能行? 曰:义。故义以分则和,和则一,一则多力,多力则强,强则胜物;故宫室可得而居也。①

人类能"分","分"是分际、分限、区分的意思,往往是通过权分、职分等来具体落实而标明人与人之间的不同。区分的实践不是随意的,其标准就是"义",依据"义"就能够实现和谐。和谐是一种合一的状态,就一个社会而言,这时力量趋于最大,即"多力";力量大才能强大,强大是在宇宙万物的生存竞争中取胜的关键,同时也是人类超越其他万物而实现生活安定的基本条件。

值得注意的是,荀子强调"义",实际侧重在礼义上,诸如他 312 个义的概念中,"礼义"就有 113 个。正是在这个意义上,他又强调"人之所以为人者何已也? 曰:以其有辨也。饥而欲食,寒而欲暖,劳而欲息,好利而恶害,是人之所生而有也,是无待而然者也,是禹桀之所同也。然则人之所以为人者,非特以二足而无毛也,以其有辨也……夫禽兽有父子,而无父子之亲,有牝牡而无男女之别,故人道莫不有辨。辨莫大于分,分莫大于礼,礼莫大于圣王"②。这里的"礼"与上面的义具有相同的意思,这是文献带给我们的信息。

正是在强调"礼义"的前提下,荀子提出"群道当,则万物皆得其宜,六畜皆得其长,群生皆得其命"③的主张,这是一个理念,昭示人们的是:人类社会的和谐必须与宇宙万物保持和谐协调的关系,群道只有处在适宜的态势下,万物才能获得适宜的生活,实现生命的价值;人不仅具有这个能力,而且保持"群道当"也是人的责任。这就是荀子推重因循天道的外在的理由。

4."能参"的行为

荀子虽然强调通过因循天道来获得"群道当"的结果,但同时他把人的得失完全捆绑在人自己身上,而不是天地自然。这就是他在强调天道客观公平的同时,也强调人在宇宙中采取的应对方法。下面的资料也是很好的佐证:"不为而成,不求而得,夫是之谓天职。如是者,虽深其人不加虑焉,

①　《荀子·王制》,(清末民初)王先谦著:《荀子集解》,中华书局 1988 年版,第 164 页。
②　《荀子·非相》,(清末民初)王先谦著:《荀子集解》,中华书局 1988 年版,第 78—79 页。
③　《荀子·王制》,(清末民初)王先谦著:《荀子集解》,中华书局 1988 年版,第 165 页。

虽大不加能焉,虽精不加察焉,夫是之谓不与天争职。天有其时,地有其财,人有其治,夫是之谓能参。舍其所以参,而愿其所参,则惑矣。"①自然而为是天地的职能,即"天职"。在宇宙世界里,人的最好对策是"不与天争职",即不违背自然规律,这样带来的客观结果是,时令有序,大地资财丰富,人实现治理,这称为"能参"。如果舍弃天地人互相加入宇宙大合唱行动的必然性的认识,即"舍其所以参"、努力于人类自身的治理即"愿其所参"的话,只能使人迷失方向。

显然,在荀子的心目中,人不是孤立的存在,人的位置只能在天地人三才"能参"的序列里找到答案。但是,在万物的视野里,人不是一般的存在,是具有辨别能力的存在,这是其他万物所不具备的,这也是人利用礼义来进行社会管理的理由,荀子"大天而思之,孰与物畜而制之? 从天而颂之,孰与制天命而用之? 望时而待之,孰与应时而使之? 因物而多之,孰与骋能而化之? 思物而物之,孰与理物而勿失之也? 愿于物之所以生,孰与有物之所以成? 故错人而思天,则失万物之情"②的运思,可谓在天人关系上的最好表达。换言之,人不能"错人而思天",这是荀子基本的态度,是一种在追求天人和谐前提下的发挥人积极性的方向,也就是成为君子特征之一的"率道而行"③,其具体因循思想的展开也正是在这一取向下演绎的。

三、人情性的不因循论

以上回答了选择因循的外在理由,这为因循行为的实行奠定了基础。但是,因循同样存在内在的理由,这就是人的本性。不过,与其他思想家不同的是,荀子认为不能因循性情。对这一问题的认识,具体通过以下几个视角来演绎。

1.何 谓 本 性

关于本性,在荀子那里,一般首先看到的是其性恶的思想,其实,这仅仅是一个方面,更为重要的是他回答何谓本性的问题。他继承了告子追问何谓本性的思维方式,先在远离价值判断平台的视野审视了本性,认为本性是万物原初的素朴材质。他说:"生之所以然者,谓之性。性之和所生,精合

---

① 《荀子·天论》,(清末民初)王先谦著:《荀子集解》,中华书局1988年版,第205—206页。
② 《荀子·天论》,(清末民初)王先谦著:《荀子集解》,中华书局1988年版,第317页。
③ 《荀子·非十二子》,(清末民初)王先谦著:《荀子集解》,中华书局1988年版,第102页。

感应,不事而自然,谓之性。"①荀子对本性的界定主要集中在"生之所以然者"和"不事而自然"。

首先是"生之所以然者"。这明显不同于告子的"生之谓性"(《孟子·告子上3》),告子只是简单回答了何谓本性的问题。换言之,告子主要在"生"通"性"的层面来切入问题,回答的是性命本质的问题。荀子则从两个方面展开了讨论:一是在生命的维度,回答了一生命之所以为该生命的理由;显然,这不是限于人的本性而讨论的,而是万物视野里的立论;具体回答了物类的规定性,例如人的"所以然"与其他物类的"所以然"是不同的,这也就是"所以然"存在的理由。二是本性的层面,这与告子相同,彰明的是生来就有的是本性,具有先天性。非常明显,荀子的"所以然",在形上的高度确立了讨论物类本性的可能以及规定性,在哲学史上的意义是非常深远而积极的,这是不能忽视的。

其次是"不事而自然"。这是对本性层面何谓问题的进一步深化。万物的本性是在阴阳和合、精合感应的境遇里形成的,其特点就是"不事而自然",即没有人为因素的加入。

不言而喻,以上荀子对本性的运思,是静态学理层面审视的结果,结论是"本始材朴"②,这也为他动态层面提出性恶的思想营筑了自然的条件,这是在审视荀子本性思想时必须注意的。

2. 何　谓　情

在中国伦理思想史上,荀子不仅有对本性的明确界定,而且有对情的回答。他说:"性之好恶喜怒哀乐,谓之情"③、"人之情,食欲有刍豢,衣欲有文绣,行欲有舆马,又欲夫余财蓄积之富也;然而穷年累世不知不足,是人之情也"④。情是好恶喜怒哀乐。人在自己的世界里,无所谓好恶喜怒哀乐,它们是人对具体境遇里存在物的一种情感的反应,是人的真性的外化;这里的"食欲有刍豢""衣欲有文绣""行欲有舆马""欲夫余财蓄积之富",也是上面提到的"饥而欲食""寒而欲暖""劳而欲息""好利而恶害"等基本生理

---

① 《荀子·正名》,(清末民初)王先谦著:《荀子集解》,中华书局1988年版,第412页。王先谦认为,"性之和所生,当作生之和所生,此生字与上生之同,亦谓人生也。两谓之性,相俪生之所以然者谓之性,生之不事而自然者谓之性,文义甚明,若云性之不事而自然者谓之性,则不词矣。此传写者缘下文性之而误注人之性。性当为生,亦后人以意改之"(《荀子·正名注》,(清末民初)王先谦著:《荀子集解》,中华书局1988年版,第412页)。这显然是值得质疑的。

② 《荀子·礼论》,(清末民初)王先谦著:《荀子集解》,中华书局1988年版,第366页。

③ 《荀子·正名》,(清末民初)王先谦著:《荀子集解》,中华书局1988年版,第412页。

④ 《荀子·荣辱》,(清末民初)王先谦著:《荀子集解》,中华书局1988年版,第67页。

需要发展的样式,这显示出生活档次上的攀升,或者说这是欲望的提高,指的主要是情欲。

在荀子那里,情欲与人的好恶喜怒哀乐情感是相异的,这在上面的分析中已经显示无余。其实,荀子对性、情、欲之间的关系,就有深刻的理性认识,这在大家熟悉的"性者,天之就也;情者,性之质也;欲者,情之应也。以所欲为可得而求之,情之所必不免也"①的论述中可以得到答案。具体而言,情是性的内质或具体内容,欲是对情的具体回应;前者是情性,后者则是情欲。本性可以说是情感和欲望的枢纽,这是一幅动态的图画,这也是荀子性恶立论得以登场的基本前提,这是必须注意的。

3. 情性是偏于情欲而立论的概念

荀子虽然对性、情、欲进行了明确的区分,但在总体上,性、情、情性是相同的概念,荀子认为不能依顺情性。他说:

> 若夫目好色,耳好听,口好味,心好利,骨体肤理好愉佚,是皆生于人之情性者也;感而自然,不待事而后生之者也……夫好利而欲得者,此人之情性也。假之有弟兄资财而分者,且顺情性,好利而欲得,若是,则兄弟相拂夺矣;且化礼义之文理,若是,则让乎国人矣。故顺情性则弟兄争矣,化礼义则让乎国人矣。②
>
> 今人之性,生而有好利焉,顺是,故争夺生而辞让亡焉;生而有疾恶焉,顺是,故残贼生而忠信亡焉;生而有耳目之欲,有好声色焉,顺是,故淫乱生而礼义文理亡焉。然则从人之性,顺人之情,必出于争夺;合于犯分乱理,而归于暴。③

"好色""好听""好味""好利""好愉佚"都是人的情性,如果顺从人的情性而行为,必然产生争夺,使人逾越自己的职分规定以及礼义的规定,社会趋向混乱。荀子反对因循人的情性而行为,主张"化礼义之文理",使人走上文明礼让的道路。

荀子反对因循人的情性而行为,实际是基于人的欲望具有无限放纵的危险的考虑,这与他性恶的运思相一致。另一方面,这也与当时社会物产贫

---

① 《荀子·正名》,(清末民初)王先谦著:《荀子集解》,中华书局1988年版,第428页。
② 《荀子·性恶》,(清末民初)王先谦著:《荀子集解》,中华书局1988年版,第437—438页。
③ 《荀子·性恶》,(清末民初)王先谦著:《荀子集解》,中华书局1988年版,第436页

乏的现实相吻合,"夫贵为天子,富有天下,是人情之所同欲也;然则从人之欲,则埶不能容,物不能赡也"①。这里的"埶不能容,物不能赡"说的正是这个意思。必须注意的是,反对因循人的情性,并不是对人本性的无视和否定,而是对人本性生存环境的稳定性的追求,因为争夺就没有稳定性而言,"礼以顺人心为本,故亡于礼经而顺于人心者,皆礼也"②,就是最好的证明;用礼义来整治社会,规范人的行为,这是荀子抑制人的情欲发展而使人的行为始终依归本性轨道的举措。礼仪必须以顺应人心为本旨,即使在《礼论》里没有记载,但只要顺应人心,就是礼仪。所以,在这样的意义上,荀子反对因循人的情性而行为,主要是侧重在情欲的层面来立论的,这在上面的分析中已经得到非常明确的揭示。

四、"万物皆得其宜"的价值目标论

上面分析了荀子否定因循情本性的运思,这自然是全面审定其因循思想价值不可或缺的环节。当然,据此无法得出荀子对因循持否定态度的结论。其实,正相反,荀子对因循的价值目标和功能都有清醒的认识。

1. 个体价值目标是"万物皆得其宜"

在荀子的思想中,"宜"具有非常重要的地位。宇宙世界里,客观存在的万物具有不同的形体,不存在固定统一的相称适宜的标准,人类社会的治理存在客观的规律,"万物同宇而异体,无宜而有用;为人,数也"③,揭示的就是这个道理。在另一维度,这就是没有固定不变之"宜",即"名无固宜,约之以命。约定俗成谓之宜,异于约则谓之不宜"④;宜的关键在约定俗成,万物与人的关系也一样存在约定俗成,这也正是"有用"产生的条件。

宜的约定俗成性昭示,它具有客观的规定性,"出若入若,天下莫不平均,莫不治辨,是百王之所同而礼法之大分也。若夫贯日而治平,权物而称用,使衣服有制,宫室有度,人徒有数,丧祭械用皆有等宜,以是用挟于万物,尺寸寻丈莫得不循乎制度数量然后行"⑤,宜与"制""度""数"具有相同的内涵,这是因循行为的依据,即"尺寸寻丈莫得不循乎制度数量然后行"。

① 《荀子·荣辱》,(清末民初)王先谦著:《荀子集解》,中华书局1988年版,第70页。
② 《荀子·大略》,(清末民初)王先谦著:《荀子集解》,中华书局1988年版,第490页。
③ 《荀子·富国》,(清末民初)王先谦著:《荀子集解》,中华书局1988年版,第175页。
④ 《荀子·正名》,(清末民初)王先谦著:《荀子集解》,中华书局1988年版,第420页。
⑤ 《荀子·王霸》,(清末民初)王先谦著:《荀子集解》,中华书局1988年版,第220页。

在这个意义上,宜显示的是与制度等切合前提下的适宜、适当。这是必须注意的。

推重因循的关键之一就是要保证万物各得其宜,这里的宜是万物各自个性与社会制度切合后的适宜度。荀子说:"群道当,则万物皆得其宜,六畜皆得其长,群生皆得其命"①;人能群居,群道得当的话,万物就都会获得自己本有之宜的发展,而且,这本有之宜就是生命之源。这里"群道当"的"当"是适宜、适当、相称的意思。显然,荀子因循价值目标的各得其宜,在这样的社会里,万物都能得到符合本性特性的发展。

2. 社会价值目标是相称

社会整治的最为重要的事务就是做到相称,相称的依据在客观的生活,不在主观的臆想。荀子说:"凡爵列、官职、赏庆、刑罚,皆报也,以类相从者也。一物失称,乱之端也。夫德不称位,能不称官,赏不当功,罚不当罪,不祥莫大焉。"②"爵列"等是社会对人的行为的评价方式,最为关键的是要与实际的贡献相一致,不一致则势必产生祸乱;具体而言,爵位必须与德操相匹配,能力必须与职位相一致,奖赏必须与功劳相符合,惩罚则必须与罪责相吻合;如果出现"不称""不当"的情况,则势必出现不祥的事情。

就爵位而言,在荀子的心目中,等级是客观存在的,"礼者,贵贱有等;长幼有差,贫富轻重皆有称者也……德必称位,位必称禄,禄必称用"③,就是具体的说明。相称是在等级框架里的存在,这与荀子"分"的基本运思相吻合。所以,社会的稳定是应该"德必称位""位必称禄""禄必称用",这就是"皆有称"。

必须注意的是,与个体价值目标是万物各有的个体性相比,这里的相称显然是侧重在社会整体层面的设计,这是必须注意的。

3. 因循的功能是"因之而为通"

因循行为具有"通"的内在功能,即"后王之成名:刑名从商,爵名从周,文名从礼,散名之加于万物者,则从诸夏之成俗曲期,远方异俗之乡,则因之而为通"④;对待远方异俗,采用因循的方法,就能实现融通。社会的治理也

①　《荀子·王制》,(清末民初)王先谦著:《荀子集解》,中华书局 1988 年版,第 165 页。

②　《荀子·正论》,(清末民初)王先谦著:《荀子集解》,中华书局 1988 年版,第 328 页。

③　《荀子·大略》,(清末民初)王先谦著:《荀子集解》,中华书局 1988 年版,第 347 页。

④　《荀子·正名》,(清末民初)王先谦著:《荀子集解》,中华书局 1988 年版,第 411—412 页。

一样，即"故君子之度己则以绳，接人则用抴。度己以绳，故足以为天下法则矣；接人用抴，故能宽容，因众以成天下之大事矣。故君子贤而能容罢，知而能容愚，博而能容浅，粹而能容杂，夫是之谓兼术"①、"因天下之和，遂文武之业，明主枝之义，抑亦变化矣，天下厌然犹一也。"②"因众""因天下之和"，就能成就大业。要因循民众，就必须具备宽容的胸襟，即"兼术"。具体而言，审察自己如木工用墨线来取直一样，待人则如艄公用舟船来接客一样；带来的客观效果是：前者自己成为天下人的法则，后者依据宽容，依靠他人来成就整治天下的大业。

就宽容而言，具体包括"贤而能容罢""知而能容愚""博而能容浅""粹而能容杂"，体现兼容并蓄的特色。这是自己个人对外在他者的包容，体现的是对外在客体的重视；客体被重视了，才能在你心中占据位置；客体在你心中的话，你的胸襟也就自然宽容了。这时就与外在世界真正实现了融通。显然，融通的实现也是荀子强国的途径之一，这是不能忽视的。

五、"因物"的对象论

在实践的层面，荀子对因循行为的操作提出了自己的看法。这主要集中在以下几个方面。

1."循其旧法"

在上面的分析中曾经提到，荀子反对顺从人的情性，因为这样会发生争斗。对人来说，生活在宇宙世界里，其行为因循既定的制度，最为关键。他说："百里之地，其等位爵服，足以容天下之贤士矣；其官职事业，足以容天下之能士矣；循其旧法，择其善者而明用之，足以顺服好利之人矣。"③这里的"旧法"指的是既定的法度，因循既定的法度把能人选拔到具体的位置上，这样就能使民众顺服。"旧法"与上面提到的"循乎制度数量"的内涵是一致的，因循法度，是人的行为的基本前提；其他的"循绳"④、"义者循理"⑤的"绳""理"与法度也是同一个意思。

---

① 《荀子·非相》，(清末民初)王先谦著：《荀子集解》，中华书局1988年版，第85—86页。
② 《荀子·儒效》，(清末民初)王先谦著：《荀子集解》，中华书局1988年版，第176页。
③ 《荀子·王霸》，(清末民初)王先谦著：《荀子集解》，中华书局1988年版，第214—215页。
④ 《荀子·王霸》，(清末民初)王先谦著：《荀子集解》，中华书局1988年版，第229页。
⑤ 《荀子·议兵》，(清末民初)王先谦著：《荀子集解》，中华书局1988年版，第227页。

2. "因　物"

因循法度虽然重要,但在社会治理的层面,因循个人更为关键。众所周知,荀子把因循天道自然界定为因循的本质,但因循不是简单机械而消极被动的行为,而是在遵循规律的前提下发挥人的主动性的提倡,"大天而思之,孰与物畜而制之! 从天而颂之,孰与制天命而用之! 望时而待之,孰与应时而使之! 因物而多之,孰与骋能而化之! 思物而物之,孰与理物而勿失之也! 愿于物之所以生,孰与有物之所以成! 故错人而思天,则失万物之情"①。荀子在肯定自然价值的前提下,并没有忽视人的力量。具体地说,认为大自然伟大而思慕它,还不如把它当作资源而加以积蓄并制御管理起来;顺从天道而颂扬它,还不如掌握其规律而为人所用;等待天时,还不如顺应天时变化而使它为人服务;因循万物自然增多而不干预,还不如施展人的才能来化育万物而满足人的需要;思求万物仅仅以此为外在于人的存在,还不如治理万物而不失去它们;冥思万物生成的原因,还不如注目万物成就的理由。完全寄希望于天道,而忽视人的作用,这就违背了万物的实际情况。

显然,荀子强调人的力量,这主要是指顺应天时变化来为人所用的方面。也就是说,人的力量不能与万物的自然相违背,是在其轨道上的一种推进,这是应该注意的。

3. "因　其　民"

宽泛而言,上面讨论的因循万物的问题,其中包含着人,就民众是人而言,自然应该包括其中。不过,在严格的意义上,人是人,民众是民众;民众是政治哲学中使用的概念。这是首先要明确的。

在上面提到的"因物"中,无疑存在人为的因素。在荀子的坐标中,"兼人"是一个非常重要的概念,一共出现14次,其中的13次都出现在《议兵》中,由于它关系到因循民众的问题,这里将不厌其烦地引此进行讨论:

> 凡兼人者有三术:有以德兼人者,有以力兼人者,有以富兼人者。彼贵我名声,美我德行,欲为我民,故辟门除涂,以迎吾入;因其民,袭其处,而百姓皆安;立法施令,莫不顺比;是故得地而权弥重,兼人而兵俞强;是以德兼人者也。非贵我名声也,非美我德行也,彼畏我威,劫我执,故民虽有离心,不敢有畔虑,若是则戎甲俞众,奉养必费;是故得地

① 《荀子·天论》,(清末民初)王先谦著:《荀子集解》,中华书局1988年版,第317页。

而权弥轻,兼人而兵俞弱;是以力兼人者也。非贵我名声也,非美我德行也,用贫求富,用饥求饱,虚腹张口,来归我食;若是则必发夫掌窌之粟以食之,委之财货以富之,立良有司以接之,已期三年,然后民可信也;是故得地而权弥轻,兼人而国俞贫;是以富兼人者也。故曰:以德兼人者王,以力兼人者弱,以富兼人者贫,古今一也。①

"兼人"是兼并别人、别国的意思,是在治理国家的层面讨论这一问题的。荀子提出了以"德""力""富"三种兼并别人的方法。就"以富兼人"而言,他人归附你,是你的富裕,因为他们贫穷饥饿;由于要负担他们,需要花费很多财富,使他们稳定下来,结果你得到土地后权势更轻,国家更贫穷。就"以力兼人"而言,来依附你,是因为害怕你的威武和势力,即使心里存有离开的意念,也不敢暴露出来,这一情况,即使士兵越来越多,结果只是花费增多,得到土地后权势更轻,国家更衰弱。以上两种情况的归附,都不是因为名声和德行,只是威力和富裕。"以德兼人"的情况与此相反,归附你是因为你的名声和德行。这里要注意的是"以德兼人"的主体即国家的方法,由于自己的德名,他们清扫道路来迎接我;我进入以后,采取"因其民,袭其处"的方法即因循民众的特性以及生活习惯来治理,百姓得到了安宁;另一方面,"立法施令,莫不顺比",法度的施行,民众没有不遵行的,这是因为法度的依据也在因循民众那里得到落实,结果是不仅得到了土地,而且权势也得到增强,既兼并了他人,兵力也得到加强。

这里的"因"和"袭"都是因循的意思,我们今天有"因袭"的用语,即是佐证。另一方面,"恭敬而逊,听从而敏,不敢有以私决择也,不敢有以私取与也,以顺上为志,是事圣君之义也……故因其惧也而改其过,因其忧也而辨其故,因其喜也而入其道,因其怒也而除其怨,曲得所谓焉。"②因循的对象"惧""忧""喜""怒"的行为主体,虽是君主,也就是说,这是臣下对君主的行为之方,但体现的也是因循,即因循"惧""忧""喜""怒"等君主情性的具体外现情况,而改掉过错、辨明忧的原因、以道劝说、驱除怨恶的人。在君臣的关系里,这是一种获得,是根据不同的性情而取得的不同的收获,所以称为"曲得"。应该注意的是,在语言结构上,显示的是二维的动宾样式,在"因其惧也而改其过"等的形式里,"因"具有被动性,但"改"是行为主体主动发出的行为,具有主动性。不过,不得不注意的是,"惧""忧""喜""怒"

---

① 《荀子·议兵》,(清末民初)王先谦著:《荀子集解》,中华书局1988年版,第289—290页。
② 《荀子·臣道》,(清末民初)王先谦著:《荀子集解》,中华书局1988年版,252—253页。

并不是人本身,而是人的情感,其客观性无疑受到挑战,这也是不能忽视的地方,这在荀子的思想系统里,当与他在重视天道自然的前提下,推重人的运思相一致。

六、"物至而应"的实践论

在荀子的因循思想中,因循在社会化实践中的活用,是不可忽视的部分,这里就对此问题进行聚焦。前面已经提到荀子因循的价值目标是使万物各得其宜,即获取适合自身本性安顿的发展,这一价值目标的实现,必须在动态实践的过程中才能得以完成。就实现的方法而言,荀子的"曲"和"应"值得我们注意。

1. "曲得"和"曲成"

首先是"曲得"。因循行为反应在人的价值实现过程之中,不固守一种方法和标准,而是"曲得"。荀子说:"彼君子则不然:佚而不惰,劳而不僈,宗原应变,曲得其宜"①、"木直中绳,𫐓以为轮,其曲中规,虽有槁暴,不复挺者,𫐓使之然也"②。君子的行为之方,能依归本原而加以应变,从而实现"曲得其宜"。这里的"宜"就是自己行为之方的适宜度,其具体内容是自己与他人关系坐标里的适宜度。这一适宜度不是固定不变的,而是依据组成的具体关系而变化的,这就是"曲得",这仿佛"𫐓以为轮,其曲中规"一样。不过,适宜度虽然不同,但其基本精神是不变的,"其言有类,其行有礼,其举事无悔,其持险应变曲当。与时迁徙,与世偃仰,千举万变,其道一也"③,说的就是这个道理。

其次是"曲成"。因循行为的关键在于没有固定的方法,"上则能尊君,下则能爱民,政令教化,刑下如影,应卒遇变,齐给如响,推类接誉,以待无方,曲成制象,是圣臣者也"④、"圣人清其天君,正其天官,备其天养,顺其天政,养其天情,以全其天功。如是,则知其所为,知其所不为矣;则天地官而万物役矣。其行曲治,其养曲适,其生不伤,夫是之谓知天"⑤;在社会治理的实践中,不能依据臆想的方法去应对不同的情况,必须"以待无方",即以

---

① 《荀子·非十二子》,(清末民初)王先谦著:《荀子集解》,中华书局1988年版,第105页。
② 《荀子·劝学》,(清末民初)王先谦著:《荀子集解》,中华书局1988年版,第1页。
③ 《荀子·儒效》,(清末民初)王先谦著:《荀子集解》,中华书局1988年版,第138页。
④ 《荀子·臣道》,(清末民初)王先谦著:《荀子集解》,中华书局1988年版,第248页。
⑤ 《荀子·天论》,(清末民初)王先谦著:《荀子集解》,中华书局1988年版,第310页。

开放的视野依据具体情况来制定相应的法度并施行处理,即"曲成制象";
"曲"是"成"的前提,而"曲"的依据是个体本身,并不是臆想的"政令教化"
的设想。圣人治理天下也一样,按照天地自然的规律最为重要,不能固守一
种方法,这样天地才能正常的运作,万物得到合理利用,实现"曲治"和"曲
适"的效果。

2."物 至 而 应"

在动态的因循行为上,"应"是必须重视的一个概念。在人的社会化实
践中,如何通过具体的应对行为来调节实践活力也是一个不得不考虑的问
题。在荀子的视野里,把社会化实践视为互动的过程这一点,尤其值得注
意,"乐者,圣人之所乐也,而可以善民心,其感人深,其移风易俗,故先王导
之以礼乐,而民和睦。夫民有好恶之情,而无喜怒之应则乱;先王恶其乱也,
故修其行,正其乐,而天下顺焉"①,就是具体的说明。音乐具有善化民众、
移风易俗的功能,但这一功能的实现并非毫无条件;民众具有好恶的情感,
如果没有表达喜怒的通道来释放好恶的情感,则势必趋于混乱。这里的
"喜怒之应"的"应",即是应对"好恶之情",这是依据人的具体情感来进行
调节的实践,这是非常清楚的。

社会化实践虽然是一个社会工程,但就个人而言,自己能在多大程度上
实现素质的提高,决定权不在外在的社会化,而在自身,"为之无益于成也,
求之无益于得也,忧戚之无益于几也……当时则动,物至而应,事起而辨;治
乱可否,昭然明矣"②、"主道知人,臣道知事。故舜之治天下,不以事诏而万
物成"。③ 求、为无益于成、得,"当时则动""物至而应""事起而辨"非常重
要,这里,"当时""物至""事起"是第一位的,是"动""应""辨"行为的具体
依据,而这也正是舜治理天下采取"不以事诏而万物成"的依据;"不以事
诏"指的是不对万物具体昭告什么,昭告是一种限制,这样带来的结果却是
"万物成"。这在另一层面佐证了"当时则动,物至而应"的必要和必然性。

在如何对待万物的问题上,荀子强调的首先是"物至",然后是应对;如
果物不至的话,自然无须应对。因此,物的主动性具有决定性的意义。换言
之,社会化的实践不可能是统治者的一厢情愿,而必须是相互的共作;这强
调了因循万物的必要,以及不能强为的理由。社会化实践这种应对的道理,

---

① 《荀子·乐论》,(清末民初)王先谦著:《荀子集解》,中华书局1988年版,第381页。
② 《荀子·解蔽》,(清末民初)王先谦著:《荀子集解》,中华书局1988年版,第409页。
③ 《荀子·大略》,(清末民初)王先谦著:《荀子集解》,中华书局1988年版,第504页。

实际是自然规律的社会化应用,"凡奸声感人而逆气应之,逆气成象而乱生焉;正声感人而顺气应之,顺气成象而治生焉。唱和有应,善恶相象,故君子慎其所去就也"①,告诉我们的就是这个道理。与奸声和逆气、正声和顺气与乱、治相连一样,唱和、善恶都是对应的,所以,对此的"去就"应该慎重。对待人的行为,"应变曲当"也是非常重要的,即"其言有类,其行有礼,其举事无悔,其持险应变曲当"②;这里的"曲当"与上面的"曲成"是同义的。

荀子曲、应的方法,包含的是外在客体第一的价值取向,客体是主体行为的依据,这对消解人的主观臆想自然具有积极的意义,这也是荀子强调天道自然重要性的自然的体现。社会化是一种应对,不是灌输;前者体现的是客体第一,后者昭示的是主体第一;其差异是非常明显的。这是我们必须受到启发的地方。

七、"量能而授官"的活性化论

前面已经分析过,荀子因循行为的个体价值追求是万物都能得到适宜于自己本性的发展,社会价值追求的是全社会实现相称,但没有回答如何实现这一价值追求的问题。实际上,荀子主要通过两个方面来实现回应。

1."量能而授官"

实现万物各得其宜的主要途径是依据其具体的能力等来使用他们,"圣王在上,图德而定次,量能而授官,皆使民载其事而各得其宜"③、"论德而定次,量能而授官,皆使人载其事而各得其所宜"④,就是具体的说明。可以清晰地看到,荀子在此"人"和"民"是等同使用的;换言之,无论是在一般的社会层面,还是在政治的领域,都应该考虑人的品德来确定等级,考量能力来授予其具体的官职,使民众在担任具体的事务过程中各自获得自身适宜的发展。

荀子"定次"的运思与其"分"的思考是一致的,其中的等级性也是非常明显的,这在下面的资料里可以得到证实:

　　若夫谪德而定次,量能而授官,使贤不肖皆得其位,能不能皆得其

① 《荀子·乐论》,(清末民初)王先谦著:《荀子集解》,中华书局1988年版,第381页。
② 《荀子·儒效》,(清末民初)王先谦著:《荀子集解》,中华书局1988年版,第138页。
③ 《荀子·正论》,(清末民初)王先谦著:《荀子集解》,中华书局1988年版,第331—332页。
④ 《荀子·君道》,(清末民初)王先谦著:《荀子集解》,中华书局1988年版,第237页。

官,万物得其宜,事变得其应。①

　　夫贵为天子,富有天下,是人情之所同欲也。然则从人之欲则势不
能容,物不能赡也。故先王案为之制礼义以分之,使有贵贱之等,长幼
之差,知愚、能不能之分,皆使人载其事而各得其宜,然后使谷禄多少厚
薄之称,是夫群居和一之道也。故仁人在上,则农以力尽田,贾以察尽
财,百工以巧尽械器,士大夫以上至于公侯,莫不以仁厚知能尽官职,夫
是之谓至平。②

“谪德”与上面的“图德”和“论德”所包含的意思是相同的。前面的“人载
其事”在这里变成了“贤不肖皆得其位,能不能皆得其官”,无论是贤、能还
是“不肖”“不能”,都能得到具体适合于自己的职位。对荀子而言,现实社
会虽然存在贵贱等分等,但这主要是为了明确人的权分、职分,避免出现
“物不能赡”的情况,并不以贵否贱、以智否愚、以能否不能,而是使大家都
得到适合自己的位置,从而实现“群居和一之道”,这是一个人人尽职的“至
平”的社会。

　　荀子视域中人人都能够发挥自己才能的社会虽然存在着等级性,但这
是社会良性运行的基本条件,21世纪今天的社会,似乎仍然行进在这一轨
道上,可见荀子睿智的卓越高超。

2. 分 明 赏 罚

　　上面曾经提到,荀子因循的社会价值追求是“德必称位”“位必称禄”
“禄必称用”,即“皆有称”。如何来保证现实社会生活的人能够感受到切实
的适宜性或适宜度? 这也是不得不考虑的问题。荀子也不例外,他的答案
是通过赏罚来具体调节。他说:

　　故先王圣人为之不然。知夫为人主上者不美不饰之不足以一民
也,不富不厚之不足以管下也,不威不强之不足以禁暴胜悍也。故必将
撞大钟、击鸣鼓、吹笙竽、弹琴瑟以塞其耳,必将雕琢、刻镂、黼黻、文章
以塞其目,必将刍豢稻粱、五味芬芳以塞其口,然后众人徒、备官职、渐
庆赏、严刑罚以戒其心。使天下生民之属皆知己之所愿欲之举在是于
也,故其赏行;皆知己之所畏恐之举在是于也,故其罚威。赏行罚威,则

① 《荀子·儒效》,(清末民初)王先谦著:《荀子集解》,中华书局1988年版,第123—124页。
② 《荀子·荣辱》,(清末民初)王先谦著:《荀子集解》,中华书局1988年版,第70—71页。

贤者可得而进也,不肖者可得而退也,能不能可得而官也。若是,则万物得宜,事变得应,上得天时,下得地利,中得人和,则财货浑浑如泉源。①

赏不行,则贤者不可得而进也;罚不行,则不肖者不可得而退也。贤者不可得而进也,不肖者不可得而退也,则能不能不可得而官也。若是则万物失宜,事变失应,上失天时,下失地利,中失人和。②

在满足人们基本生活需要的前提下,施行赏罚即"赏行罚威",这样保证"贤者可得而进""不肖者可得而退""能不能可得而官"的基本用人制度的活力,在这样的氛围里,万物都能得到适宜的发展,社会的综合效应则是"上得天时,下得地利,中得人和",其财源滚滚而来。如果赏罚得不到落实,结果则是"万物失宜",天时、地利、人和也失却而去。

量能而授官与赏罚是荀子在个人和社会两个层面设计的因循活性化的具体方法,这与他一般社会治理的运思相统一。

以上分析了荀子的因循思想。荀子不仅明确界定了何谓因循,而且提出了人"能参"的思想,设置了人必须与天地自然相协调发展的基本哲学理念;在这一前提下,进而强调人能群的能力,昭示必须在遵循自然规律的前提下发挥人的主观能动性,他的"道者,非天之道,非地之道,人之所以道也,君子之所道也"③,可以说是其思想整体倾向的最好描绘。人必须在宇宙中生活,要过好这样的生活,人需要发挥其能力,实现社会的协调和谐,其最好的路径就是因循而为,这是他在儒家思想的航道上,对道家思想的经典的借鉴,使他的思想在从儒家一贯的关注内在的仁义上转向对外在规则的推重的层面,出现了新的尝试,对礼的重视就是具体的表现;可以说,荀子的礼是道家道和法家法的一个连接点,同时也赋予其思想融合性的特点,这在他提出的"兼术"中有精妙的彰显。"兼术"的实现,是通过审察自己如木工用墨线来取直一样、待人则如艄公用舟船来接客一样的途径来完成的;带来的客观效果是:前者自己成为天下人的法则,后者依据宽容,依靠他人来成就整治天下的大业。"度己则以绳,接人则用抴"里的"绳"和"抴"都是外在客观的,而不是人内在的东西,这些也正是荀子因循思想形成的基本保

① 《荀子·富国》,(清末民初)王先谦著:《荀子集解》,中华书局1988年版,第186—187页。
② 《荀子·富国》,(清末民初)王先谦著:《荀子集解》,中华书局1988年版,第185—186页。
③ 《荀子·儒效》,(清末民初)王先谦著:《荀子集解》,中华书局1988年版,第121页。

障。这些在重视内在仁义的孔子和孟子那里是无法觅见的。最后,不得不说的是荀子"曲成"的运思,在后来的《易传》中得到发展,"易与天地准,故能弥纶天地之道。仰以观于天文,俯以察于地理,是故知幽明之故,原始反终,故知死生之说。精气为物,游魂为变,是故知鬼神之情状。与天地相似,故不违。知周乎万物而道济天下,故不过。旁行而不流,乐天知命,故不忧。安土敦乎仁,故能爱。范围天地之化而不过,曲成万物而不遗,通乎昼夜之道而知,故神无方而易无体"①,就是具体说明。易道与天地之道基本没有两样,不仅"知周乎万物而道济天下",而且"范围天地之化而不过,曲成万物而不遗";值得注意的是:这里的"曲成万物"的语言形式,已经是动宾结构,而荀子本有的"曲成制象"的形式是省略宾语的,在这种语言形式中,"曲"是作为动词来定位的,无疑持有人的主观倾向,而易传在行为的对象方面具有更为明确的臆想,这与道家"唯王者能兼复(覆)载天下,物曲成焉"②里的"物曲成"的语言形式,无疑形成鲜明的对照。道家这里的"曲"不是动词,仅仅是作为状语来表示万物在接受社会治理以及洗礼后所处的状态,是一种客观的说明,围绕"曲"没有任何主观的东西。可以说,这是道家与儒家的根本区别所在。同时,在这一思想演进的实践中,也可以清晰地看到思想借鉴在融合实践中所体现出的学派特色的门径。这是不能忽视的方面。

---

① 《周易·系辞上》,楼宇烈校释:《王弼集校释》,中华书局 1980 年版,第 539—541 页。
② 《黄帝四经·经法·六分》,陈鼓应注译:《黄帝四经今注今译——马王堆汉墓出土帛书》,商务印书馆 2007 年版,第 95 页。

第七章 《黄帝四经》"因之若成"的 因循思想

《黄帝四经》(以下简称《四经》)是1973年马王堆出土文献,包括《经法》《十大经》《称》《道原》四篇①,与《老子帛书》甲、乙本引起海内外学者的重视程度相比,《四经》受到的待遇则略见逊色。其实,《四经》是道家思想的组成部分之一,是道家思想发展的一个重要环节,认真分析研究其思想,对明晰地梳理道家思想的发展渊源和脉络,以及明辨先秦、秦汉思想兼容影响的具体轨迹,是必不可少的环节②。即使在并不多见的研究里,"因循"问题也没有得到当有的注意。本章就是在这样的背景下,正视《四经》内容,在道家思想发展演绎的长河里,详细整理了因循的资料,审视和分析了因循的思想特点,为精当勾勒先秦道家哲学思想的全貌以及把握中国因循哲学思想发展的脉络,引发一些思考并提供一定条件的参考。

本章使用的资料以陈鼓应注译《黄帝四经今注今译——马王堆汉墓出土帛书》③为准,这是迄今考证最为详尽的成果之一。

一、"天地立(位),圣人故载"的基础论

"三才"是《四经》重视的中心。④ 一个不容忽视的事实是,不仅在数量

---

① 《汉书》卷三十《艺文志》载有"《黄帝四经》四篇",列为"道家"((汉)班固撰:《汉书》,中华书局1962年版,第1730页)。

② 陈鼓应认为与马王堆其他出土的帛书相比,《四经》是最为重要的文献,而且相对于大陆学者把它视为战国末期的作品,他在考订的基础上,提出"成书可能早于《孟》《庄》,当在战国中期之初或战国初期之晚"(陈鼓应注译:《黄帝四经今注今译——马王堆汉墓出土帛书》,台湾商务印书馆1995年版,第2页),这值得我们认真参考。

③ 陈鼓应注译:《黄帝四经今注今译——马王堆汉墓出土帛书》,台湾商务印书馆1995年版。

④ 全书与"天"相关的概念就有天下(61次)、天地(47次)、天时(5次)、天道(5次)、天刑(5次)、天极(4次)、天子(4次)、天功(3次)、天当(2次)、天佑(2次)、天德(2次)、天诛(2次)、天常(1次)、天殃(1次)、天悔(1次)、天度(1次)、天稽(1次)、天成(1次)、天理(1次)、皇天(1次);而"天"单独使用的情况约有93处,其中除2处是动词用法以外,即"天天",意思是以天的规则来对待天,其余都是名词用法。除天地以外,"地"的使用有61次;此外,与"人"有关的概念有人事(4次)、"人道"(1次)、"人主"(3次);"圣人"(18次)、"大人"(1次)、"小人"(1次)、"上人"(1次)、"下人"(1次)、"贤人"(1次)、"后人"(1次)、"国人"(1次)、"主人"(1次)、"一人"(4次)、"外人"(1次)、"生人"(1次)、"死人"(1次);而"人"单独使用的情况有67处。在总体上,"天"的使用明显多余"人"。

上"天""地"的出现多于"人",而且在具体的主谓结构的语言境遇里,承担主语的"天"约有 31 处,而"人"只有 19 次。当然,这里说的主谓结构本身并非狭隘的概念,而是在宽泛意义上使用的,这是应该注意的。"天"的主语角色明显多于"人"。《四经》是大、地、人统一的视野。

1. "三者参用之"

《四经》认为,"天地无私,四时不息。天地立(位),圣人故载"①"吾受命于天,定位于地,成名于人"②;天地按照客观的规律而运转,四时循环不停,这是天地正常的情况,即"天地立(位)",这里的"立"是"位"的意思,即天地各当其位。所以,圣人就能成就万物,这里的"圣人故载"与"成名于人"的意思是一样的,"载"解释为"成",实际上在词义上,用的是事业的意思,因为成就本身就是事业的具体表现,例如"有能奋庸,熙帝之载"③的用法就是明证。④ 显然,在天、地、人三者关系里,人的成功得益于天地的合规律运作。所以,在人的世界里,对统治者而言,最重要的就是:

> 故王者不以幸〔倖〕治国,治国固有前道:上知天时,下知地利,中知人事。⑤
> 王天下者之道,有天焉,有地焉,有人焉,三者参用之,〔然后〕而有天下矣。为人主,南面而立(莅)。臣肃敬,不敢蔽其主。下比顺,不敢蔽其上。万民和辑而乐为其主上用,地广人众兵强,天下无敌。⑥

依靠侥幸来治理国家是行不通的,而应该借鉴历史的经验,这些经验本来就是客观存在的,具体而言就是对"天时""地利""人事"的认知。精当认识这三者的关系,并在实践中权衡参合而运用,是实现治理的根本

---

① 《黄帝四经·经法·国次》,陈鼓应注译:《黄帝四经今注今译——马王堆汉墓出土帛书》,台湾商务印书馆 1995 年版,第 490 页。
② 《黄帝四经·十大经·立命》,陈鼓应注译:《黄帝四经今注今译——马王堆汉墓出土帛书》,台湾商务印书馆 1995 年版,第 505 页。
③ 《尚书·虞书·舜典》,(清)阮元校刻:《十三经注疏》,中华书局 1980 年版,第 130 页中。
④ 参考"天地设位,圣人成能。"(《周易·系辞下》,楼宇烈校释:《王弼集校释》,中华书局 1980 年版,第 574 页)
⑤ 《黄帝四经·十大经·前道》,陈鼓应注译:《黄帝四经今注今译——马王堆汉墓出土帛书》,台湾商务印书馆 1995 年版,第 519 页。
⑥ 《黄帝四经·经法·六分》,陈鼓应注译:《黄帝四经今注今译——马王堆汉墓出土帛书》,台湾商务印书馆 1995 年版,第 494 页。

所在。① 而统治者在具体动态的权衡参合实践里,只是施行"南面而立"的行为之方,也就是我们常说的君主无为、臣下有为的黄老术。②

2."天地已成,黔首乃生"

人的成在于天地的合规律运作,这已经在前面的分析里得到了确认。但是,这只是一般经验层面上的情况。在生成论上,"天地已成,黔首乃生"③,则先有天地,后有人类。具体地说,

> 黄帝曰:群群(混混)〔沌沌,窈窈冥冥〕,为一囷。无晦无明,未有阴阳。阴阳未定,吾未有以名。今始判为两,分为阴阳,离为四〔时〕,〔刚柔相成,万物乃生,德虐之行〕,因以为常。其明者以为法,而微道是行。行法循〔道〕,〔是为〕牝牡。牝牡相求,会刚与柔。柔刚相成,牝牡若形。下会于地,上会于天。得天之微,若时〔者时而恒者恒,地因而养之〕;恃地气之发也,乃梦(萌)者梦(萌)而兹(孳)者兹(孳),天因而成之。弗因则不成,〔弗〕养则不生。夫民之生也,规规(瞴瞴)生(性)食与继。不会不继,无与守地;不食不人,无与守天。④

"天地已成,黔首乃生"说明的正是人后于天地而生。具体而言,人是由阴阳之气而成的,"阴阳备物,化变乃生"⑤"分为阴阳,离为四〔时〕,〔刚柔相成,万物乃生〕"都是具体的说明。而万物一旦产生以后,必须依据天地的规律来运行,而天地所奉行的规则就是因循,即"天因而成之""〔地因而养之〕",因为,"弗因则不成""〔弗〕养则不生",所以,"民之生"关键就在于因

---

① 参见"大曰逝,逝曰远,远曰反。故道大、天大、地大、王亦大。域中有四大,而王居其一焉。人法地,地法天,天法道,道法自然。"(《老子》25章)这里是对老子思想的继承。

② 参见"行非恒者,天禁之;爽事,地禁之;失令者,君禁之。三者既修,国家几矣。地之禁,不〔堕〕高,不增下;毋服川,毋逆土;毋逆土功,毋壅民明。"(《黄帝四经·十大经·三禁》,陈鼓应注译:《黄帝四经今注今译——马王堆汉墓出土帛书》,台湾商务印书馆1995年版,第517页)

③ 《黄帝四经·十大经·姓争》,陈鼓应注译:《黄帝四经今注今译——马王堆汉墓出土帛书》,台湾商务印书馆1995年版,第512页。

④ 《黄帝四经·十大经·观》,陈鼓应注译:《黄帝四经今注今译——马王堆汉墓出土帛书》,台湾商务印书馆1995年版,第506—507页。

⑤ 参见"观天于上,视地于下,而稽之男女。夫天有〔恒〕干,地有恒常。合〔此干〕常,是以有晦有明,有阴有阳。夫地有山有泽,有黑有白,有美有恶。地俗(育)德以静,而天正名以作。静作相养,德虐相成。两若有名,相与则成。阴阳备物,化变乃生。"(《黄帝四经·十大经·果童》,陈鼓应注译:《黄帝四经今注今译——马王堆汉墓出土帛书》,台湾商务印书馆1995年版,第509页)

循天地的规律,才能实现"守地""守天"的效果①。

应该注意的是,万物的产生并没有受到外力的推重,尽管在具体的过程里依靠的是阴阳之气的运合,但在实质上是一种自生,这是应该首先明了的。

3. 宇宙万物互相联系

《四经》认为,"夫天地之道,寒涅(热)燥湿,不能并立。刚柔阴阳,固不两行。两相养,时相成"②;寒涅燥湿是四种现象,即寒、热、燥、湿,它们无法同时存在,它们之所以能够同时存在,是作为概念,而不是现象;刚柔阴阳也一样,作为现象,在具体的境遇里是无法同时运作的,这里是作为概念在分析的。换言之,它们都是相互对应的概念,一方的存在以对方为条件,离开一方就没有另一方存在的条件,它们之所以存在的价值就在于互相的依存性,"两相养,时相成"就是最好的说明;这里直接使用了"相",即相互依存性。

4. 社会互相联系

在《四经》看来,"今始判为两,分为阴阳,离为四[时]……因以为常。其明者以为法,而微道是行。行法循□□□牝牡。牝牡相求,会刚与柔。柔刚相成,牝牡若刑(形)"③,万物的产生是阴阳之间的一种融合平衡,阴阳是相辅相成而运作的,"柔刚相成,牝牡若形"就是具体的说明。所以,人类社会推行法,也必须因循自然之道来进行,即"行法循道"。万物的生命力就在阴阳相辅相成的平衡中,"夫地有山有泽,有黑有白,有美有亚(恶)。地俗德以静,而天正名以作。静作相养,德虐相成。两若有名,相与则成。阴阳备物,化变乃生"④,昭示的就是这个道理。因此,人类社会的正常秩序的获得,必须采取刑罚与德赏相结合的治理方法,即"刑德皇皇,日月相望,

---

① 参见"虚无形,其裻(寂)冥冥,万物之所从生。生有害,曰欲,曰不知足。生必动,动有害,曰不时,曰时而〔怀〕(倍)。动有事,事有害,曰逆,曰不称,不知所为用。事必有言,言有害,曰不信,曰不知畏人,曰自诬,曰虚夸,以不足为有余。"(《黄帝四经·经法·道法》,陈鼓应注译:《黄帝四经今注今译——马王堆汉墓出土帛书》,台湾商务印书馆1995年版,第488页)

② 《黄帝四经·十大经·姓争》,陈鼓应注译:《黄帝四经今注今译——马王堆汉墓出土帛书》,台湾商务印书馆1995年版,第269页。

③ 《黄帝四经·十大经·观》,陈鼓应注译:《黄帝四经今注今译——马王堆汉墓出土帛书》,台湾商务印书馆1995年版,第210页。

④ 《黄帝四经·十大经·果童》,陈鼓应注译:《黄帝四经今注今译——马王堆汉墓出土帛书》,台湾商务印书馆1995年版,第241页。

以明其当。望失其当,环视其央(殃)。天德皇皇,非刑不行;缪(穆)缪(穆)天刑,非德必顷(倾)。刑德相养,逆顺若成。刑晦而德明,刑阴而德阳,刑微而德章(彰)。其明者以为法,而微道是行"①,"刑德相养"讲的就是这个道理。不仅如此,具体采取什么对策,还需要把握时机,这就是动静上的合时性,"争(静)作得时,天地与之。争不衰,时静不静,国家不定。可作不作,天稽环周,人反为之[客]。静作得时,天地与之;静作失时,天地夺之"②,"静作得时"说的就是这个道理,也就是上面说的"静作相养"。

在天地人统一的视野里,"两相养,时相成"的"相"突出的就是相互依存性,这是生发因循的直接理论基础。

二、"顺则生"的功能论

众所周知,《老子》里没有出现"因"和"循"这两个概念,但是,体现因循词性的"从""袭"所携带的因循意义是非常丰富的。到《庄子》,虽然出现了"因"和"循"这两个概念,但还没有作为一个概念即"因循"用例的出现。《四经》的情况基本上与《庄子》差不多,下面来进行详尽的讨论。

1."因 天 时"

在《四经》里,"因"和"循"都是单独使用的,诸如"因天时,伐天毁,谓之武"③、"道有原而无端,用者实,弗用者空。合之而涅于美,循之而有常"④,就是例证。在具体的意义上,它们都是因循的意思。此外,体现这方面意思的还有"顺""从""随"等。诸如"夫并时以养民功,先德后刑,顺于天"⑤、"一年从其俗,二年用其德,三年而民有得。四年而发号令,五年而以刑正,六年而民畏敬,七年而可以正。一年从其俗,则知民则"⑥、"不旷其

① 《黄帝四经·十大经·姓争》,陈鼓应注译:《黄帝四经今注今译——马王堆汉墓出土帛书》,台湾商务印书馆1995年版,第265页。
② 《黄帝四经·十大经·姓争》,陈鼓应注译:《黄帝四经今注今译——马王堆汉墓出土帛书》,台湾商务印书馆1995年版,第267页。
③ 《黄帝四经·经法·四度》,陈鼓应注译:《黄帝四经今注今译——马王堆汉墓出土帛书》,台湾商务印书馆1995年版,第497页。
④ 《黄帝四经·十大经·前道》,陈鼓应注译:《黄帝四经今注今译——马王堆汉墓出土帛书》,台湾商务印书馆1995年版,第519页。
⑤ 《黄帝四经·十大经·观》,陈鼓应注译:《黄帝四经今注今译——马王堆汉墓出土帛书》,台湾商务印书馆1995年版,第507页。
⑥ 《黄帝四经·经法·君正》,陈鼓应注译:《黄帝四经今注今译——马王堆汉墓出土帛书》,台湾商务印书馆1995年版,第491页。

众,不为兵邾,不为乱首,不为怨媒,不阴谋,不擅断疑,不谋削人之野,不谋劫人之宇。慎案其众,以随天地之从。不擅作事,以待逆节所穷"①,都是因循意义上的具体用例。

2."内外皆顺,功成而不废"

在实践领域选择因循作为最基本的价值原则,这一事实本身说明了对因循本身功用运思的现实。换言之,如果没有任何效益可言,那根本不可能抉择因循,而可以聚焦于其他的方面。具体而言,功用的运思主要有以下的情况。

(1)"内外皆顺,功成而不废"。一个国家的事务主要有内外两个方面,在这两个方面切实施行因循行为的话,对这个国家的功业关系紧密,即"审知四度,可以定天下,可安一国。顺治其内,逆用于外,功成而伤。逆治其内,顺用其〈于〉外,功成而亡。内外皆逆,是谓重殃,身危为(有)戮,国危破亡。内外皆顺,功成而不废,后不逢殃。"②"四度"指君臣、贤不肖、耕战、赏罚四个方面,如果对这四个方面的问题有合理的把握,能够因循客观的情势而行为的话,国家的安定就有保证。"四度"事实上包括内外两个方面,如果不能同时在这两个方面切实贯彻因循原则的话,那肯定会带来损伤("伤")或亡失("亡")的结果;如果根本不能在这两个方面施行因循的价值之方的话,那么对这个国家就是最大的灾难,个人会有被杀害的危险,国家存有危亡的可能。但是,如果内外都能因循而为的话,那么内外势必获得佳绩,而且不会有任何后患。

(2)"顺之所在,谓之生国"。《四经》认为,"莫循天德,谋相覆倾",所以,"顺天者昌,逆天者亡。毋逆天道,则不失所守"③,因循天德而行为是成功的保证,因为天德、天道是人存在的理由所在,"逆顺是守,功溢于天,故有死刑。功不及天,退而无名;功合于天,名乃大成。人事之理也。顺则生,理则成,逆则死,失〔则无〕名。怀(倍)天之道,国乃无主。无主之国,逆顺相攻。伐本隋(隳)功,乱生国亡……不循天常,不节民力,周迁而无功"④、

① 《黄帝四经·十大经·顺道》,陈鼓应注译:《黄帝四经今注今译——马王堆汉墓出土帛书》,台湾商务印书馆1995年版,第521页。
② 《黄帝四经·经法·四度》,陈鼓应注译:《黄帝四经今注今译——马王堆汉墓出土帛书》,台湾商务印书馆1995年版,第496页。
③ 《黄帝四经·十大经·姓争》,陈鼓应注译:《黄帝四经今注今译——马王堆汉墓出土帛书》,台湾商务印书馆1995年版,第512页。
④ 《黄帝四经·经法·论约》,陈鼓应注译:《黄帝四经今注今译——马王堆汉墓出土帛书》,台湾商务印书馆1995年版,第502页。

"动静不时,种树失地之宜,〔则天〕地之道逆矣。臣不亲其主,下不亲其上,百族不亲其事,则内理逆矣。逆之所在,谓之死国,〔死国〕伐之。反此之谓顺,顺之所在,谓之生国,生国养之。"①对待天道自然是违逆还是因循,存在一定的限度。如果事功的行动超过了天道自然的限度,就会有败亡的危险;如果事功的举措没有达到天道自然的限度,就会结束于无功的境地;只有事功的行为与天道自然的限度相一致的时候,才能获得大的功业;这是取法自然的人类法则。总之,依顺自然而行为便得以生存、成就功业,反之则败亡;迷失于天道自然则一事无成。如果违逆了天道自然,则国家的根本就荡然无成。一个没有根本支撑的国度,违逆和依顺始终处在互相诋毁的境遇里。根本遭到损害,事功受到损毁,势必产生大乱,最终国家走向灭亡。所以,不依顺天道自然,不节育民力,那一切都不会有收获。

　　所以,有无依顺的存在是国家有无生命的根本所在,对切实确立了因循行为地位的国家,应该采取联合的态度即"生国养之"。我们应该注意的是,人类法则是依顺自然,而依顺自然法则在社会生活里的实际体现,则是臣下对君主的亲近,下级对上级的亲近,各行各业的人对所从事行业的专注关心,这些被称为"内理"。如果不能亲近,不能专注,那就是违逆;存在违逆,势必导致国家的死亡,对这样的国家应该采取同仇敌忾的态度来对待。这里的等级观念,把君臣关系、上下级关系说成天道自然,其消极的作用是客观存在的,在思想实质上,是为现实等级关系的存在寻找合理而必然的外在依据,这是应该引起注意的地方。②

三、"顺为经纪"的本质论

　　实际上,人类生活的实践是一个"执道循理"的过程。具体而言,就是秉持天道自然来实行实际的社会治理。但是,要做好这件事情,也不十分容易。在操作上,应该采取提纲挈领的方法来进行,应该从根本切入,这根本

---

① 《黄帝四经·经法·论》,陈鼓应注译:《黄帝四经今注今译——马王堆汉墓出土帛书》,台湾商务印书馆 1995 年版,第 500 页。

② 参见"明以正者,天之道也;适者,天度也;信者,天之期也;极而反者,天之性也;必者,天之命也;〔顺正者,天之稽也;有常〕者,天之所以为物命也;此之谓七法。七法各当其名,谓之物。物各〔合于道者〕,谓之理。理之所在,谓之顺。物有不合于道者,谓之失理。失理之所在,谓之逆。逆顺各有命也,则存亡兴坏可知也。"(《黄帝四经·经法·论》,陈鼓应注译:《黄帝四经今注今译——马王堆汉墓出土帛书》,台湾商务印书馆 1995 年版,第 499 页)

就是依顺的行为方式,即"必从本始,顺为经纪"①。但是,在行为哲学上,其演绎又如何呢?

1."因 之 若 成"

因循作为一种行为,其行为的主体始终是人,是人对外在于自身存在的依顺,诸如"见(倪)地夺力,天逆其时,因而饰(饬)之,事环(还)克之。若此者,战胜不报,取地不反,战胜于外,福(富)生于内,用力甚少,名声章明,顺之至也"②,就是具体的例证。对他国的土地虎视眈眈,掠夺他国的民力,这是违背天道自然的行为,如果对此能够因顺时势来加以整治的话,而掠夺行为本身也会形成导致失败的内在因素而最终趋于失败。这样就会取得永久性的胜利和土地,在外实现了兵功,在内则增加了财富;以小的代价,获得名声显赫,这是依顺天道自然的最高境界。

实际上,人类因循行为的选择,一方面是对天道自然的效法;另一方面,天地应对人类的法则也是因循,即"天因而成之,夫并(秉)时以养民功"③,这也是应该注意的方面。另外,因循是一种"人有其中〈才〉,物有其形,因之若成"④。"因之"的"之",指的是外在于人的一切客观存在,其具体的内容则根据具体的境遇来决定,"因"用的是动词,主语是人。"若成"意为仿佛外在的存在自己完成的一样,所以,"成"的主语就是前面的"之"。因此,"因之若成"前后有两个主语,第一主语是"人",第二主语是"之"自身。换言之,"之"具有宾语和主语的双重身份,这是应该注意的地方。这也就是李约瑟所说的"道家反对自然有贵贱,也反对人类有卑尊,所以他们既提倡科学,复主张民主。自然既无大小,人类也同样没有高下,所以万物无分大小贵贱,必须相互为用"⑤,这是在完全平等的前提下,形成的互为对方存在以及实现价值条件的行为选择的追求。

---

① 《黄帝四经·经法·四度》,陈鼓应注译:《黄帝四经今注今译——马王堆汉墓出土帛书》,台湾商务印书馆1995年版,第496页。

② 《黄帝四经·十大经·顺道》,陈鼓应注译:《黄帝四经今注今译——马王堆汉墓出土帛书》,台湾商务印书馆1995年版,第521—522页。

③ 《黄帝四经·十大经·观》,陈鼓应注译:《黄帝四经今注今译——马王堆汉墓出土帛书》,台湾商务印书馆1995年版,第507页。

④ 《黄帝四经·十大经·果童》,陈鼓应注译:《黄帝四经今注今译——马王堆汉墓出土帛书》,台湾商务印书馆1995年版,第510页。

⑤ [英]李约瑟著,陈立夫等译:《中国古代科学思想史》,江西人民出版社1990年版,第127页。

2."弗为而自成"

因循虽然是一种行为,并非一般意义上的行为,而是一种统合外在因素而共作的行为,上面分析的"之"具有宾语和主语的双重身份的本身,就充分说明了这一点。因此,它不是行为主体一方的有意而为。诸如,"弗同而同,举(与)而为同;弗异而异,举(与)而为异;弗为而自成,因而建事"①、"中请(静)不(流),执一毋求。刑于女节,所生〈主〉乃柔。〔故安静〕正德,好德不争。立于不敢,行于不能。战示不敢,明执(执)不能。守弱节而坚之,胥雄节之穷而因之。若此者其民劳不〔僈〕,几(饥)不饴(怠),死不宛(怨)"②,就是佐证。不相同的却相同了,这是因循行为的作用;不相异的却相异了,这也是因循行为所致。不执意而为,让客观的存在在自身本性的轨道上实现自身的发展,这对他者而言,就是因循外在的情势而建立功业。

内心宁静却没有为外物所诱惑而向外奔驰的意念,专一于体道的实践而无意于外在欲望的追求,取法雌性而主持阴柔③,内心静洁而端正道德,喜好道德而绝不争竞,即"不争"。始终在"不敢"上立身行事,在"不能"上行为处世。善战却显示出自己胆小不敢的样子,强盛却表现出弱小卑怯的样子。④ 在以弱者的姿态出现上耐心非凡,等到逞强的对手趋于穷困的境

---

① 《黄帝四经·称》,陈鼓应注译:《黄帝四经今注今译——马王堆汉墓出土帛书》,台湾商务印书馆1995年版,第526页。

② 《黄帝四经·十大经·顺道》,陈鼓应注译:《黄帝四经今注今译——马王堆汉墓出土帛书》,台湾商务印书馆1995年版,第521页。

③ 参见"道家是阴性的思想体系,而儒家是阳性的思想体系。"(〔英〕李约瑟著,陈立夫等译:《中国古代科学思想史》,江西人民出版社1990年版,第74页)

④ 这实际上是"处下""处后",即"处卑"的行为之方。众所周知,"处卑"是《老子》所推重的个体道德实践方法,它显示的是以卑下谦恭的姿态切入而获得实际有利结果的特点。这一点为《四经》所借鉴,即"天地之道也,人之理也……以强下弱,何国不克;以贵下贱,何人不得;以贤下不肖,〔何事〕不〔治〕"(《黄帝四经·经法·四度》,陈鼓应注译:《黄帝四经今注今译——马王堆汉墓出土帛书》,台湾商务印书馆1995年版,第497页)、"力黑曰:大(庭)之有天下也,安徐正静,柔节先定。湿(委爨)恭俭,卑约主柔,常后而不失〈先〉。体正信以仁,慈惠以爱人,端正勇〈象〉,弗敢以先人。"(《黄帝四经·十大经·顺道》,陈鼓应注译:《黄帝四经今注今译——马王堆汉墓出土帛书》,台湾商务印书馆1995年版,第521页)实际上强盛的国家却能够在形式上向弱小国家表示出谦卑的姿态,那就不存在攻克不了的对手;实际上高贵、贤明的个人却能够在形式上向卑贱、不肖的个人显示谦虚低下的态度,那也根本不存在整治不了的事务。"卑约主柔"的意思也一样,是一种处后的方法,之所以要选择不处先的行为,并非自己没有领先的能力,而是"弗敢",这与《老子》的"不敢"是相同的,不仅形式上的选择相同,而且实质上的选择理由也一样。这就是不想对外在他人有意而为,不愿把自己的主观意志强加给他人。因此,这是出于他人与自己具有平等地位和人格考虑的结果,是对他人持有敬畏心的表现。

地时,因循时势而攻击它。在这样的情况下,其臣民虽然疲惫但不会怠慢,虽然饥饿却不会懈惰,即使出生入死也不至于产生丝毫的怨恨。① 另一方面,实际上"自成"就是一种自得的行为,虽然《四经》里没有使用"自得"这一概念,但这是它实际上推重的个人实践的一个方法,"变恒过度,以奇相御。正奇有位,而名〔形〕弗去。凡事无大小,物自为舍。逆顺死生,物自为名。名形已定,物自为正"②,就是具体说明。"物自为舍""物自为名""物自为正"都是一种自得的方法,即自然而得③,这是因为物具有自能、自为的内在机制装备。

　　"敢"与争斗之心是紧密联系的,"不敢"就是不去主观有为④,因为,"'为'是为了私人的利益拂逆事物之理强而行之,所以是有所待的,有求于人的;'无为'是听任事物顺应自然之理而成就之。要做到'无为'就必须取法乎自然,取法自然就要作科学的观察"⑤,这样才能做到《老子》所说的"能辅万物之自然而不敢为"(《老子》64 章),依顺万物本性规律而自然无为,"无为在最初原始科学的道家思想中,是指'避免反自然的行为',即避免拂逆事物之天性,凡不合适的事不强而行之,势必失败的事不勉强去做,而应委婉以导之或因势而成之"⑥,这是因循行为的本质所在。

---

　　① 参见"人之生也柔弱,其死也坚强。草木之生也柔脆,其死也枯槁。故坚强者死之徒,柔弱者生之徒。是以兵强则灭,木强则折。强大处下,柔弱处上。"(《老子》76 章)
　　② 《黄帝四经·经法·道法》,陈鼓应注译:《黄帝四经今注今译——马王堆汉墓出土帛书》,台湾商务印书馆 1995 年版,第 489 页。
　　③ 参见"逆顺有理,则情伪密矣。实者视(示)人虚,不足者视(示)人有余。以其有事,起之则天下听;以其无事,安之则天下静。名实相应则定,名实不相应则静(争)。名自命也,物自正也,事之定也。三名察则尽知情伪而〔不〕惑矣。有国将昌,当罪先亡。"(《黄帝四经·经法·论》,陈鼓应注译:《黄帝四经今注今译——马王堆汉墓出土帛书》,台湾商务印书馆 1995 年版,第 500 页)
　　④ "不敢"也是《老子》的重要概念,《老子》里"敢"字一共出现 10 次,其中"不敢"的用例就有 8 次。参见"是以圣人之治,虚其心,实其腹,弱其志,强其骨;常使民无知、无欲,使夫智者不敢为也。为无为,则无不治"(3 章)、"以道佐人主者,不以兵强天下。其事好还。师之所处荆棘生焉。军之後必有凶年。善有果而已,不敢以取强"(30 章)、"学不学,复众人之所过,以辅万物之自然而不敢为"(64 章)、"我有三宝持而保之:一曰慈,二曰俭,三曰不敢为天下先。慈故能勇,俭故能广,不敢为天下先故能成器长"(67 章)、"用兵有言,吾不敢为主而为客,不敢进寸而退尺。是谓行无行,攘无臂,扔无敌,执无兵"(69 章)、"勇于不敢则活……天之道不争而善胜,不言而善应,不召而自来"(73 章)。"敢"的用例只有 2 处:"勇于敢则杀"(73 章)、"民不畏死,奈何以死惧之。若使民常畏死,而为奇者,吾得执而杀之,孰敢"(74 章)。显然,这里是对《老子》"不敢"思想的借鉴。
　　⑤ 〔英〕李约瑟著,陈立夫等译:《中国古代科学思想史》,江西人民出版社 1990 年版,第 85—86 页。
　　⑥ 〔英〕李约瑟著,陈立夫等译:《中国古代科学思想史》,江西人民出版社 1990 年版,第 83 页。

四、"天地立名,〔万物〕自生"的对象论

在具体实践的境遇里,一个非常客观而又现实的问题是,因循什么最为紧要? 实际上这是关于因循行为对象的问题。前面虽然提到因循的对象是外在于人的存在,但这仅是粗略的说法。为了精确把握因循,有必要对外在对象做深入的确定。具体的对象主要有以下几个方面:

1. "随　天　刑"

因循行为的首要对象是天。《四经》认为,"正以侍(待)天,静以须人。天地立名,〔万物〕自生,以隋(随)天刑"①;在这里的行文中,概念出现的先后次序是必须注意的:天、地在先,人、万物在后;是一个从天到人的向度。大家知道,天人关系是中国古代思想家的共同话题,无关乎思想学派的不同。不过,一般而言,从天到人是道家的主张,从人到天则是儒家的运思方式。《四经》的这个运思特点是非常清晰的。在天到人的演绎过程中,具体的方法是"以随天刑",这里天刑是因随的对象。如果"不循天常,不节民力,周迁而无功"②,因循天常是实现功效的前提条件。

2. "从　　道"

《十大经》里有《顺道》篇,是专门讨论因顺道的问题的,因循道来行为,其益处无穷,"是故君子卑身以从道,知(智)以辩之,强以行之,责道以并世,柔身以寺(恃)时。王公若知之,国家之幸也"③,就是佐证;这里的"从道"就是因循道。道是因循对象里的必然成员。

3. "因时秉〔宜〕"

时是另一个对象。《四经》说:

人主者,天地之〔稽〕也,号令之所出也,〔为民〕之命也。不天天则

---

① 《黄帝四经·十大经·正乱》,陈鼓应注译:《黄帝四经今注今译——马王堆汉墓出土帛书》,台湾商务印书馆1995年版,第253页。

② 《黄帝四经·经法·名理》,陈鼓应注译:《黄帝四经今注今译——马王堆汉墓出土帛书》,台湾商务印书馆1995年版,第169页。

③ 《黄帝四经·十大经·前道》,陈鼓应注译:《黄帝四经今注今译——马王堆汉墓出土帛书》,台湾商务印书馆1995年版,第310页。

失其神,不重地则失其根,不顺〔四时之度〕而民疾。不处外内之位,不
应动静之化,则事窘于内而举窘于〔外〕。〔八〕正皆失,〔与天地离〕。
〔天天则得其神,重地〕则得其根。顺四〔时之度〕而民不〔有〕疾。
〔处〕外〔内之位,应动静之化,则事〕得于内而举得于外。八正不失,则
与天地总矣。①

统治者应是天地在人类社会中的具体代表,是治理社会的号令的制定者;
"稽"是稽留的意思。所以,在社会的治理实践里,"天天""重地""顺四时
之度"显得非常重要。在动态的意义上,一是要落实角色关系,即"处外内
之位",一是要"应动静之化",即因顺自然规律而行为;"应"应读为去声,表
示顺合、适合、顺应的意思,是对动静的具体回应。李约瑟在概括道家与儒
家的具体区别时,其中的一点是"接受"和"给予";接受是对外在客观他
者的具体呼应,在具体行为关系里,他者居于第一位的位置,接受行为的
主体居于次要的位置,这就是处下的态度,来自对他者敬畏的心理以及由
此产生的尊重情感;给予则是对外在他者发出的具体的指令,虽然在发出
这一具体的指令前,包含着对外在他者具体情况推测的可能性,但推测的
主体仍然是行为者本身,外在他者始终处在次要的位置,行为主体没有对
他者的敬畏和尊重,而是主动表达自己的意志,自己居首要的位置。这是
两者的根本区别。我想"应"在因循家族里,在这一问题上与其他成员存
在明显的差异,具有更为明确的行为关系里的信息的折射。这是必须注
意的。

　　因循四时也就是因循天时,即"圣人之功,时为之庸(用),因时秉〔宜〕,
〔兵〕必有成功。圣人不达刑,不襦传(渝转)。因天时,与之皆断;当断不
断,反受其乱"②;这与天地存在一致性,这是自然规律之时持有着客观的功
用,圣人的社会治理就是为天时功用的发挥提供最为有利的外在条件,这就
是"因时秉宜",可以说,"秉宜"是因天时的具体的标准。

4."顺　于　民"

　　人是因循的最后落实。《四经》认为,"圣〔人〕举事也,合于天地,顺于

---

　　①　《黄帝四经·经法·论》,陈鼓应注译:《黄帝四经今注今译——马王堆汉墓出土帛书》,台
湾商务印书馆1995年版,第123—124页。
　　②　《黄帝四经·十大经·兵容》,陈鼓应注译:《黄帝四经今注今译——马王堆汉墓出土帛
书》,台湾商务印书馆1995年版,第280页。

民"①、"因民之力"②、"因民以为师;弗因无神也"③,民是因循的对象,圣人治理社会的关键就是在顺应天地自然规律的前提下,顺从于民众,不是自身主观意志的坚持,而是对民众的尊重;"因民之力"则更具体化,前面提到"不循天常,不节民力,周迁而无功"④的问题,显然,因循民力必须有节约的意识,不能肆意使用民力,这也是要注意的地方。

5."从 其 俗"

因循的又一对象是风俗,"一年从其俗,二年用其德,三年而民有得,四年而发号令,〔五年而以刑正,六年而〕民畏敬,七年而可以正。一年从其俗,则知民则。二年用〔其德〕,则民力。三年无赋敛,则民有得。四年而发号令,则民畏敬。五年以刑正,则民不幸。六年〔民畏敬,则知刑罚〕。七年而可以正,则朕(胜)强适(敌)。"⑤《四经》重视功用,强调"民有得",而使民众富足的第一步是遵从他们的风俗习惯,只有这样才能了解民众的是非等价值准则,这样才能因地制宜地实行有效社会治理,诸如依法治理等,最后使国家走向强大,并能够在战争中取胜。这里强调的完全是因循管理。在先秦思想史里,诸如儒家也强调移风易俗,但与这里的因循风俗而治理的取向是相异的。

6."循 名"

《四经》名和名理往往是在相同的层面使用的,它们也是因循的对象。众所周知,形名的统一是其一个重要思想,而这又是人们认识、把握道理的依据,"见知之道,唯虚无有;虚无有,秋毫成之,必有形名;形名立,则黑白之分已……是故天下有事,无不自为形名声号矣。形名已立,声号已建,则无所逃迹匿正矣"⑥,形名的确立是标明物与物之间分际、分限的需要,由于

---

① 《黄帝四经·十大经·前道》,陈鼓应注译:《黄帝四经今注今译——马王堆汉墓出土帛书》,台湾商务印书馆1995年版,第310页。

② 《黄帝四经·十大经·兵法》,陈鼓应注译:《黄帝四经今注今译——马王堆汉墓出土帛书》,台湾商务印书馆1995年版,第282页。

③ 《黄帝四经·称》,陈鼓应注译:《黄帝四经今注今译——马王堆汉墓出土帛书》,台湾商务印书馆1995年版,第367页。

④ 《黄帝四经·经法·名理》,陈鼓应注译:《黄帝四经今注今译——马王堆汉墓出土帛书》,台湾商务印书馆1995年版,第169页。

⑤ 《黄帝四经·经法·君正》,陈鼓应注译:《黄帝四经今注今译——马王堆汉墓出土帛书》,台湾商务印书馆1995年版,第52页。

⑥ 《黄帝四经·经法·道法》,陈鼓应注译:《黄帝四经今注今译——马王堆汉墓出土帛书》,台湾商务印书馆1995年版,第10页。

是名分,所以是供大家区分物与物之间的差异而使用的,故称为"无所逃迹匿正"。因为在众目睽睽之下,这就是公开化所持有的舆论威慑的力量。因此,治理天下,最为基本的是制定"形名声号"。

在治理的实践过程中,"天下有事,必审其名。名理者,循名究理之所之,是必为福,非必为灾……故唯执道者能虚静公正,乃见正道,乃得名理之诚"①,按照名来审查具体的事务,从而得出是、非的判断。不过,要达到公正,仍然不能离开道的导引,这是历史事实告诉人们的故事:"昔天地既成,正若有名,合若有刑。〔乃〕以守一名。上捡之天,下施之四海。吾闻天下成法,故曰不多,一言而止。循名复一,民无乱纪"②。名与形的统一是合道的样态,这是治理天下社会的具体的法。所以,具体而言,只有"循名复一",这里的"一"就是道,这样的话就不会违背法纪。

名作为因循的对象即循名,在社会生活的微观层面,实际上强调的重心在依循职分而行为,《四经》认为:

> 居则有法,动作循名,其事若易成。若夫人事则无常,过极失当,变故易常;德则无有,措刑不当。居则无法,动作爽名,是以戮受其刑。③
> 分之以其分,而万民不争;授之以其名,而万物自定。④
> 故执道者之观于天下也,必审观事之所始起,审其形名。形名已定,逆顺有位,死生有分,存亡兴坏有处,然后参之于天地之恒道,乃定祸福死生存亡兴坏之所在。是故万举不失理,论天下无遗策。⑤

以法循名治理,是一种效益管理即"其事若易成",名作为治理社会事务的依据,具有公开性,是人行为之常则,如果没有这个常则,人就不知如何行为,即"居则无法,动作爽名",这势必受刑罚之苦,"爽名"的"爽"是差失、违背的意思。

---

① 《黄帝四经·经法·名理》,陈鼓应注译:《黄帝四经今注今译——马王堆汉墓出土帛书》,台湾商务印书馆1995年版,第187—188页。
② 《黄帝四经·十大经·成法》,陈鼓应注译:《黄帝四经今注今译——马王堆汉墓出土帛书》,台湾商务印书馆1995年版,第286页。
③ 《黄帝四经·十大经·姓争》,陈鼓应注译:《黄帝四经今注今译——马王堆汉墓出土帛书》,台湾商务印书馆1995年版,第269页。
④ 《黄帝四经·道原》,陈鼓应注译:《黄帝四经今注今译——马王堆汉墓出土帛书》,台湾商务印书馆1995年版,第409页。
⑤ 《黄帝四经·经法·论约》,陈鼓应注译:《黄帝四经今注今译——马王堆汉墓出土帛书》,台湾商务印书馆1995年版,第173页。

在具体社会事务的处理中,物品的分配、职位的授受,都必须按照名分来进行,这样才能杜绝民众间的纷争,才能使万物安然祥和地处在自己该处的位置上。因此,依照形名统一的规则来治理社会,是"定祸福死生存亡兴坏之所在"的有力举措。

显然,天、道、时、民、俗、名都是因循对象中的成员。前三者完全是自然的部门,具有绝对的客观性;民是对统治者的要求,俗是人和时势整合的产物,名虽是人的产品,但"居则有法,动作循名"昭示我们,名与法具有同等重要的地位,它具有的客观性来源于即物而名的实践。

五、"因地以为资"的实践论

在《四经》的视野里,因循是实践活动中人际关系境遇里人的最佳行为选择,不仅"天因而成之",而且"〔弗〕因则不成",离开因循就不可能取得成功。① 上面虽然讨论了因循对象的问题,但在语言形式上显示出来的因循的方法运思,涉及的仅仅是简单的动宾结构。实际上,《四经》的情况绝不如此单一。具体的情况将通过以下几个方面来加以演绎。

1."循 名 究 理"

讨论对象时,虽然没有涉及"名"的问题,因为这也是因循的一个对象,不过它的意义不在道德实践里,而在一般认识论的领域。所以,笔者想在这里加以讨论,这样对多角度展示《四经》因循思想的意义也是一个补充。

众所周知,形名的统一是《四经》的一个重要思想,而这又是人们认识、把握道理的依据:"天下有事,必审其名。名〔理者〕,循名究理之所之,是必为福,非必为(灾)……故能循名究理。形名出声,声实调和。祸〈福〉(灾)废立,如影之随形,如响之随声,如衡之不藏重与轻。故唯执道者能虚静公

_____

① 参见"黄帝曰:群群(混混)〔沌沌,窈窈冥冥〕,为一囷。无晦无明,未有阴阳。阴阳未定,吾未有以名。今始判为两,分为阴阳,离为四〔时〕,〔刚柔相成,万物乃生,德虐之行〕,因以为常。其明者以为法,而微道是行。行法循〔道〕,〔是为〕牝牡。牝牡相求,会刚与柔。柔刚相成,牝牡若形。下会于地,上会于天。得天之微,若时〔者时而恒者恒,地因而养之〕;恃地气之发也,乃梦(萌)者梦(萌)而兹(孳)者兹(孳),天因而成之。〔弗〕因则不成,弗养则不生。夫民之生也,规规(瞡瞡)生(性)食与继。不会不继,无与守地;不食不人,无与守天。"(《黄帝四经·十大经·观》,陈鼓应注译:《黄帝四经今注今译——马王堆汉墓出土帛书》,台湾商务印书馆1995年版,第506—507页)

正,乃见〔正道〕,乃得名理之诚。"①"循名究理"在语言形式上,是一个双动宾结构,其中,因循("循")和究明("究")是动词,"名"和"理"分别是它们的宾语,这两个行为都是同一个行为对象发出的。显然,"究"的行为是以"循"为前提和依据的,这是名理一致的前提。两者的一致才能产生"影之随形""响之随声""衡之不藏重与轻"的效果。

2."因天之生也以养生"

在《四经》的系统里,实际上"循名究理"彰显着因循行为的方法性思考。就是因循不是单一的被动行为,而是在因循的前提下带着行为主体主动性的追求。具体而言,就是"天有死生之时,国有死生之正(政)。因天之生也以养生,谓之文;因天之杀也以伐死,谓之武:〔文〕武并行,则天下从矣"②。不是单一的因循,而是"因天之生也以养生""因天之杀也以伐死"。显然,这里讨论的是统治者所应当采取的行为,统治者是行为的主体,"因天之生"和"养生"、"因天之杀"和"伐死"都是统治者发出的行为。显然,因循行为是"养生"和"伐死"行为的前提和依据,是双动结构。换言之,依顺天道自然的方面来进行文武两手的治理,天下才能走向和顺。

3."因民以为师"

对人的因循也一样,"天地之道,有左有右,有牝有牡。诰诰(浩浩)作事,毋从我终始。雷〔以〕为车,隆隆以为马。行而行,处而处。因地以为资,因民以为师;弗因无(神)也"③、"有〔任一则〕重,任百而轻。人有其中〈才〉,物有其形,因之若成。"④在现实生活里,不懂因循是非常不明智的行为,而因循在当时的一个主要内容,就是因任地宜作为资材来依靠,因任民众作为师旅来使用。在语言结构上,与上面的情况完全一样,这里只是省略了后面的动词,或者可以考虑成后面是名词动用。应该注意的是,在现实生活里,人的情况也是非常复杂的。所以,依据具体个体的实际情况来成就个体变得最为重要。譬如,有人你给他一件事情,他都感觉压力重,仿佛心有

① 《黄帝四经·经法·名理》,陈鼓应注译:《黄帝四经今注今译——马王堆汉墓出土帛书》,台湾商务印书馆 1995 年版,第 504 页。

② 《黄帝四经·经法·君正》,陈鼓应注译:《黄帝四经今注今译——马王堆汉墓出土帛书》,台湾商务印书馆 1995 年版,第 492 页。

③ 《黄帝四经·称》,陈鼓应注译:《黄帝四经今注今译——马王堆汉墓出土帛书》,台湾商务印书馆 1995 年版,第 525 页。

④ 《黄帝四经·十大经·果童》,陈鼓应注译:《黄帝四经今注今译——马王堆汉墓出土帛书》,台湾商务印书馆 1995 年版,第 510 页。

余而力不足;而有人你委任他许多事情,他也显得非常轻松;这是因为人的具体材质不一样,要根据他们的材质把他们使用到最能发挥长处的地方,这样就能收到"因之若成"的效果。

总之,《四经》在因循方法的运思上面,并没有局限于消极被动的境地,而是在被动的前提条件下,注意到了发挥行为主体自己主观积极性的方面,我们评价时也不能知其一而不知其二,诸如上面提到的"养生"和"伐死"的行为就都是在因循行为轨道上的行为实践。

六、"天地有恒常,万民有恒事"的活性化论

在因循的实践里,因循行为能否最终收到最好的效果,诸如万物能否获得依顺本性的发展、万物的潜力是否尽情地得到发挥等问题,是不得不放入视野的。在人的领域里,虽然在实践中采用因循的套路来运作,对调动参与对象的积极性意义深远。但是,在动态的意义上,实践本身是一个过程,具有永恒性。这个过程能否永远行进在正确的航道上,能否永远生机盎然,获得的成果能否得到巩固并永远滋润人自身,这本身就是一个需要认真思考的因循实践活性化的问题。对此,《四经》也有明确的意识。

1. "任能毋过其所长"

一个国家如果能够恰到好处地使用人才,让人在相应的位置发挥最好的作用,这不仅对一个国家是最大的安慰,而且对因循实践成果本身也是一种肯定,"天地有恒常,万民有恒事,贵贱有恒位,畜臣有恒道,使民有恒度。天地之恒常,四时、晦明、生杀、輮(柔)刚。万民之恒事,男农、女工。贵贱之恒位,贤不肖不相放(方)。畜臣之恒道,任能毋过其所长。使民之恒度,去私而立公。"①四时有规律的变化是天地的"恒常",男性从事农业、女性从事纺织是民众的"恒事",有德和无德的人不能并立是贵贱的"恒位",对待臣下的"恒道"是在使用他们时不能逾越他们能力所能承担的范围②,治

① 《黄帝四经·经法·道法》,陈鼓应注译:《黄帝四经今注今译——马王堆汉墓出土帛书》,台湾商务印书馆1995年版,第489页。
② 相同的论述还有"规之内曰圆,矩之内曰〔方〕,〔悬〕之下曰正,水之〔上〕曰平;尺寸之度曰大小短长,权衡之称曰轻重不爽,斗石之量曰少多有数,〔绳准之立曰曲直有度〕。八度者,用之稽也。日月星辰之期,四时之度,〔动静〕之位,外内之处,天之稽也。高〔下〕不蔽其形,美恶不匿其情,地之稽也。君臣不失其位,士不失其处,任能毋过其所长,去私而立公,人之稽也"(《黄帝四经·经法·四度》,陈鼓应注译:《黄帝四经今注今译——马王堆汉墓出土帛书》,台湾商务印书馆1995年版,第497页),可以参考。

理民众的"恒度"是秉公行事。

"任能毋过其所长"显示的实际上是要恰如其分地使用人,这里"分"就是人的实际能力的分际,根据具体的能力而给予相应的社会角色任务,也就是"量能而授官"。

2. "衣褐而穿……以示贫贱之极"

这是榜样的方法,历来也是道德实践活性化的途径之一,尤其在儒家那里,《四经》的作者对此也持肯定的态度:"夫民仰天而生,恃地而食,以天为父,以地为母。今余欲畜而正之,均而平之,谁适由始? 对曰:险(严)若得平,谌(戡)〔若得正〕,〔贵〕贱必谌(审),贫富有等。前世法之,后世既员(陨),由果童始。果童于是衣褐而穿,负缾而恋(蛮),营行乞食,周流四国,以示贫贱之极。"①天地是民众的衣食父母,所以,如果要想教化民众而使他们行进在正途之上的话,最好的方法是严明法度来加以整治,依据名分来引导民众归向他们当有的社会角色位置,这样贵贱的等级也能够得到审定,贫富的差距也会得到体现。这种方法虽是为前世代所效法的,但后来的时代丢失了,要恢复以前的政制,可以从我即"果童"开始。果童于是亲自穿着破旧的衣服,背着坏损的瓦罐,到处流浪讨乞,以此显示自己极度贫贱,从而以此来证明社会的正常运行必须依靠民众大家"贫富有等"角色意识及其行为的支撑。

显然,果童是通过自己的行为来给社会树立一个榜样,从而引导大家自觉于"贫富有等"的社会角色生活。这种重视个人榜样践行力量的思维,其意义是不容忽视的。

个人的洁身自好和社会对人能力的恰到好处的使用,即个人与社会、内在与外在两个方面的结合,形成了因循实践活性化的有力机制,这里的"恰到好处"显示的是社会给予个人选择社会角色以最大限度的机会,个人能力的获取与发挥两个方面都是因循实践的课题,后者是前者的自然延续,这是应该注意的。在因循的氛围里,人的能力的完善从因循实践中自然而来,然后又投向因循实践,形成内在的机制,这是真正因循的意义所在,也是因循哲学所追求的价值取向。

因循是《四经》所推重的方法,这一思想的源头在《老子》。因循行为体

---

① 《黄帝四经·十大经·果童》,陈鼓应注译:《黄帝四经今注今译——马王堆汉墓出土帛书》,台湾商务印书馆 1995 年版,第 510 页。

现的是对万物权利的尊重,这本身又是民主平等精神的凝聚;它昭示我们不能把人类自身的意志强加给它们。因循的对象不仅包括万物,而且涵盖天道自然。在以人为中心的价值体系里,这外内的因循,自然形成一定的张力,而外在因循自然的方面自然支配因循万物的实践。虽然因循具有一定的消极性,但它不是一般单一的行为,它是"循名究理"式的具体演绎。换言之,它在消极的前提下,仍然配置着行为主体积极性、主动性的发挥,在语言形式上就是"因天之生也以养生",这是一个双动宾结构,第二动词的行为正是行为主体主动性的结晶和凝聚;"因之若成"的"之"的宾语和主语的双重角色,最形象地描述了行为主体统摄一切力量而共作行为实践的情况。因此,不仅仅是行为主体的积极性的投注,而且也是万物能力的集体共作,显示的是力量的最强音①;在本质上,它体现的却是"弗为而自成"的样式。虽然是"自成",决定权完全在行为个体。但是,作者仍然没有忘记道德实践过程里的活性化的问题,把"任能毋过其所长"和榜样作用作为激活的因子,这在事实上形成了合理而严谨的机制。显然,传统的消极的定位和理解因循的做法本身,其意义就是消极的。因循思想对我们解决今天面临的全球范围的生态危机和在人的世界构筑真正平等自由的机制,从而最大限度地发挥人的潜力,都具有积极的意义。

---

　　① 这实际上也就是基于整体性哲学思维的结果,譬如,"东方神秘主义的主要流派……都认为宇宙是一个相互联系的整体,其中没有任何部分比其他部分更为基本。因此,任何一个部分的性质都取决于所有其他部分的性质。在这种意义上,我们可以说,每一个部分都'含有'所有其他部分,对于相互包含的这种想象似乎的确是对于自然界的神秘体验的特点。奥罗宾说:'对于超思维的意识来说,没有什么真正是有限的,它所依据的是对于每个部分都包含着全体,而又在全体之中的感知'"([美]F.卡普拉:《物理学之"道"——近代物理学与东方神秘主义》,朱润生译,北京出版社 1999 年版,第 281 页),就是最好的总结。

第八章　韩非"因道全法"的因循思想

韩非(生卒年不详),战国韩人,先秦法家思想的集大成者。众所周知,韩非与儒家思想的集大成者荀子的师徒关系,不仅昭示着中国思想发展的融合倾向,而且反映了思想与政治连接的趋向;这在表面上自然会让人联想到韩非与儒家思想的联系①,无疑司马迁也不会忽视这一点。但司马迁称韩非为"韩之诸公子也。喜刑名法术之学,而其归本于黄老"②;同时,他把道家老子、庄子与法家中坚申不害、韩非编入同传的事实,显然不应是偶然的事件,"老子所贵道,虚无,因应变化于无为,故著书辞称微妙难识。庄子散道德,放论,要亦归之自然。申子卑卑,施之于名实。韩子引绳墨,切事情,明是非,其极惨礉少恩。皆源于道德之意,而老子深远矣"③,就是其具体理由的回答。

韩非思想研究的成果虽然不少,但在中国重儒而轻法的氛围乃至定式里,先入为主的思维方法不仅依归文本而综合审视的理性方法成为泡影,而且公正评价无法得到实践,故一些本有的重要问题难以得到登台展示自身身影的机会,诸如"万物""因""循""理"等重要概念,至今都没有得到展示内涵价值的充分机会;这不仅影响到对韩非思想的全面而深入的衡量,而且影响到对中国哲学思想的整体概括,乃至在现实的层面,对中国古代文化资源的现代应用造成严重阻障。要之,对韩非因循思想的研究,迄今仍然是一个全新的课题。本书在中国哲学思想的长河里,依归中国因循哲学这一轨道,在忠实韩非文本的基础上,全面而系统地梳理其因循思想资料,勾勒出韩非法家的因循思想图案,为完成描绘中国先秦因循哲学图谱而增砖添瓦。

本书的资料以陈奇猷的《韩非子新校注》为底本,并参考其他资料。

---

① 诸如张京华在《从理想到现实——论孔孟荀韩"仁""义""礼""法"思想之承接》中认为,韩非法家在实践的视域里,客观上实现了儒家从理想到现实的"定于一","一"就是法治,因此,韩非继承和实践了儒家的人道实践原则,这是孔子、孟子、荀子一直追求而未能实现的(详见《孔子研究》2001年第3期)。

② (汉)司马迁撰:《史记》,中华书局1982年版,第2146页。

③ (汉)司马迁撰:《史记》,中华书局1982年版,第2156页。

一、"道者，万物之始"的基础论

在中国思想史上，韩非法家是《老子》的第一个注释家，这就是他的《解老》《喻老》。可以说，正是这个渊源关系，法家韩非的思想基础的重心始终在道家，他运思的取向是天地到人的向度，"言会众端，必揆之以地，谋之以天，验之以物，参之以人。四徵者符，乃可以观矣"①，就是有力的说明。这里的"端"指的是物事的一个方面，言语虽然包含众人的意见，但简单听信是不可取的。因此，必须经过天、地、物、人这四个环节的验证，"揆""谋""验""参"都是参度、验证的意思，验证的对象都是"言"，这四者组成一个系统。天、地、物、人在此赋予的是参验的凭借对象的角色，如果"言"在四个方面的验证能够一致即"四徵者符"，"徵"是证明、验证的意思，那么这"言"就可以作为观察物事的依据了，即"乃可以观矣"。天地到人的向度昭示人们，人的行为必须参照天地自然规律。

不得不质问的是，天地自然规律是什么？这是让人的行为真正落到实处的通道。毋庸置疑，在韩非强调的天、地、物、人系统的相连性里，并没有谁决定谁的问题，这个相连性是依赖于"道"来维持的。

1. 道为"万物之始"的决定论

韩非继承和吸收了道家老子先天地生、可以为天下母的道的思想②，认为，

> 道者，万物之始，是非之纪也。是以明君守始以知万物之源，治纪以知善败之端。故虚静以待令，令名自命也，令事自定也。③
>
> 所谓有国之母，母者，道也。道也者，生于所以有国之术。所以有国之术，故谓之有国之母。夫道以与世周旋者，其建生也长，持禄也久。④

---

① 《韩非子·八经》，陈奇猷校注：《韩非子新校注》，上海古籍出版社2000年版，第1063—1064页。

② 参见"有物混成，先天地生，寂兮寥兮，独立不改，周行而不殆，可以为天下母。吾不知其名，字之曰道"（《老子》25章）。

③ 《韩非子·主道》，陈奇猷校注：《韩非子新校注》，上海古籍出版社2000年版，第66页。

④ 《韩非子·解老》，陈奇猷校注：《韩非子新校注》，上海古籍出版社2000年版，第398页。

在"道"和"始"的关系里,"始"有两个意思即开始和本根、本源的意思。换言之,"道"既是万物生命开始的象征,又是万物的本源之所在。在前一层意思上,必须注意的是韩非这里没有从一般学术界认为的生成论的角度来审视道。也就是说,道不直接产生万物;"母者,道也"的论述也一样,强调的也是本源的方面,并不具备母子的生成关系,因为是"母者",而不是"母"本身,古代语言的结构本身也可以清楚地帮助我们加以理解。当然,这不是韩非的创造,仅能说明韩非整体思想的理论基础倾慕于老子思想的事实。

另一方面,"道"则是"是非"的纲纪,即标准。① 不难理解,是非是人的世界的专利,是人为彰显自身价值而开设的舞台。是非虽然只有对人才有现实的意义,但这并非代表人的因素就是是非评价的一切。韩非这里强调的就是这一点,人需要是非,但人必须依据道来判断是非。也就是说,万物世界的本源在道,万物世界的一切事务的决定也必须由道来掌管。这是韩非的思想自觉,是韩非尝试告知我们的道理。

基于此,韩非就从道与万物世界的一般审视,推进到了人类社会自身的思考。在人类社会,"道也者,生于所以有国之术",也就是说,道这个东西生长于治国之术的依归之处;显然,道不是治国之术本身;这里得到强调的君主的"守始"和"治纪",显然可以在治国之术的大厦里找到相应的位置。由于道是万物之本源和是非之纲纪,故"守始"和"治纪"具有相同的意思,就是要坚守道以了知万物的依归,即万物得以生长的理由或营养的源头,把坚守道贯彻到人类社会是非判断的全部实践之中,以认识物事成败的端绪。坚守道并不是毫无条件的行为,这条件就是"虚静以待令",即不能有外力的干预。这样的话,就能收到"令名自命也,令事自定"的效果。换言之,现实社会一切名的产生都自然而合乎必然,物事都自然地得到治理和定夺;"自命""自定"都是一种自为的行为②。对统治者而言,如果能够"守始"和"治纪",依归"道"来治理社会,那就能实现"建生也长""持禄也久"的实际效果。

值得注意的是,"夫道者、弘大而无形……道者、下周于事,因稽天命,与时死生"③;道虽然无形,但充斥着宇宙,贯穿于一切物事之中,因循自然规律,与时同始终。总之,不论是宇宙世界,还是人类社会,都为道所决定。

---

① 参见"能知古始,是谓道纪"(《老子》14章)。
② 参见"用一之道,以名为首。名正物定,名倚物徙。故圣人执一以静,使名自命,令事自定。不见其采,下故素正。"(《韩非子·扬权》,陈奇猷校注:《韩非子新校注》,上海古籍出版社2000年版,第145页)
③ 《韩非子·扬权》,陈奇猷校注:《韩非子新校注》,上海古籍出版社2000年版,第152页。

在此,尤其需要引起注意的是,"道"并不是"有国之术",而是"所以有国之术",不明白这一点,就不可能真正理解韩非的思想;韩非的道已经淡化了老子本有的抽象而神奇的色彩,而落到了形下的层面,主要侧重于政治之道、治世之道。

2. 道为"万物之所然"的根由论

宇宙万物为道所决定,这在上面的分析中已经得到确认。万物是一个类概念,就其中一物而言,与道的关系又如何呢? 韩非说:

> 道者,万物之所然也,万理之所稽也。理者,成物之文也;道者,万物之所以成也……天得之以高,地得之以藏,维斗得之以成其威,日月得之以恒其光,五常得之以常其位,列星得之以端其行,四时得之以御其变气,轩辕得之以擅四方,赤松得之与天地统,圣人得之以成文章。道与尧、舜俱智,与接舆俱狂,与桀、纣俱灭,与汤、武俱昌……万物得之以死,得之以生;万事得之以败,得之以成。道譬诸若水,溺者多饮之即死,渴者适饮之即生。譬之若剑戟,愚人以行忿则祸生,圣人以诛暴则福成。故得之以死,得之以生,得之以败,得之以成。①
>
> 夫道者、弘大而无形……至于群生,斟酌用之,万物皆盛,而不与其宁。②

道是"万物之所然"和"万理之所稽";"万物之所然"即万物之所以为该物的理由,"万理之所稽"即万理之所以成立的缘由。理是对万物之所以为该物的理纪的图解说明,即"成物之文";道是万物长成的依据,即"万物之所以成"。天地人都离不开道。天的"高",地的"藏",北斗即"维斗"的"成其威"③,日月的"恒其光",五常的"常其位",列星的"端其行",四时的"御其

---

① 《韩非子·解老》,陈奇猷校注:《韩非子新校注》,上海古籍出版社2000年版,第411页。

② 《韩非子·扬权》,陈奇猷校注:《韩非子新校注》,上海古籍出版社2000年版,第152页。

③ 北斗是众星的代表,昭示人们方向,有着主导的作用;庄子在对"道"的论述中,也有相似的运思。参见"夫道,有情有信,无为无形,可传而不可受,可得而不可见,自本自根。未有天地,自古以固存。神鬼神帝,生天生地。在太极之先而不为高,在六极之下而不为深,先天地生而不为久,长于上古而不为老。豨韦氏得之,以挈天地。伏羲氏得之,以袭气母。维斗得之,终古不忒。日月得之,终古不息。堪坏得之,以袭昆仑。冯夷得之,以游大川。肩吾得之,以处大山。黄帝得之,以登云天。颛顼得之,以处玄宫。禹强得之,立乎北极。西王母得之,坐乎少广,莫知其始,莫知其终。彭祖得之,上及有虞,下及五伯。傅说得之,以相武丁,奄有天下,乘东维,骑箕尾,而比于列星。"(《庄子·大宗师》,(清)郭庆藩辑:《庄子集释》,中华书局1961年版,第246—247页)

变气",轩辕的"擅四方"①,赤松的"与天地统"②,圣人的"成文章",都与得道相关联。

道本身宏大无形,是一个开放的系统,与尧舜的"俱智"、接舆的"俱狂"、桀纣的"俱灭"、汤武的"俱昌"的事实就是证明;本来"智""狂""灭""昌"是尧舜、接舆、桀纣、汤武他们本身所具有的特点,正是在"俱"的语言表达中,可以清晰地看到,道的"无模式"特征③,不分具体的对象,一律公平对待;"俱"作为副词,表示在一起的意思。概括而言,道与万物同死生,与万事同败成。这里的"死生""败成"是比较的视野,而不是一般的概说。换言之,就"死生"而言,是发生在相同条件下的不同行为主体之间的结果;"败成"以及尧舜的"智"、接舆的"狂"的情况也一样。也就是说,道与万物共作的结果在不同万物那里是不一样的。为什么?下面喻道为水、剑戟的说明就是具体的理由揭示。水既可以求生,也可能致死,"溺者"与"渴者"的区别在把握饮水量的基准的不同,即"多饮""适饮";"多饮"是"溺者"的选择,"适饮"则是"渴者"的抉择。"剑戟"既可以生祸,也可以成福,愚人与圣人的区别就在于"剑戟"使用对象的不同,即"行忿""诛暴";"行忿"的愚人最终通向生祸,"诛暴"的圣人最后走向成福;愚人的"行忿"无疑在个人一己利益的考虑,圣人的"诛暴"则在超越个人一己利益的考虑;"暴"是残暴,是外在于个人而在社会价值观衡量后形成的共识。

因此,死生、败成取决于得道的不同,得道的不同关键在如何得道的差异上。在这个意义上,道虽然是无形而客观的存在,普遍存在于宇宙之中,对万物是公平的,但道不是万物本身,道与万物存在切合点,正是在这切合点的存在上,赋予个人发挥自身才能和悟性的机会即"斟酌用之,万物皆盛";在个人才能的发挥实践中,形成了丰富多彩的个性;正视这些多彩的个性,满足社会多样多元的需要,同时构成了丰富多样的生活图式。道不以成全万物为自己的终点站,而是不停地运作。

3."与其用一人,不如用一国"的起源论

对韩非来说,"万物莫不有规矩"④。也就是说,万物存在自身的是非

---

① 参见"轩辕之时,神农氏世衰,诸侯相侵犯,暴虐百姓,而神农氏弗能征。于是轩辕乃习干戈,以征不享,诸侯咸来宾从。"((汉)司马迁撰:《史记》,中华书局1982年版,第3页)

② "与天地统"的"统",孙诒让疑当作"终",言寿命与土地同长,值得参考。

③ 参见许建良:《老子"无模式"论解》,《东南大学学报》2017年第5期。

④ 《韩非子·解老》,陈奇猷校注:《韩非子新校注》,上海古籍出版社2000年版,第422页。

标准①,这个标准对个物来说都是相异的。换言之,个物自身掌握着自身的命运,而根本不需要外在的他者来发号施令。显然,这充满着对个物价值和权利的重视。不过,就个人而言,其智力是非常有限的,"力不敌众,智不尽物。与其用一人,不如用一国……下君尽己之能,中君尽人之力,上君尽人之智"②、"且夫物众而智寡,寡不胜众,智不足以遍知物"③,都是具体的解释。一个人的力量无法与众人的力量相抵抗,一个人的智慧无法了知万物;所以,就君主而言,用自己有限的智慧,还不如用民众的智慧;审视社会治理的轨迹,水平低下的君主是尽自己一人的力量,中等水平的君主是让民众发挥力量,最高水准的君主是尽力发挥众人的智慧。韩非又说:

> 天下有信数三:一曰智有所不能立,二曰力有所不能举,三曰强有所不能胜。故虽有尧之智,而无众人之助,大功不立。有乌获之劲,而不得人助,不能自举。有贲、育之强,而无法术,不得长生……因可势,求易道,故用力寡而功名立……明于尧不能独成,乌获不能自举,贲、育之不能自胜,以法术则观行之道毕矣。④

天下有三种定数:一是智慧有不及之处,二是力有举不起的物件,三是强有不胜的情况。所以。即使有尧的智慧而没有众人援助的话,就无法立大功;虽有乌获之力,却得不到别人帮助的话,也不能自举;虽有贲、育的勇猛,但不循法度而行的话,就无法实现长生。正是在这样的认识之下,提出了"因可势",即因循可以利用的情势的意思,追求容易成功的途径,这样可以收到事半功倍的效果。而因循的准则则是法术。

一个国家的治理,必须依靠众人的智慧,韩非认为,"古之能致功名者,众人助之以力,近者结之以成,远者誉之以名,尊者载之以势。如此,故太山之功长立于国家,而日月之名久着于天地。此尧之所以南面而守名,舜之所以北面而效功也"⑤。社会治理的成功离不开众人力量的帮助,尧舜的经验

---

① 陈奇猷先生认为"既有规矩,则是非亦存于万物中。而道为万物之纪绪,故曰是非之纪也"(陈奇猷校注《韩非子新校注》,上海古籍出版社2000年版,第67页注释3),这一解释似乎欠明了;其实不是"是非亦存于万物中",而是判断是非的标准本身,就存在万物本身,而不外在于万物,这一构想与老子是一致的。

② 《韩非子·八经》,陈奇猷校注:《韩非子新校注》,上海古籍出版社2000年版,第1049页。

③ 《韩非子·难三》,陈奇猷校注:《韩非子新校注》,上海古籍出版社2000年版,第914页。

④ 《韩非子·观行》,陈奇猷校注:《韩非子新校注》,上海古籍出版社2000年版,第522页。

⑤ 《韩非子·功名》,陈奇猷校注:《韩非子新校注》,上海古籍出版社2000年版,第552页。

就是具体的证明。在发挥人的智力的实践中,最为关键的就是,"圣人尽随于万物之规矩,故曰'不敢为天下先。'不敢为天下先则事无不事,功无不功,而议必盖世,欲无处大官,其可得乎"①;"随于万物之规矩"是因循万物规矩的意思,规矩是一物之所以为该物的持有性,彰明的是微观层面的万物之所以为该物而存在的理由,这是韩非对老子"不敢为天下先"运思的解释;如果能够"不敢为天下先"的话,乃做事就没有不成事的,事功就没有不成功的,必然会得到来自社会很高的评价,自己即使想不担任要务也是不可能的。

　　总之,在宏观整体上,宇宙万物为道所决定;在微观个体上,道是一物之所以为自身的规定性,即"所然"。如果说,在"道"与万物的坐标里,审视"道"为"万物之始,是非之纪",是在静态的层面得出的结论的话,那么,"道"成就万物并规定万物发展方向的认识,就是在动态的视域里做出的总结。对人而言,在社会中生活,形下层面的人与人之间的差异,乃在于人在得道阶梯上的差距;但道对一切万物都是公平的,而且这种公平宽广性,无论在事实判断的平台,还是在价值判断的层面,都无特殊的限制。存在差距的客观事实表明,人在与道的切合上存在差异。一个人的智慧是非常有限的,无法认知一切万物,所以,发挥民众的智慧来为社会实践所用,是明智的举措,但其关键在"随于万物之规矩"。这是韩非因循思想产生的理论和现实基础。

二、"循天顺人"论

　　众所周知,在韩非的视域里,"循天顺人"占有非常重要的地位。他说:"闻古之善用人者,必循天顺人而明赏罚。循天则用力寡而功立,顺人则刑罚省而令行,明赏罚则伯夷、盗跖不乱。"②"循""顺"就是因顺、因循的意思。"循天"具有事半功倍的效用,"顺人"则存在省刑行令的功效;在"循天顺人"的基础上,切实地"明赏罚",这样善恶在社会上就分明了,这是善于用人的历史经验。应该注意的是,这里天人同是因顺的对象。众所周知,在《韩非子》里,"天"约出现 367 次,其中"天地"约有 15 次,"天下"约有 260 次,这在一定程度上,与《商君书》的情况有相似性③,韩非视

---

　　① 《韩非子·解老》,陈奇猷校注:《韩非子新校注》,上海古籍出版社 2000 年版,第 422 页。
　　② 《韩非子·用人》,陈奇猷校注:《韩非子新校注》,上海古籍出版社 2000 年版,第 540 页。
　　③ 在《商君书》里,"天"字约出现 66 次,其中"天下"就约有 59 次,可见,关心天下的事务是商鞅的主要价值追求。

角所聚焦的也主要是天下；与重视"天"相比，"人"自然是韩非关注的重心，不仅"人"的概念约出现 1662 次，其中"人心"约有 9 次，"人力"约有 2 次，"人民"约有 9 次；而且"民"约有 509 次用例，其中"民众"约有 3 次，"民心"约有 6 次，"民力"约有 8 次；虽然重视人、民的程度要超过天下，但是，天人都是韩非因循的对象，而且，"循天"在前，"顺人"在后，"循天"是"顺人"的前提和规则，"顺人"是"循天"的延长和具体演绎，这是应该注意的。

　　尽管韩非有"循""因""随"等概念，由它们构成的动宾结构语言形式都显示因循行为的特色。但是，在他那里，没有"因循"的概念。当然，在思想实质上，这丝毫也不影响其因循思想的光辉。因循是韩非的一个重要概念，但是，在对此进行具体分析之前，不得不解决的问题是何谓因循？在韩非那里，因循实际上就是"因其所为，各以自成"①。"所为"是万物行为的客观理由，这是因循行为的一切依据，是因循行为成立的必要前提和条件；万物"所为"一旦成为因循的唯一依归，其结果是，万物必然在因循的轨道上实现"自成"，是万物自身的自然而成，这里的"成"当然是成就，不是一般的成就，是一种化成，包括"化"的因子，而且这是非常重要的部分。韩非说："物有理不可以相薄，故理之为物之制。万物各异理，万物各异理而道尽稽万物之理，故不得不化。不得不化，故无常操。无常操，是以死生气禀焉，万智斟酌焉，万事废兴焉。"②显然，这是在"万物之理"轨道上的万物个体的"不得不化"；"化"意味着变化，变化是无常的，不固定的。

　　应该重复提到的是，万物行为的客观理由，实际上，在不同的表述里，就是一物之所以为一物的依据和理由；在五彩缤纷的万物世界里，个物作为自身而区别于他者的存在依据和理由，也是纷繁复杂的，没有完全相同的依据和理由。必须注意的一个客观的事实，就是万物都是独特的，自身的主宰者只能是自己，不能是自己以外的任何他人。这是应该注意的。

三、"因事之理则不劳而成"的理由论

　　上面梳理了韩非何谓因循问题的理路，接着不得不考虑的是，在韩非的思想体系里，为什么要选择因循行为？这又是一个重大的问题，这个问题不

---

　　①　《韩非子·扬权》，陈奇猷校注：《韩非子新校注》，上海古籍出版社 2000 年版，第 157 页。
　　②　《韩非子·解老》，陈奇猷校注：《韩非子新校注》，上海古籍出版社 2000 年版，第 411 页。

厘清,不仅因循行为的航船难以驶进实践的航程,而且因循行为本身的价值实现也难以落实。

1."不劳而成"

在韩非法治的体系里,国家的统治必须采取因循的方法,他曾论述过"因法数"①的重要性,对统治者而言,施行因循的行为非常重要。人类文明的经验告诫人们,因循行为在社会的治理中,具有极大的作用。不过这种作用在价值的考量上存在正负之分。他说:

> 当途之人擅事要,则外内为之用矣。是以诸侯不因则事不应,故敌国为之讼。百官不因则业不进,故群臣为之用。郎中不因则不得近主,故左右为之匿。学士不因则养禄薄礼卑,故学士为之谈也。此四助者,邪臣之所以自饰也。重人不能忠主而进其仇,人主不能越四助而烛察其臣,故人主愈弊,而大臣愈重。②

"事要"就是事物的关键,"擅事要"即独揽、专权于事物的关键的意思,这样的客观效果就是外内都能够为自己所用。在能够"擅事要"的境遇里,外在的对应之策是"因"即因循、因顺而为,如果不采取因循、因顺的对策来行为的话,其结果则是"事不应""业不进""不得近主""养禄薄礼卑",所以,对待得心应手于"擅事要"的"当途之人",在因顺的前提下,就有诸侯的"为之讼"、百官的"为之用"、郎中的"为之匿"、学士的"为之谈"。"为之讼"就是"为之颂","讼""颂"相通而假借,为了实现"应"事的目的,就毫无根据地歌颂吹捧;"为之用"就是让对方任意处置使用的意思,显然也是为了实现事业有所进展拓宽的功利目的;"为之匿"就是帮对方掩盖隐藏的意思,明知道对方的过错,反而为之隐藏,只是出于能够在对方的引见中靠近君主的目的;"为之谈"的意思是称赞对方的意思,"谈"的本意是言说、谈论,这里是在引申义上使用的。由于"擅事要"在实际的事务里有这四方面的好处,所以,这样正好在客观上掩饰了邪臣的行为真相,君主自然不可能看到事情的真相。

以上的因顺实际上直接产生消极的影响,由于因顺的对象是假象,本身就存在虚妄的一面,在这个意思上的因顺,也可以说是因势利导;不过这里

---

① 《韩非子·有度》,陈奇猷校注:《韩非子新校注》,上海古籍出版社 2000 年版,第 107 页。
② 《韩非子·孤愤》,陈奇猷校注:《韩非子新校注》,上海古籍出版社 2000 年版,第 240 页。

的"利"显然不是国家的利益,不是整体的利益,而是邪臣的一己私利。① 所以,是一种负效应。

另一方面,因循行为具有"不劳而成"②的客观效应。韩非说:

> 力不敌众,智不尽物。与其用一人,不如用一国。故智力敌而群物胜,揣中则私劳,不中则在过。下君尽己之能,中君尽人之力,上君尽人之智。是以事至而结智,一听而公会。听不一则后悖于前,后悖于前则愚智不分;不公会则犹豫而不断,不断则事留。自取一,则毋堕壑之累。故使之讽,讽定而怒。是以言陈之日,必有策籍,结智者事发而验,结能者功见而。谋成败,成败有征,赏罚随之。事成则君收其功,规败则臣任其罪。君人者合符犹不亲,而况于力乎? 事智犹不亲,而况于悬乎? 故其用人也不取同,同则君怒。使人相用则君神,君神则下尽。下尽则臣上不因君而主道毕矣。③

对于君主来说,就自己一人而言,"力不敌众""智不尽物",所以在治理国家的事务中,不如依靠全国民众的力量,即"不如用一国"。所以,君主连"合符"的重大事务都不躬亲,更不用说体力活了;"事智"也不躬亲,更不用说"悬"的事务了;既能"尽人之力",又能"尽人之智",这是最好的君主。具体而言,遇到具体的事务,则听取大家的智慧,择其善者而裁断其事务;"结智"不是随心所欲之举,为了分辨出事实的真相,采取分别一一听取意见的做法,然后汇总这些意见即"公会",出现互相矛盾的地方则进行即时的辩难,这样避免了人为的由"后悖于前"行为造成的"愚智不分"结果的产生;"公会"是厘清事情的缘由而帮助决断的。另一方面,下面发言,一般"必有策籍"即有依据和出处,不是随心所欲的迎合;不仅如此,而且采纳的建议,

---

① 参见"故越王好勇,而民多轻死;楚灵王好细腰,而国中多饿人;齐桓公妒而好内,故竖刁自宫以治内,桓公好味,易牙蒸其子首而进之;燕子哙好贤,故子之明不受国。故君见恶则群臣匿端,君见好则群臣诬能。人主欲见,则群臣之情态得其资矣。故子之托于贤以夺其君者也,竖刁、易牙因君之欲以侵其君者也,其卒子哙以乱死,桓公虫流出户而不葬。"(《韩非子·二柄》,陈奇猷校注:《韩非子新校注》,上海古籍出版社2000年版,第130—131页)这里也是否定意义上因循的负面效应的分析。

② 参见"因事之理则不劳而成,故兹郑之踞辕而歌以上高梁也。其患在赵简主税吏请轻重,薄疑之言'国中饱',简主喜而府库虚,百姓饿而奸吏富也。故桓公巡民而管仲省腐财怨女。不然,败在延陵乘马不得进,造父过之而为之泣也。"(《韩非子·内储说右下》,陈奇猷校注:《韩非子新校注》,上海古籍出版社2000年版,第807—808页)

③ 《韩非子·八经》,陈奇猷校注:《韩非子新校注》,上海古籍出版社2000年版,第1049页。

可以在社会事务的发展过程中得到检验；为了优化"结智"，对"事发而验"的结果也一定得采取"赏罚随之"的奖惩。所以，大臣用人必须因循君主的利益考虑，诸如"不取同"。这里的"因"，就是大臣的因循。①

能够切实施行因循的行为，就可以轻松地管理好社会的治理，而各个社会角色之间的因循，实际上就是物事之理。所以，韩非称"因事之理则不劳而成"②。这里主要从外在社会功效的方面来考量因循行为的价值。

2."随自然，则臧获有余"

对因循行为的理由诉诸，韩非在内在的方面则在对"自然"的聚焦中得到冰释。我在《先秦道家的道德世界》的《绪论》里，视"自然"为道家之所以为道家的标志性概念，而不是"道""德"③；"自然"实际上属于"自"模式，包括自生、自本、自根、自性、自得等的方面，这正好契合生成论、本根论、存在论、实践论这四个视域的运思路径。当我们既无法在儒家代表孔子、孟子那里找到"自然"的踪影，也不能在《尚书》《诗经》《左传》《周易》等古代典籍里发现"自然"的字样时，就不得不思考一个问题，这是偶然的吗？回答自然是否定的。但是，儒家思想家里也有例外，这就是荀子，因为我们能够在《荀子》那里找到"自然"的概念。④ 其实，仔细想来，这丝毫也不能说明任何问题，因为荀子本身就是一个复杂的思想家，可以说他是连接道家和法家的枢纽，他与道家的联系则可以从他直接使用《老子》"不为而成"⑤的概

---

① 参见"臣有二因，谓外内也。外曰畏，内曰爱。所畏之求得，所爱之言听，此乱臣之所因也。外国之置诸吏者，结诛亲昵重帑，则外不籍矣。爵禄循功，请者俱罪，则内不因矣。外不籍，内不因，则奸宄塞矣。"（《韩非子·八经》，陈奇猷校注：《韩非子新校注》，上海古籍出版社2000年版，第1053页）

② 《韩非子·内储说右下》，陈奇猷校注：《韩非子新校注》，上海古籍出版社2000年版，第807页。

③ 参见许建良：《先秦道家的道德世界》，中国社会科学出版社2006年版，第1—29页。

④ 参见"问者曰：'人之性恶，则礼义恶生？'应之曰：凡礼义者，是生于圣人之伪，非故生于人之性也。故陶人埏埴而为器，然则器生于陶人之伪，非故生于人之性也。故工人斲木而成器，然则器生于工人之伪，非故生于人之性也。圣人积思虑，习伪故，以生礼义而起法度，然则礼义法度者，是生于圣人之伪，非故生于人之性也。若夫目好色，耳好听，口好味，心好利，骨体肤理好愉佚，是皆生于人之情性者也；感而自然，不待事而后生之者也。夫感而不能然，必且待事而后然者，谓之生于伪。是性伪之所生，其不同之征也"（《荀子·性恶》，（清末民初）王先谦：《荀子集解》，中华书局1988年版，第291—292页）、"生之所以然者，谓之性。性之和所生，精合感应，不事而自然，谓之性。"（《荀子·正名》，（清末民初）王先谦著：《荀子集解》，中华书局1988年版，第274页）

⑤ 参见"不出户，知天下；不窥牖，见天道。其出弥远，其知弥少。是以圣人不行而知，不见而明，不为而成。"（《老子》47章）

念里得到佐证①,其与法家的渊源关系则可以在与韩非的师徒关系里得到不证自明的说明②。

正是在对"自然"概念的重视上,道家与法家构成了无形的"自"模式桥梁。在《管子》里,也可以找到"得天之道,其事若自然;失天之道,虽立不安。其道既得,莫知其为之;其功既成,莫知其泽之。藏之无形,天之道也"③,这里显然是实践论上的自然而然,无疑,《管子》在继承道家自然概念时,并没有在全方位上迈进。在韩非的思想体系里,之所以推重因循,自然与道家思想家和齐法家思想家具有同样的理由依归,这就是内在的自然本性。"自然"的概念在《韩非子》里约有 8 个用例,这里主要从为何因循的视角进行分析,其他的在后面分析因循对象时再做探讨。

总体而言,韩非的"自然"概念是非常宽泛的。首先他认为,人类选择法度来进行社会的治理,是社会发展的自然要求,而不是别的什么。他说:

> 使天下皆极智能于仪表,尽力于权衡,以动则胜,以静则安。治世使人乐生于为是,爱身于为非。小人少而君子多,故社稷常立,国家久安。奔车之上无仲尼,覆舟之下无伯夷。故号令者,国之舟车也。安则智廉生,危则争鄙起。故安国之法,若饥而食,寒而衣,不令而自然也。先王寄理于竹帛,其道顺,故后世服。今使人犯饥寒,虽贲、育不能行;废自然,虽顺道而不立。强勇之所不能行,则上不能安。④

人的智能活动必须以"仪表"即法度为依归,进而根据具体的情势进行适当的"权衡",这样则无往而不胜,无处而不安。社会的治理必须营建其人们乐于正价值的实践即为"是"的实践,但这不是要杜绝人们为非,而是允许人们为非,其适度是"爱身",就是不能触犯法度。法度是普遍利益的具象,

---

① 参见"故明于天人之分,则可谓至人矣。不为而成,不求而得,夫是之谓天职。如是者,虽深其人不加虑焉,虽大不加能焉,虽精不加察焉,夫是之谓不与天争职。天有其时,地有其财,人有其治,夫是之谓能参。舍其所以参,而愿其所参,则惑矣。"(《荀子·天论》,(清末民初)王先谦著:《荀子集解》,中华书局 1954 年版,第 205—206 页)

② 当然,不能忽视的是,在《墨子》里也有一个"自然"的用例,即"正五诺,若人于知,有说。过五诺,若负,无直无说。用五诺,若自然矣。"(《墨子·经说上》,孙诒让著:《墨子闲诂》,中华书局 1954 年版,第 214 页)这跟墨家学派重视自然技巧的探究不无直接关系,西方学者李约瑟的观点可以参考,"在中国,哲学一词的含义亦与欧洲不尽同,因其着重于伦理的与社会的较之形而上的为远多。虽然,道家与墨家则已完成一种甚为重要的自然主义世界观……"([英]李约瑟著,陈立夫等译:《中国古代科学思想史》,江西人民出版社 1990 年版,第 1 页)

③ 《管子·形势》,(清)黎翔凤撰:《管子校注》,中华书局 2004 年版,第 42 页。

④ 《韩非子·安危》,陈奇猷校注:《韩非子新校注》,上海古籍出版社 2000 年版,第 526 页。

不触犯法度,就意味着对普遍利益的重视。换言之,为非不能损害他人和社会的利益,诸如利己不损人的行为在这里是得到肯定的。① 法度对于一个国家而言,是使之处安的武器,其与国家的关系,仿佛"饥而食""寒而衣"的行为一样,人饿了要吃饭,冷了要穿衣,这无须外在力量的强制,所以称为"不令而自然";法度也一样,是社会的一种自然需要。人如果冒犯饥寒的话,即使是孟贲、夏育这样具有骁勇的人,也不能行其勇;如果废弃自然,即使顺道也不能立;而强勇无法实现其强勇的价值,一个国家就无法实现安定。

其次,"随自然,则臧获有余"。由于法度也在自然的行列,所以,在韩非看来,只要能够顺守"自然之道",就是最为贤明的举措。他说:

> 明君之所以立功成名者四:一曰天时,二曰人心,三曰技能,四曰势位。非天时虽十尧不能冬生一穗,逆人心虽贲、育不能尽人力。故得天时则不务而自生,得人心则不趣而自劝,因技能则不急而自疾,得势位则不推而名成。若水之流,若船之浮,守自然之道,行毋穷之令,故曰明主。②
> 故不乘天地之资,而载一人之身;不随道理之数,而学一人之智;此皆一叶之行也。故冬耕之稼,后稷不能羡也;丰年大禾,臧获不能恶也。以一人力,则后稷不足;随自然,则臧获有余。故曰:"恃万物之自然而不敢为也。"③

贤明君主的关键在于四个方面的持有功夫:一是天时,得天时则万物自生,如果违逆天时,即使十个尧也不能在冬天长出庄稼;二是人心,顺应人心的行为,不需要督促,大家会自然地自觉勉励自己的,如果违逆人心,即使孟贲、夏育也没有施展骁勇的氛围;三是技能,因循技能的利点,这样即使不急于求成,也会自然加快事件的进程;四是势位,如果能够得势位,则不需推举而名已成。这四个方面的得心应手,仿佛水的自然流动、船的自然漂浮一样,是顺守自然之道的举措。

天时等四个方面的内容,都不是贤明君主自己所具有的,而是外在于君主的,这说明一个道理,就是"载一人之身""学一人之智"都是"一叶之行"的微不足道,因为它们是"不乘天地之资""不随道理之数"的与因循实质相违逆的行为。客观的事实是,"冬耕之稼,后稷不能羡也;丰年大禾,臧获不

---

① 这与庄子的思想存在一定的相似性,参考"为善无近名,为恶无近刑。缘督以为经,可以保身,可以全生,可以养亲,可以尽年"(《庄子·养生主》,(清)郭庆藩辑:《庄子集释》,中华书局 1961 年版,第 115 页)。

② 《韩非子·功名》,陈奇猷校注:《韩非子新校注》,上海古籍出版社 2000 年版,第 551 页。

③ 《韩非子·喻老》,陈奇猷校注:《韩非子新校注》,上海古籍出版社 2000 年版,第 451 页。

能恶","后稷不能羡"的"羡",是盈余、多余的意思,即后稷也不能使"冬耕之稼"增加产量;"臧获不能恶"的意思是,"丰年大禾",臧获也不能使之恶。换言之,只能对丰收望洋兴叹。如果仅仅依靠一人的力量,则后稷仍有"不足",因为他不能使"冬耕之稼"增加产量,受到天时的制约;如果依顺自然,则"臧获有余","臧获"是男奴的贱称,本来不是以耕种庄稼而著称的,但是,随顺自然,反而获得大丰收,实现"有余"。以上是韩非对《老子》"恃万物之自然而不敢为也"①的理解。

显然,韩非这里作为因循理由的"自然",虽然是基于老子"万物之自然"而立论的,但就语言形式而言,没有老子那样明确化,因为"自然"前面没有限定词,从前面对社会与法度的关系中,韩非把施行法度视为"不令而自然"来看,其"自然"具有宽泛性;但是,并不是不能做万物之自然的理解,从"随自然,则臧获有余"的行文来看,既有宇宙自然的意思,主要指天时等方面的因素;也有万物自然的部分(所种的庄稼就是万物之一),因为在总体上,韩非认为,"夫物者有所宜,材者有所施,各处其宜,故上下无为"②;也就是说,万物之所以为该物,存在着必然的理由,这就是"有所宜";万物都有实现自身价值的效用,这就是"有所施",也就是我们常说的天生我才必有用的意思。在这样的设定下,人的社会化就是在最大限度上使万物保持在各自的最佳状态上,即"各处其宜";这里的"宜",显然是万物本性之宜;"随自然"实际上就是在客观上实现万物"各处其宜"的条件。万物一旦能获得自己本性最佳适宜度的生存条件,其必然的结果只能是"有余"。在这个意义上,社会的治理,人的社会化过程,不是给万物增加什么,不过是保持其"有所宜"。

如何"有所宜"? 在社会化视域里,就是"宜其能"的意思,创设个体实现自己能力的最好条件和氛围,个体一旦能够自由地获取实现自己能力所需要的任何条件,就能够舒畅地生活,争讼的事情也就失去了产生的条件,这样个人的能力都得到了合理的利用和发挥;由于社会是依据个体的能力而设置具体用人机制的,所以,个人都能够找到适合于自己本性特征的位置,"强弱"各得所需而不会角力相斗,"冰炭"相形而型而互不侵犯。因此,互相伤害的事情也就自然失去可产生的条件,这是社会治理的最佳景象。③

---

① 参见"学不学,复众人之所过,以辅万物之自然而不敢为"(《老子》64 章)。

② 《韩非子·扬权》,陈奇猷校注:《韩非子新校注》,上海古籍出版社 2000 年版,第 141 页。

③ 参见"人臣皆宜其能,胜其官,轻其任,而莫怀余力于心,莫负兼官之责于君。故内无伏怨之乱,外无马服之患。明君使事不相干,故莫讼;使士不兼官,故技长,使人不同功,故莫争。争讼止,技长立,则强弱不觳力,冰炭不合形,天下莫得相伤,治之至也。"(《韩非子·用人》,陈奇猷校注:《韩非子新校注》,上海古籍出版社 2000 年版,第 540 页)

这就是韩非在内在面设定的选择因循行为的深层理由。

四、"循法而治"的对象论

上面从内外两个方面讨论了韩非为何因循的问题,彰显了由"因事之理则不劳而成"和"随自然,则臧获有余"的外内交织而成的图画,这为因循行为的成立和推进创造了前提条件,使进入因循何物的问题成为可能。不对此问题进行全面而详尽的梳理,则无法凸显因循在韩非思想体系里的重要性,自然也无法考量韩非因循哲学在中国因循哲学长河里的鲜亮程度。关于这个问题,将通过以下几个视角来实施具体的展示。

1."因 天 之 道"

在上面的分析中,已经提到"循天顺人"的方面,"循天"在"顺人"之前的语言形式,强烈地向人昭示"循天"是"顺人"的条件的取向。完整地说,就是因循天道的原则来依顺演绎人道。在因循对象的问题上,我们首先可以从外在的方面来加以审视。

(1)"因天之道"。

众所周知,道家推重天道自然,否定巧智,对真正的智慧并不否定,提出"绝圣弃智"(《老子》19 章),《帛书老子》相关的资料也与此相同;《郭店楚墓竹简》则为"绝智弃辩",差异仅仅在"弃"与"绝",对"智"价值取向基本是一样的;这里的"智"指的当是诸如"慧智出,安有大伪"(《老子》18 章)中的"慧智",这里的"慧"用的是形容词,其本义是聪明、有才智,但在引申的层面,其意思则为精明、狡黠,显然这里是在引申的层面使用的。齐法家的代表管子,虽然在思想的渊源上与道家老子存在割不断理还乱的情节,但是在智慧的问题上,管子却有自己独特的运思,显示了早期法家之所以为法家的睿智之处,主要侧重在对"智"的功能的思考。首先他把"一事能变"①规定为"智",但认为"强不能偏立,智不能尽谋"②,"智"存在局限性,尤其是一个人的智慧。所以,在他那里,"明主不用其智,而任圣人之智"③,因为,"是故有道之君,正其德以莅民,而不言智能聪明。智能聪明者,下之职也。所以用智能聪明者,上之道也。上之人,明其道;下之人,守其职;上下之分

---

① 《管子·心术下》,(清)黎翔凤撰:《管子校注》,中华书局 2004 年版,第 780 页。
② 《管子·心术上》,(清)黎翔凤撰:《管子校注》,中华书局 2004 年版,第 764 页。
③ 《管子·形势解》,(清)黎翔凤撰:《管子校注》,中华书局 2004 年版,第 1187 页。

不同任,而复合为一体。"①当然,不能忽视的是,管子也有"君子不怵乎好,不迫乎恶,恬愉无为,去智与故"②的认识,如果以此作为他与道家的联结点的话,就大错特错了,这里弃去的"智",显然是君主一人之"智",在一般意义上,管子学派并没有否定智慧的功用,这也意味着在管了学派那里,智慧是文明进步的一个组成部分。这是应该明辨的地方;同时,这也显示了在"智"问题上,他与老子在整体没有否定智慧这一相同倾向的前提下,昭示了他与老子所不同的侧重点。

但是,韩非虽然在继承管子法家的基础上建立了自己的思想学说,不过,在智慧的问题上,他更接近老子,显然是在天道与人智相对立的视域里立论的。他说:

> 圣人之道,去智与巧,智巧不去,难以为常。民人用之,其身多殃,主上用之,其国危亡。因天之道,反形之理,督参鞠之,终则有始。虚以静后,未尝用己。③
>
> 古之全大体者:望天地,观江海,因山谷,日月所照,四时所行,云布风动;不以智累心,不以私累己……不逆天理……因自然……淡然闲静,因天命,持大体。④

"智"与"巧"是与圣人之道相悖的,而圣人之道就是"因天之道",因循天道的规则、规律,在这个意义上,"智"与"巧"是天道的对立物,而天道是宇宙的恒常规则,如果天道退居自己的位置而让"智巧"占领的话,宇宙的恒常就失去了应有的位置;人们如果使用"智巧",势必祸害缠身;君主一旦使用的话,国家势必步入危亡之道。如果能够因循天道,依归形名参验的方法而踏实行事,事务就一定能够顺畅。如何改变视角来看这个问题,实际上也就是保持虚静而处后,从来不张扬突出自己。⑤

---

① 《管子·君臣上》,(清)黎翔凤撰:《管子校注》,中华书局2004年版,第553页。
② 《管子·心术上》,(清)黎翔凤撰:《管子校注》,中华书局2004年版,第764页。
③ 《韩非子·扬权》,陈奇猷校注:《韩非子新校注》,上海古籍出版社2000年版,第145页。
④ 《韩非子·大体》,陈奇猷校注:《韩非子新校注》,上海古籍出版社2000年版,第555页。
⑤ 参见"不尚贤,使民不争;不贵难得之货,使民不为盗;不见可欲,使民心不乱。是以圣人之治,虚其心,实其腹,弱其志,强其骨。常使民无知无欲,使夫智者不敢为也。为无为,则无不治"(《老子》3章)、"天长地久。天地所以能长且久者,以其不自生,故能长生。是以圣人后其身而身先,外其身而身存。非以其无私邪!故能成其私"(《老子》7章)、"圣人之在民前也,以身后之"(《老子》66章)、"天道运而无所积,故万物成;帝道运而无所积,故天下归;圣道运而无所积,故海内服。明于天,通于圣,六通四辟于帝王之德者,其自为也,昧然无不静者矣!圣人之静也,非曰静

在韩非那里,"因天之道"也就是"因自然",诸如日月的所照、四时的所行、云风的布动,对万物都是公平的,没有任何用"智"、用"私"的表现;所以,自然轻松而没有任何疲劳的感觉。总之,"天理"是不能违逆的,只能因循大命,这是"持大体"的要求,而要做到这一点,其前提条件就是"淡然闲静",也就是上面说的虚静。显然,这是对道家思想精神的借鉴。

（2）"随时以举事"。

这是因循的又一对象。

首先,"随时"是道的本质之一。韩非认为,"凡道之情,不制不形,柔弱随时,与理相应"①;这里"时"的内涵是非常宽泛的,既有天时等自然方面的因素,也有时机等成分,任何单一狭隘的理解都是偏颇的。

其次,"天时"。韩非强调天时,把它作为贤明君主立功成名四个因素的首要因子,即"明君之所以立功成名者四:一曰天时……故得天时,则不务而自生……守自然之道,行毋穷之令,故曰明主"②;也就是说,顺应天时,即使不努力劳务,庄稼也能自然生长。顺应天时,主要侧重在解决物产的丰富,"故明主之治国也,适其时事以致财物"③,也是这个意思。

最后,"随时以举事"。韩非说:"随时以举事,因资而立功,用万物之能而获利其上"④、"法与时转则治,治与世宜则有功。故民朴而禁之以名则治,世知维之以刑则从。时移而治不易者乱,能治众而禁不变者削。故圣人之治民也,法与时移而禁与能变。"⑤这里的"时"当是时代的意思。人类社会的"举事"必须因随时代的要求,这样才能与民众的能力所对接;法度必须因随时代而改变,才能实现社会的治理,如果不改变,则势必造成混乱。

当然,不得不说的是,韩非的"时",有时含有时机的意思,诸如"举事慎阴阳之和,种树节四时之适,无早晚之失,寒温之灾,则入多……若天事,风雨时,寒温适,土地不加大,而有丰年之功,则入多"⑥里的"风雨时",就是

也善,故静也。万物无足以挠心者,故静也。水静则明烛须眉,平中准,大匠取法焉。水静犹明,而况精神!圣人之心静乎!天地之鉴也,万物之镜也。夫虚静恬淡寂漠无为者,天地之平而道德之至也。故帝王圣人休焉。休则虚,虚则实,实则伦矣。虚则静,静则动,动则得矣。静则无为,无为也,则任事者责矣。无为则俞俞。俞俞者,忧患不能处,年寿长矣。夫虚静恬淡寂漠无为者,万物之本也。"（《庄子·天道》,（清）郭庆藩辑:《庄子集释》,中华书局1961年版,第457页）

① 《韩非子·解老》,陈奇猷校注:《韩非子新校注》,上海古籍出版社2000年版,第411页。
② 《韩非子·功名》,陈奇猷校注:《韩非子新校注》,上海古籍出版社2000年版,第551页。
③ 《韩非子·六反》,陈奇猷校注:《韩非子新校注》,上海古籍出版社2000年版,第1017页。
④ 《韩非子·喻老》,陈奇猷校注:《韩非子新校注》,上海古籍出版社2000年版,第454页。
⑤ 《韩非子·心度》,陈奇猷校注:《韩非子新校注》,上海古籍出版社2000年版,第1178—1179页。
⑥ 《韩非子·难二》,陈奇猷校注:《韩非子新校注》,上海古籍出版社2000年版,第888页。

适时即适合时机的意思。这也是必须注意的。

　　总之，韩非强调因随天时、时代，认为道本身就具有"随时"的特质；因随时代来成就具体的事务，这正是法家重实务的表现之一，韩非的触觉始终是与社会时代联结的。

　　(3)"循理"。

　　"理"也是韩非因循的对象之一①，他重视的程度，我们在对"理"在《韩非子》的出现频率也可以略见一斑。"理"的用例约有 84 次(其中动词用法约有 6 次)；具体的概念"道理"约 11 次，"事理"约 6 次(包括"事之理"1次)，"定理"约 3 次，"万物之理"约 2 次；其他"义理""正理""形之理""度数之理""万理""天理""成理""大理""治乱之理""畜养之理"等各约 1次。诸如道理、事理等仍然是现在使用频率很高的概念，这也可见他对中国文化的贡献。

　　韩非强调"守成理"②，要做到遵守"成理"，首先必须做到自觉因循"理"，把"理"作为行为决策的依据和对象。在前面的问题中提到"因事之理则不劳而成"③，这里的"事之理"是因循的对象，而且在语言的形式上非常明确。在韩非那里，之所以要因循"理"，一个根本的原因就是它能够给人们带来实功，即"循理不见虚功"④，实功的缘由在"理"反映了客观的规律，这就是"道"。他说：

　　　　道者，万物之所然也，万理之所稽也。理者，成物之文也；道者，万物之所以成也。故曰："道，理之者也。"物有理不可以相薄。物有理不可以相薄，故理之为物之制。万物各异理，万物各异理而道尽稽万物之理，故不得不化……凡道之情，不制不形，柔弱随时，与理相应。⑤

"道"是万物之所以为该物的理由，即"所然"，其实理由也代表一定的理数，所以，又称它为"万理之所稽"，即万理生命的根源。"稽"是形声词，从禾，

<hr>

　　①　韩非对"理"的重视，曾经受到西方汉学者的关注，称"韩非是首位详加阐述'理'的人"，详细的分析参见[英]葛瑞汉著，张海晏译：《论道者：中国古代哲学论辩》(中国社会科学出版社 2003年版，第 327—330 页)。不过，"首位"的说法是值得斟酌的，诸如《管子》也有对"理"这一概念的详细论述。

　　②　《韩非子·大体》，陈奇猷校注：《韩非子新校注》，上海古籍出版社 2000 年版，第 555 页。

　　③　《韩非子·内储说右下》，陈奇猷校注：《韩非子新校注》，上海古籍出版社 2000 年版，第807 页。

　　④　《韩非子·制分》，陈奇猷校注：《韩非子新校注》，上海古籍出版社 2000 年版，第 1189 页。

　　⑤　《韩非子·解老》，陈奇猷校注：《韩非子新校注》，上海古籍出版社 2000 年版，第 411 页。

像树木曲头止住不上长的样子,本义为停留、阻滞的意思。一物之所以为该物,实际上在形式上蕴涵着一定的暗示或启示。所以,称为"成物之文",就是万物之所以为该物的逻辑结果的演绎条理。换言之,"理"是"道"显性条理化反映。就具体的万物而言,各自的"理"是不一样的,而"道"统摄万物之"理"。所以,在经验的世界里,"道"的价值实现,就具体表现在化育万物的行为实践里,因此,成为"不得不化"的存在。如果对"道"进行形下的审视,就会看到,"道"显示的是"不制不形""柔弱随时"的特点。"不制"的"制"是控制、裁断、规定的意思,"不形"的"形"是显示具体形状的意思,具体形状是一种有限,显示的是固定的特色,与"制"的意思是一样的。所以,"不制不形"就是不控制、不固定的意思,而这种不固定的特点,在性质上显示的是"柔弱"的特色,表面给人的印象是仿佛自己没有主见,因为即使"柔弱",也不是自己的主见,而是"随时"的,这里的"时"就是时势的意思,而这一切都依归于"理"即"与理相应"。

(4)"循法而治"。

因循的对象,除天、理以外,还有法度,也是必须依归的,因为,"法者,王之本也;刑者,爱之首也"①。对韩非而言,选择法度是批评儒家思想后得出的结论,即"故法之为道,前苦而长利;仁之为道,偷乐而后穷。圣人权其轻重,出其大利,故用法之相忍,而弃仁人之相怜也"②。法度是统治者的根本,刑罚是爱民的首选,这就是"圣人之治民,度于本,不从其欲,期于利民而已。故其与之刑,非所以恶民,爱之本也"③。关于为何要因循法度的问题,这里将通过以下几个层面来加以辨明。

首先,何谓法? 在韩非看来,法度仿佛镜子和秤一样,即

　　　　故镜执清而无事,美恶从而比焉;衡执正而无事,轻重从而载焉。夫摇镜则不得为明,摇衡则不得为正,法之谓也。故先王以道为常,以法为本,本治者名尊,本乱者名绝。凡智能明通,有以则行,无以则止。故智能单道,不可传于人。而道法万全,智能多失。夫悬衡而知平,设规而知圆,万全之道也。④

镜子只要自然持清即"无事",就自然比较出"美恶";秤只要自然保持平正

---

① 《韩非子·心度》,陈奇猷校注:《韩非子新校注》,上海古籍出版社2000年版,第1177页。

② 《韩非子·六反》,陈奇猷校注:《韩非子新校注》,上海古籍出版社2000年版,第1015页。

③ 《韩非子·心度》,陈奇猷校注:《韩非子新校注》,上海古籍出版社2000年版,第1176页。

④ 《韩非子·饰邪》,陈奇猷校注:《韩非子新校注》,上海古籍出版社2000年版,第359页。

即"无事",就自然记载下轻重。"摇镜""摇衡"都是背离"无事"的有为,结果必然导致镜子的不明、秤的不正;镜子、秤就如法度一样。人虽然是持有智能的存在,但"道法万全,智能多失",道法具有"衡"和"规"的功效,"悬衡而知平""设规而知圆",而道法是人类社会的万全之道,所以,君主"以道为常,以法为本"。

其次,法的本质是公平。从上面的分析中可以得知,法度是一种器具,仿佛秤杆、圆规一样。他说:

> 椎锻者所以平不夷也,榜檠者所以矫不直也,圣人之为法也,所以平不夷矫不直也。[1]
> 故明主使其群臣不游意于法之外,不为惠于法之内,动无非法……故绳直而枉木斫,准夷而高科削,权衡县而重益轻,斗石设而多益少。故以法治国,举措而已矣。法不阿贵,绳不挠曲。法之所加,智者弗能辞,勇者弗敢争。刑过不避大臣,赏善不遗匹夫。故矫上之失,诘下之邪,治乱决缪,绌羡齐非,一民之轨,莫如法。[2]

"椎锻"即锻打的器具,是"平不夷"之所在;"榜檠"即矫正弓弩的器具,是"矫不直"之所在;圣人选择法度来治理社会,就是把法度作为"平不夷矫不直"之所在。换言之,法度具有公平的特质。君主施行法度,一切都依归在法度的轨道上,即"动无非法";"以法治国",就是一种最好的举措。因为,法度的公正性能在富贵面前不变样,即"法不阿贵";在法度面前,智者没有言说的能力,勇者没有争议的胆量;"刑过不避大臣,赏善不遗匹夫",即刑罚、奖赏的施行不因为社会身份而改变任何条件。这一运思显然与儒家的"刑不上大夫,礼不下庶人"大相径庭。

韩非虽然没有直接称法度为公,但"夫立法令者以废私也,法令行而私道废矣。私者所以乱法也……故本言曰:'所以治者法也,所以乱者私也,法立,则莫得为私矣。'故曰:道私者乱,道法者治。上无其道,则智者有私词,贤者有私意。上有私惠,下有私欲,圣智成群,造言作辞,以非法措于上。上不禁塞,又从而尊之,是教下不听上、不从法也"[3]的论述,法度等同于公

---

①　《韩非子·内储说右下》,陈奇猷校注:《韩非子新校注》,上海古籍出版社 2000 年版,第832 页。

②　《韩非子·有度》,陈奇猷校注:《韩非子新校注》,上海古籍出版社 2000 年版,第 111 页。

③　《韩非子·诡使》,陈奇猷校注:《韩非子新校注》,上海古籍出版社 2000 年版,第 997—998 页。

的意思是非常明确的。由于私是乱法的存在,因此立法就是为了废除私道。"道私者乱,道法者治"的"道"是顺随的意思;顺随私必然乱,顺随法即公必然治。由于法度具有公平的本质,所以,"一民之轨,莫如法"。

再次,法的功能。在韩非看来,"国无常强,无常弱。奉法者强则国强,奉法者弱则国弱"①,国家的强弱不是恒常不变的,关键在于奉行法度意志的强弱。他又说:

> 使天下皆极智能于仪表,尽力于权衡,以动则胜,以静则安。治世使人乐生于为是,爱身于为非。小人少而君子多,故社稷常立,国家久安……故安国之法,若饥而食,寒而衣,不令而自然也。先王寄理于竹帛,其道顺,故后世服。今使人去饥寒,虽贲、育不能行;废自然,虽顺道而不立。强勇之所不能行,则上不能安。②

如果能使大家都在法度范围内充分发挥智慧和才能,并尽力工作,用来打仗就能取胜,用来治国就能安定。在安定的社会环境中,会使人在做正确的事情("为是")中得到快乐,使人在做不正确("为非")的事情中爱惜自身。这样势必造成小人少而君子多的情况,所以江山长存、国家久安。所以,安定国家的法度,仿佛饥饿要吃饭,寒冷要穿衣一样,是自然的要求。先王把法理书于竹帛,法理的实行非常顺畅,所以后人信服。现在如果让人去掉饥寒时的自然需要,即使孟贲、夏育那样的勇士也做不到;废弃自然规律,即使沿用先王之道也行不通;强迫勇者去做能力之外的事情,君主就不能安宁。

可以说,法度是民众基本生活的保证,人类社会运用法度,是顺从自然规律的举措。

最后,"因法数"。以上的分析实际回答了为何要因循法度的问题。那么,因循法度本身的情况又如何呢? 他说:

> 故以表示目,以鼓语耳,以法教心。君人者释三易之数而行一难知之心,如此,则怒积于上,而怨积于下,以积怒而御积怨则两危矣。明主之表易见,故约立;其教易知,故言用;其法易为,故令行。三者立而上无私心,则下得循法而治,望表而动,随绳而斫,因攒而缝。③

---

① 《韩非子·有度》,陈奇猷校注:《韩非子新校注》,上海古籍出版社2000年版,第84页。

② 《韩非子·安危》,陈奇猷校注:《韩非子新校注》,上海古籍出版社2000年版,第526页。

③ 《韩非子·用人》,陈奇猷校注:《韩非子新校注》,上海古籍出版社2000年版,第543—544页。

"表"①是测量的标尺②;"鼓"可以出声,古代打仗就是以击鼓来传递命令的;"以法教心"就是以法为教,这是韩非提倡的教化。无论是"表",还是"鼓",乃或法,都具有客观性,故韩非称为"三易之数";如果不用它们,而用心智的话,必然积怨而进入困难之境。贤明君主的标准容易看到,即"表易见",教化容易认知,即"教易知",法度容易遵守执行,即"法易为",故君上没有私心,臣下就能因循法度来治理政事,仿佛看着标尺来行动,随着墨线来下斧,因循簇聚的布边来缝制一样。

在韩非那里,法有时就是"数","夫为人主而身察百官,则日不足,力不给。且上用目则下饰观,上用耳则下饰声,上用虑则下繁辞。先王以三者为不足,故舍己能,而因法数,审赏罚。先王之所守要,故法省而不侵"③,就是具体的例证。作为君主,如果事事亲自审察的话,不仅时间不够,体力也不及;而且下面有"饰观""饰声""繁辞"的应对之方,故先王认为这三个方面都存在不足,所以放弃自己的能力,而因循法数、谨慎地运用赏罚来实现整治,这是坚守的根本,法度虽然简要但不易侵凌。

对法度的因循,既包括君主因循法数的方面,也含有对臣下因循法度而处理社会政事环境的整备。

(5)"因其势"。外在的方面,"势"也是韩非因循的对象之一。韩非说:

> 夫是以人主虽不口教百官,不目索奸邪,而国已治矣。人主者,非目若离娄乃为明也,非耳若师旷乃为聪也。目必〔不若离娄〕,不任其数而待目以为明,所见者少矣,非不弊之术也。耳必〔不若师旷〕,不因其势而待耳以为聪,所闻者寡矣,非不欺之道也。明主者,使天下不得不为己视,天下不得不为己听。故身在深宫之中而明照四海之内,而天下弗能蔽、弗能欺者何也?暗乱之道废,而聪明之势兴也。故善任势者国安,不知因其势者国危。④

---

① 参见"有义(仪)而义(仪)则不过,侍(恃)表而望则不惑,案法而治则不乱。"(《黄帝四经·称》,陈鼓应注译:《黄帝四经今注今译——马王堆汉墓出土帛书》,台湾商务印书馆1995年版,第348页)

② 参见"夫人臣之侵其主也,如地形焉,即渐以往,使人主失端,东西易面而不自知,故先王立司南以端朝夕。"(《韩非子·有度》,陈奇猷校注:《韩非子新校注》,上海古籍出版社2000年版,第111页)

③ 《韩非子·有度》,陈奇猷校注:《韩非子新校注》,上海古籍出版社2000年版,第107页。

④ 《韩非子·奸劫弑臣》,陈奇猷校注:《韩非子新校注》,上海古籍出版社2000年版,第283页。

君主治理国家并没有事事亲为,但国家得到了实际有效的治理;作为君主,并非眼睛像离娄一样才算锐利,并非耳朵像师旷一样才算灵敏。如果眼睛不若离娄,又不因任法数而等待亲眼看到才为明的话,那么看到的东西就少了;这不是不受蒙蔽的方法。如眼睛不若师旷,又不因循势而等待亲耳听到才为清楚的话,那么听到的东西就少了;这不是不受欺骗的方法。贤明的君主,能使天下都成为自己的眼睛和耳朵;所以,即使在深宫之中仍然了知四海之事,天下无法加以蒙蔽和欺骗,为什么呢?因为愚昧混乱的办法废除了,耳聪目明的形势形成了。所以,善于因循势的话,国家就安定;不知因循势的话,国家就危险了。

　　能否因循势关系到国家的安危,所以,"凡明主之治国也,任其势"①。但是,势的内涵是什么?对此的明辨,自然是准确认识韩非"任其势"意义的条件。不过,韩非并没有对此做明确的界定,故只能依据相关的零散的论述来加以体会。

　　首先,"势者,君之马"。韩非认为,势是一种力量,"国者,君之车也,势者,君之马也"②、"夫马之所以能任重引车致远道者,以筋力也。万乘之主、千乘之君所以制天下而征诸侯者,以其威势也。威势者,人主之筋力也"③;对君主而言,国家是车,势是马;仅有车而没有马的话,车子就无法移动:马具有动力,势是君主的动力。由于是动力,可以驱动他物,所以,"势者,胜众之资也"④,"制天下而征诸侯"就是权势的效应。

　　其次,权势。势的另一个意思是权势、势位,这是韩非认为的贤明的君主所以立功成名的四个要素之一,即"一曰天时,二曰人心,三曰技能,四曰势位……得势位,则不推进而名成,若水之流,若船之浮。守自然之道,行毋穷之令"⑤;如果能获得势位,则不需要"推进"就能成名,仿佛如水自然流淌,船自然漂浮;权势的获得,仿佛遵循自然之道,可以推行无穷之令。关于权势的内涵,韩非说:

　　　　夫有材而无势,虽贤不能制不肖。故立尺材于高山之上,则临千仞之溪,材非〔加〕长也,位高也。桀为天子,能制天下,非贤也,势重也;

----

① 《韩非子·难三》,陈奇猷校注:《韩非子新校注》,上海古籍出版社2000年版,第918页。

② 《韩非子·外储说右上》,陈奇猷校注:《韩非子新校注》,上海古籍出版社2000年版,第765—766页。

③ 《韩非子·人主》,陈奇猷校注:《韩非子新校注》,上海古籍出版社2000年版,第1162页。

④ 《韩非子·八经》,陈奇猷校注:《韩非子新校注》,上海古籍出版社2000年版,第1045页。

⑤ 《韩非子·功名》,陈奇猷校注:《韩非子新校注》,上海古籍出版社2000年版,第551页。

尧为匹夫,不能正三家,非不肖也,位卑也。千钧得船则浮,锱铢失船则沉,非千钧轻锱铢重也,有势之与无势也。故短之临高也以位,不肖之制贤也以势。①

这里"势重"与"位卑"相对应,显然也是从势位的角度来理解势的。具体而言,有才能而没有权势,即使是贤人,也不能制服不贤的人。所以在高山上立一尺长的木头,就能俯临千仞深的峡谷,并非木头加长,而是位置高。夏桀为天子,能控制天下,不在他贤,而在他权势重;尧作普通人,不能整治三家,不在他不贤,而在他地位卑贱。千钧重物得船能浮行,锱铢轻物没船则沉,不在千钧轻而锱铢重,而在"有势"与"无势"的区别。结论是:短木居高临下凭借的是位置,不贤者制服贤人凭借的是权势。

显然,权势或势位与位置是紧密联系的,上面的一般论述也是从"位高""位卑"展开的;君主的势位就是君主这个位置所持有的无形的势力,君主是一个符号,韩非的论述也主要侧重在这个层面。这是需要注意的地方。

再次,实现权势的条件。上面分析了势的功效和内涵,实际上,在韩非那里,权势的实现需要条件的润滑,"君执柄以处势,故令行禁止。柄者,杀生之制也;势者,胜众之资也"②中的"执柄以处势",昭示的就是这个道理。"执柄"的"柄"指的是权柄、权力;"执柄"是"处势"的前提条件。不难想象,如果一个君主不实际掌握权力,乃就无法获得来自势位这个符号的力量助长。实际上,这不是不可能的,历史上处在君主这个位置上而不握有其实际权力的例子是不胜枚举的,这也就是韩非讨论"执柄以处势"的动因。

最后,"因可势"。这里的"势"当是情势的意思。上面的分析实际上包含着一个道理,就是势位并非活力永在,它需要活力的驱动,实际权力的持有就是一种切实的驱动;在另一个层面,可以推想,势的其他情况也是一个可变的因子。正是在这个意义上,韩非认为在对势做实际因循之前,必须有一个判断。他认为:

故势有不可得,事有不可成。故乌获轻千钧而重其身,非其身重于千钧也,势不便也;离朱易百步而难眉睫,非百步近而眉睫远也,道不可也。故明主不穷乌获,以其不能自举;不困离朱,以其不能自见。因可势,求易道,故用力寡而功名立。时有满虚,事有利害,物有生死,人主

① 《韩非子·功名》,陈奇猷校注:《韩非子新校注》,上海古籍出版社2000年版,第552页。
② 《韩非子·八经》,陈奇猷校注:《韩非子新校注》,上海古籍出版社2000年版,第1045页。

为三者发喜怒之色，则金石之士离心焉，圣贤之仆深矣。①

所以情势总有不具备的，事情总有办不成的。所以乌获以千钧为轻而以自身为重，不是他的身体比千钧重，而是情势不允许。离朱易于看清百步之外的毫毛，却难以看到自己的眉睫，并非百步近而眉睫远，而是情势不允许。故贤明的君主不因乌获不能自举而为难他，不因离朱不能自见而刁难他。顺应可行的情势，寻找容易成功的途径，故出力少而功名成。季节有盛有衰，事情有利有害，万物有生有死，君主对这三种变化生发喜怒之色的话，那么忠贞赤诚之士就会离心，圣贤的韬略真深啊。

"因可势"告诫人们，势同样存在可与不可两个方面，就因循而言，只能现在"因可势"，这是一种追求容易成功途径的方法。"因可势"自然包含着对不利情势的回避，从而获取最大的利益追求，这非常符合法家的价值取向。

因循权势，与韩非强调法、术、势统一的运思是一致的。他不仅看到了势位这个符号所持有的巨大力量，而且明察到这力量本身并非必然。正是在这个前提下，他提出了"执柄以处势"的运思，势位力量的发挥必须借助于实际权力的持有，离开实际权力的持有，乃势位也成虚设，这一运思在符合中国历史实际情况的点上显示出明锐性。"因可势"中包含的对势的价值判断的运思，不仅有着前瞻意识，而且包含着功利的考量。

以上讨论的天道、时、理、法、势，在因循对象的定位上，都属于外在于人的存在，外在性是其共通点；就其内涵而言，天道、时更多具有道家的特点，后三者则标志者法家的特色，与其他法家相比，韩非在于统一了法、术、势。本来术、有时称"法术"，也是他因循的一个对象，这里没有系统讨论的理由是，他把术作为君主的统治方法，所以拟在后面的君臣之间因循的样态中进行分析。

2."因随物之容"

在内在的方面，韩非因循的对象则聚焦在万物，其具体的运思将通过以下的项目来展开。

（1）"随其规矩"。韩非认为，

凡物之有形者易裁也，易割也。何以论之？有形，则有短长；有短

_____

① 《韩非子·观行》，陈奇猷校注：《韩非子新校注》，上海古籍出版社2000年版，第522页。

长,则有小大;有小大,则有方圆;有方圆,则有坚脆;有坚脆,则有轻重;有轻重,则有白黑。短长、大小、方圆、坚脆、轻重、白黑之谓理。理定而物易割也……故欲成方圆而随其规矩,则万事之功形矣。而万物莫不有规矩……圣人尽随于万物之规矩……①

"短长""大小""方圆""坚脆""轻重""白黑",不是同一个类别;"短长"是基于形体的分类,"大小"则是基于体积的分类,等等。但它们都是阐释物事的"理"即理则;对物事的具体分析,确立规则是前提,不然无法进行,这就是"理定而物易割"所昭示的道理;"欲成方圆而随其规矩"则正好是相反的演绎,即没有规矩就无法成就方圆。换言之,要想成就方圆的话,就必须因循规矩。也就是说,实功的实现必须以因循法则为前提,"万事之功形"就是具体的说明。

　　另一方面,就万物而言,都存在着自己独特的"理"或"规矩",即"万物莫不有规矩"。因此,因循万物本身的规矩来行为就显得非常重要,圣人就是这方面的楷模。必须注意的是,由于"理"与"规矩"有着相同的意思,因此,在韩非那里,"随于万物之规矩"也就是"随于万物之理",即"慈于子者不敢绝衣食,慈于身者不敢离法度,慈于方圆者不敢舍规矩。故临兵而慈于士吏则战胜敌,慈于器械则城坚固……夫能自全也而尽随于万物之理者,必且有天生。天生也者,性也"②;对孩子慈爱的人,不敢断绝衣食;对身体爱惜的人,不敢背离法度;对方圆珍视的人,不敢舍弃规矩。所以遇到战事能爱惜士和下级官吏,就能战胜敌人;爱惜器械,城池就能坚固。能保全自己的行为,则完全因随万物之理则,这样的人一定有天性③,天性就是人的本性。

　　在此必须注意的是,一方面,作为因随对象规矩的主语不是万物,而是方圆;另一方面,"随于万物之规矩""随于万物之理",都是因随万物之规矩的意思,或者说是依归万物的规矩而行为,万物没有成为因随的对象。如果从方圆本身就是万物的一分子而言,乃就变成了因随万物的规矩;但是,方圆毕竟不是有生命的万物,从具备因循的动宾结构来进行理解的话,毕竟有些勉强。

---

①　《韩非子·解老》,陈奇猷校注:《韩非子新校注》,上海古籍出版社 2000 年版,第 422 页。

②　《韩非子·解老》,陈奇猷校注:《韩非子新校注》,上海古籍出版社 2000 年版,第 423 页。

③　其他地方,韩非也有使用"天性"这一概念的,诸如"桀——天子也,而无是非,赏于无功,使谗谀以诈伪为贵;诛于无罪,使伛以天性剖背。以诈伪为是,天性为非,小得胜大矣"(《韩非子·安危》,陈奇猷校注:《韩非子新校注》,上海古籍出版社 2000 年版,第 530 页),就是佐证。

（2）"因随物之容"。与除万物之规矩、万物之理紧密联系的，还有"物之容"，这也是因循的对象："夫物有常容，因乘以导之，因随物之容〔以成之〕。故静则建乎德，动则顺乎道。宋人有为其君以象为楮叶者，三年而成。丰杀茎柯，毫芒繁泽，乱之楮叶之中而不可别也。此人遂以功食禄于宋邦。列子闻之曰：'使天地三年而成一叶，则物之有叶者寡矣。'故不乘天地之资，而载一人之身；不随道理之数，而学一人之智；此皆一叶之行也。故冬耕之稼，后稷不能羡也；丰年大禾，臧获不能恶也。以一人之力，则后稷不足；随自然，则臧获有余。"①这是韩非在解释《老子》的"恃万物之自然而不敢为也"时说的一番话。"容"有法则、规律的意思。万物都具有恒常的行为之方即常态，人们对此最好的应对之方法就是因随万物之行为之方并加以引导，最后成就万物。由于顺应了万物的常态，所以静止的时候能保持本性，活动的时候能顺应规律。有个宋国人，为他的君主用象牙雕刻楮叶，三年刻成了，其宽狭、筋脉、绒毛、色泽，即使混杂在真的楮叶中也难以辨别，此人也因此在宋国当了官。列子听到后说，假使自然界要经过三年才长成一片叶子，那么有叶子的东西也就太少了！所以，不依靠自然条件而仅凭一个人的本事，不顺应自然法则而表现一个人的智巧，那都成耗时三年刻成一叶的行为了。因此，冬天里种出的庄稼，即使后稷也不能在原来的基础上增加什么，"羡"有盈余、富余的意思，在引申的意义上，就是增加的意思。"丰年大禾"，即使臧获也不能使之恶也。仅凭一人力量，就是后稷也将难以成事；顺应自然规律，臧获也一定会实现有余。

"因随物之容〔以成之〕"在语言结构上，则弥补了上面分析的情况的不足，完成了因循在语言结构上的全样态演绎。

（3）"因人情"。韩非认为，"凡治天下，必因人情"②；治理天下，必须因循人情。"人情"在《韩非子》约有 10 个用例，"情性"约有 3 个，"人之性"约有 1 个，"民之性"约有 3 个，"民性"约有 2 个。可以说，人情、情性、人之性是同一层面的概念，民性则是另一层面的范畴。要了解因循人的性情的意义，不能离开对情性本身的认识。

首先，何谓性？韩非认为，"夫智，性也；寿，命也；性命者，非所学于人也"③"聪明睿智，天也"④。智是聪明睿智，这是人的本性。显然，这里是在天性的层面立论的。换言之，聪明睿智是先天的因子。"寿"是命即性命。

---

① 《韩非子·喻老》，陈奇猷校注：《韩非子新校注》，上海古籍出版社 2000 年版，第 451 页。

② 《韩非子·八经》，陈奇猷校注：《韩非子新校注》，上海古籍出版社 2000 年版，第 1045 页。

③ 《韩非子·显学》，陈奇猷校注：《韩非子新校注》，上海古籍出版社 2000 年版，第 1143 页。

④ 《韩非子·解老》，陈奇猷校注：《韩非子新校注》，上海古籍出版社 2000 年版，第 394 页。

本性和命不是从后天的学习中得到的,即具有先天性。可以说,韩非关于性的运思存有强调自然本性的倾向。

其次,情性的特点。人必须过社会的生活,先天的人性因子必然在现实生活中找到切入口而与现实对接,并在社会中展开人性的演绎。在人性的社会图画里,韩非认为,"人之情性贤者寡而不肖者众"①;换言之,人情性发展的结果是,贤明的人少而不肖的人多。这在一定程度上成为韩非倡导"以法为教"的依据。

最后,"法通乎人情,关乎治理"。人的情性具有好恶的情感,这是韩非因循人情的直接依据。这里有两个方面的内容:一是趋利避害。韩非认为,人的性情具有"夫安利者就之,危害者去之,此人之情也"②的特点;这正是赏罚得以发生效用的枢机。二是"恶劳而乐佚"。韩非认为,"人情者,有好恶,故赏罚可用;赏罚可用则禁令可立而治道具矣"③;人情存在客观的好恶现象,这正是运用赏罚来进行社会治理的契机。好恶的具体内容是什么呢?韩非说:

> 夫民之性,喜其乱而不亲其法。故明主之治国也,明赏则民劝功,严刑则民亲法。劝功则公事不犯,亲法则奸无所萌。④
>
> 夫民之性,恶劳而乐佚,佚则荒,荒则不治,不治则乱而赏刑不行于天下者必塞。⑤

人情皆喜贵而恶贱。⑥

人情具有喜乱⑦而不亲法、恶劳而乐佚、喜贵而恶贱的特点,贤明的君主通过奖赏和刑罚来进行具体的疏导和制御,最后达到民亲法的效果。

在韩非看来,"人之情性,莫先于父母"。他说:

---

① 《韩非子·难势》,陈奇猷校注:《韩非子新校注》,上海古籍出版社 2000 年版,第 941 页。

② 《韩非子·奸劫弑臣》,陈奇猷校注:《韩非子新校注》,上海古籍出版社 2000 年版,第 279 页。

③ 《韩非子·八经》,陈奇猷校注:《韩非子新校注》,上海古籍出版社 2000 年版,第 1045 页。

④ 《韩非子·心度》,陈奇猷校注:《韩非子新校注》,上海古籍出版社 2000 年版,第 1176—1177 页。

⑤ 《韩非子·心度》,陈奇猷校注:《韩非子新校注》,上海古籍出版社 2000 年版,第 1178 页。

⑥ 《韩非子·难三》,陈奇猷校注:《韩非子新校注》,上海古籍出版社 2000 年版,第 897 页。

⑦ 参见"乱弱者亡,人之性也;治强者王,古之道也。"(《韩非子·饰邪》,陈奇猷校注:《韩非子新校注》,上海古籍出版社 2000 年版,第 344 页)

人之情性，莫先于父母，皆见爱而未必治也，虽厚爱矣，奚遽不乱？今先王之爱民，不过父母之爱子，子未必不乱也，则民奚遽治哉！①

慈母之于弱子也，爱不可为前。然而弱子有僻行，使之随师；有恶病，使之事医。不随师则陷于刑，不事医则疑于死。慈母虽爱，无益于振刑救死，则存子者非爱也。子母之性，爱也……母不能以爱存家，君安能以爱持国？②

人的情性与父母最亲，慈母对于子女的爱是任何其他的爱都无法超过的。父母虽然对子女厚爱，家庭却未必和睦；子女有不良行为，就让他受教于老师；有了重病，就让他就医治疗。不接受老师的教育就会犯法受刑，不就医治疗而悬想猜测会死亡。慈母虽有爱心，但无益于从刑罚和死亡中得到拯救。因此，使子女得以生存的不是爱。母子之间的天性是爱；母亲尚且不能用爱来保全家庭；君主爱民的事情也一样，君主怎能用爱来维护国家呢？

正是在分析人情特点的基础上，韩非得出了"夫国治则民安，事乱则邦危。法重者得人情，禁轻者失事实。且夫死力者，民之所有者也，情莫不出其死力以致其欲。而好恶者，上之所制也，民者好利禄而恶刑罚。上掌好恶以御民力，事实不宜失矣"③、"是故夫至治之国，善以止奸为务。是何也？其法通乎人情，关乎治理也"④的结论。显然，韩非的法度"通乎人情"的运思，除包含利用赏罚来调控人情以外，还明显包含着法度具有弥补人情之不能乃至导航人情之喜好厌恶的内置因子。

总之，韩非看到了人情性的特点和不足。在不足面前，韩非没有采用儒家以善恶论性这一停留于价值层面的浅表的认知方法，而立足于人性的基础，坚持"不伤情性；不吹毛而求小疵，不洗垢而察难知；不引绳之外，不推绳之内；不急法之外，不缓法之内；守成理，因自然"⑤的"因道全法"的方针，因循本性自然，通过法度来弥补其不足，达到人的情性和社会整治目标的一致。这是值得肯定的。

从上面的分析里，我们不难知道，韩非因循的对象是万物，体现的是对万物特性的重视。韩非之所以要强调因随万物，包含着对功用的追求，即

---

① 《韩非子·五蠹》，陈奇猷校注：《韩非子新校注》，上海古籍出版社 2000 年版，第 1096 页。
② 《韩非子·八说》，陈奇猷校注：《韩非子新校注》，上海古籍出版社 2000 年版，第 1037 页。
③ 《韩非子·制分》，陈奇猷校注：《韩非子新校注》，上海古籍出版社 2000 年版，第 1184 页。
④ 《韩非子·制分》，陈奇猷校注：《韩非子新校注》，上海古籍出版社 2000 年版，第 1187 页。
⑤ 《韩非子·大体》，陈奇猷校注：《韩非子新校注》，上海古籍出版社 2000 年版，第 555 页。

"万事之功形"的运思,这是值得重视的地方。在现实生活里,就具体的物而言,是把它做成方的还是圆的,这不能根据我们的需要,而应该依据万物的具体情况。在人的社会化的进程中,统治者必须紧紧地贴近个人,按照个人的特性来进行具体个案的设计和具体的使用,而不把臆想先行的统一模式勉强地加给个人,这对张扬个人的价值是非常有益的,尤其在发挥个人内在潜能和增强社会合力的问题上,事实上给我们提供了一个思考的切入点。

外在方面的天道、时、理、法、势和内在方面的万物之规矩、人情等,就是韩非因循对象的全部内容;不能忽视的是,外在的对象生发现实价值的切入点在万物即内在的方面,离开内在方面的支撑,外在的因素则没有丝毫的意义。这是必须注意的。

五、"因道全法"的调控准则论

确立了因循的对象以后,紧接着要解决的是因循所依据的规范是什么的问题,没有具体规范的因循则无法走进因循的大门,真正使因循功能化。

众所周知,韩非重视法度主要是想通过法度的公正规范性来实现有效的社会治理,而"治也者,治常者也;道也者,道常者也"[1]告诫人们,"常"是"治"和"道"共通的主题。就治道而言,其主题就是"常"。治道是韩非本有的概念,共有2个用例,"圣人之所以为治道者三:一曰利,二曰威,三曰名"[2]、"凡治天下,必因人情。人情者,有好恶,故赏罚可用;赏罚可用则禁令可立而治道具矣"[3],就是具体的佐证。正是在这个意义上,韩非认为"故先王以道为常,以法为本……而道法万全,智能多失。夫悬衡而知平,设规而知圆,万全之道也。明主使民饰于道之故,故佚而有功。释规而任巧,释法而任智,惑乱之道也"[4]。"以道为常,以法为本"是总结历史经验而得出的结论。这里必须注意的是,道、法是相同意义的概念;也正是在这个意义上,韩非直接使用了"道法"[5]这一概念。这里"道法"与"智能"相对,前者是"万全"的代表,后者是"多失"的信使;"万全"的具体存在之方,是"悬衡

---

① 《韩非子·忠孝》,陈奇猷校注:《韩非子新校注》,上海古籍出版社2000年版,第1159页。
② 《韩非子·诡使》,陈奇猷校注:《韩非子新校注》,上海古籍出版社2000年版,第987页。
③ 《韩非子·八经》,陈奇猷校注:《韩非子新校注》,上海古籍出版社2000年版,第1045页。
④ 《韩非子·饰邪》,陈奇猷校注:《韩非子新校注》,上海古籍出版社2000年版,第359页。
⑤ 在中国思想史上的长河里,"道法"是一个重要的概念,诸如"明王在上,道法行于国,民皆舍所好而行所恶"(《管子·法法》,(清)黎翔凤撰:《管子校注》,中华书局2004年版,第303页),就是例证。当然,《老子》里也有著名的"道法自然",尽管存在作为名词概念的可能性,但不是唯一的理解。因此,这里不以此为例证。

而知平""设规而知圆";"多失"的惑乱之道则是放弃规矩、法度而任用巧智;两者是完全相反的。

"道法万全"是结果上的审视,具体的动态过程则是"以道为常,以法为本",道和法虽都是根本,但毕竟属于分开的两个存在。其实,韩非的思维是非常严密的,要实现道法完全的效应,没有两者的紧密结合是无法期望的。正是在这里,韩非明确了因循的准则是道,这在"因道全法,君子乐而大奸止"①的表述里得到精彩的阐释;换言之,道法万全是通过"因道全法"来完成的,即因循道来完备、完美法度的意思,这是具体的实践环节;这不是一般的无稽之谈,而是有着"夫缘道理以从事者无不能成"②的依据,因随道理来行为的话,就没有什么不能成功的;这里的"缘"就是因随的意思,"缘"也是因循这个大家庭里的一分子。

关于道的本质,虽然在本章开始的讨论因循的具体理由时有所涉及,但在韩非强调"因道全法"的视野里,最为重要的是道的虚静,即

　　　　众人之用神也躁,躁则多费,多费之谓侈。圣人之用神也静,静则少费,少费之谓啬。啬之谓术也生于道理。夫能啬也,是从于道而服于理者也。众人离于患,陷于祸,犹未知退,而不服从道理。圣人虽未见祸患之形,虚无服从于道理,以称蚤服。③
　　　　虚静无为,道之情也……喜之则多事,恶之则生怨。故去喜去恶,虚心以为道舍……因其所为,各以自成。④

众人和圣人的区别在于待处精神活动上的躁和静,躁则消耗的精力就多,即"多费",这是奢侈的精神生活方式;静则消耗的精力就少,即"少费",这是节俭的精神生活方式。节俭之道源于道理,所以,能够操持节俭之行为之方的话,就是顺从道理的结果。在这个意义上,众人和圣人的差异就聚焦到顺从道与否的问题上了。在韩非的视野里,道的本性即"情"就是虚静无为,这是一种远离喜好、厌恶的虚心的状态,这是真正道的家园。

动态上的"因道全法",具体在现实生活中的落实则是"一",即在法度面前的一视同仁:"道者,下周于事,因稽天命,与时死生,参名异事,通一同

　　①　《韩非子·大体》,陈奇猷校注:《韩非子新校注》,上海古籍出版社 2000 年版,第 555 页。
　　②　《韩非子·解老》,陈奇猷校注:《韩非子新校注》,上海古籍出版社 2000 年版,第 388 页。
　　③　《韩非子·解老》,陈奇猷校注:《韩非子新校注》,上海古籍出版社 2000 年版,第 395 页。
　　④　《韩非子·扬权》,陈奇猷校注:《韩非子新校注》,上海古籍出版社 2000 年版,第 156—157 页。

情。故曰道不同于万物,德不同于阴阳,衡不同于轻重,绳不同于出入,和不同于燥湿,君不同于群臣。凡此六者,道之出也。道无双,故曰一。"①道贯穿在一切物事之中,通行在一切物事中的道在本性上是毫无二致的,即"通一同情",但在形下的表现形态是不一样的,其规则是"参名异事"。基于这个,所以,就有了道、德、衡、绳、和、君六者不同的称谓,但他们都来源于道,故称作"一"。现实生活中的"用一之道",实际就是"执一以静"的"圣人之道,去智与巧,智巧不去,难以为常"②;弃绝智巧是保持恒常的途径,这与上面提到的道法的根本相一致。

六、"因物以治物"的方法论

因循所依归准则的确认,无疑为如何因循的实践打下了坚实的基础。在如何因循的图谱里,韩非的运思主要集中在两个方面。

1."因 而 任 之"

在动态的层面上,因循行为首先是"因而任之"的实践。韩非说:"故圣人执一以静,使名自命,令事自定。不见其采,下故素正。因而任之,使自事之;因而予之,彼将自举之;正与处之,使皆自定之……虚以静后,未尝用己。"③众所周知,虚静乃是道的精神的具体展开。对因循行为的主体而言,虚静仅仅是一种精神状态,即"未尝用己"的描绘④,并没有揭示出具体的行为特征;使之具体化,是思想贴近人的客观要求。韩非的回答是通过"因而任之""因而予之""正与处之"的行为⑤,来实现"自事""自举""自定"。

---

①　《韩非子·扬权》,陈奇猷校注:《韩非子新校注》,上海古籍出版社 2000 年版,第 152 页。

②　《韩非子·扬权》,陈奇猷校注:《韩非子新校注》,上海古籍出版社 2000 年版,第 145 页。

③　《韩非子·扬权》,陈奇猷校注:《韩非子新校注》,上海古籍出版社 2000 年版,第 145 页。

④　参见"有言者自为名,有事者自为形,形名参同,君乃无事焉,归之其情。故曰:君无见其所欲,君见其所欲,臣自将雕琢;君无见其意,君见其意,臣将自表异。故曰:去好去恶,臣乃见素,去旧去智,臣乃自备。故有智而不以虑,使万物知其处;有行而不以贤,观臣下之所因;有勇而不以怒,使群臣尽其武。是故去智而有明,去贤而有功,去勇而有强。群臣守职,百官有常,因能而使之,是谓习常。"(《韩非子·主道》,陈奇猷校注:《韩非子新校注》,上海古籍出版社 2000 年版,第 66—67 页)

⑤　参见"是故古之明大道者,先明天而道德次之,道德已明而仁义次之,仁义已明而分守次之,分守已明而形名次之,形名已明而因任次之,因任已明而原省次之,原省已明而是非次之,是非已明而赏罚次之,赏罚已明而愚知处宜,贵贱履位,仁贤不肖袭情。必分其能,必由其名,以此事上,以此畜下,以此治物,以此修身,知谋不用,必归其天。此之谓大平,治之至也。"(《庄子·天道》,(清)郭庆藩辑:《庄子集释》,中华书局 1961 年版,第 471 页)

"因而任之"等行为的本质就是"执一以静"。

因循人即臣下的具体才能而加以具体的任用,这样就自然而然会完成职事的要求,即"因而任之,使自事之";"因而予之,彼将自举之"的意思是因循臣下的具体情况而赞许、称誉之,他们将自然而然以之为举止的标准;受到赞许的事务;"正与处之,使皆自定之"的意思是臣下能够处于与自己能力相称的位置上,他们都会自然而然地安定在相应的职位上尽力发挥能力;《说文解字》载有"定,安也"。"因而任之"等句型虽然是双动词,但不是双宾语。

2. "因物以治物"

因循行为所显示的价值方向,存在着消极被动的一面,因为行为主体必须以客体为全部的依据,不能无视客体的特性,似乎主体只有被动遵循的权利。诸如韩非强调"不在胜人,在自胜"①、"不在见人,在自见"②、"若饥而食,寒而衣,不令而自然"③、"若水之流,若船之浮,守自然之道,行毋穷之令"④、"守成理,因自然"⑤,船漂在水上,如果没有人力干预的话,就会顺着水流的方向而前进,想象如果对坐在船上的人而言,这自然是被动之至的情况了。其实不然,如果细细分析韩非的思想,就会发现他的"自然之道",依然包括积极的因素。他说:

> 或曰:子产之治,不亦多事乎!奸必待耳目之所及而后知之,则郑国之得奸者寡矣。不任典成之吏,不察参伍之政,不明度量,恃尽聪明劳智虑,而以知奸,不亦无术乎!且夫物众而智寡,寡不胜众,智不足以遍知物,故因物以治物。下众而上寡,寡不胜众,故因人以知人。是以形体不劳而事治,智虑不用而奸得……老子曰:"以智治国,国之贼也。"其子产之谓矣。⑥

韩非认为,老子的"以智治国,国之贼"的论述,正好是子产治理实践的总结;子产的治理,一切都依靠耳目来认知,而不是通过具体的法度、官吏,以

---

① 《韩非子·喻老》,陈奇猷校注:《韩非子新校注》,上海古籍出版社2000年版,第460页。
② 《韩非子·喻老》,陈奇猷校注:《韩非子新校注》,上海古籍出版社2000年版,第458页。
③ 《韩非子·安危》,陈奇猷校注:《韩非子新校注》,上海古籍出版社2000年版,第526页。
④ 《韩非子·功名》,陈奇猷校注:《韩非子新校注》,上海古籍出版社2000年版,第551页。
⑤ 《韩非子·大体》,陈奇猷校注:《韩非子新校注》,上海古籍出版社2000年版,第555页。
⑥ 《韩非子·难三》,陈奇猷校注:《韩非子新校注》,上海古籍出版社2000年版,第914页。

及"参伍之政"来完成治理,这是一种依凭聪明而费心思的做法,是"无术"的表现。

在韩非看来,宇宙中存在的万物非常多,而人的智慧少,少无法抵挡众多。所以,人的智慧不足以认识所有的物,这就是"因物以治物"的原因。另一方面,就君主而言,在管理的视野里,存在的客观事实是"下众而上寡";"下众"显然指的是民众,"上寡"的内涵是统治阶层,这里也是一个"寡不胜众"的场面;社会治理的成立,解决"寡不胜众"而认识民众是前提条件,韩非的方案是"因人以知人"。必须注意的是,这里论述的层次非常清晰,不能不做任何区分地把它视作君臣关系的论述;前面是一般的论述,后面则从一般的领域伸展到社会治理的层面;换言之,韩非的用意是,在一般宇宙的层面,人类暂且无法认识万物,在一般的社会领域,统治者当然也无法认识民众;这样的话,一般宇宙视野里的"因物以治物"就演绎成了社会领域里的"因人以知人"。

"因物以治物"的意思是因循万物的特性来治理万物,"因人以知人"的意思是因循人的特性来治理人。在语言结构上,它们都是双动宾结构。具体而言,"因物""因人"的"因"是第一动词,"物"和"人"是宾语,构成第一动宾结构;"治物""知人"的"治"和"知"是第二动词,"物"和"人"是宾语,构成第二动宾结构;"以"是连接词,没有实际的意思。在这个意义上,韩非的因循行为就是一个双动宾的二维结构,第一动词显示的是被动的倾向,第二动词是在第一动词的基础上,包含行为主体的主动行为;也就是说,"治物""知人"是行为主体发出的行为,当然,其前提条件是第一动宾结构所含有的意思,离开第一动词的铺垫,第二动词所表示的行为就失去明确的目的规定性,这是应该注意的。韩非至此,完成了因循样态的完整表达。

七、"因任而授官,循名而责实"的术论

在如何因循的问题里,分析到"因人以知人",这仅仅告诉我们必须因循人来认识人! 而不是以自己的框架来框定人。但是,在实际的因循实践中,仍然存在一个如何对待人的问题,这是上个问题的继续和深入,昭示着因循实践活用的天地。基于这一认识,我拟在此讨论"因能而使之"和君臣关系中的因循图画这两个问题,以完成韩非因循实践活用运思的整理。

1. "因能而使之"

就重视实务的韩非法家而言,实功是强调的一个重要问题;实功是一种

"成",实现的方法就是"随时以举事,因资而立功,用万物之能而获利其上"①。"随""因"都是因循的行为,在上面已经讨论过了。"时"是时机、时势等,"资"就是"万物之能",能够因循这两个方面的话,肯定能获得无穷的益处。但是,因循万物的前提条件是"明主使法择人,不自举也"②,就是依据法度来选择有能力的人。对此,韩非有非常精细的考虑。

(1)"因能而使之"。韩非认为,在人才的使用上,必须依归常则来行为,即"群臣守职,百官有常,因能而使之,是谓习常"③。必须注意的是,这里的"因能而使之"既是"百官有常"的具体内容,又是其前提的条件,同时也是"群臣守职"的保证,这是必须注意的。因循人的具体能力来使用人,就能把人放到能够发挥他们各自才能的位置上,这是社会最大效益实现的前提条件。"因能而使之"也就是"程能而授事"④,"程"是考核的意思,要切实做好因循人的能力的事务,首先考核其实际能力最为重要,依据能力授予具体的职务。

(2)"内举不避亲,外举不避仇"。在能力的准则前面,人人平等。韩非说:

　　　　圣王明君则不然,内举不避亲,外举不避仇。是在焉从而举之,非在焉从而罚之。是以贤良遂进而奸邪并退,故一举而能服诸侯。其在记曰:"尧有丹朱,而舜有商均,启有五观,商有太甲,武王有管、蔡",五王之所诛者,皆父兄子弟之亲也,而所杀亡其身残破其家者何也?以其害国伤民败法类也。观其所举,或在山林薮泽岩穴之间,或在囹圄绁缠索之中,或在割烹刍牧饭牛之事。然明主不羞其卑贱也,以其能为,可以明法,便国利民,从而举之,身安名尊。⑤

就一人而言,"亲"是自然亲近的对象,"仇"是自然对立的对象。但是,贤明的君主在举人的问题上,能够做到"不避亲"和"不避仇",具体的准则就是是否有能力,即"是在",这样贤良就能得到任用,奸邪则远离而去,这样的任用也能让人信服。尧舜等诛杀亲人,就是因为他们违背法度并作出了"害国伤民"的事情。总之,贤明的君主举荐人不以他们的地位低微而感到

①　《韩非子·喻老》,陈奇猷校注:《韩非子新校注》,上海古籍出版社2000年版,第454页。
②　《韩非子·有度》,陈奇猷校注:《韩非子新校注》,上海古籍出版社2000年版,第92页。
③　《韩非子·主道》,陈奇猷校注:《韩非子新校注》,上海古籍出版社2000年版,第67—68页。
④　《韩非子·八说》,陈奇猷校注:《韩非子新校注》,上海古籍出版社2000年版,第1025页。
⑤　《韩非子·说疑》,陈奇猷校注:《韩非子新校注》,上海古籍出版社2000年版,第976页。

耻辱,而是依归他们的能力、作为来抉择,这是"便国利民"的切实举措。

（3）"宜其能"。韩非虽然强调"官贤者量其能"①,但人的能力都有自己的特色,有能力并非意味着就能够胜任一切社会事务。所以,社会的系统还有一个如何的问题。他说:

> 夫物者有所宜,材者有所施,各处其宜,故上下无为。使鸡司夜,令狸执鼠,皆用其能,上乃无事。②
> 治国之臣,效功于国以履位,见能于官以受职,尽力于权衡以任事。人臣皆宜其能,胜其官,轻其任,而莫怀余力于心,莫负兼官之责于君。③

万物都存在相称的理由,才能都存在施展的地方,大家都处在相称于自己本性的位置上,上下主要指君臣之间就没有什么需要有意作为的。这里需要注意的是"有所宜"和"宜其能"。前一个"宜"是万物之所以为该物的价值度,这是万物自身之"宜";后一个"宜"则是社会给予个体能力的适宜度,即"所宜"的适宜度。对个体而言,"宜其能"的实现也自然就"各处其宜"了。具体而言,"使鸡司夜""令狸执鼠"是依据它们的"有所宜"而实现的"宜其能",如果强硬地让狸去"司夜"、鸡去"执鼠"的话,它们就无法各司其职了。社会的用人授官也一样,这是不能含糊的。对臣下而言,以为国立功来履行职守,为公尽能来接受职务,依法尽力来担任职事。他们都能在所处的职位上发挥自己的才能,胜任其职务,简易自己任职的内容,不把余力保存在心里,不需要对君主承担兼职的责任。④ 这些无疑来源于"官贤者量其能"的保证。

总之,在"因能而使之"的问题上,最为重要的是个人"有所宜"和实际"宜其能"两者之间的统一,这是社会效率的保证,离开这个就没有效率可言。对统治者而言,首先必须承认个人存在不可忽视的"有所宜",然后为个人"宜其能"的实现创造一切可能的条件。

---

① 《韩非子·八奸》,陈奇猷校注:《韩非子新校注》,上海古籍出版社2000年版,第196页。
② 《韩非子·扬权》,陈奇猷校注:《韩非子新校注》,上海古籍出版社2000年版,第141—142页。
③ 《韩非子·用人》,陈奇猷校注:《韩非子新校注》,上海古籍出版社2000年版,第540页。
④ 参见"明主之道,一人不兼官,一官不兼事"（《韩非子·难一》,陈奇猷校注:《韩非子新校注》,上海古籍出版社2000年版,第852页）

2．"君因而任之"

君臣的因循是因循在君臣关系中的实际运用。众所周知，君臣是法家非常重视的一个概念，《管子》《慎子》里"君臣之道"的用例各有1次；《管子》"君之道"的用例约1次；《商君书》"君之道"的用例约2次，"臣道"约1次，"王道"约2次。《韩非子》"君道"的概念约出现3次，"明君之道"约3次，"君之道"1次，没有"臣道"概念的使用例；不过，"群臣"概念约出现103次，"君臣"概念的用例有25个。显然，君臣已经是韩非法度思想的一个重要概念。在社会治理问题上，韩非认为"闻古之善用人者，必循天顺人而明赏罚。循天，则用力寡而功立；顺人，则刑罚省而令行；明赏罚，则伯夷不避、盗跖不乱。如此，则白黑分矣"①；"循天"即因循天道自然规律，其客观的效果是"用力寡而功立"；"顺人"是因循人的特性的意思，其客观效果是"刑罚省而令行"；显然，这里"令行"的"令"也是依据人的特性来制定的；彰明赏罚即当赏必赏、当罚必罚，其客观效果是"伯夷不避""盗跖不乱"；这样运行的结果是社会黑白分明。韩非的"循天顺人"明显存在围绕社会治理而立论的倾向，这是需要注意的。关于韩非君臣之间的因循的运思，拟将通过下面的视角来加以分析。

（1）"君臣不同道"。韩非认为，"人主者，天下一力以共载之，故安；众同心以共立之，故尊。人臣守所长，尽所能故忠。以尊主御忠臣，则长乐生而功名成。名实相持而成，形影相应而立，故臣主同欲而异事"②。君主如果能得到天下的共同拥戴，那么不仅君主本人受到尊重，而且社会安定。臣下如果能极尽自己的所长所能为君主做事，那么就是忠臣；受到尊敬的君主制御忠臣，那么社会一定长治久安，功名必将大成。治理好社会，让民众快乐，这应是君臣共同的心愿，即"同欲"，但君臣所担任的事务是相异的，即"异事"。不过，"长乐生"和"功名成"是一个相互的实践共作过程，"名实相持而成，形影相应而立"告诉人们的就是这个故事，离开"相持""相应"就没有成、立；这"相持""相应"依靠君臣各自完成自身的职分规定，不然只能是一句空话。

君臣的"异事"表明，君主"不同于群臣……君臣不同道……君操其名，臣效其形，形名参同，上下和调也"③，君臣之道是相异的。具体而言，就是

---

① 《韩非子·用人》，陈奇猷校注：《韩非子新校注》，上海古籍出版社2000年版，第540页。
② 《韩非子·功名》，陈奇猷校注：《韩非子新校注》，上海古籍出版社2000年版，第552页。
③ 《韩非子·扬权》，陈奇猷校注：《韩非子新校注》，上海古籍出版社2000年版，第152页。

"君操其名,臣效其形",君主掌握"名"即臣之所以为臣的要求,臣则尽力把"名"的要求加以现实的校验,形名如果相符,乃上下谐和调顺。其具体的规定是:

首先,"臣事君宜"。君臣关系是一向性的,只有君主的要求,"义者,君臣上下之事……臣事君宜……义者,谓其宜也。宜而为之"①,就是佐证。义作为君臣之间关系之宜,仅仅是对臣下而言的,"臣事君宜"就是具体说明,根本无平等性可言。

其次,"君臣也者,以计合者也"。君臣之间是算计的关系。韩非说:

> 明主之道,必明于公私之分,明法制,去私恩。夫令必行,禁必止,人主之公义也。必行其私,信于朋友,不可为赏劝,不可为罚沮,人臣之私义也。私义行则乱,公义行则治,故公私有分。人臣有私心,有公义。修身洁白而行公行正,居官无私,人臣之公义也;污行从欲,安身利家,人臣之私心也。明主在上,则人臣去私心行公义,乱主在上,则人臣去公义行私心。故君臣异心,君以计畜臣,臣以计事君,君臣之交,计也。害身而利国,臣弗为也;害国而利臣,君不行也。臣之情,害身无利;君之情,害国无亲。君臣也者,以计合者也。②

> 庆赏信而刑罚必,故君举功于臣,而奸不用于上,虽有竖刁,其奈君何?且臣尽死力以与君市,君垂爵禄以与臣市,君臣之际,非父子之亲也,计数之所出也。君有道,则臣尽力而奸不生;无道,则臣上塞主明而下成私。③

对君而言,臣下客观存在着公私之心,但"私义行则乱,公义行则治",所以,必须确定公私之间的分际,即"公私有分"。但臣下的行私或行公,取决于明主或乱主。因为,明主在公私的分际上是非常明晰的,而且在社会实践过程中能"明法制,去私恩";乱主则相反。但无论如何,"君臣异心"是客观的事实,相互之间的关系就是"计数之所出","计"是算计的意思,这是不同心的结果。君臣之间算计的关系导致的客观事实有二:

一是"臣尽死力以与君市,君垂爵禄以与臣市"。由于君主实行"循名

---

① 《韩非子·解老》,陈奇猷校注:《韩非子新校注》,上海古籍出版社 2000 年版,第 374 页。
② 《韩非子·饰邪》,陈奇猷校注:《韩非子新校注》,上海古籍出版社 2000 年版,第 366—367 页。
③ 《韩非子·难一》,陈奇猷校注:《韩非子新校注》,上海古籍出版社 2000 年版,第 851—852 页。

而责实”的参验,臣下都尽力于自己的职事并以此作为与君主“市”,即交易的条件,君主则设置爵禄并以此来吸引臣下,这样的结果就是“臣尽力而奸不生”。

二是臣下不做“害身而利国”的事情,君主则不为“害国而利臣”的事务。对臣下而言,损害自身就是无利;对君主而言,损害国家就等于没有自己的事务了。

总之,君臣之所以为君臣,在于算计关系的连接。韩非这里的运思与他“群臣之太富,君主之败也”①的运思是一致的;“害国而利臣,君不行”“君之情,害国无亲”的思想,与中国历史上君主是一国之主,国家是君主一人的财产,人民只是工具的运思是一致的;君主不仅是国家的代表,君主就是国家本身,其他人自然找不到位置,利益当然也无从谈起。

最后,君主的武器是法术。韩非认为,人的智慧存在着客观的局限,借助外力来完成本身无法完成的事务,这本身就是聪明的举措。他说:“古之人目短于自见,故以镜观面;智短于自知,故以道正己。故镜无见疵之罪,道无明过之怨。目失镜,则无以正须眉;身失道,则无以知迷惑。西门豹之性急,故佩韦以缓己;董安于之性缓,故佩弦以自急。故以有余补不足、以长续短之谓明主。”②用镜子来弥补人“目短”的不足,用“道”来弥补“智短”的不足;西门豹的“佩韦”、董安于的“佩弦”都是借助外物而弥补自身不足的实例。在韩非看来,能够实行“以有余补不足”“以长续短”事务的,就是贤明的君主。在这个意义上,君主选择法术来治理社会,法术就是弥补人的智慧的不足的。

因此,韩非又说:“故明主使法择人,不自举也;使法量功,不自度也。能者不可弊,败者不可饰,誉者不能进,非者弗能退,则君臣之间明辨〔,明辨〕而易治,故主雠法则可也”③、“故明主之道,一法而不求智,固术而不慕信,故法不败,而群官无奸诈矣。”④在“择人”“量功”的问题上,都依据法度的规定而远离“自举”“自度”,这样的话,能干的人就不能被埋没,败事的人就不能被掩饰,徒有声誉的人就不能被晋升,受到不当非议的人就不能被斥退;君臣之间关系得到明辨,明辨就易于治理。所以,君主只要用法术就可以了,即“一法而不求智,固术而不慕信”;人不能追求智,这样的话就不会出现来自臣下的“奸诈”。

---

① 《韩非子·爱臣》,陈奇猷校注:《韩非子新校注》,上海古籍出版社 2000 年版,第 59 页。
② 《韩非子·观行》,陈奇猷校注:《韩非子新校注》,上海古籍出版社 2000 年版,第 520 页。
③ 《韩非子·有度》,陈奇猷校注:《韩非子新校注》,上海古籍出版社 2000 年版,第 92 页。
④ 《韩非子·五蠹》,陈奇猷校注:《韩非子新校注》,上海古籍出版社 2000 年版,第 1109 页。

（2）"术"。韩非思想显示法术势相统一的倾向。就"术"而言,无疑是对申不害思想的借鉴,上面提到的"固术而不慕信"就是具体的说明;"固术"是坚定地因循"术"的意思。"术"是韩非君臣关系里的一个重要概念,因此有明辨的必要。

首先,何谓术? 韩非认为:

> 今申不害言术,而公孙鞅为法。术者,因任而授官,循名而责实,操杀生之柄,课群臣之能者也……法者,宪令着于官府,刑罚必于民心,赏存乎慎法,而罚加乎奸令者也……此不可一无,皆帝王之具也。①

> 人主之大物,非法则术也。法者,编着之图籍,设之于官府,而布之于百姓者也。术者,藏之于胸中,以偶众端而潜御群臣者也。故法莫如显,而术不欲见。②

强调法术的运思不是孤立的,是韩非借鉴申不害重术、商鞅推法思想的结果。韩非认为,对君主而言,不是法就是术。所谓术,一是"因任而授官",因循人的具体能力而授予具体的职位;二是"循名而责实",因随具体职位名称来责问完成的实际情况。这是掌握生杀大权、考核群臣最有效的武器。术藏在君主胸中,用来验核各种物事而暗中驾驭群臣③,术是不显露的。

编写成文,设置在官府里,由官府明文公布到民众中去的是法;刑罚规定铭刻于民心、谨慎守法者受赏、触犯法令者受罚;法越公开越好。法术缺一不可,是帝王社会治理的工具。非常明显,法与术的存在形式是相异的,一公开,一隐蔽。实际上,韩非对术的界定,在上面揭示的例文中,前后的意思是不一样的:前者是明术,后者是暗术。"因任而授官,循名而责实"是法家之所以为法家的本质规定之一,显然是彰明的;而"藏之于胸中,以偶众端而潜御群臣者也"主要是与上面的"操杀生之柄,课群臣之能者"相对应的,这是必须注意的。我在这里讨论的显然指的是"因任而授官,循名而责

---

① 《韩非子·定法》,陈奇猷校注:《韩非子新校注》,上海古籍出版社 2000 年版,第 957—958 页。

② 《韩非子·难三》,陈奇猷校注:《韩非子新校注》,上海古籍出版社 2000 年版,第 922—923 页。

③ 参见"是故明王不举不参之事,不食非常之食,远听而近视以审内外之失,省同异之言以知朋党之分,偶参伍之验以责陈言之实,执后以应前,按法以治众,众端以参观。"(《韩非子·备内》,陈奇猷校注:《韩非子新校注》,上海古籍出版社 2000 年版,第 323 页)

实"的部分。

其次,法术的所属。这一问题实际上在上面的分析中已经涉及了,韩非认为,"凡术也者,主之所以执也;法也者,官之所以师也"①;术是君主执掌臣下的所在,法是臣下师法的依据。术是君主的专利,这是非常明显的。

(3)君臣之道。上面虽然讨论了术,但并没有把君臣之道加以具体化。实际上,在韩非那里,还有进一步的具体规定。

首先,君主的无智无能。君臣之间的因循关键在于发挥臣下的能力来进行具体的决策,韩非说:

> 故有智而不以虑,使万物知其处;有行而不以贤,观臣下之所因;有勇而不以怒,使群臣尽其武。是故去智而有明,去贤而有功,去勇而有强。群臣守职,百官有常,因能而使之,是谓习常。故曰:寂乎其无位而处,漻乎莫得其所。明君无为于上,群臣竦惧乎下。明君之道,使智者尽其虑,而君因以断事,故君不穷尽智;贤者效其材,君因而任之,故君不穷于能;有功则君有其贤,有过则臣任其罪,故君不穷于名。是故不贤而为贤者师,不智而为智者正。臣有其劳,君有其成功。此之谓贤主之经也。②

对君主而言,使万物知道自己当处的位置、观察臣下凭借的所在、使群臣充分发挥自身的勇武,是最为重要的事务;要做到这些,关键在尽量控制自己的智慧和能力的使用。具体而言,就是"去智而有明""去贤而有功""去勇而有强";"有明""有功""有强"是现实生活的样态,而"去智""去贤""去勇"是君主自身的事务;弃绝君主的智、贤、勇,是实现现实"有明"等的条件。

君臣之常是"因能而使之"。要做到因循人的能力,就必须让人的能力有发挥的机会;贤明的君主,能"使智者尽其虑",即让智者尽力发挥自己的智慧,君主自身就因循其实际的表现来断定授予具体的事务即"因以断事";使"贤者效其材","效"同"劾",与力有关,因此是致力、尽力的意思,贤者尽力发挥自己的能力,君主因循其具体的特点而把他们任用到相应的职位上,即"君因而任之"。因此,君主既"不穷尽智",又"不穷于能";而且"有功"时,君主赋予贤明的称号;"有过"时,臣下承担具体的罪责;所以,君

---

① 《韩非子·说疑》,陈奇猷校注:《韩非子新校注》,上海古籍出版社 2000 年版,第 965 页。
② 《韩非子·主道》,陈奇猷校注:《韩非子新校注》,上海古籍出版社 2000 年版,第 66—67 页。

主也"不穷于名"。君主虽然不贤却是贤者的老师,虽然不智却是智者的准则。臣下承担劳累,君主享受成功。这就叫贤明君主的常法。总之,君主因循操守的切实实行,在于自己的自然无为,正是这自然无为的行为给臣下发挥能力制造了最好的氛围和境遇。

其次,"人臣循令",臣下因循法度行为非常重要。韩非说:"人臣循令而从事,案法而治官,非〔所〕谓重人也。重人也者,无令而擅为,亏法以利私,耗国以便家,力能得其君,此所为重人也。"①"循令而从事,案法而治官"的意思是,因循法令而行事,依照法度而治职。另外,"谏过"也是臣下的职务内涵之一,"夫为人臣者,君有过则谏,谏不听则轻爵禄以待之,此人臣之礼义也"②,就是具体佐证。

最后,不得不说的是,就君主而言,制御臣下还有专门的方法,即"明主之所道制其臣者,二柄而已矣。二柄者也。何谓刑德? 曰:杀戮之谓刑,庆赏之谓德"③;刑德是君主制御臣下的两手。这也是值得注意的。

在最终的意义上,君臣之间的因循行为,主要在君主自身意志的消解的程度,消解的越多,给臣下留下发挥才能的空间就越大;而臣下发挥自身的能力,仍然必须因循法度,必须在来自君主刑德制御的氛围中完成。

(4)效益意思。因循在君臣之间的活用,最值得重视的是它的效益思想,这跟法家重视功用的运思相一致。韩非说:

> 主道者,使人臣必有"言之责",又有"不言之责"。言无端末、辩无所验者,此言之责也。以不言避责、持重位者,此不言之责也。人主使人臣言者必知其端以责其实,不言者必问其取舍以为之责,此不言之责也。则人臣莫敢妄言矣,又不敢默然矣,言默则皆有责也。人主欲为事,不通其端末,而以明其欲,有为之者,其为不得利,必以害反,知此者,任理去欲。举事有道,计其入多、其出少者,可为也。惑主不然,计其入不计其出,出虽倍其入,不知其害,则名得而实亡,如是者功小而害大矣。凡功者,其入多、其出少乃可谓功。今大费无罪而少得为功,则人臣出大费而成小功,小功成而主亦有害。④

---

① 《韩非子·孤愤》,陈奇猷校注:《韩非子新校注》,上海古籍出版社2000年版,第239页。
② 《韩非子·难一》,陈奇猷校注:《韩非子新校注》,上海古籍出版社2000年版,第859页。
③ 《韩非子·二柄》,陈奇猷校注:《韩非子新校注》,上海古籍出版社2000年版,第120页。
④ 《韩非子·南面》,陈奇猷校注:《韩非子新校注》,上海古籍出版社2000年版,第330—331页。

君主对臣下,关键在于让臣下"知其端以责其实",这里的"端"就是前面的"端末",指的是物事的首尾的意思;了解物事的首尾是问责的条件,连物事的首尾都不知道的话,就无法问责。为了让臣下发挥他们的能力,君主设置了"言之责""不言之责";其实要避开问责,关键就在于言说要有依据;由于要追究两种责任,所以,臣下既不敢妄言也不敢不言。而君主最为重要的是"任理去欲"即因任理则而抛弃自己的臆想,一切事情的处理必须依归功效的轨道,功效的原理昭示的信息是:大费必须实现大功,小费则小功;或者说,小费而大功。这是入多出少的原理,即投资少而回报多。所以,韩非这一运思,对大费而小功的臣下的行为就是直接的打击。①

在对臣下的"责其实"的实践中,韩非注意到了花费国家大量钱财而取得很小功效的臣下的行为,却远离国家法律的问责的现实,把效益列入"责其实"的内容,这对国家的富裕、节约财物自然是非常有利的。这一运思就是对今天也具有非常现实而积极的借鉴意义。

韩非因循在君臣关系中的运用问题上,最大的贡献在于对术的明确的界定,以及对法、术职能所属的规定,这对社会管理实践不仅具有理论的意义,也具有现实的价值。术的"因任而授官,循名而责实"的内容规定,以及与只能藏于君主胸中的术,似乎存在一定的矛盾。但在韩非那里,并不存在矛盾:"因任而授官,循名而责实"的内容规定,是静态层面对术的审视;藏于君主胸中的术则是动态视域中对术的把握。在"循名而责实"的问题上,还注意到"知其端以责其实",使责实落在切实处。这些至今仍值得我们去总结和借鉴。

八、"参验"的活性化论

强调因循,关键在功效的追求。所以,在分析了因循在君臣之间的活用问题以后,紧接着要解决的就是因循实践活性化的问题,这是因循实践最终与功效连接的环节。对此,主要通过"形名参同"和赏罚两个方面来加以具体的展开。

---

① 参见"人主将欲禁奸,则审合刑名。刑名者,言异事也。为人臣者陈而言,君以其言授之事,专以其事责其功。功当其事,事当其言,则赏;功不当其事,事不当其言,则罚。故群臣其言大而功小者则罚,非罚小功也,罚功不当名也;群臣其言小而功大者亦罚,非不说于大功也,以为不当名也害甚于有大功,故罚……故明主之畜臣,臣不得越官而有功,不得陈言而不当。越官则死,不当则罪,守业其官所言者贞也,则群臣不得朋党相为矣。"(《韩非子·二柄》,陈奇猷校注:《韩非子新校注》,上海古籍出版社 2000 年版,第 126 页)

1."形 名 参 同"

在韩非的"圣人之所以为治道者三"中,"名"作为"上下之所同道"①,即上下共同遵守的准则占据了一个位置,认为"名实俱至,故福善必闻矣"②;推重名实统一的价值取向是韩非的追求,前面讨论的"循名而责实"就是这种取向的现实图本。因此,在思想实质上,韩非强调"而名实当则径〔诛〕之"③,即在名实统一的杠杆上只要符合诛杀的条件就可以径直诛杀;名实一致是关键。

(1)名实的关系。韩非认为,正名最为重要,"用一之道,以名为首。名正物定,名倚物徙……形名参同,用其所生"④;运用道的规则来确定名称、名号、名分最为重要。名号恰当,物事就能确定;名号偏颇,物事就会变化;如果形名趋于参同,那么在社会治理中自然要运用参同的结果,诸如赏罚等;形名即"刑名",在韩非那里指言论与其落实的物事,"人主将欲禁奸,则审合刑名,刑名者,言与事也"⑤,就是具体例证。"参"是参验的意思,与"审合"的意思相同。

在名实关系中,立名最为重要,这是参验有无实的前提和准则。这是必须注意的。

(2)名实的功效。韩非重视形名的问题,原因之一是君主可以以此来实行无为而治。他说:"有言者自为名,有事者自为形。形名参同,君乃无事焉,归之其情"⑥、"循名实而定是非,因参验而审言辞。是以左右近习之臣,知伪诈之不可以得安也"⑦。名、形是当事人通过言、事来得以具体化的;对此的评估,君主只要借助"形名参同"的方法,就可以得到事情的真相即"归之其情",而君主自己却"无事"⑧。另一方面,通过"循名实""因参

①　《韩非子·诡使》,陈奇猷校注:《韩非子新校注》,上海古籍出版社2000年版,第987页。
②　《韩非子·八经》,陈奇猷校注:《韩非子新校注》,上海古籍出版社2000年版,第1072页。
③　《韩非子·八经》,陈奇猷校注:《韩非子新校注》,上海古籍出版社2000年版,第1054页。
④　《韩非子·扬权》,陈奇猷校注:《韩非子新校注》,上海古籍出版社2000年版,第145页。
⑤　《韩非子·二柄》,陈奇猷校注:《韩非子新校注》,上海古籍出版社2000年版,第126页。
⑥　《韩非子·主道》,陈奇猷校注:《韩非子新校注》,上海古籍出版社2000年版,第67页。
⑦　《韩非子·奸劫弑臣》,陈奇猷校注:《韩非子新校注》,上海古籍出版社2000年版,第282页。
⑧　参见"然则君人者无逆贤而已矣,索贤不为人主难。且官职所以任贤也,爵禄所以赏功也;设官职,陈爵禄,而士自至,君人者奚其劳哉!使人又非所佚也:人主虽使人必以度量准之,以刑名参之;以事遇于法则行,不遇于法则止;功当其言则赏,不当则诛。以刑名收臣,以度量准下,此不可释也,君人者焉佚哉!"(《韩非子·难二》,陈奇猷校注:《韩非子新校注》,上海古籍出版社2000年版,第882页)

验"的方法,可以确定是非、审核言辞的真实性,这样可以杜绝"伪诈"的发生①。"循名实"的关系表明,名实统一是"是",名实相离是"非"。实事求是是关键。

（3）参验。上面已经提到"因参验而审言辞",因循参验的结果来审核言辞,参验就是"形名参同"中的"参",是具体判断名实是否一致的方法。

首先,为何参验? 在韩非看来,"听以爵不待参验,用一人为门户者,可亡也"②;仅仅听信臣下所说而不加以参验,等于听信一人之言,必然走向毁灭。在人性的坐标上,"凡人之大体,取舍同者则相是也,取舍异者则相非也"③;在取舍问题上,人一般给予相同的以是的评价,给予相异的以非的评价,其标准在自身;如果臣下投君主所好恶的话,那参验就起到非常重要的作用。总之,无论在人性的特点上,还是集思广益上,参验都是求真的最佳选择。

其次,何谓参验? 在韩非看来,"无参验而必之者,愚也;弗能必而据之者,诬也"④;不依据事实加以检验就对物事作出判断,那是愚蠢的表现;不能正确判断就引为依据,那是欺骗的行为。显然,参验有聪慧的意思。其实,韩非之所以重视参验,与他视参验为道的本质体现不无关系。他说:"虚静无为,道之情也;参伍比物,事之形也。参之以比物,伍之以合虚。"⑤参验形名,错综物事,其事功就自然显现;"参之以比物"的意思是,验之以物事,看是否与物事相合;"伍之以合虚"的意思是,错综地加以比较,掂量是否没有成见存在即"合虚"。

显然,"参之以比物,伍之以合虚"是对参验过程的动态描绘;在本质上,这一过程始终依归道来进行,"道在不可见,用在不可知。虚静无事,以暗见疵。见而不见,闻而不闻,知而不知。知其言以往、勿变勿更,以参合阅焉,〔以伍比察焉〕。官置一人,勿令通言,则万物皆静"⑥,就是具体的说

---

①　参见"听不参则无以责下,言不督乎用则邪说当上……有道之主,听言、督其用,课其功,功课而赏罚生焉,故无用之辩不留朝……明主之道,臣不得两谏,必任其一语;不得擅行,必合其参;故奸无道进矣。"（《韩非子·八经》,陈奇猷校注:《韩非子新校注》,上海古籍出版社 2000 年版,第 1074—1075 页。

②　《韩非子·亡征》,陈奇猷校注:《韩非子新校注》,上海古籍出版社 2000 年版,第 300 页。

③　《韩非子·奸劫弑臣》,陈奇猷校注:《韩非子新校注》,上海古籍出版社 2000 年版,第 278 页。

④　《韩非子·显学》,陈奇猷校注:《韩非子新校注》,上海古籍出版社 2000 年版,第 1125 页。

⑤　《韩非子·扬权》,陈奇猷校注:《韩非子新校注》,上海古籍出版社 2000 年版,第 156—157 页。

⑥　《韩非子·主道》,陈奇猷校注:《韩非子新校注》,上海古籍出版社 2000 年版,第 74 页。

明。君主之道在不可见,君主的作用在不可知,必须本着道而进行无为的实践;看到了却表现为仿佛没看到,其他闻知的情况也一样;了解了臣下的言论后,不加以任意的变更,而是通过"参合""伍比"的手段得到审察。由于每个职位上只有一人,每人尽职,万物都能得到符合自己本性特征的表现即"万物皆静"。

参验的实践手段,虽然依靠详细的比较、考察,但都是依靠规则本身的作用,而不是君主自身在操作,体现的是道的本质精神;在这样的氛围里,万物才获得符合自己本性特征的活动环境,并得以展示自己本性的力量。显然,韩非在此吸收道家老子思想的痕迹是非常明显的。

2."赏罚者,邦之利器"

赏罚是韩非因循运思的必然环节,"凡治天下,必因人情。人情者,有好恶,故赏罚可用"①,就是具体的佐证。社会的治理必须因循人情,人情不仅有好恶,而且有趋利避害的特性,这给赏罚的现实运用提供了无限的空间。赏罚的分析无疑是总结其因循思想的必然课题。韩非关于赏罚的运思,拟将通过以下几个视角来加以说明。

(1)何谓赏罚呢? 赏罚是"劝禁"。韩非说:

> 凡赏罚之必者,劝禁也。赏厚则所欲之得也疾,罚重则所恶之禁也急……是故欲治甚者,其赏必厚矣,其恶乱甚者,其罚必重矣。②
>
> 以赏者赏,以刑者刑。因其所为,各以自成。善恶必及,孰敢不信?③

"劝"是激励、勉励的意思,即对人的行为的鼓励;"禁"是禁止的意思,即对人的行为的否定。通过赏厚可以很快获得想要的东西,通过罚重可以很快停止所厌恶的东西。因此,真心希望治理好国家的人,必然推重赏厚;非常厌恶动乱的人,必然奉行罚重。就赏罚而言,该赏的赏,该罚的罚;因循人的所为,赏罚自然到位;善恶一定受到赏罚,有谁敢不相信呢?

非常厌恶乱的人,刑罚一定很重。

(2)赏罚的依据。虽然赏罚是因循人情有好恶、趋利避害特点而治理

---

① 《韩非子·八经》,陈奇猷校注:《韩非子新校注》,上海古籍出版社 2000 年版,第 1045 页。
② 《韩非子·六反》,陈奇猷校注:《韩非子新校注》,上海古籍出版社 2000 年版,第 1011 页。
③ 《韩非子·扬权》,陈奇猷校注:《韩非子新校注》,上海古籍出版社 2000 年版,第 157 页。

的必然课题。但另一方面,在韩非的视野里,人自觉为善的情况是罕见的。他说:

> 夫圣人之治国,不恃人之为吾善也,而用其不得为非也。恃人之为吾善也,境内不什数;用人不得为非,一国可使齐。为治者用众而舍寡,故不务德而务法。夫必恃自直之箭,百世无矢;恃自圜之木,千世无轮矣。自直之箭、自圜之木,百世无有一,然而世皆乘车射禽者何也? 隐栝之道用也。虽有不恃隐栝而有自直之箭、自圜之木,良工弗贵也,何者? 乘者非一人,射者非一发也。不恃赏罚而恃自善之民,明主弗贵也,何则? 国法不可失,而所治非一人也。故有术之君,不随适然之善,而行必然之道。①

社会治理是具体的,不能指望人自觉为善,而应该立足"不得为非",这就是韩非法度的出发点;调控法度实践的有效手段之一是赏罚,这是行"必然之道",人自觉为善则是"适然之善",不具备必然性。

在人们的趋利避害、好恶的人性密码里,并不朝向善一个方向,诸如儒家性善的运思那样,喜好、趋利可以有许多方面,利用赏罚是调控其方向朝好的方面发展的手段,"明主之道,取于任,贤于官,赏于功……任事也毋重,使其宠必在爵;处官者毋私,使其利必在禄;故民尊爵而重禄。爵禄所以赏也,民重所以赏也则国治"②,就是具体说明。爵禄是赏的具体落实,这是人所看重的,有效使用就可以达到治国的目的。

(3)赏罚需当。在"寄治乱于法术,托是非于赏罚"③中可以看到,韩非旨在通过法术达到社会的治理,通过赏罚的调控来彰显是非的标准。赏罚中的是非必须通过"当"来保证。他说:

> 计功而行赏,程能而授事,察端而观失,有过者罪,有能者得,故愚者不任事。智者不敢欺,愚者不得断,则事无失矣。④
> 且官职所以任贤也,爵禄所以赏功也;设官职,陈爵禄,而士自至,君人者奚其劳哉! 使人又非所佚也:人主虽使人必以度量准之,以刑名

---

① 《韩非子·显学》,陈奇猷校注:《韩非子新校注》,上海古籍出版社2000年版,1141—1142页。
② 《韩非子·八经》,陈奇猷校注:《韩非子新校注》,上海古籍出版社2000年版,第1079页。
③ 《韩非子·大体》,陈奇猷校注:《韩非子新校注》,上海古籍出版社2000年版,第555页。
④ 《韩非子·八说》,陈奇猷校注:《韩非子新校注》,上海古籍出版社2000年版,第1025页。

参之;以事遇于法则行,不遇于法则止;功当其言则赏,不当则诛。以刑名收臣,以度量准下,此不可释也,君人者焉佚哉!①

赏罚的依据在于功过,即"计功而行赏"②"察端而观失";在衡量赏罚的过程中,"当"是唯一的标准,即"功当其言则赏,不当则诛";具体的方法就是上面提到的"刑名参之",即参验。

赏罚是一个机制,有具体的标准,"符契之所合,赏罚之所生也生"③,并不是君主个人的臆想。所以,"今有功者必赏,赏者不得君,力之所致也;有罪者必诛,诛者不怨上,罪之所生也。民知诛赏之皆起于身也,故习功利于业,而不受赐于君"④;赏罚都是缘起于自身的行为,与君主无关,受赏无须感恩,受罚不必怨上。赏罚的当非常重要,不然就会失去其本有的威力,"用赏过者失民,用刑过者民不畏。有赏不足以劝,有刑不足以禁,则国虽大,必危"⑤,就是佐证。

(4)赏罚的功效。韩非认为,"夫善赏罚者,百官不敢侵职,群臣不敢失礼。上设其法,而下无奸诈之心"⑥;官吏尽职,群臣循礼,一切都在法度的轨道上运行,这是最佳的景象。这为赏罚内在的功能所决定。

首先,赏罚具有激励和威慑的功效。上面提到韩非的赏罚就是"劝禁"的问题,实际上,他就是从功效切入而立论的。他说:"明主之道不然,设民所欲以求其功,故为爵禄以劝之;设民所恶以禁其奸,故为刑罚以威之"⑦、"故先王明赏以劝之,严刑以威。赏刑明,则民尽死,民尽死,则兵强主尊。"⑧依据人的"所欲""所恶"来设计的爵禄、刑罚,具有"劝之""威之"的功效。

其次,赏罚超越人的喜怒。韩非认为,"故至治之国,有赏罚,而无喜

① 《韩非子·难二》,陈奇猷校注:《韩非子新校注》,上海古籍出版社 2000 年版,第 882 页。
② 参见"授官爵、出利禄不以功,是无当也。国以功授官与爵,此谓以成智谋,以威勇战,其国无敌。国以功授官与爵,则治见者省,言有塞,此谓以治去治,以言去言。以功与爵者也故国多力,而天下莫之能侵也。"(《韩非子·饬令》,陈奇猷校注:《韩非子新校注》,上海古籍出版社 2000 年版,第 1170 页)
③ 《韩非子·主道》,陈奇猷校注:《韩非子新校注》,上海古籍出版社 2000 年版,第 81 页。
④ 《韩非子·难三》,陈奇猷校注:《韩非子新校注》,上海古籍出版社 2000 年版,第 906—907 页。
⑤ 《韩非子·饰邪》,陈奇猷校注:《韩非子新校注》,上海古籍出版社 2000 年版,第 349 页。
⑥ 《韩非子·难一》,陈奇猷校注:《韩非子新校注》,上海古籍出版社 2000 年版,第 856—857 页。
⑦ 《韩非子·难一》,陈奇猷校注:《韩非子新校注》,上海古籍出版社 2000 年版,第 851 页。
⑧ 《韩非子·饰邪》,陈奇猷校注:《韩非子新校注》,上海古籍出版社 2000 年版,第 367 页。

怒,故圣人极;有刑法而死,无螫毒,故奸人服。发矢中的,赏罚当符,故尧复生,羿复立"①;在至治的国度里,看到的是赏罚,而没有人的喜怒的干预。所以,在那里圣人就可以消失,"极"读为殛。

最后,赏罚是国家的利器。韩非说:"赏罚者,邦之利器也,在君则制臣,在臣则胜君。君见赏,臣则损之以为德;君见罚,臣则益之以为威。人君见赏而人臣用其势,人君见罚而人臣乘其威。"②赏罚对君臣都是非常重要的,是互相制约的武器之一③。

(5)赏罚的意义。赏罚所持有的意义决不限于当事人,韩非说:

　　若夫厚赏者,非独赏功也,又劝一国。受赏者甘利,未赏者慕业,是报一人之功而劝境内之众也,欲治者何疑于厚赏! 今不知治者,皆曰重刑伤民,轻刑可以止奸,何必于重哉? 此不察于治者也。夫以重止者,未必以轻止也;以轻止者,必以重止矣。是以上设重刑者而奸尽止,奸尽止则此奚伤于民也? 所谓重刑者,奸之所利者细,而上之所加焉者大也;民不以小利蒙大罪,故奸必止者也。所谓轻刑者,奸之所利者大,上之所加焉者小也;民慕其利而傲其罪,故奸不止也。④

赏罚的关键一方面在当功过,另一方面则在"厚赏"和"重罚",这可以生发"劝""止"的意义;"劝"昭示着社会提倡的方向,"止"表达着社会禁止的意向。这是必须注意的。

韩非赏罚的运思,是他因循人情进行社会治理的必然环节;赏罚正是因循人的"所欲""所恶"的治理社会的武器,而"所欲"中自然包含着趋利避害的因素,这是需要注意的。对赏罚所具有的"劝禁"功效的设定,也寄托着韩非对通过赏罚的机制而逾越人情感的薄弱环节来实行社会治理的追求。

以上讨论的形名、赏罚的问题,都是韩非因循系统中的必然环节,"循名实而定是非,因参验而审言辞",不仅使形名参验得以具体化,而且赋予

---

①　《韩非子·用人》,陈奇猷校注:《韩非子新校注》,上海古籍出版社 2000 年版,第 549 页。

②　《韩非子·喻老》,陈奇猷校注:《韩非子新校注》,上海古籍出版社 2000 年版,第 437 页。

③　参见"赏罚者,利器也。君操之以制臣,臣得之以拥主。故君先见所赏则臣鬻之以为德,君先见所罚则臣鬻之以为威。"(《韩非子·内储说下》,陈奇猷校注:《韩非子新校注》,上海古籍出版社 2000 年版,第 622—623 页)

④　《韩非子·六反》,陈奇猷校注:《韩非子新校注》,上海古籍出版社 2000 年版,第 1011—1012 页。

赏罚以可能的条件。因为,赏罚中的当公与否的判断,只能借助于参验的手段,这是必须注意的。另外,参验是韩非术的"因任而授官,循名而责实"的具体环节,因任、形名都在参验的舞台上得到最终的裁判,其重实功的倾向在着实处得到落实。

韩非的因循思想,最为关键的就是道法万全的运思。道法是中国哲学思想史中的一个重要概念,在《黄帝四经》中有专门的《道法》篇,道法显示了道家、法家内在的联系,同时也是对两者融合的比较生动而形象的概括。在韩非的心目中,通过道法就可以达到完全的境地。为了实现道法万全的追求,他提出了"因道全法"的主张,这不仅清晰地解释了道法的关系,而且揭开了自己因循思想的旗帜,他"循天顺人"的因循图画就是通过"因道全法"来编织的;"因道全法"的关键在"贵静",即"是以有道之君贵静,不重变法"①;"贵静"的依据在"聪明睿智,天也;动静思虑,人也。人也者,乘于天明以视,寄于天聪以听,托于天智以思虑。故视强,则目不明;听甚,则耳不聪;思虑过度,则智识乱。目不明,则不能决黑白之分;耳不聪,则不能别清浊之声;智识乱,则不能审得失之地。目不能决黑白之色则谓之盲;耳不能别清浊之声则谓之聋;心不能审得失之地则谓之狂。盲则不能避昼日之险,聋则不能知雷霆之害,狂则不能免人间法令之祸。"②这是重自然的表现。因此,贵静实际是因循的最好的方法。

韩非推重法度,显然是适合时代发展的要求和需要的。但是,其思想特点的产生,绝不是韩非本人独创的结果,虽然在追求"法""术""势"融合的问题点上,显示出在法律思想史上的别具特色的特征并占据重要的位置,但"法"在与"术""势"组成的系统里,是其他两者存在的依据和行为的准则。这是值得重视的方面,不能依据后来他对"术""势"思想鲜活运用的事实,而视韩非为专制主义、专权主义的思想代表。韩非的思想无疑是对人类文明成果的自然借鉴。众所周知,齐法家代表管子就显示出礼法并重的特点,而且诸如"法度""法制""法令""法术"等都是其频繁使用并得到强调的概念③,就是为韩非所重视的"势",在齐法家那里也得到了理性的定

---

①　《韩非子·解老》,陈奇猷校注:《韩非子新校注》,上海古籍出版社2000年版,第400页。

②　《韩非子·解老》,陈奇猷校注:《韩非子新校注》,上海古籍出版社2000年版,第394页。

③　《管子》里,"法度"约出现14次,"法令"约出现19次,"法术"约出现4次,"法律"约出现3次,除"法术"义务,其他的概念仍然是我们今天使用频率较高的概念。这个特征,没有得到更大程度的注意和重视。

位和界定①,这历来没有得到应有的重视和强调。所以,我们虽然不能无视韩非对申不害的"术"、商鞅的"法"等思想的借鉴,但是,这些思想的源头实际在齐法家这里。在这个意义上,韩非思想无疑直接从管子齐法家那里得到现实的启发和营养。韩非之所以为韩非,在于其思想体系里内置着自觉继承和借鉴人类文明优秀思想的因子,这就是其因循的思想。其实,这是迄今在韩非的研究里仍然为人所忽视的盲区,对其进行切实而客观的研究,既是其研究深入的需要,也是中国因循哲学研究的必然课题。

---

① 参见"凡人君之所以为君者,势也。故人君失势,则臣制之矣。势在下,则君制于臣矣;势在上,则臣制于君矣。故君臣之易位,势在下也。在臣期年,臣虽不忠,君不能夺也。在子期年,子虽不孝,父不能服也。故春秋之记,臣有弑其君,子有弑其父者矣。"(《管子·法法》,(清)黎翔凤撰:《管子校注》,中华书局 2004 年版,第 305 页)

第九章 《鹖冠子》"因物之然"的因循思想

《鹖冠子》(约前236—228年),先秦道家著作,是全面审视先秦道家思想不可或缺的环节。

它最早见于班固《汉书·艺文志》,收入道家类著录曰"《鹖冠子》一篇"。关于其著者,班固自注曰"楚人,居深山,以鹖为冠";颜师古注曰"以鹖鸟羽为冠"。《艺文类聚》卷三十六《隐逸上》引袁淑《真隐传》曰:"鹖冠子,或曰楚人,隐居幽山,衣敝履空,以鹖为冠,莫测其名,著书言道家。冯煖常师事之。后显于赵,鹖冠子惧其荐己也,乃与煖绝。"作为子书,历来少为人所重视。唐代柳宗元注意到《鹖冠子·世兵》的不少文句与贾谊《鹏鸟赋》存在相似,并在《辩鹖冠子》一文中将其定为"尽鄙浅言……吾意好事者伪为其书"[①],自此伪书成定论[②];然吕思勉却认为"此书义精文古,决非后世所能伪为,全书多道法二家言,又涉明堂阴阳之论,与《管子》最相似"[③];1973年,湖南长沙马王堆汉墓出土的《黄帝四经》,语句与《鹖冠子》存在相合者,证明了《鹖冠子》存在客观的可信度[④],由此确定此书约成于战国晚期至秦汉之际,认为"无论如何《鹖冠子》一书是焚书以前的作品"[⑤]。

今传《鹖冠子》十九篇,其中十二篇为专题论文,七篇为对话;除《世贤》《武灵王》在体例上存在差异而可能成书较晚外,其他都成一个思想整体,存在内在浑然的联系,体现道家思想的特色。对其因循思想的整理和研究,迄今仍为空白。本章拟在《鹖冠子》思想整体的框架下,在因循哲学思想的轨道上,整理和分析其因循的思想轨迹,并给予客观的思想史价值和地位的量定。

本研究依据的资料是黄怀信所撰《鹖冠子汇校集注》。

---

① (唐)柳宗元著:《柳宗元全集》,上海古籍出版社1997年版,第34页。

② 参见张心澂编著:《伪书通考》,商务印书馆1939年版,第739—743页。

③ 吕思勉著:《经子解题》,华东师范大学出版社1995年版,第46页。

④ 参见[美]唐兰:《马王堆出土〈老子〉乙本卷前古佚书的研究》,《考古学报》1975年第1期;李学勤:《马王堆帛书与〈鹖冠子〉》《江汉考古》1983年第2期;吴光:《黄老之学通论》,浙江人民出版社1985年版,第151页。

⑤ 李学勤:《〈鹖冠子〉与两种帛书》,《道家文化研究》第一辑,上海古籍出版社1992年版,第336页。

一、"天人同文,地人同理"的基础论

在文明史的视野里,道家的创始人老子把原始文明作为人类文明的最高追求目标来定位,即"大道废,安有仁义;慧智出,安有大伪;六亲不和,安有孝慈;国家昏乱,安有贞臣"(《老子》18 章),仁义等虽然是人类文明的一种样态,但并非最高的图本,它们毕竟是大道缺场以后得以登场表演的样式,所以是次于大道的存在。老子的这一文明基准的设定,一直成为以后道家的基调,《鹖冠子》(以下简称"鹖氏")也不例外。

> 德之盛,山无径迹,泽无津梁,不相往来,舟车不通。何者?其民犹赤子也。有知者不以相欺役也,有力者不以相臣主也。是以鸟鹊之巢可俯而窥也,麋鹿群居可从而系也。至世之衰,父子相图,兄弟相疑。何者?其化薄而出于相以有为也。故为者败之,治者乱之。①

"德之盛"就是道家庄子所说的"至德之世"②;在社会的模式上,体现的是"小国寡民"的特点③,人们过着自耕自食的生活,没有供交通的道路和桥梁,自然也没有必要;人们之间虽然在智、力上存在客观的差异,但并没有因此在社会生活层面造成"相欺役""相臣主"的局面,宇宙层面的万物共生的局面也没有遭到破坏。至德之世的衰落,即使父子、兄弟之间也处在相互图谋、相互怀疑的境地之下,原因则在"有为",有为只能导致败乱的境地。④

从至德之世向"至世之衰"的变迁,关键在于人类行为的有为性。有为破坏了宇宙本有的整体联系性。具体而言:

1."类 类 生 成"

"类"的概念在老子那里没有使用例。《庄子》对此则有相当的讨论,

---

① 《鹖冠子·备知》,黄怀信撰:《鹖冠子彙校集注》,中华书局 2004 年版,第 304—306 页。

② "故至德之世,其行填填,其视颠颠。当是时也,山无蹊隧,泽无舟梁;万物群生,连属其乡;禽兽成群,草木遂长。是故禽兽可系羁而游,鸟鹊之巢可攀援而窥。"(《庄子·马蹄》,(清)郭庆藩辑:《庄子集释》,中华书局 1961 年版,第 334 页)

③ 参见"小国寡民,使有什伯之器而不用,使民重死而不远徙。虽有舟舆,无所乘之……使民复结绳而用之。甘其食,美其服,安其居,乐其俗。邻国相望,鸡犬之声相闻,民至老死不相往来。"(《老子》80 章)

④ 参见"将欲取天下而为之,吾见其不得已。天下神器,不可为也。为者败之,执者失之。"(《老子》29 章)

"今且有言于此,不知其与是类乎? 其与是不类乎? 类与不类,相与为类,则与彼无以异矣"①,揭示了类与不类的相对性。在鹖氏看来,宇宙万物的生命和活力在于互生共存:

> 神明,所以类合者也。故神明锢结其纮。类类生成,用一不穷。影则随形,响则应声。故形声者,天地之师也。四时之功,阴阳不能独为也……故天地阴阳之受命,取象于神明之效,既已见矣。天者,气之所总出也;地者,理之必然也……在天地若阴阳者,杜燥湿以法义,与时迁焉。②
>
> 天者,神也;地者,形也。地湿而火生焉,天燥而水生焉。法猛刑颇则神湿,神湿则天不生水。音〔斯〕声倒则形燥,形燥则地不生火。水火不生,则阴阳无以成气,度量无以成制,五胜无以成执,万物无以成类。百业俱绝,万生皆困……③

"类类生成"是物以类聚、生生不息的意思;"类类"昭示的是生物链的运思,万物必须获取各自的生,每个生物都具有不可或缺的效用,这就是"阴阳不能独为"所包含的意思。宇宙是一个整体,生物链的每个环节都具有独特的效用;"水火不生"的话,带来的效应是连环的,"阴阳无以成气""度量无以成制""五胜无以成执""万物无以成类"都是具体的表现。宇宙万物处在相互的联系之中,而贯通联系的是"神明",它是"所以类合者"的存在;"经气不类,形离正名。五气失端,四时不成"④,显示也正是整体联系性的重要性。

2."天地者,同事而异域者"

鹖氏推重天文、地理,即"天,文也;地,理也"⑤,这当是至今人们仍在使用的天文地理的最早的表达之一;文、理文字虽异,但它们都具有纹理、条理的意思;在这个层面,它们又是相通的。所以,鹖氏认为,"天地者,同事而异域者也。无规圆者,天之文也;无矩方者,地之理也。天循文以动,地循理

---

① 《庄子·齐物论》,(清)郭庆藩辑:《庄子集释》,中华书局1961年版,第79页。
② 《鹖冠子·泰录》,黄怀信撰:《鹖冠子彙校集注》,中华书局2004年版,第265—269页。
③ 《鹖冠子·度万》,黄怀信撰:《鹖冠子彙校集注》,中华书局2004年版,第135—137页。
④ 《鹖冠子·度万》,黄怀信撰:《鹖冠子彙校集注》,中华书局2004年版,第144—145页。
⑤ 《鹖冠子·夜行》,黄怀信撰:《鹖冠子彙校集注》,中华书局2004年版,第24页。

以作者也。二端者,神之法也"①;"事"的本义是官职,《说文解字》释为"职",即职事,天地"同事"显示的是天地的职事是相同的,不同的是所辖的领域相异即"异域"。具体而言,"规"所以为圆,"矩"所以为方;天文无规而自然圆,地理无矩而自然方。毋庸置疑,"文"是天运行规律的概括,"理"是地运转规则的总结;天地的运作始终以文理为轨道;天理规律的总结和概括是"神之法",这里"神"就是神明的意思,这正与上面说的作为"所以类合者"的神明是相合的,"天受藻华,以为神明之根者也。地受时,以为万物原者也"②,也是具体的证明。

　　鹖氏的视野是天地人"三才"的整一,"天人同文,地人同理"③,就是具体的例证。由于宇宙是类类联系的,联系是根本,如果离脱联系的轨道而只顾自己的发展,结果只能是"夫生生而倍其本则德专已。知无道,上乱天文,下灭地理,中绝人和"④。在鹖氏看来,"道"是宇宙有序运作的保证,"道有度数,故神明可劾也。物有相胜,故水火可用也"⑤,就是具体的说明;道是神明发挥效用、万物相因为用的枢机。

　　众所周知,道在这里存在诸多样态,"道凡四稽:一曰天,二曰地,三曰人,四曰命"⑥,就是具体的说明;道尽管贯穿于天地人命,但在天地人命那里具有不同的表现形式;与道相比,"一"具有更为本根的地位,"天之不违,以不离一。天若离一,反还为物"⑦、"一在而不可见,道在而不可专。切譬于渊,其深不测,凌凌乎泳澹波而不竭"⑧,这与老子"道生一,一生二,二生三,三生万物"(《老子》42章)的运思存在着明显的差异,其证据就是"昔之得一者,天得一以清,地得一以宁,神得一以灵,谷得一以盈,万物得一以生,侯王得一以为天下贞"(《老子》39章),老子的"一"对天地与其他存在具有一样的功效,而鹖氏的情况是"天若离一,反还为物",天只有离开一的时候才返归万物的行列,"日信出信入,南北有极,度之稽也。月信死信生,进退有常,数之稽也。列星不乱其行,代而不干,位之稽也。天明三以定一,则万物莫不至矣"⑨,显示也是同样的价值信息;由于"一"是"不可见","见"即

　　① 《鹖冠子·泰录》,黄怀信撰:《鹖冠子彙校集注》,中华书局2004年版,第259—260页。
　　② 《鹖冠子·泰鸿》,黄怀信撰:《鹖冠子彙校集注》,中华书局2004年版,第249页。
　　③ 《鹖冠子·度万》,黄怀信撰:《鹖冠子彙校集注》,中华书局2004年版,第138页。
　　④ 《鹖冠子·度万》,黄怀信撰:《鹖冠子彙校集注》,中华书局2004年版,第141—142页。
　　⑤ 《鹖冠子·世兵》,黄怀信撰:《鹖冠子彙校集注》,中华书局2004年版,第271页。
　　⑥ 《鹖冠子·博选》,黄怀信撰:《鹖冠子彙校集注》,中华书局2004年版,第2页。
　　⑦ 《鹖冠子·天则》,黄怀信撰:《鹖冠子彙校集注》,中华书局2004年版,第37页。
　　⑧ 《鹖冠子·能天》,黄怀信撰:《鹖冠子彙校集注》,中华书局2004年版,第385—386页。
　　⑨ 《鹖冠子·泰鸿》,黄怀信撰:《鹖冠子彙校集注》,中华书局2004年版,第229—230页。

"现",无法显现出来,而道虽然无处不在即"不可专"①,但"道凡四稽",通过天地人命可以审察道的具体情况;一是最为本原的存在,道当是次本原的存在,与老子"道生一"的运思存在明显的差异。这是需要注意的地方。

3. "圣人象之"

在现实社会中,圣人是道的化身;换言之,天地自然故事的具体演绎者是圣人,"阴阳者,气之正也;天地者,形之正也。圣人者,德之正也;四时者,法令之正也"②、"天者,万物所以得立也。地者,万物所以得安也。故天定之,地处之,时发之,物受之,圣人象之"③。天地是万物立命安身的缘由所在,"定之""处之""发之"的"之",指的是万物;"受之"的"之"当是"定之""处之""发之"的综合;"象之"的"之"当是对前面四者内容的综合。圣人之所以能够法物取象就在于它是"德之正",是天地精神的化身,"圣王者不失本末,故神明终始焉……故圣人者出之于天,收之于地"④、"圣人之道与神明相得"⑤,就是例证。圣人与神明同在,其行为之方与神明相得益彰。

鹖氏有专门道与圣的讨论,是认识其差异不可忽视的部分,资料集中在下面:

> 道者,开物者也,非齐物者也。⑥
>
> 道者,通物者也;圣者,序物者也。是以有先王之道,而无道之先王。故圣人者后天地而生,而知天地之始;先天地而亡,而知天地之终。力不著天地,而知天地之任;气不著阴阳,而能为之经;不若万物多,而能为之正;不若众美丽,而能举善指过焉。⑦

"开"的本义是开门,具有启、通的意思,这里用的正是本义,因为在上面也

---

① 这与庄子对"道"的把握存在相似性,参见"东郭子问于庄子曰:所谓道,恶乎在? 庄子曰:无所不在。东郭子曰:期而后可。庄子曰:在蝼蚁。曰:何其下邪? 曰:在稊稗。曰:何其愈下邪?曰:在瓦甓。曰:何其愈甚邪? 曰:在屎溺。"(《庄子·知北游》,(清)郭庆藩辑:《庄子集释》,中华书局 1961 年版,第 749—750 页)

② 《鹖冠子·度万》,黄怀信撰:《鹖冠子汇校集注》,中华书局 2004 年版,第 138—139 页。

③ 《鹖冠子·道端》,黄怀信撰:《鹖冠子汇校集注》,中华书局 2004 年版,第 90 页。

④ 《鹖冠子·泰录》,黄怀信撰:《鹖冠子汇校集注》,中华书局 2004 年版,第 266—268 页。

⑤ 《鹖冠子·泰鸿》,黄怀信撰:《鹖冠子汇校集注》,中华书局 2004 年版,第 224 页。

⑥ 《鹖冠子·能天》,黄怀信撰:《鹖冠子汇校集注》,中华书局 2004 年版,第 378 页。

⑦ 《鹖冠子·能天》,黄怀信撰:《鹖冠子汇校集注》,中华书局 2004 年版,第 379 页。

提到"知无道,上乱天文,下灭地理,中绝人和"①,道不在万物中通行的话,天文、地理、人和必然脱离本有的轨道。正是在这个意义上,它提出"通于道"②的运思;《易传·系辞上》也有"开物成务"的用法。

在道与圣的关系上,道是开启万物的存在,不是齐一、整齐万物的存在;道贯通于万物之中,使万物通达。圣是道的体现者,因为圣人也是万物之一,接受道的开启,但道不是圣;圣人是万物的治理者,即"序物者",《能天》有"道者,圣之所吏也"③的记载,这里的"吏"是吏治,即治理的意思,这句话的意思是道是圣人治理社会的依据,即"所吏"。在道与人的坐标里,道是坐标的原点,是第一位的存在,所以"有先王之道,而无道之先王"。圣人作为人,后天地而生,先天地而亡,天地是永生的,但知道天地的始终;圣人只是万物中的一分子,但能成为万物的君长,并能"举善指过",这是善恶、是非观的张扬。总之,圣人是道德之正,是天地自然之道的象征。

在鹖氏的视野里,"度数相使,阴阳相攻,死生相摄,气威相灭,虚实相因"④,重点是一个"相",强调的是相对性、相互依存性。以虚实为例的话,虚的存在离不开实的存在,没有实就无所谓虚,所以它们是"相因"的关系,一方价值的存在是以他方为条件的;万物在生物链中具有独特的价值,这是其整体哲学取向的显示;圣人作为现实生活中"德之正"的代表,通过"象之"的方法在现实社会演绎天地自然之道的故事,但并没有收到预期的效果;战争不断、智巧恶性发展,既成为道德滑坡的表现,又构成其内在的原因,下面的资料就是最好的总结:

> 道有度数,故神明可劾也……东、西、南、北,故形名可信也。五帝在前,三王在后,上德已衰矣;兵知俱起,黄帝百战,蚩尤七十,尧伐有唐,禹服有苗。天不变其常,地不易其则,阴阳不乱其气,生死不偝其位,三光不改其用,神明不徙其法。得失不两张,成败不两立。⑤

在人类社会战争不断、呈现"上德已衰"的态势之下,天地、阴阳、三光(日月星)、神明等仍然坚守自己的阵地,遵循一贯的行为之方;得失、成败也显示互相依存的样态,各自在整体联系性的舞台上演绎着属于自己的

---

① 《鹖冠子·度万》,黄怀信撰:《鹖冠子彙校集注》,中华书局 2004 年版,第 141—142 页。
② 《鹖冠子·环流》,黄怀信撰:《鹖冠子彙校集注》,中华书局 2004 年版,第 73—74 页。
③ 《鹖冠子·能天》,黄怀信撰:《鹖冠子彙校集注》,中华书局 2004 年版,第 377 页。
④ 《鹖冠子·世兵》,黄怀信撰:《鹖冠子彙校集注》,中华书局 2004 年版,第 284 页。
⑤ 《鹖冠子·世兵》,黄怀信撰:《鹖冠子彙校集注》,中华书局 2004 年版,第 271—275 页。

故事。

相因的社会,需要因循行为的选择,这就是鹖氏因循运思中理由的回答。

二、"事功顺道"的因治论

如何治理"类类生成"的社会,鹖氏列出了五种治理的方式:

> 有神化,有官治,有教治,有因治,有事治。①
> 神化者于未有,官治者道于本,教治者修诸己,因治者不变俗,事治者矫之于末。②
> 神化者定天地,豫四时,拔阴阳,移寒暑;正流并生,万物无害,万类成全,名尸气皇。官治者师阴阳,应将然;地宁天澄,众美归焉,名尸神明。教治者署四时,事功顺道,名尸贤圣。因治者招贤圣而道心术,敬事生和,名尸后王。事治者招仁而道知焉。③

"神化"的治理在还没有表现出来时就做功,其行为体现的是与天地、四时、阴阳、寒暑相同的本质即自然而为,带来的结果是万物相处无害地共生的局面,"正流""万物""万类"所包含的意思是相同的,就是万事万物;"官治"以依归阴阳来应对未有为本,结果是地宁天清④,一切美善之物归附而来;"教治"的行为重在修己的身教,按照四时来部署教化的内容,能够依顺道来实践事功;"因治"的行为以因循习俗为重,招举贤圣、行心术,职事恭谨,关系和睦;"事治"的行为则推重人道,行智巧。⑤

1. "因治"的选择

"事治"实际就是人事之治,对此鹖氏是否定的。⑥ 在鹖氏的心目中,"神化"由于具有出神入化的神奇功效,是一种极致,"圣道神方,要之极也。

---

① 《鹖冠子·度万》,黄怀信撰:《鹖冠子汇校集注》,中华书局 2004 年版,第 161—162 页。
② 《鹖冠子·度万》,黄怀信撰:《鹖冠子汇校集注》,中华书局 2004 年版,第 162 页。
③ 《鹖冠子·度万》,黄怀信撰:《鹖冠子汇校集注》,中华书局 2004 年版,第 162—165 页。
④ 参见"天得一以清,地得一以宁。"(《老子》39 章)
⑤ 参见"大道废,安有仁义;慧智出,安有大伪;六亲不和,安有孝慈;国家昏乱,安有贞臣。"(《老子》18 章)
⑥ 参见"所谓因人事者,结币帛,用货财,闭近人之复其口,使其所谓是者尽非也,所谓非者尽是也。"(《鹖冠子·武灵王》,黄怀信撰:《鹖冠子汇校集注》,中华书局 2004 年版,第 391—392 页)

帝制神化,治之期也"①,就是具体的例证;"圣道神方"是要纲的极点,"帝制神化"是治理的期望;换言之,神化具有理想性,无法成为现实治理的样态,这仿佛人们仅仅知道神医扁鹊,而不知道他的两个哥哥比他的医术更高明一样②;而扁鹊的医治之方就是"因治",依据病人的客观病情,而没有"事治"的主观偏见。

(1)治理不是独治。严格而言,"官治"是一种制度治理,并没有回答如何治理的问题。在此,只有"教治"和"因治"回答了如何治理的问题。由于"教治"重在修身,虽然有"事功顺道"的因子,但重身教在整体上不是道家的特色,"夫寒温之变,非一精之所化也。天下之事,非一人之所能独知也。海水广大,非独仰一川之流也。是以明主之治世也,急于求人,弗独为也;与天与地,建立四维,以辅国政。钩绳相布,衔橛相制,参偶具备,立位乃固"③,就是具体的回答。自然界的一切现象的产生和变化,并非一个因素在起作用;天下的事情,也不是一个人都能够了知的。所以,贤明君主在治理社会时,把招徕人才放在首位,而不是"独为";遵循天地之道,营建起"四维"之道,来辅助国家的治理;此外,配备多样的制度,诸如"钩绳相布""衔橛相制",这样才能有牢固的基础。要注意的是,这里的"四维",当是《管子·牧民》中所说的"一曰礼,二曰义,三曰廉,四曰耻",鹖氏思想中法家思想的痕迹是非常明显的。

(2)"循成法"。在鹖氏看来,人类的经验告诉人们,"凡可无学而能者,唯息与食也。故先王传道,以相效属也。贤君循成法,后世久长;隋君不从,当世灭亡"④;"息"为会意兼形声词,从心,从自,自亦声;自的本义是鼻子;古人以为人通过鼻子呼吸,故本义是喘气、呼吸。"食"是吃的意思。对人而言,只有呼吸和吃饭是不需要学习的,其他都离不开后天的学习。在治理者的角度,就存在"相效属"即互相仿效的问题;历史的经验也充分证明了这一点,贤明的君主因循既成的法度,能够实现长生久治;惰懈的君主由于不因循既成的法度,结果只能是灭亡。"循成法"与"因治""不变俗"的内质是相通的。

---

①　《鹖冠子·泰录》,黄怀信撰:《鹖冠子汇校集注》,中华书局2004年版,第262页。

②　参见"煖曰:王独不闻魏文侯之问扁鹊耶?曰:‘子昆弟三人,其孰最善为医?’扁鹊曰:‘长兄最善,中兄次之,扁鹊最为下。’文侯曰:‘可得闻邪?’扁鹊曰:‘长兄于病视神,未有形而除之,故名不出于家。中兄治病,其在毫毛,故名不出于闾。若扁鹊者,镵血脉,投毒药,割肌肤,而名出闻于诸侯。’"(《鹖冠子·世贤》,黄怀信撰:《鹖冠子汇校集注》,中华书局2004年版,第335—337页)

③　《鹖冠子·道端》,黄怀信撰:《鹖冠子汇校集注》,中华书局2004年版,第91—92页。

④　《鹖冠子·道端》,黄怀信撰:《鹖冠子汇校集注》,中华书局2004年版,第112页。

显然,鹖氏是在借鉴历史经验的基础上,在衡量几种不同的社会治理方法的基础上,选择"循成法"这一因循的社会治理方法的。当然,这仅仅是宏观上的考虑。

2."人　有　成"

鹖氏社会治理的图案是非常清晰的,以下的论述最有代表性:

> 有一而有气,有气而有意,有意而有图,有图而有名,有名而有形,有形而有事,有事而有约;约决而时立,时立而物生。故时相加而为约,约相加而为期,期相加而为功,功相加而为得失,得失相加而为吉凶,吉凶相加而为胜败。〔万物〕莫不发于气,通于道,约于事,正于时,离于名,成于法者也。①

这段文字前后是呼应的,从万物的产生到社会的治理,存在"气""道""事""时""名"的环节;这五个环节如果都能客观合理地运作,诸如气的"发"、道的"通"、事的"约"、时的"正"、名的"离"("离"通丽,表附丽的意思),都能恰到好处,这就形成了社会的法则;在这个意义上,可以说,社会的法则就是要保证道的通畅、职事的制约、事宜的正当、名实的一致,只有这样,万物才能健康生长。可以说,这是鹖氏给我们提供的一幅清晰的治理社会的图案。

在具体的细节上,它主张万物产生于气,万物必须按照道的规律来运作即"通于道",这呼应于首句"有一而有气","一"指的就是道;在前面已经提到,这里的"事"表示的是官职即职事的意思,也就是社会管理的具体事务,社会管理面对的是万物,所以不能随管理者的心意来进行主观的管理,必须依据管理实践的参与者的实际情况来制定规约,只有这样才能保障被管理者的利益,这就是"约于事";它与前面的"有形而有事,有事而有约"相对应;"正于时"与"约决而时立,时立而物生"相对应,这里的"时",黄怀信解释为"时限",时的本义是季节、季度;这里是就社会治理而言的,不存在季节的问题,也不存在时限的话题,而当是就时宜、时节而立论的,规约适合时宜即当时的需要是非常重要的内容;需要往往是客观的,时宜一旦确立,万物运作就有了外在的参考,这是万物生长所必需的外在条件,也就是"时立而物生"的原本意思;"离于名"与前面的"有气而有意,有意而有图,有图

---

① 《鹖冠子·环流》,黄怀信撰:《鹖冠子彙校集注》,中华书局2004年版,第71—74页。

而有名,有名而有形"相对应,揭示的是名实或形名的一致。

这幅治理的图画,显示的是动态的相互联系性,互为依存的条件,例如,法则需以其他几个环节的合理运作为条件,但法则本身职能的发挥和担当又为其他环节效用的正常发挥提供润滑的条件,"气故相利相害也,类故相成相败也……美恶相饰,命曰复周;物极则反,命曰环流"①,显示的也是同样的信息,这里的利害、成败、美恶都是相互依存的,离开一方则另一方无法存在;相互依存的条件不是固定不变的,而是发展变化的,但变化呈现"复周""环流"的特点。这是必须注意的。②

(1)"人有成"。人类社会的法则不能离开道,在天地人的视野里,人事不能离开天地,在鹖氏看来,"天有胜,地有维,人有成"③,这也就是上面提到的"知无道,上乱天文,下灭地理,中绝人和"④,天的"胜"和地的"维",在于"天循文以动,地循理以作者也"⑤,即在于天地依归文理而行为,这是有道的表现;对人的"成"的运思,显然是对功效的考量,这是鹖氏因循价值目标的追求,"圣王者,有听微决疑之道。能屏谗权实,逆淫辞,绝流语,去无用"⑥、"九皇之制,主不虚王,臣不虚贵"⑦,都是具体的例证。当然,人的"成"则在于对道的遵循,"所谓天者,理物情者也。所谓地者,常弗去者也。所谓人者,恶死乐生者也"⑧,就是具体的例证;天地不仅从来不离开万物,而且承担着统理万物的事务;人具有厌恶死、喜爱生的特性。但在宇宙相互联

---

① 《鹖冠子·环流》,黄怀信撰:《鹖冠子汇校集注》,中华书局2004年版,第87—89页。

② "气"是中国古代哲学思想中的一个重要概念,在道家庄子那里就有详尽的讨论,诸如"仲尼曰:若一志,无听之以耳而听之以心;无听之以心而听之以气!听止于耳,心止于符。气也者,虚而待物者也。唯道集虚。虚者,心斋也"(《庄子·人间世》,(清)郭庆藩辑:《庄子集释》,中华书局1961年版,第147页),这是气与道的联系;在生死问题上,同样也是气的变化,诸如"不然。是其始死也,我独何能无概然!察其始而本无生;非徒无生也而本无形,非徒无形也而本无气。杂乎芒芴之间,变而有气,气变而有形,形变而有生,今又变而之死。是相与为春秋冬夏四时行也"(《庄子·至乐》,(清)郭庆藩辑:《庄子集释》,中华书局1961年版,第614—615页)、"人之生,气之聚也;聚则为生,散则为死。若死生为徒,吾又何患!故万物一也,是其所美者为神奇,其所恶者为臭腐;臭腐复化为神奇,神奇复化为臭腐。故曰通天下一气耳。圣人故贵一"(《庄子·知北游》,(清)郭庆藩辑:《庄子集释》,中华书局1961年版,第733页)。在一、气、形、生、复等问题上,《鹖冠子》与《庄子》显然存在着相同的运思,这是必须注意的地方。

③ 《鹖冠子·天权》,第363—364页。参考"吾受命于天,定位于地,成名于人。"(《黄帝四经·十大经·立命》,陈鼓应注译:《黄帝四经今注今译——马王堆汉墓出土帛书》,台湾商务印书馆1995年版,第196页)

④ 《鹖冠子·度万》,黄怀信撰:《鹖冠子汇校集注》,中华书局2004年版,第142页。

⑤ 《鹖冠子·泰录》,黄怀信撰:《鹖冠子汇校集注》,中华书局2004年版,第259页。

⑥ 《鹖冠子·天则》,黄怀信撰:《鹖冠子汇校集注》,中华书局2004年版,第31页。

⑦ 《鹖冠子·天则》,黄怀信撰:《鹖冠子汇校集注》,中华书局2004年版,第43页。

⑧ 《鹖冠子·博选》,黄怀信撰:《鹖冠子汇校集注》,中华书局2004年版,第3—4页。

系的层面,没有死就没有生,死生也是互为存在的条件的。如何来面对人的这一现实? 鹖氏在此同样寄希望于圣人,演绎着中国古人思维相同的故事。

(2)"成功遂事"。在鹖氏看来,"捐物任势者,天也。捐物任势,故莫能宰而不天"①;在物际的视野里,天能不为万物所累即"捐物",而因任自然之势,所以,外在他者无法对天进行主宰,天永远是自己。在具体的细节上,"所谓天者,非是苍苍之气之谓天也;所谓地者,非是膊膊之土之谓地也。所谓天者,言其然物而无胜者也;所谓地者,言其均物而不可乱者也"②;充满深蓝色之气不是天,博厚成块之土不是地。天是以万物为万物的存在,"然物"的意思是以物为然,其依据在物自身,而不在物以外的他者;"无胜"的"胜"既有作"剩"解释的,也有作"穷尽"理解的,就这里完整的意思而言,这两种解释都没有到位,应在本义上来加以理解,"胜"《尔雅》解释为"克",用的是相胜的意思,"无胜"就是没有相胜的情况,理由是"然物"的标准在万物自身,没有统一的标准。所以,万物永远是独特的,这一理解也符合道家整体的思想特征。地由于是万物安身的依据,即"理之所居谓之地"③,所以它是均匀分布万物于大地的;天地显示的是不偏的特征。

人事的关键就在于公平不偏,只有不偏才能累积成功效:

> 行其道者有其名,为其事者有其功。故天地成于元气,万物乘于天地。神圣乘于道德,以究其理,若上圣皇天者,先圣之所倚威立有命也。故致治之自在己者也。招高者高,招庳者庳。故成形而不变者,度也。未离己而在彼者,狚沤也。陈体立节,万世不易,天地之位也。分物纪名,文圣明别,神圣之齐也。法天居地,去方错圆,神圣之鉴也。象说名物,成功遂事,隐彰不相离,神圣之教也。故流分而神生,动登而明生。明见而形成,形成而功存。故文者,所以分物也;理者,所以纪名也。④

> 故天道先贵覆者,地道先贵载者,人道先贵事者,酒保先贵食者。待物,气也。领气,时也。生杀,法也。循度以断,天之节也。列地而守之,分民而部之。寒者得衣,饥者得食,冤者得理,劳者得息,圣人之所期也。⑤

圣人的社会治理实践就是"乘于道德""象说名物"的过程,最后达到"成功

---

① 《鹖冠子·天则》,黄怀信撰:《鹖冠子彙校集注》,中华书局2004年版,第54—55页。
② 《鹖冠子·度万》,黄怀信撰:《鹖冠子彙校集注》,中华书局2004年版,第139—140页。
③ 《鹖冠子·天权》,黄怀信撰:《鹖冠子彙校集注》,中华书局2004年版,第355页。
④ 《鹖冠子·泰录》,黄怀信撰:《鹖冠子彙校集注》,中华书局2004年版,第255—260页。
⑤ 《鹖冠子·天则》,黄怀信撰:《鹖冠子彙校集注》,中华书局2004年版,第39—41页。

遂事"。天地之道以覆载万物为重,人道以职事为重;职事的准则就是天地的文理之道,因循自然的地理条件而进行实际的管理,重要的是实现"寒者得衣""饥者得食""冤者得理""劳者得息",这也是"乘于道德"的圣人所期盼的;前二者是基本的生活保障,后二者则是公平和道德的体现。

"人有成"与"有其功"是统一的,关键在于依顺天地自然之道而行为。显然,鹖氏不仅对因循的实功的价值目标有深入的考虑,而且对如何实现这一目标也有精心的运思,即对自然无为行为的重视,"夫道者,必有应而后至;事者,必有德而后成。成无为,得无来,详察其道,何由然哉"①,就是具体的说明。"事"即上面所说的职事的意思,在广义上,就是一般的社会事务,对具体事务价值量定的标准是"德","德"即得,谐音相通②,所以,事务必须有实际的获得才能称得上"成";因此,成就是得,实现的方法是"无为""无来",即"无模式",没有臆想的人为,是自然而为,"何由然哉"的"由"就是回答的没有任何人为的理由,这是应该注意的。③

三、"因物之然"的对象论

在"相因"的世界里生活,选择因循行为并追求实际的功效来实现德、成,这不能不说是一种明智的举措。可是,因循行为的实行仍然离不开选择,这就是因循什么的问题。换言之,就是因循的对象是什么。这是一个不得不考虑的问题,不然,无法走入真正的因循实践。鹖氏对这一问题也有周密的考虑,这可以通过内外两个方面来加以展示。

1."违物之情,天之不纲"

在鹖氏看来,天地与人具有相同的文理。就人而言,具有相同的性情,"虎狼杀人,乌苍从上,蟥蛾从下聚之。六者异类,然同时俱至者,何也? 所欲同也。由是观之,有人之名,则同人之情耳,何故不可乎"④,就是具体的

---

① 《鹖冠子·天权》,黄怀信撰:《鹖冠子彙校集注》,中华书局 2004 年版,第 351 页。

② 参见"德者,道之舍,物得以生生,知得以职道之精。故德者,得也。得也者,其谓所得以然也。以无为之谓道,舍之之谓德。故道之与德无间,故言之者不别也。"(《管子·心术上》,(清)黎翔凤撰:《管子校注》,中华书局 2004 年版,第 770 页)

③ 参见"以道观言而天下之君正,以道观分而君臣之义明,以道观能而天下之官治,以道泛观而万物之应备。故通于天地者,德也;行于万物者,道也;上治人者,事也;能有所艺者,技也。技兼于事,事兼于义,义兼于德,德兼于道,道兼于天。"(《庄子·天地》,(清)郭庆藩辑:《庄子集释》,中华书局 1961 年版,第 404 页)

④ 《鹖冠子·王鈇》,黄怀信撰:《鹖冠子彙校集注》,中华书局 2004 年版,第 217 页。

例证。虎狼、乌苍、蟥蛾六者对人的行为方式虽然不尽一样,但"同时俱至"人的行为,就在于具有相同的食欲;对人也一样,只要是人,就具有相同的情性,这不存在"不可"的任何理由。

众所周知,《道德经》里没有使用"性"这一概念,《庄子》内篇虽然没有"性"的使用例,但有以"生"为性的用例,诸如"缘督以为经,可以保身,可以全生,可以养亲,可以尽年"①、"受命于地,唯松柏独也〔正〕,在冬夏青青;受命于天,唯尧独也正,〔在万物之首。〕幸能正生,以正众生"②,就是例证。这里的"全生"和"正生"里的两个"生"就是"性"的意思。鹖氏有一处"择性"的用例,也有以生为性的情况(不例证,由于下面要讨论),这也正好可以见证文献传承的轨迹。另一方面,鹖氏情与性交叉使用,可以说没有明确区分,诸如上面的用例就是佐证,这也是必须注意的地方。因循物性的具体内容主要包括以下两个方面:

(1)"因物之然"。在鹖氏看来,天、地、人以及人类社会采用的赏罚等五者,是一个互相统一的整体:

> 庞子曰:以五为一奈何? 鹖冠子曰:天不能以早为晚,地不能以高为下,人不能以男为女;赏不能劝不胜任,罚不能必不可。庞子曰:取功奈何? 鹖冠子曰:天不能使人,人不能使天。因物之然,而穷达存焉。之二也,在权在执。在权,故生财有过富;在执,故用兵有过胜。财之生也,力之于地,顺之于天。兵之胜也,顺之于道,合之于人。其弗知者以逆为顺,以患为利。以逆为顺,故其财贫;以患为利,故其兵禽。昔之知时者与道证,弗知者危神明。道之所亡,神明之败,何物可以留其创? 故曰道乎道乎,与神明相保乎!③

对天、地、人而言,早晚、高下、男女是客观的,在具体的境遇里是无法改变的;就赏罚而言,"劝""必"都缺乏无限性,"劝"即一般所说的劝善的意思,但对"不胜任"的人而言,它就无法实现自己的价值功能;"必"是必定的意思,但在客观上不可的境遇里,它就无法实现自己的价值。换言之,即使采取惩罚的手段,仍然不能达到停止事态发展的预想。在天人的关系世界里,天人是不能互相命令的,"天不能使人,人不能使天"的"使"是命令的意思,由于天人之间的都

---

① 《庄子·养生主》,(清)郭庆藩辑:《庄子集释》,中华书局1961年版,第115页。
② 《庄子·德充符》,(清)郭庆藩辑:《庄子集释》,中华书局1961年版,第193页。
③ 《鹖冠子·兵政》,黄怀信撰:《鹖冠子汇校集注》,中华书局2004年版,第317—319页。

无法互相命令对方。因此,可能采取的行为之方就是因循,即"因物之然"。

　　"因物之然"的"然"是本来的样子、原来的样子的意思,即庄子所说的"依乎天理,批大郤,导大窾,因其固然"①的"固然",其意思是因循万物本来的样子即万物的本性特性。在天地人的视野里,人的性情虽然呈现相同的特征,但这是宏观视野里的认识;在微观的层面,"贤不肖殊能"②、"人情者,小大愚知贤不肖雄俊豪英相万也"③,"相万"就是差异大的意思。换言之,在类的角度,人的性情虽然具有同一性;但在个人的层面,其特性存在巨大的差异;在这个意义上,个人都是独特的、不可复制的,在人际的链条里,具有他人无法取代的作用。下面的资料就是对这一认识的最好表达:

　　　　夫物之始也涒涒,至其有也录录。至其成形,端端正正。勿损勿益,幼少随足。以从师俗,毋易天生,毋散天朴;自若则清,动之则浊。④

万物的产生从"涒涒"到"正正"经历一个过程,这个过程的初始阶段,物处在"涒涒"的状态,"涒"是混沌的意思,"涒涒"是混沌的样子,即还没有完全定型;"正正"即是"端端",是完全定型的状态。万物一经产生,如果对他们采取"勿损勿益,幼少随足"的行为之方,足与否没有统一的标准,必须依据具体的万物而采取足的方案,即"随足"。换言之,随物而足。就行为的主体而言,要做到这一点,就必须采取自然无为的方法;对个人而言,其"天生""天朴"最为重要,所以,必须采取"毋易""毋散"的方法,让个人的天性永驻。这里的"自若"就是自然无为的意思,这能使本性保持清澄的状态;相对于后面"动之"的有为的行为,结果只能给个人带来污浊本性的结果。前面的"天生""天朴"指的是人的本性,"天生"就是天性,这里以生为性;"天朴"只是昭示天性素朴的特性。

　　必须注意的是,"因物之然"的运思与鹖氏整体的哲学思考是一致的,人必须遵循自然之道,必须在整体的联系中来定位自己的价值追求,"独金而不连,绝道之纪,乱天之文,干音之调。违物之情,天之不纲,其咎燥凶"⑤,就是具体的说明;"独金"显然缺乏联系性的视野,所以是"不连","道之纪"的断绝、"天之文"的惑乱、"音之调"的触犯,就是造成的现实后果。背离万物

----

① 《庄子·养生主》,(清)郭庆藩辑:《庄子集释》,中华书局1961年版,第119页。
② 《鹖冠子·度万》,黄怀信撰:《鹖冠子彙校集注》,中华书局2004年版,第138页。
③ 《鹖冠子·学问》,黄怀信撰:《鹖冠子彙校集注》,中华书局2004年版,第325页。
④ 《鹖冠子·泰鸿》,黄怀信撰:《鹖冠子彙校集注》,中华书局2004年版,第231—232页。
⑤ 《鹖冠子·天权》,黄怀信撰:《鹖冠子彙校集注》,中华书局2004年版,第367—368页。

的性情的一切存在,都不会成为天地的纲要,只能造成大的灾祸。

(2)"达物生"。对万物的固然采取因循的实践之方,虽然对万物显示着无限的尊重,但是,仅此能否达到关爱万物的预期设想,仅此仍然是一个不确定局面。正是基于这一考虑,鹖氏紧接着提出了"达物生"的构想:

> 物有生,故金、木、水、火未用而相制。子独不见夫闭关乎?立而倚之,则妇人揭之。仆而措之,则不择性而能举其中。若操其端,则虽选士,不能绝地。关尚一身,而轻重异之者,执使之然也。夫以关言之,则物有而执在矣。九夷用之而胜不必者,其不达物生者也。若达物生者,五尚一也耳。①

"物有生"的"生"就是"性",即本性。在整体联系的视野里,万物存在客观的相互制约的机制和功能,有时在人的视野里,这些往往是在"未用"的情况下完成的。换言之,在形下的层面往往是无法观察到的。诸如关门用的横木,如果把它竖立而斜靠的话,妇人也能扛持。如果倒着置放的话,则不论男女都能从中间把它举起来。但是,如果握持一头,即使是大力士也无法使之离地。关门的横木犹如身体,轻重的不同,在于所处的情势。用关门的横木来譬喻的话,就是万物存在客观的情势。九夷(即古代华夏族以外的其他民族)使用它却不能取得好的效果,原因就在于不通晓物的本性。通晓物性的行为,是天地人赏罚五者一体互动的情景。

通晓物性也就是使物性通达,即畅通,可以说这是因循万物固然的价值追求,注意到了给万物本性的良性运作提供最好的条件,尤其是来自行为主体的支持。作为通达物性的具体考虑,鹖氏聚焦到了依据万物的喜好这一问题上,"顺爱之政,殊类相通。逆爱之政,同类相亡。故圣人立天为父,建地为母"②,就是具体的说明。"顺爱"和"逆爱"的"爱"是喜好之物,即所爱的意思,顺从人们的喜好来进行统治的话,不同类族之间可以达到沟通。无视人们喜好而进行统治的话,即使同类也会亡失。而"顺爱之政"的保证就在于依顺天地之道。③

---

① 《鹖冠子·兵政》,黄怀信撰:《鹖冠子汇校集注》,中华书局2004年版,第315—316页。

② 《鹖冠子·泰鸿》,黄怀信撰:《鹖冠子汇校集注》,中华书局2004年版,第246页。

③ 参见"以天为父,以地为母,以开乎万物,以总一统"(《管子·五行》,(清)黎翔凤撰:《管子校注》,中华书局2004年版,第859页)、"黄帝曰:夫民仰天而生,恃地而食,以天为父,以地为母"(《黄帝四经·十大经·果童》,陈鼓应注译:《黄帝四经今注今译——马王堆汉墓出土帛书》,台湾商务印书馆1995年版,第510页)。

2. "因时"和"循理"

在外在的方面,鹖氏因循行为的对象主要有时、法、理。

(1)"因时"。鹖氏认为,"天者,因时其则也。四时当名,代而不干"①。"时"正如上面指出的一样,指的是时令、时宜的意思。天的运行规律就是因循时令而为法则,四时合理运行,季节变化而不冲突。"代"是更替的意思。"时立而物生"②,即万物因时而生。所以,对社会的治理而言,最为重要的是"正于时"③,即保证时宜的正当性;这样的话,在时宜的轨道上,万物就能得到合自己本性特性的发展。

首先,何谓时?鹖氏对时的认识,总体上可以理解为时宜。时宜的实现来自两个方面的保证:一是时令,"四时之功,阴阳不能独为也"④的"时",就是时令的意思;二是时宜,"命者,自然者也。命之所立,贤不必得,不肖不必失。命者,挈己之父者也。故有一日之命,有一年之命,有一时之命,有终身之命。终身之命,无时成者也。故命无所不在,无所不施,无所不及。时合后而得之,命也"⑤、"既有时有命,引其声,合之名,其得时者成,命曰调。引其声,合之名,其失时者,精神俱亡,命曰乖。时命者,唯圣人而后能决之"⑥里的"时合""得时""失时""时命"都是时宜的意思;"时命"⑦的"命"指的当是命运的意思。

其次,时是道的体现。在鹖氏整体联系性的视野里,具体物的效用存在相对性的特点;时作为因循的对象,也服从这一规则。在鹖氏看来,"天地成于元气,万物乘于天地"⑧,气虚空无形,待物而后实,即"待物,〔气〕也。领气,时也"⑨,时统领气,即使如此,但"斗柄东指,天下皆春;斗柄南指,天下皆夏;斗柄西指,天下皆秋;斗柄北指,天下皆冬。斗柄运于上,事立于下。斗柄指一方,四塞俱成。此道之用法也。故日月不足以言明,四时不足以言

---

① 《鹖冠子·王鈇》,黄怀信撰:《鹖冠子彚校集注》,中华书局 2004 年版,第 170 页。
② 《鹖冠子·环流》,黄怀信撰:《鹖冠子彚校集注》,中华书局 2004 年版,第 72 页。
③ 《鹖冠子·环流》,黄怀信撰:《鹖冠子彚校集注》,中华书局 2004 年版,第 74 页。
④ 《鹖冠子·泰录》,黄怀信撰:《鹖冠子彚校集注》,中华书局 2004 年版,第 266 页。
⑤ 《鹖冠子·环流》,黄怀信撰:《鹖冠子彚校集注》,中华书局 2004 年版,第 79—80 页。
⑥ 《鹖冠子·环流》,黄怀信撰:《鹖冠子彚校集注》,中华书局 2004 年版,第 80 页。
⑦ 参见"隐,故不自隐。古之所谓隐士者,非伏其身而弗见也,非闭其言而不出也,非藏其知而不发也,时命大谬也。当时命而大行乎天下,则反一无迹;不当时命而大穷乎天下,则深根宁极而待:此存身之道也。"(《庄子·缮性》,(清)郭庆藩辑:《庄子集释》,中华书局 1961 年版,第 555 页)
⑧ 《鹖冠子·泰录》,黄怀信撰:《鹖冠子彚校集注》,中华书局 2004 年版,第 255 页。
⑨ 《鹖冠子·天则》,黄怀信撰:《鹖冠子彚校集注》,中华书局 2004 年版,第 30 页。

功。一为之法,以成其业,故莫不道。一之法立,而万物皆来属"①;可以说,自然界的一切现象,都是道的"用法",即道的实践之方的显示,道的正常运转才是万物兴旺的保证;与道相比,日月、四时则不足挂齿,"人有分于处,处有分于地,地有分于天,天有分于时,时有分于数,数有分于度,度有分于一"②所昭示的思想也一样;这里从人开始,到处、地、天、时、数、度,最后是归于一,一就是道,它们处在一个相互联系的整体之中,这是应该注意的。

最后,四时是社会法令的准则。就社会而言,法令就是"生杀,法也"③,不过,"四时者,法令之正"④。换言之,法令的实行必须依归四时的轨道,客观实践的图画告诉人们,"夫君子者,易亲而难狎,畏祸而难却。嗜利而不为非,时动而不苟作"⑤;"时动"是合时令、时宜而行动的意思,不勉强而动,这是君子的行为特点之一。在古代农业社会的背景里,"日信出信入,南北有极,度之稽也。月信死信生,进退有常,数之稽也。列星不乱其行,代而不干,位之稽也。天明三以定一,则万物莫不至矣。三时生长,一时煞刑,四时而定,天地尽矣"⑥,是非常重要的。日月星的正常运转,可以通过"度之稽""数之稽""位之稽"得到确认,人类社会的治理也必须依顺这自然规律,这样万物才能得到合本性规律的生长;具体而言,春夏秋"三时"要保证农事的发展,冬这"一时"才能用刑,这样天地之道才能得到完美的演绎⑦,万物才能得到发展所需要的客观条件。

另一方面,因时对民众实行社会教化也非常重要:

> 伍人有勿故不奉上令,有余、不足、居处之状而不辄以告里有司,谓之乱家;其罪伍长以同。里中有不敬长慈少、出等异众、不听父兄之教,有所受闻不悉以告扁长,谓之乱里;其罪有司而贰其家。扁不以时循行教诲,受闻不悉以告乡师,谓之乱扁;其罪扁长而贰其家。乡不以时循行教诲,受闻不悉以告县啬夫,谓之乱乡;其罪乡师而贰其家。县啬夫

---

① 《鹖冠子·环流》,黄怀信撰:《鹖冠子汇校集注》,中华书局 2004 年版,第 76—77 页。
② 《鹖冠子·天则》,黄怀信撰:《鹖冠子汇校集注》,中华书局 2004 年版,第 63—64 页。
③ 《鹖冠子·天则》,黄怀信撰:《鹖冠子汇校集注》,中华书局 2004 年版,第 40 页。
④ 《鹖冠子·度万》,黄怀信撰:《鹖冠子汇校集注》,中华书局 2004 年版,第 139 页。
⑤ 《鹖冠子·著希》,黄怀信撰:《鹖冠子汇校集注》,中华书局 2004 年版,第 17—18 页。
⑥ 《鹖冠子·泰鸿》,黄怀信撰:《鹖冠子汇校集注》,中华书局 2004 年版,第 229—230 页。
⑦ 参见"〔始〕于文而卒于武,天地之道也。四时有度,天地之李(理)也。日月星辰有数,天地之纪也。三时成功,一时刑杀,天地之道也。四时而定,不爽不代,常有法式,〔天地之理也〕。一立一废,一生一杀,四时代正,终而复始,人事之理也。"(《黄帝四经·经法·论约》,陈鼓应注译:《黄帝四经今注今译——马王堆汉墓出土帛书》,台湾商务印书馆 1995 年版,第 502 页)

不以时循行教诲,受闻不悉以告郡,善者不显,命曰蔽明;见恶而隐,命曰下比,谓之乱县;其诛啬夫无赦。郡大夫不以时循行教诲,受闻虽实,有所遗脱,不悉以告柱国,谓之乱郡;其诛郡大夫无赦。①

家、伍、里、扁、乡、县、郡是当时社会行政区划的组织②,就资料而言,当时的社会教化是按行政区划来具体实行的,实行教化的一个共同要求就是"以时循行",这里的"以"是因的意思,即因循时宜来实行教化,如果没有尽到具体责任的话,就要处以"贰其家"的惩罚,"贰其家"是分其家财的意思。

时具有时令、时宜两个意思,时是道的精神的体现,"以时循行"是社会"正于时"这一总理念的具体行为之方。

(2)法。因循的另一对象就是法。前面已经提到,对人而言,不需学习就会的东西只有呼吸和吃饭,其他都需要在后天的学习中得到素质的装备;正是在这样考虑上,"贤君循成法,后世久长;惰君不从,当世灭亡"③才得到经验的总结。因循法度可以带来长久的直接功效。

首先,法度具有客观性。鹖氏强调因循法度,其缘由之一就是法度的客观性:

　　法度无以,遂意为谟。圣人按数循法,尚有不全。是故人不百其法者,不能为天下主。今无数而自因,无法而自循,无上圣之检,而断于己明,人事虽备,将尚何以服百己之身乎? 主知不明,以贵为道,以意为法。牵时诳世,遏下蔽上,使事两乖。养非长失,以静为扰,以安为危,百姓家困人怨,祸孰大焉? 若此者,北走之日后知命亡。④

法度得不到因循的话,就会走向顺遂自己主观谋略而行事的结果。从客观的实践来看,即使圣人因循法度而行为,仍然存有不完美的地方;如果人不绝对因循法度而行为的话,是不能成为天下的统治者的。审视当时的现实,

---

① 《鹖冠子·王鈇》,黄怀信撰:《鹖冠子彙校集注》,中华书局 2004 年版,第 182—184 页。

② 参见"其制邑理都,使啬夫者五家为伍,伍为之长;十伍为里,里置有司;四里为扁,扁为之长;十扁为乡,乡置师;五乡为县,县有啬夫治焉;十县为郡,有大夫守焉。命曰官属。郡大夫退脩其县,县啬夫退脩其乡,乡师退脩其扁,扁长退脩其里,里有司退脩其伍,伍长退脩其家。事相斥正,居处相察,出入相司。父与父言义,子与子言孝。长者言善,少者言敬。旦夕相薰芳以此慈孝之务。若有所移徙去就,家与家相受,人与人相付。亡人奸物,无所穿窬。此其人情物理也。"(《鹖冠子·王鈇》,黄怀信撰:《鹖冠子彙校集注》,中华书局 2004 年版,第 178—182 页)

③ 《鹖冠子·道端》,黄怀信撰:《鹖冠子彙校集注》,中华书局 2004 年版,第 113 页。

④ 《鹖冠子·近迭》,黄怀信撰:《鹖冠子彙校集注》,中华书局 2004 年版,第 127—130 页。

没有法度生存的空间而习惯于自己因循自己,失去了反观古代统治经验的机会,一切事务决断于自己的明智,虽然日常事务貌似完备,但无法令民众信服;"以意为法"最终只能走向"命亡"的结局。

法度得到因循遵行的话,"故君子得而尊,小人得而谨,胥靡得以全。神备于心,道备于形。人以成则,士以为绳。列时第气,以授当名,故法错而阴阳调"①;君子、小人、刑徒即"胥靡"均得到各自的发展;法度切实地成为人、士的准绳,为人们遵循时令而行为、为社会营造按能力授职,即"以授当名"提供了客观的依据,社会走向协调和谐的境地。必须注意的是,"法错"是这一切实现的基本条件,"错"通"措","法错"的意思是法度得到切实的措置。

其次,法度是公平的象征。在鹖氏看来,法度具有远离自己运思的功效,即"章物而不自许者,天之道也。以为奉教陈忠之臣,未足恃也。故法者曲制,官备主用也"②、"循度以断,天之节也"③,法度是天道自然精神的体现,具有"章物而不自许"的特点,这是法度优于儒家所强调的忠信之臣的地方。由于法度具有公平的内容,而且具有具体易懂的特点,"举善不以宿宿,拾过不以冥冥。决此,法之所贵也"④,就是具体的佐证。所以,"夫立表而望者不惑,按法而割者不疑。固言'有以希之'也。夫望而无表,割〔而〕无法,其惑之属耶。所谓惑者,非无日月之明、四时之序、星辰之行也,因乎反兹而之惑也"⑤;"立表"是设立标记的意思,"望"的本义是远望,"望者"是远望的行为的意思,"割者"是裁断的行为的意思,这里两个"者"所指不是人,而是行为;"立表"可以给远望的行为解除迷惑,"按法"行事可以给裁断的行为排疑;离开"表"和"法","望""割"的行为必然趋于惑乱;造成惑乱的原因不在外在的自然,而在人自身。正是在这个意义上,"惟圣人究道之情,唯道之法公政以明"⑥,圣人依据道来营建法度,从而使法度持有"公政以明"的效能,"公政",即"公正"。

（3）理是因循行为的另一个对象。与法度相关联,理也是鹖氏因循的对象之一。众所周知,鹖氏认为"天人同文,地人同理"⑦。在社会生活里,

---

①　《鹖冠子·度万》,黄怀信撰:《鹖冠子汇校集注》,中华书局2004年版,第150页。
②　《鹖冠子·天则》,黄怀信撰:《鹖冠子汇校集注》,中华书局2004年版,第55—56页。
③　《鹖冠子·天则》,黄怀信撰:《鹖冠子汇校集注》,中华书局2004年版,第40页。
④　《鹖冠子·天则》,黄怀信撰:《鹖冠子汇校集注》,中华书局2004年版,第56—57页。
⑤　《鹖冠子·天权》,黄怀信撰:《鹖冠子汇校集注》,中华书局2004年版,第352页。
⑥　《鹖冠子·环流》,黄怀信撰:《鹖冠子汇校集注》,中华书局2004年版,第76页。
⑦　《鹖冠子·度万》,黄怀信撰:《鹖冠子汇校集注》,中华书局2004年版,第138页。

如果能够因循理来实行实际的治理，社会的事务就会通畅无阻，即“九文循理，以省官众，小大毕举。先无怨雠之患，后无毁名败行之咎。故其威上际下交，其泽四被而不鬲”[1]；在“九文循理”的语言结构里，“九文”与“循理”当是相同的，是前后两个动宾结构。这样的话，“九文”的“九”就当是动词[2]，而在人的世界里追求社会秩序的稳定，探求文理也是符合“天人同文，地人同理”的基调的；《广雅·释诂四下》释“九，究也”[3]，这里正是这个意思，说明人在究明文理时，最为重要的是因顺理来行为，这样可以客观地审视民众，使“小大”都得以成立，即获得属于自己的位置，客观的结果是远离“怨雠之患”“毁名败行之咎”，威泽四被远方而毫无阻障。正是这样，“圣人捐物，从理与舍”[4]得到明确的定位；“捐物”是捐弃外物的意思[5]，“从理”就是顺从理而与理同处，即“与舍”。

理与法度联系的意识是非常明确的，“散无方化万物者，令也。守一道制万物者，法也。法也者，守内者也；令也者，出制者也。夫法不败是，令不伤理”[6]，就是具体的说明。“令”与“法”虽然在具体事务管辖范围上存在外内的区分，但“不败是”和“不伤理”所追求的价值取向完全是一致的。“是”是正、合理的意思，在合理的层面，理可以说是“是”的判断标准；在内在的本质上，两者也是完全一致的。“化万物”和“制万物”的意思基本相同，“制”是制御，即治理的意思；“散无方”和“守一道”的意思也一样；“散”一般理解为布散，其实这样理解不准确。“散”是会意词，金文的散，右边所从是古代的酒器，左边所从“攴”表示以手持之，合起来是手持酒器；在动词的意义上，有握持的意思；这里正是这个意义，就是握持“无方”，与守持“一道”一样，“无方”正是道的实质的体现，因为道以万物为具体之方，这是必须注意的。正是在这个意义上，“从理”就成为因循的重要课题，而且理具有是非标准地位这一点，使因循理带上了更为重要的意义，这也正好与法家之所以为法家的标志性概念不在法而在理的特点显示出相同

---

① 《鹖冠子·天则》，黄怀信撰：《鹖冠子彙校集注》，中华书局 2004 年版，第 36—37 页。

② 参见“浑沦者，言万物相浑沦而未相离也。视之不见，听之不闻，循之不得，故曰易也。易无形埒，易变而为一，一变而为七，七变而为九。九变者，究也；乃复变而为一。一者，形变之始也。清轻者上为天，浊重者下为地，冲和气者为人；故天地含精，万物化生。”（《列子·天瑞》，杨伯峻撰：《列子集释》，中华书局 1979 年版，第 6—8 页）

③ （清）王念孙著：《广雅疏证》，中华书局 1993 年版，第 132 页。

④ 《鹖冠子·世兵》，黄怀信撰：《鹖冠子彙校集注》，中华书局 2004 年版，第 298 页。

⑤ 参见“道者，扶持众物，使得生育而各终其性命者也。”（《管子·形势解》，（清）黎翔凤撰：《管子校注》，中华书局 2004 年版，第 1182 页）

⑥ 《鹖冠子·度万》，黄怀信撰：《鹖冠子彙校集注》，中华书局 2004 年版，第 149 页。

的趋向。① 在最终的意义上,鹖氏在法与令上虽有具体的分界规定,但价值取向以及它们功能的规定基本是一致的,这在"法令"的连用中也可以得到证明,即"文武交用而不得事实者,法令放而无以枭之谓也"②;"事实"是事功、实效的意思;"枭"是会意词,从鸟,头在木上,本义是指把捕捉后的恶鸟悬头树上以示众,《后汉书·张衡传》有"咸以得人为枭",注曰:"枭,犹胜也,犹六博得枭则胜"。这里的枭就是胜的意思。本来文武兼用能收到好的效果,"不得事实"的原因就是法令没有得到落实,所以无法取胜。

　　"理"的内涵到底是什么?适当地究明自然对"从理"行为的理解存有益处。不过,这是一个复杂的问题。一般而言,理是理则的意思,既有道理的意思,也有条理、义理的内容;在最为原始的意义上,理是理官,负责丈量土地,丈量土地需要标准,诸如"法家者流,盖出于理官"③,就是佐证。这个意义上的用例在《管子·小匡》里也有,即"故使鲍叔牙为大谏,王子城父为将,弦子旗为理,宁戚为田,隰朋为行,曹孙宿处楚,商容处宋,季劳处鲁,徐开封处卫,匽尚处燕,审友处晋"④,理既有标准的意思,也有代表法律的官职的意思。在鹖氏思想与法家存在客观联系这一点上,显然,这里法度与理的联系,存在受法家思想影响的可能性。在内涵上,既有地理的因素,也有人理的方面。

　　在总体上,"经气有常理,以天地动"⑤;"常理"的"常"体现的是客观性,它来自因循天地而行为的实践,这里的"以天地动"的"以"就是"因";常理体现的价值倾向则是和谐,即"阴阳不接者,其理无从相及也"⑥,"阴阳不接"就是阴阳失去协调、和谐的意思。在具体的细节上,理首先有物理的内容,"辩于人情,究物之理;称于天地,废置不殆"⑦,这里人情物理并提,物理即万物的规律、理则。其次,"寒者得衣,饥者得食,冤者得理,劳者得息,圣人之所期也"⑧里的"理",是另一层面的理,即义理、道理。最后是"名理","见不详事于名理之外,范无形,尝无味,以要名理之所会"⑨,就是例证;"名理"是名称与道理的意思,"理者,所以纪名也"⑩,就是具体的证

---

① 参见许建良:《先秦法家的道德世界》,人民出版社 2012 年版,第 34—71 页。
② 《鹖冠子·天则》,黄怀信撰:《鹖冠子汇校集注》,中华书局 2004 年版,第 53 页。
③ (汉)班固撰:《汉书》,中华书局 1962 年版,第 1736 页。
④ 《管子·小匡》,(清)黎翔凤撰:《管子校注》,中华书局 2004 年版,第 423 页。
⑤ 《鹖冠子:道端》,黄怀信撰:《鹖冠子汇校集注》,中华书局 2004 年版,第 93 页。
⑥ 《鹖冠子·天则》,黄怀信撰:《鹖冠子汇校集注》,中华书局 2004 年版,第 50 页。
⑦ 《鹖冠子·王鈇》,黄怀信撰:《鹖冠子汇校集注》,中华书局 2004 年版,第 175 页。
⑧ 《鹖冠子·天则》,黄怀信撰:《鹖冠子汇校集注》,中华书局 2004 年版,第 41 页。
⑨ 《鹖冠子·泰录》,黄怀信撰:《鹖冠子汇校集注》,中华书局 2004 年版,第 253 页。
⑩ 《鹖冠子·泰录》,黄怀信撰:《鹖冠子汇校集注》,中华书局 2004 年版,第 259 页。

据;"纪名"的"纪"是治理的意思,"纪名"就是处理名的具体事务的意思,理是治理名的依据所在,名必须合理,而不是理合名,如果以名实关系来表示的话,理就处在实的位置了,得到强调的仍然是理,这是需要注意的。

在因循对象的问题上,鹖氏虽然没有提出因循物性的问题,但"因物之然",实际就是对万物本性的重视,这是必须注意的。因为,"物之然"之"然"既可以作固然来理解,前面提到,在庄子那里也有用例,强调的是物的本有;另一方面,"然"也有宜、合适的意思,需强调的方面,既有本有的本性特征,也有当下境遇的因素,在范围上要大于前者。综合地说,鹖氏没有用"固然",而仅仅使用了"然",应该说包含一定的考虑。在这个意义上,鹖氏因循的内在对象,就从本有拓宽到了与当下境遇协和情况的考虑,而这一方面的因素,正好与外在的对象诸如时、法、理形成吻合一致的取向。这是必须注意的地方。

四、"任贤使能"的实践论

因循的对象确定以后,自然就可进到因循实践的领域了。不过,在具体进入这一问题的分析之前,仍有必要继续上面"因物之然"的话题。把"然"的宜、合适的意思考虑纳入视野,实际上是鹖氏本有的思维模式昭示的信息。众所周知,鹖氏也重视为道家所强调的"宜"。从出现的四个"宜"来看,主要强调与天地自然的合宜:

> 天之不违,以不离一。天若离一,反还为物。不创不作,与天地合德;节玺相信,如月应日。此圣人之所以宜世也。①
> 兵有符而道有验。备必豫具,虑必蚤定。下因地利,制以五行。左木,右金,前火,后水,中土,营军陈士,不失其宜。五度既正,无事不举。招摇在上,缮者作下。取法于天,四时求象;春用苍龙,夏用赤鸟,秋用白虎,冬用玄武。天地已得,何物不可宰?②

"宜世"的"宜"是使世适宜的意思,这是圣人存在的原因之一。不过,如何达到这一目标,即这里的"所以"的内容,鹖氏的回答是遵循自然之方;"不创不作""节玺相信"就是具体的内容要求;前者的意思比较明确,就是不依

---

① 《鹖冠子·天则》,黄怀信撰:《鹖冠子彙校集注》,中华书局 2004 年版,第 37—38 页。
② 《鹖冠子·天权》,黄怀信撰:《鹖冠子彙校集注》,中华书局 2004 年版,第 353—354 页。

据人的臆想来有为,"创"为指事字;从刀,仓声;金文像一个躺着的人,手、脚上都有小竖,表示受了创伤,是个指事字,本义为创伤、伤口;动词是损伤、伤害的意思;换言之,不做主观有意而对万物造成伤害的事务,而与天地自然协调一致行动。"节玺相信","节"是符节,"玺"是王印,二者都是取信之物,这如同"月应日"一样;显然,这是"与天地合德"行为的具体化说明。可以说,诚信是圣人"宜世"之"所以",而诚信来自自然,这是必须注意的。①

"宜世"对民众具有非常重要的现实意义,如果无法达到适宜的话,不仅对民众具有损害的影响,而且会导致乱天下的后果,"令尹不宜时合地,害百姓者,谓之乱天下"②,就是具体例证。为了实现现实的"宜世",鹖氏提出了如何因循的举措。

1."任 贤 使 能"

上面讨论的"因物之然"的问题,在严格意义上,也可以说是如何因循的问题。"因物之然"是对如何因循问题的具体回答。通过具体的"因物之然"的实践,如何达到"宜世"的效应,这是因循问题的终结点,其重要性是不言而喻的。这里试图分析的问题,正是在这个层面上的聚焦。简而言之,就是"任贤使能"。

(1)使用贤人是利国的举措。鹖氏认为,

> 气由神生,道由神成。唯圣人能正其音、调其声,故其德上及太清,下及泰宁,中及万灵……远乎近,显乎隐,大乎小,众乎少,莫不从微始。故得之所成,不可胜形;失之所败,不可胜名。从是往者,子弗能胜问,吾亦弗胜言。凡问之要,欲近知而远见,以一度万也。无欲之君,不可与举。贤人不用,弗能使国利,此其要也。③

圣人是心气平和的存在,其现实的影响能沟通天地人,或者是天地人三者之间的桥梁;影响的形成是一个从微小到显大的过程,"远乎近,显乎隐,大乎小,众乎少"就是具体的说明。"远乎近"的意思是"远"是从"近"开始的,即"莫不从微始";所以,一旦成功,就无法"胜形",即无法拘泥于具体的

---

① 参见"有符节、印玺、典法、策籍以相揆也,此明公道而灭奸伪之术也。"(《管子·君臣》,(清)黎翔凤撰:《管子校注》,中华书局 2004 年版,第 553 页)

② 《鹖冠子·王鈇》,黄怀信撰:《鹖冠子汇校集注》,中华书局 2004 年版,第 185 页。

③ 《鹖冠子·度万》,黄怀信撰:《鹖冠子汇校集注》,中华书局 2004 年版,第 155—161 页。

形物,反之亦然;从细小开始,最后到大,是一个渐积的过程;换言之,对圣人而言,关键是了知"近知而远见"的哲理;在动态的意义上,其枢要则是使用贤人,即"贤人不用,弗能使国利",贤人得到任用,这是利益国家的关键。

(2)"举贤用能"。贤人的使用与否直接联系着国家的利益,在这个维度上,鹖氏提出了"举贤用能"的设想:

> 经气有常理,以天地动。逆天时不祥,有祟。事不任贤,无功必败。出究其道,入穷其变。张军卫外,祸反在内;所备甚远,贼在所爱。是以先王置士也,举贤用能,无阿于世。仁人居左,忠臣居前,义臣居右,圣人居后。左法仁则春生殖,前法忠则夏功立,右法义则秋成熟,后法圣则冬闭藏。先王用之,高而不坠,安而不亡。此万物之本標,天地之门户,道德之益也。此四大夫者,君之所取于外也。①

气是因循天地的自然规律而运行的。客观的事实显示,违逆天地自然规律的话,一定会有不祥的灾祸产生;具体的事务不任用贤人的话,一定会无功而败北。在事务的实践中,必须究明规律与变化,只有这样,才能保证外内、远近的一致。审视历史,有益的启示是:举用贤能,公平处事。先王由于使用效法"仁""忠""义""圣"的行为之方,结果是德高而不失、身安而不亡。这是万物的根本,天地的门户,道德的助跑器。

总之,举用"仁人""忠臣""义臣""圣人",来辅助君主完成日常的社会事务,所以称为"君之所取于外"。作为君主社会治理的思考和举措的"任贤使能",就君主而言,重在功效的追求,下面的资料就是具体的说明:

> 尊君卑臣,非计亲也;任贤使能,非与处也。水火不相入,天之制也。明不能照者,道弗能得也。规不能包者,力弗能挈也。自知慧出,使玉化为环玦者,是政反为滑也。田不因地形,不能成穀。为化不因民,不能成俗。②

营造"尊君卑臣"的氛围,并不是想让臣下亲君,而是为了制服臣下③;实行

---

① 《鹖冠子·道端》,黄怀信撰:《鹖冠子彙校集注》,中华书局2004年版,第93—95页。

② 《鹖冠子·天则》,黄怀信撰:《鹖冠子彙校集注》,中华书局2004年版,第65—67页。

③ 参见"夫尊君卑臣,非计亲也,以势胜也。"(《管子·明法》,(清)黎翔凤撰:《管子校注》,中华书局2004年版,第913页)

"任贤使能"的举措,并非为了与贤能真正相处,而是为了完成治国的重任。水火互不交融,这是自然法则。明亮有无法通达的时候,即使是道也无法获得;圆规无法包摄之物,即使大力也无法提起。这里暗示着因循行为的价值。自从"知慧"产生以后,社会的素朴遭到破坏,礼仪等道德得以登场,"环"指圆形而中间有孔的玉器,"玦"指环形而有缺口的佩玉,"环玦"在此指礼器;礼仪产生后,社会的行政事务就陷入了混乱的状态,这与老子"大道废,安有仁义"的运思是一致的。对农民而言,如果不因顺地形来经营农事,就不能长成谷物;社会教化的实行,如果不因循民众的话①,就无法成为习俗。

（3）"临货分财使仁"。任用贤能是治理国家的关键之举。就具体的操作而言,落实到依据人的具体能力而把他安置到相应的位置上,只有这样才能最大限度地发挥社会治理的功效,"君道知人,臣术知事。故临货分财使仁,犯患应难使勇,受言结辞使辩,虑事定计使智,理民处平使谦,宾奏赞见使礼,用民获众使贤,出封越境适绝国使信,制天地御诸侯使圣"②,就是具体说明。人才具有各种各样的特点,一个人不可能是全才,这就是"天下之事,非一人之所能独知也。海水广大,非独仰一川之流也。是以明主之治世也,急于求人,弗独为也"③告诉人们的道理。正是在这个意义上,以下的事情才有了积极的意义:面临财货分配,即"临货分财"的事务,使用具备仁德的人,即"使仁";遭遇祸患应对困难的事务,使用勇毅的人,即"使勇";传授言语、缔结盟约事务,使用具有辩论才能的辩才,即"使辩";考虑事务、定夺计谋事务,使用智才,即"使智";处理民事狱讼的事务,使用廉洁者,即"使谦",根据俞樾注,"谦"借为"廉";接待宾客的事务,使用备礼之人,即"使礼";用民得众的事务,使用贤者,即"使贤";跨越国境到远方之国的事务,使用守信的人,即"使信";制御天下诸侯的事务,使用圣人,即"使圣"。总之,把才能不同的人用到不同的岗位上,给他们创设实现自己能力的最好机会,同时也为现实效用的最大化提供了切实的保证。

显然,以"任贤使能"来达到社会事务的有效治理,并不完全是君主自身利益考虑的结果,而是符合中国皇权体制下的一种相对有效的管理方式,虽然没有出现君上无为而臣下有为的明确表述,但是利用贤能的目的无非就是为了治理国家这一点,已经为君上无为而臣下有为的登场做了最为坚

---

① 参见"贱而不可不任者,物也;卑而不可不因者,民也。"(《庄子·在宥》,(清)郭庆藩辑:《庄子集释》,中华书局1961年版,第397页)

② 《鹖冠子·道端》,黄怀信撰:《鹖冠子彙校集注》,中华书局2004年版,第101页。

③ 《鹖冠子·道端》,黄怀信撰:《鹖冠子彙校集注》,中华书局2004年版,第91页。

实的铺垫,"君道知人,臣术知事"①,也是充分的说明。"知人"是使用贤能的方面,"知事"则是从事具体事务的方面。众所周知,水火虽然互不交融,但在人们的日常生活中,水火存在着各自独特的作用,这是鹖氏因循运思的一个依据。基于此,礼仪的出现,恰恰是违背因循的举措,而仅仅是依归人类自身的举措,其思维的视野无疑走进了狭隘的方向,从而也消解了科学因循发挥自身效用的疆场和一切机会,这是必须注意的。

2. "受官任治,观其去就"

任用贤能一方面作为实现圣人"宜世"的途径,另一方面也是巩固乃至支撑社会教化成果的方法。众所周知,鹖氏在"官治""教治""因治""事治"事务中,虽然推重"因治",但这并不等于他否定其他的治理途径,只是在程度上更看重因循的治理。所以,在其思想中,我们仍然可以找到诸如"夫使百姓释己而以上为心者,教之所期也"②、"信者,君之教也"③、"未令而知其为,未使而知其往,上不加务而民自尽,此化之期也"④、"为化不因民,不能成俗"⑤,就是具体的说明;就化育而言,在鹖氏的眼里,这本身就是道的功能的自然显现,"同而后可以见天,异而后可以见人,变而后可以见时,化而后可以见道"⑥,就是具体的说明。天人是同一的,人与人之间是相异的,四时是变化的,化育万物正是道的本质的表现。在联系的视野里,如果没有使用贤能的机制,那对社会教化实践中的优异者,不能不说是一种悲哀;在这个意义上,使用贤能的实际意义是非常深远的。⑦

使用贤能是利国的举措,但是,如何识别贤能,也是一个非常实际的问题。鹖氏提出了观验的方法。对他而言,"天,文也;地,理也。月,刑也;日,德也。四时,检也。度数,节也。阴阳,气也。五行,业也。五政,道也。五音,调也。五声,故也。五味,事也。赏罚,约也。此皆有验,有所以然者"⑧;"验"是验证的意思,天文、地理等都是可以得到验证的,它们存在自己之所以为自己的道理。验证不是静态层面的行为,而是在动态中完成的,

① 《鹖冠子·道端》,黄怀信撰:《鹖冠子彙校集注》,中华书局 2004 年版,100 页。

② 《鹖冠子·天则》,黄怀信撰:《鹖冠子彙校集注》,中华书局 2004 年版,第 59 页。

③ 《鹖冠子·道端》,黄怀信撰:《鹖冠子彙校集注》,中华书局 2004 年版,第 100 页。

④ 《鹖冠子·天则》,黄怀信撰:《鹖冠子彙校集注》,中华书局 2004 年版,第 50 页。

⑤ 《鹖冠子·天则》,黄怀信撰:《鹖冠子彙校集注》,中华书局 2004 年版,第 67 页。

⑥ 《鹖冠子·天则》,黄怀信撰:《鹖冠子彙校集注》,中华书局 2004 年版,第 41—42 页。

⑦ 就教化与法度相比,法度更为重要,参见"教苦利远,法制生焉。"(《鹖冠子·度万》,黄怀信撰:《鹖冠子彙校集注》,中华书局 2004 年版,第 166 页)

⑧ 《鹖冠子·夜行》,黄怀信撰:《鹖冠子彙校集注》,中华书局 2004 年版,第 24—27 页。

这就是在具体观察中来加以察看、验证,方法主要有以下两种。

(1)在行为中察看。人的德性往往是通过具体的行为来显示的,鹖氏明显具备了这一方面的自觉:

> 内有揆度,后有量人。富者观其所予,足以知仁;贵者观其所举,足以知忠。观其大祥,长不让少,贵不让贱,足以知礼达。观其所不行,足以知义;受官任治,观其去就,足以知智;迫之不惧,足以知勇。口利辞巧,足以知辩;使之不隐,足以知信。贫者观其所不取,足以知廉。贱者观其所不为,足以知贤。测深观天,足以知圣。①

实际量人的举措,离不开预先内心的估量,即"内有揆度"。换言之,在一般意义上,人的行为与内在的思想是紧密联系的。具体而言,对富者,察看其施与的事务,足以知其仁的品德;对贵者,察看其举措的情况,足以知其忠的情况。长、贵不让少、贱的事实,足以看清礼在生活中的现实水准。察看不做不义行为的原因,足以知其义的品德;任用官员治理社会事务时,察看其去就,足以知其智谋;面临紧迫的处境而不惧怕,足以知其勇毅。语言锋利者,足以知其辩的能力;役使时不隐瞒者,足以知其诚信的品质。对贫者,察看其不随意获取的行为,足以知其清廉的品性。对贱者,察看其不行不德的事实,足以知其贤良的品德。观察物事的视野恢宏深远,足以知其圣哲的品质。

人的德性通过其行为得以表现,得到重视的是行为,而不是言语。不仅如此,鹖氏还意识到了行为与具体境遇的关联性,"临利而后可以见信,临财而后可以见仁,临难而后可以见勇,临事而后可以见术数之士"②,就是具体的说明。是否信实,只有在直面利益的考验后才能得到显示,是否具备仁德,只有在直面货财的考验后才能得到显示,是否勇毅,只有在直面困难境遇的考验后才能得到表现,是否是治国之才,只有在直面紧急事态应对的考验后才能得到结论,"术数"即治国之术的意思③。用现在的话来说,就是在

---

① 《鹖冠子·道端》,黄怀信撰:《鹖冠子汇校集注》,中华书局2004年版,第104—106页。

② 《鹖冠子·天则》,黄怀信撰:《鹖冠子汇校集注》,中华书局2004年版,第42页。

③ 参见"人主务学术数,务行正理,则化变日进,至于大功,而愚人不知也。乱主淫侠邪枉,日为无道,至于灭亡,而不自知也。故曰:莫知其为之,其功既成。莫知其舍之也,藏之而无形"(《管子·形势解》,(清)黎翔凤撰:《管子校注》,中华书局2004年版,第1183页)、"明主者,有术数而不可得欺也,审于法禁而不可犯也,察于分职而不可乱也。"(《管子·明法解》,(清)黎翔凤撰:《管子校注》,中华书局2004年版,第1207页)

关键时刻才能表现出人的真正的本性,因为这是在突然而特殊境遇中表现出来的特殊的应对,是无法伪装的,这种观察人的方法是值得借鉴的。

(2)以己为依归察看。鹖氏虽然重视在具体境遇中察看人的本真的行为,不过,其评价的依归在自己:

> 君者,端神明者也;神明者,以人为本者也;人者,以圣贤为本者也;圣贤者,以博选为本者也;博选者,以五至为本者也。故北面而事之,则伯己者至;先趋而后息,先问而后默,则什己者至;人趋己趋,则若己者至。凭几据杖,指麾而使,则厮役者至;讴嗟嫉咄,则徒隶之人至于矣。①

君主是详审神明的存在,神明是以人为本的凝聚,人是以圣贤为本的实践,圣贤是博选的事务,博选是以"五至"为本的工作。② "五至"是完成广泛遴选工作门径的具体依据,而"五至"具体内容只是以"伯己""什己""若己""厮役""徒隶"五者组成的环节,"若己"是中间点,前二者是比自己强的人,后二者是不如自己的人,"五至"的"至"是到的意思,即出现的五种情况。

"伯己"即百倍于己的内容是"北面而事之",即以臣礼事之的意思,这符合道家老子处下的本质精神。③ "什己"即十倍于己的内容是"先趋而后息,先问而后默",这里的"趋""问"和"息""默"虽然都是主体主动作出的行为,在前后行为的选择中,前者得到第一位的定位,后者得到次位的角色;就行为的性质而言,前二者属于消耗性的,后二者则属于聚敛性的。因此,总体上具有积极主动的特征,显然相异于"伯己"者的行为。"若己"即与自己仿佛的内容是"人趋己趋","趋"是走字旁,与走存在着紧密的联系,所以《说文解字》载有"趋,走也",即小跑的解释;不过,两者并不完全相同。一般而言,疾行曰趋,疾趋曰走;"人趋己趋"显示的是自己的行为与他人相同的特点。"厮役"的内容是"凭几据杖,指麾而使","凭几据杖",陆佃注曰"坐则凭几,立则据杖",几、杖是外在于人的,意思是完全离不开外在的条

---

① 《鹖冠子·博选》,黄怀信撰:《鹖冠子彚校集注》,中华书局 2004 年版,第 5—7 页。

② 参见"人有五至:一曰伯己,二曰什己,三曰若己,四曰厮役,五曰徒隶。"(《鹖冠子·博选》,黄怀信撰:《鹖冠子彚校集注》,中华书局 2004 年版,第 2—3 页)

③ 参见"贵以贱为本,高以下为基"(《老子》39 章)、"大国者下流。天下之交,天下之牝。牝常以静胜牡,以静为下。故大国以下小国,则取小国;小国以下大国,则取大国。故或下以取,或下而取。大国不过欲兼畜人,小国不过欲入事人,夫两者各得其所欲,大者宜为下。"(《老子》61 章)

件,人不能自主,后面的"指麾而使"正是这个意思,通过命令来对此役使;"徒隶"的内容是"讴嗟嫉咄",是大声训斥的意思,在自主性上,无疑又比"厮役"低一个等级。

以上是鹖氏推重的具体察看人的方法,在以己为依归的方法中,他把处下的行为之为作为个人积极创造性的最高表现;以下的情况,在个人行为主动性的呈现上无疑是呈递降的态势。在这个层面,可以说,处下行为实为个人主动积极性的最高凝聚,这是必须注意的。

3."勉有功,罚不如"

赏罚是鹖氏因循机制中的又一方面,它强调通过赏罚来巩固任用贤能的实践,这是因为赏罚是具体有形的,这是法度的关键,即"举善不以窅窅,拾过不以冥冥。决此,法之所贵也"①;"窅窅"是深远不明的意思,"冥冥"是幽暗不明的意思;"举善""拾过"是对应的两件事情,相当于赏罚,"拾过"的"拾"是收拾、整理的意思,这里指的是用厉害的手段打击"过错"。换言之,在赏善罚恶上不能用模糊不明的方法,也就是说,赏罚的方法必须具体。

(1)"乡曲慕义,化坐自端"。对社会治理来说,赏罚必须制度化,即"天子七十二日遗使〔于郡〕,勉有功,罚不如,此所以与天地总……故不肖者不失其贱,而贤者不失其明;上享其福禄,而百事理。行畔者不利,故莫能挠其强。是以能治满而不溢,绾大而不芒"②。勉励有功的人,惩罚没有做到位的人,这是与天地保持一致的缘由所在。制度化的赏罚带来的效果是"百事理",即社会物事得到治理;其具体的内容是:不肖者、贤者都生活在属于自己的"贱""明"的位置上,而君主无须有为即"享其福禄";相违而行的结果只能导致不利的后果,没有能扰乱由赏罚表现出来的强健之势。因此,实际的社会治理非常圆满到位,管辖的范围虽大而不模糊不清,"芒"通"茫"。

鹖氏对赏罚功效的运思是非常周密的,"君者,天也。天不开门户,使下相害也。进贤受上赏,则下不相蔽。不待贤士显不蔽之功,则任事之人莫不尽忠。乡曲慕义,化坐自端。此其道之所致,德之所成也。本出一人,故谓之天"③。这里的"开门户"与前面讨论的"博选"的内涵是一致的,如果不博选人才,那么社会事务得不到有效的治理,必然出现自相残害的现象;

①　《鹖冠子·天则》,黄怀信撰:《鹖冠子汇校集注》,中华书局2004年版,56—57页。
②　《鹖冠子·王鈇》,黄怀信撰:《鹖冠子汇校集注》,中华书局2004年版,第191—192页。
③　《鹖冠子·道端》,黄怀信撰:《鹖冠子汇校集注》,中华书局2004年版,第96—98页。

推荐贤人的行为必须受重赏,这样的话,下面就不会出现相互掩盖的事情了。赏罚制度化的切实施行,无须贤人来显示"下不相蔽"之功,在具体职位上的任事者都会尽职尽责。最终出现的景象是:乡间人人羡慕道义,君主只要南面而坐,社会之化育自正;这就是君道抵达极致、道德养成的关键所在。正是在这个意义上,把君主比喻为天。

赏罚之所以能够带来如此效果,关键在于奖赏如实的程度,这就是"计功而偿,权德而言"①所包含的道理。如果社会上下之间出现间隙、相互之间设置阻障,蒙蔽的事情就会出现。因此,政权在大夫而不能夺取,无法自私者擅自行为不能停止,奖赏无功而不能剥夺,法度废弃而不能立,刑罚不当而不能杜绝,这是对民众不亲近的原因,"上下有间,于是设防制蔽并起。故政在私家而弗能取,重人掉权而弗能止,赏加无功而弗能夺,法废而不奉而弗能立,罚行于非其人而弗能绝者,不与其民之故也"②,就是具体的总结。"赏加无功""罚行于非其人"的事情一旦出现,对此加以纠正最为重要;赏罚一定要当其实,这是"乡曲慕义,化坐自端"效应产生的枢机所在。

(2)"赏以劝战,罚以必众"的目的。赏罚作为因循系统中巩固任用贤能机制的一个有效环节,还有着自身目的的考虑。这在下面的对话中可以得到说明,即"庞子问鹖冠子曰:用兵之法,天之、地之、人之,赏以劝战,罚以必众"③。用在战争中的赏罚,主要是为了现实"劝战"和"必众"。也就是说,为了激励战斗的士气,规范民众,名词的"必"是标准,这里是名词动用。可以说,在社会层面也不例外。

当然,赏罚虽然具有一定的功效,但并非无限,即"天不能以早为晚,地不能以高为下,人不能以男为女。赏不能劝不胜任,罚不能必不可"④。对那些不具备激励素质的人,即使你实行激励的措施,也不会产生任何效果;对那些惩罚无法起作用的人,即使施行惩罚也没有用。因此,赏罚并非万能。

以上讨论了鹖氏的任用贤能的问题,这是因循实践的必然部分。"因物之然"明确回答了必须因循万物本性之固然的问题,在此,本性的固然成为因循的最大课题;万物本性固然得到重视,对万物的发展事关重大。由于因循是一个关系中的行为,不仅有行为的双方,而且会遇到意外的情况,所以,保持因循实践的活性化也是非常重要的课题。可以说,"选贤任能"的问题也是鹖氏对活性化问题的一个考量。不得不指出的是,虽然鹖氏重视

---

① 《鹖冠子·博选》,黄怀信撰:《鹖冠子彙校集注》,中华书局 2004 年版,第 12 页。
② 《鹖冠子·天则》,黄怀信撰:《鹖冠子彙校集注》,中华书局 2004 年版,第 58—59 页。
③ 《鹖冠子·兵政》,黄怀信撰:《鹖冠子彙校集注》,中华书局 2004 年版,第 314 页。
④ 《鹖冠子·兵政》,黄怀信撰:《鹖冠子彙校集注》,中华书局 2004 年版,第 317 页。

贤能,不过就具体的内容而言,他的贤能重在道德的方面,体现出与中国思想整体一致性的特点。这也是必须注意的方面。

五、"随能序功"的活性化论

一般而言,对因循行为的主体而言,其行为具有一定的被动性,因为得到聚焦的是他者诸如万物的固然。但是,在鹖氏的视野里,这种被动性并不是无限的,这可以通过以下两个方面来理解。

1. "调于无形,而物莫不从"

在鹖氏看来,因循行为需要一定的条件或环境,这条件就是谐和的氛围。

> 调其气,和其味,听其声,正其形。迭往观今,故业可循也。首尾易向,地理离经,夺爱令乱。上灭天文,理不可知,神明失从。①
>
> 范者,非务使云必同如一,期以使一人也。氾错之天地之间,而人人被其和。和也者,无形而有味者也。同和者,仁也。相容者,义也。仁义者,所乐同名也。能同所乐,无形内政。故圣知神方,调于无形,而物莫不从。②

对气、味、声采取调和、随顺的行为之方,保持一致的节律,才能保持形体的端正。立足当下,审视往古,就可了知"故业"可以因循。古今相悖,地理背离常道,剥夺民众所爱则势必走向混乱。天文地理毁灭,"神明",即人的精神失去随从的方向。"失从"的"从"就是随顺、因随的意思。可见,天文地理的和调、人的所爱得到合性的发展、古今联系等都是因循行为得以施行的条件。

必须注意的是,这里的"夺爱令乱"的"爱"是所爱的意思,其主体自然是万物,已经包含了把社会的治乱与民众的所爱能否得到满足联系在一起的运思,这也是道家哲学的本质内容之一。如何保证民众的所爱不被剥夺,其回答是"知物,故无不然也"③。前面讨论因循对象时谈到"因物之然"的

---

① 《鹖冠子·泰鸿》,黄怀信撰:《鹖冠子彙校集注》,中华书局 2004 年版,第 243—245 页。
② 《鹖冠子·泰鸿》,黄怀信撰:《鹖冠子彙校集注》,中华书局 2004 年版,第 247—248 页。
③ 《鹖冠子·天权》,黄怀信撰:《鹖冠子彙校集注》,中华书局 2004 年版,第 345 页。

问题,这里的"然"就是"物之然","知物"的过程就是以万物之固然为然的实践演绎,这一演绎的结果就是万物"无不然"的客观实现,这一思想无疑是对道家庄子运思的吸收。①

众所周知,在形下的世界,气、味、声是无形的,采取随顺的方法也是最为简易的选择。另外,社会的正常运行需要具体的规范来维护和保障。但是,规范并非一定要言论统一,也不期望行为统一;它在天地之间被广泛地运用,人人在调和的氛围下生活;和谐虽然是无形的,但是可以体味的;和睦相处是仁,相互包容是义;仁义所喜好的理由是相同的;能认同、协同喜好的理由,则无形之和谐就能从内心滋生。所以,圣人的治理之方往往在无形上加以调节。因此,万物没有不随从的。② 换言之,就社会治理而言,虽然需要借助于规范,但规范最为关键的内容是实现机能的方式是无形的;也就是说,规范虽然有统一的内容,但对万物而言,它仿佛无形的,这样的话,个人就能根据自己的本性特征迅速找到遵守规范的切入口,这就是它"氾错之天地之间"的内在原因。毋庸置疑,这里的规范是道的本质的体现。③

2. "因其所为而定之"

因循行为不是单一被动的行为,在被动的前提下包含着主动性的参与,这也是讨论鹖氏因循问题不能忽视的部分。其资料有:

> 道德者,操行所以为素也。阴阳者,分数所以观气变也。法令者,主道治乱,国之命也。天官者,表仪祥兆,下之应也。神征者,风采光景,所以序怪也。伎艺者,如胜同任,所以出无独异也。人情者,小大愚知贤不肖雄俊豪英相万也。械器者,假乘焉,世用国备也。处兵者,威柄所持,立不败之地也。九道形心,谓之有灵。后能见变而命之,因其

---

① 参见"北海若曰:以道观之,物无贵贱;以物观之,自贵而相贱;以俗观之,贵贱不在己。以差观之,因其所大而大之,则万物莫不大;因其所小而小之,则万物莫不小;知天地之为稊米也,知毫末之为丘山也,则差数睹矣。以功观之,因其所有而有之,则万物莫不有;因其所无而无之,则万物莫不无;知东西之相反而不可以相无,则功分定矣。以趣观之,因其所然而然之,则万物莫不然;因其所非而非之,则万物莫不非;知尧桀之自然而相非,则趣操睹矣。"(《庄子·秋水》,(清)郭庆藩辑:《庄子集释》,中华书局1961年版,第577—578页)

② 参见"道者,开物者也,非齐物者也。"(《鹖冠子·能天》,黄怀信撰:《鹖冠子彙校集注》,中华书局2004年版,第378页)

③ 参见"大道氾兮,其可左右。万物恃之而生而不辞,功成不名有,衣养万物而不为主。常无欲,可名于小;万物归焉而不为主,可名为大。以其终不自为大,故能成其大。"(《老子》34章)

所为而定之。①

　　挈天地而游者,谓之还名,而不还于名之人,明照光照,不能照己之
明是也。独化终始,随能序功,独立宇宙无封,谓之皇。②

对人而言,了知道德、法令等"九道"是非常重要的;"九道"的体得,对自由
应对物事的变化以及对因循行为的理由而定夺行为选择的实践,都具有无
限的益处。能够始终独化,因随能力而序列其相应的功绩,独立于宇宙而没
有疆界,称之为大,即"皇"。

　　这里必须引为注意的是"因其所为而定之""随能序功",它们具有相同
的语言结构,因、随的行为主体与定、序的行为主体是相同的。换言之,因循
行为不是简单的被动行为,而是在被动中包含着主动性的参与,后面定、序
的行为就是主体在因循的前提下做出的主动的举措。在这个意义上,因循
行为与主动性的发挥是共生的。

　　谐和境遇的创设是因循行为换位思维的结果,考虑的不是简单的因循
行为施行的问题,而是如何才能养育万物随从意识的方面;在中国因循思想
史的长河里,这无疑拓宽了因循的视野,在这思维视野拓宽的过程中,万物
合本性的发展以及利益的实现同时得到了一定程度的落实。"随能序功"
等则是另一种类因循的创造性实践;两者的整合才显示完整的因循的意义
和价值,这是不能忽视的。

　　以上分析了鹖氏的因循思想,总的来说,对其因循思想的研究至今仍然
是一片空白地,这与鹖氏研究本身的情况是一致的。迄今虽然对其校注花
费了不少心血,也取得了不少成果,但仍存在诸多问题,该书不易读懂,这也
为吸引更多的研究者投身其中设置了自然的屏障。鹖氏作为先秦晚期的作
品,在因循哲学的长河里,其因循思想也表现出自身独特的方面,这就是它
不仅注意到了一般因循问题的审视,而且注意到了因循在不同视角中不同
样态的考量,这就是"万物莫不从"的提出,考虑到了万物随从如何可能的
问题;在社会治理的层面,作为统治者治理操作方法之一的因循,不仅有功
效的追求,而且设置了如何抵达功效门径的机制,这就是谐和氛围的营建把
"和"的境遇或社会氛围的营建作为实现民众随从的前提条件,而且里面有
民众"所好"的考虑,无论对民众身心健康的保证("神明失从"的内涵就是

---

① 《鹖冠子·学问》,黄怀信撰:《鹖冠子彙校集注》,中华书局 2004 年版,第 322—326 页。
② 《鹖冠子·天权》,黄怀信撰:《鹖冠子彙校集注》,中华书局 2004 年版,第 341—342 页。

这个),还是对民众行为选择自由度的重视("物莫不从"的所指就是这个),都是难能可贵的,具有非常重要的价值意义。对天道、人道的理解,也有了更为通俗易懂的界定,这就是"道者,通物者也;圣者,序物者也。是以有先王之道,而无道之先王"①。

最后,不得不提出的是,鹖氏在总体上虽然强调"天人同文,地人同理",但又认为圣人之道以人为先务,人道以"兵"为先,这自然与当时战争不断的时代状况有关。正是在这样的运思下,鹖氏认为"天高而难知,有福不可请,有祸不可避,法天则戾。地广大深厚,多利而鲜威,法地则辱。时举错代更无一,法时则贰。三者不可以立化树俗,故圣人弗法"②,这在推重天地时的前提下,做出了"圣人弗法"的抉择;对这段文字的理解,关键在"戾""辱""贰"三个字。它们三者指的都是一种状态,故不能从动词的层面来加以理解;在这个前提下,"戾"是安定、静止的意思,人对福祸无能为力,所以因循天道而行为就会处于安定的状态;"辱"是厚、厚实的意思,地的"深厚""多利"的特点,都给因循地道的行为带到丰厚的处境和状态的结果③。"贰"是益的意思,《广雅·释诂一》有"贰,益也"的记载,因此,因循时的行为必然给人添加积累。非常明显,因循天地时的自然结果的安定、厚实、添加,无疑对丰富人的生活具有有益的意义。可是,这里的结论是"三者不可以立化树俗,故圣人弗法"。显然,鹖氏的聚焦点在人,"立化树俗"的事务,天地时是无法做到的,只有在人的世界才有具体演绎。正是在这个意义上,圣人不效法。换言之,天地人无法作为"立化树俗"的具体对象,人只能因循它们的精神;即使在这个意义上来理解,仍然存在着矛盾,这也是不得不注意的。如果从暴戾、污辱、不专一的角度来理解,那么鹖氏"天人同文,地人同理"就从根本上失去了成立的基础。这也是需要注意、有待深入研究的地方。

---

① 《鹖冠子·能天》,黄怀信撰:《鹖冠子汇校集注》,中华书局 2004 年版,第 379 页。

② 《鹖冠子·近迭》,黄怀信撰:《鹖冠子汇校集注》,中华书局 2004 年版,第 115—116 页。

③ 参见"故缘地之利,承从天之指,辱举其死。"(《管子·奢靡》,(清)黎翔凤撰:《管子校注》,中华书局 2004 年版,第 661 页)

第十章 《吕氏春秋》"因性任物"的因循思想

《吕氏春秋》(简称《吕览》)是战国末期秦相吕不韦"集儒士,使著其所闻,为《十二纪》《八览》《六论》,合十余万言,备天地万物古今之事,名为《吕氏春秋》,暴之咸阳市门,悬千斤其上,有能增损一字者与千斤。时人无能增损者。诱以为时人非不能也,盖惮相国畏其势耳"①。《十二纪》按四季、十二月份排列,每一纪有纪首加四篇他论共五篇,合计六十篇;《八览》每览八篇,《有始览》缺一篇,共计六十三篇;《六论》各论六篇,计三十六篇;加上《十二纪》末的《序意》一篇,全书计一百六十篇。"然此书所尚,以道德为标的,以无为为纲纪,以忠义为品式,以公方为检格,与孟轲、孙卿、淮南、扬雄相表里也"②,高诱注释《吕览》的目的乃是"以述古儒之旨"③。毋庸置疑,高诱称"古儒"与其所处的东汉儒家思想一统的局面紧密相连。实际上,它以严整的形式,囊括了先秦各家思想,诸如道家、墨家、法家、阴阳家、名家等的思想,即"网罗精博,体制谨严……总晚周诸子之精英,荟先秦百家之妙义"④,绝对不仅仅是儒家;作为治国的手册⑤,在思想上显示综合特色的同时,我们仍能感受到道家思想的辐射波,这就是其因循的运思,其专门讨论因循的《贵因》篇,在形式上显示出的对因循问题的重视程度,完全可以和《慎子》的《因循》篇相媲美。就整体而言,它在继承先秦道家因循思想的过程中,把因循的运思发展到时代应有的水准,具有完整的思想体系。迄今《吕览》思想研究,对此的重视远远不够,对此思想的整理和分析,是21世纪深入研究《吕览》思想的必然课题。

本书的资料以陈奇猷的《吕氏春秋新校释》为基准,并参照其他成果。

---

① 高诱:《吕氏春秋序》,陈奇猷校释:《吕氏春秋新校释》,上海古籍出版社2002年版,第2页。
② 高诱:《吕氏春秋序》,陈奇猷校释:《吕氏春秋新校释》,上海古籍出版社2002年版,第2页。
③ 高诱:《吕氏春秋序》,陈奇猷校释:《吕氏春秋新校释》,上海古籍出版社2002年版,第2页。
④ 许维遹撰,梁运华整理:《吕氏春秋集释》,中华书局2009年版,第7页。
⑤ 参见"《吕氏春秋》应当算作我国封建社会初期一部最完整的治国法典"(牟钟鉴著:《〈吕氏春秋〉与〈淮南子〉思想研究》,齐鲁书社1987年版,第23页),认为"六论、十二记吕不韦之帝策也"(王利器注疏:《吕氏春秋注疏》,巴蜀书社2002年版,第18页)等。

一、"万物所出，造于太一"的基础论

　　毋庸置疑，冯友兰在《中国哲学简史》里，视《吕览》为先秦哲学的终结，这一视点客观而理性。当然，这一终结是以先秦哲学的融合为依归的。在融合的图案里，因循是其主要的色彩之一。在进入因循问题之前，首先不得不考虑的问题就是，为何要因循？换言之，就是因循所需要的平台或条件是什么？

1.天地人一体

　　"三才"即天地人，始终是《吕览》关注的问题，在它的视野里，天地人是一体的。它说："无变天之道，无绝地之理，无乱人之纪。"①在现实生活里，没有"变天之道""绝地之理""乱人之纪"；这里的"变"是违背的意思，"绝"是断绝的意思，"乱"是混乱的意思；"天之道""地之理""人之纪"则是天地人的规律、理则、纲纪。这里考虑问题的视野是天地人的联动。换言之，天地人的规律是必须绝对尊重的。通过对天地人的审察来认识是非等的标准，即

　　　　凡十二纪者，所以纪治乱存亡也，所以知寿夭吉凶也。上揆之天，下验之地，中审之人，若此则是非可不可无所遁矣。天曰顺，顺维生。地曰固，固维宁。人曰信，信维听。三者咸当，无为而行。②

《吕览》的《十二纪》是记载"治乱存亡"缘由之所在，认知"寿夭吉凶"缘由之所在。而它具体演绎推进的方法则是"上揆之天""下验之地""中审之人"；"揆"是为揆度，"验"为验证，"审"即审察。也就是说，通过天地人来进行度量、审查、验证，就可以认识"治乱存亡"和"寿夭吉凶"。

　　何谓天地人呢？天称为"顺"，顺是顺从、因顺的意思；因顺可以维系万物的生命。地称为"固"，固是坚固、稳固的意思；坚固不变动可以维系宇宙的宁静。人称为"信"，信是诚实不欺骗的意思；诚实不欺可以维系社会从顺、听从的机制。天地人分别处在自己当处的位置上，履行自己的责任，这

称为"当",这是一个无为而行的环境和氛围。

2. "物合而成,离而生"

《吕览》天地人联动的运思是非常清晰的,这是先秦思想家的共同选择。不过,在对人定位的不同上,又明显显示出各自相异的特点。正是这相异,描绘了不同学派的图案;在这个图案的归属上,《吕览》无疑继承了道家的思想特色。

(1)"万物所出,造于太一"。万物是《吕览》的一个视野,这是道家之所以为道家的标志性概念之一。它说:

> 乐之所由来者远矣,生于度量,本于太一。太一出两仪,两仪出阴阳。阴阳变化,一上一下,合而成章……万物所出,造于太一,化于阴阳。①
>
> 凡人物者、阴阳之化也。阴阳者,造乎天而成者也。②

音乐本于"太一","太一"就是道;"两仪"当是天地。换言之,道产生天地,天地产生阴阳,阴阳的变化产生具体的万物,也就是"万物所出,造于太一,化于阴阳";"造于太一"的"造"是造物的意思。"造于太一"就是万物生于道,道是万物的"所出",这里不是道生万物③,当是阴阳化生万物,这是必须注意的地方。人是万物之一的存在,所以这里用了"人物",人的产生与万物完全一致。

在此,值得注意的是,在《吕览》万物的视野里,音乐占有具体的位置;据此,可以推定其万物视野的宽泛性,任何狭隘的理解只能肢解其完整的意思。

(2)"物合而成,离而生"。由道而生的万物,在动态的视野里,存在合成离生的实践历程。它说:

> 天地有始,天微以成,地塞以形。天地合和,生之大经也。以寒暑日月昼夜知之,以殊形殊能异宜说之。夫物合而成,离而生。知合知

---

① 《吕氏春秋·仲夏纪·大乐》,陈奇猷校释:《吕氏春秋新校释》,上海古籍出版社 2002 年版,第 258—259 页。

② 《吕氏春秋·恃君览·知分》,陈奇猷校释:《吕氏春秋新校释》,上海古籍出版社 2002 年版,第 1355 页。

③ 这一思维是对老子"天下万物生于有,有生于无"(《老子》40 章)的继承。

成,知离知生,则天地平矣。平也者,皆当察其情,处其形。①

大乐,君臣父子长少之所欢欣而说也。欢欣生于平,平生于道。②

浑浑沌沌,离则复合,合则复离,是谓天常。天地车轮,终则复始,极则复反,莫不咸当。日月星辰,或疾或徐,日月不同,以尽其行。四时代兴,或暑或寒,或短或长。〔阴阳变化,或上或下,〕或柔或刚。③

宇宙生命之道由天地合和而成。"寒暑日月昼夜"是天地自然的规律,这些规律通过万物各自的功能而对接各异的客体并昭示人们;也就是说,天地规律是通过万物来完成具体对接和运作的。在动态宏观的视野,万物合而成宇宙,这是"合而成"的故事;在微观的视野,万物各自分离而成具体的个物生命,这是"离而生"的乐章。能够认知合成离生,则宇宙天地就能秩序井然;反言之,宇宙秩序井然的实现,应当审察万物各自的性情,即"察其情,处其形"。

离合是天地本有的规律,即"天常",这里强调的是"离则复合,合则复离""终则复始""极则复反",离合、始终等处在自己当处的位置上,即"咸当",这是两者之间的一种平衡,而不是以一方否定另一方,以一方否定另一方的方法正是相异于平衡的一种强调极端的追求。平衡的行为之方在具体环节上,就日月而言,虽然存在"或疾或徐",但最终各自"以尽其行";就四时而言,虽然在夏冬存在"或暑或寒",在冬至、夏至上有"或短或长"的不同,但都是四时季节变化的必然内容;就阴阳而言,虽然在运动方式上"或上或下",在质性上存在"或柔或刚",但都是实现其变化不可或缺的因子。

也就是说,合而言之是宇宙万物,分而言之则是具体个物鲜活的生命;要达到宇宙秩序的井然即"平",离不开对万物性情的察知。不过,秩序的井然源于道,即"平生于道",这里虽然是具体说明音乐能给人以情感的愉悦,但在上面已经提到,音乐是万物之一的存在,所以,这里的论述与上面的运思是一致的。秩序的井然是万物平衡发展的价值取向,而不是以一物否定他物,让每个万物都获得依顺自己本性轨道的环境,从而实现属于自己价值的舞台。

---

① 《吕氏春秋·有始览·有始》,陈奇猷校释:《吕氏春秋新校释》,上海古籍出版社2002年版,第662页。

② 《吕氏春秋·仲夏纪·大乐》,陈奇猷校释:《吕氏春秋新校释》,上海古籍出版社2002年版,第259页。

③ 《吕氏春秋·仲夏纪·大乐》,陈奇猷校释:《吕氏春秋新校释》,上海古籍出版社2002年版,第258—259页。

（3）"天地万物，一人之身"。在《吕览》看来，天地万物是一个整体，可以称此为"大同"。也就是说，万物在宇宙世界里占有不可或缺的地位，共同构成生物链；在这个意义上，万物的价值是一样的。在微观的层面，万物之间是相异的，可以称此为"众异"。也就是说，宇宙中的万物，存在着不同的形态，这正是构成万物大厦的必备因子，即"天地万物，一人之身也，此之谓大同。众耳目鼻口也，众五谷寒暑也，此之谓众异，〔众异〕则万物备也"①。

《吕览》同异的讨论，体现的是相互依存性的特点，这正是道家整体联系性的重要内容，同中有异，异中有同，追求整体联系中的合和发展，即"天地合和，生之大经也"②，和合体现的是关系中的平衡，平衡推重的是万物各自价值的不可重复性。对这种平衡关系的肯定，在"夫草有莘有藟，独食之则杀人，合而食之则益寿"③中也可以清晰地看到；"莘"是一种中草药，"藟"是葛类蔓草，即藤，如果单吃它们就会导致人死亡，即"杀人"的结果，合在一起吃的话就能达到延年益寿的效果；如果依据它们各自的效用从而对此否定的话，无疑是拘泥于静态层面狭隘视野而得出的结论，而忽视了动态联系视域中的万物重组后产生的新结果的预设性考量。总之，必须在联系的视野里来审视万物的价值。在生物链中，万物不仅具有独特的作用，而且在万物重组中，万物会自然获得超越自身独特作用的神奇的新效用；社会的价值和意义，就在于最大限度地创造万物重组对接的机会和必需的条件。毋庸置疑，这种运思对万物价值的充分利用具有无限的意义。

（4）"群聚"的必要。通过上面的分析可以清楚地看到：离的层面是万物展示五彩缤纷个性样态而显示蓬勃生机的场所，合的维度则是宇宙显示自身厚实包容共性的天然舞台；不断的离合实践，既是宇宙生命演进轨迹的实际记录，又是人类文明历史发展的雄壮序曲。上面提到，在宇宙中，一物之所以为该物，其依据在内在的本性，万物正是以基于独特本性的独特的行为特性而相互区别，这就是"凡物之然也，必有故。而不知其故，虽当与不当同，其卒必困……水出于山而走于海，水非恶山而欲海也，高下使之然也。稼生于野而藏于仓，稼非有欲也，人皆以之也"④所告诉我们的道理；

① 《吕氏春秋·有始览·有始》，陈奇猷校释：《吕氏春秋新校释》，上海古籍出版社 2002 年版，第 664 页。

② 《吕氏春秋·有始览·有始》，陈奇猷校释：《吕氏春秋新校释》，上海古籍出版社 2002 年版，第 662 页。

③ 《吕氏春秋·似顺论·别类》，陈奇猷校释：《吕氏春秋新校释》，上海古籍出版社 2002 年版，第 1651 页。

④ 《吕氏春秋·季秋纪·知士》，陈奇猷校释：《吕氏春秋新校释》，上海古籍出版社 2002 年版，第 504 页。

水不往山上流而归向大海,这是水之本然,而"非恶山而欲海";生长在野外的庄稼也一样,人们收割后把它们储藏在仓库里,并不是庄稼本身想这样,而是人想让它们这样;这里面都包含着一定的必然之理,这是需要注意的地方。在这个意义上,因循万物的本有特性来审视万物就显得特别重要。

就人的本性而言,在宇宙中也无法保全自身的安全,这就是"凡人之性,爪牙不足以自守卫,肌肤不足以捍寒暑,筋骨不足以从利辟害,勇敢不足以却猛禁悍。然且犹裁万物,制禽兽,服狡虫,寒暑燥湿弗能害,不唯先有其备,而以群聚邪!群之可聚也,相与利之也。利之出于群也,君道立也。故君道立则利出于群,而人备可完矣"①。人的"爪牙"不足以实现自我防备,肌肤不足以抵御寒暑,筋骨不足以趋利避害,勇敢不足以抵御其他猛悍的动物,但人能裁制万物而战胜其他动物,不受寒暑等的伤害,关键在于群聚而形成防备;群聚之所以可能,就在于群聚能够满足相互的利益需要,个人能够在群聚的组织里获取利益,人利益满足的需要就产生了建立君道的需要。所以,"其民麋鹿禽兽,少者使长,长者畏壮,有力者贤,暴傲者尊,日夜相残,无时休息,以尽其类。圣人深见此患也,故为天下长虑,莫如置天子也,为一国长虑,莫如置君也。置君非以阿君也,置天子非以阿天子也,置官长非以阿官长也"②,建立君、天子、官长的缘由不在对他们阿谀奉承,而在于人们需要在社会群体中实现各自需要的满足,如何创造最好的条件来保证人们利于需要的满足就是君主、官长职务的一切内容。因此,在这个意义上,就有了因循万物本性特征进行社会具体治理的需要,从而实现社会的合和协调。这回答了因循在社会生活层面的具体理由。

3."法 天 地"

人类过群聚的生活是必然的选择,社会则是群聚形式的最好概括,人无法离开社会的协助来完成自己的全部生活。人在社会生活中可以实现"相与利之";这里的"相与"非常重要,既有共同性的方面,也有互相性的角度。换言之,就是相互联系性的视野,不是以一方否定另一方,而是共同来完成各自利益需要满足的事务,因为,"秋早寒则冬必暖矣,春多雨则夏必旱矣。天地不能两,而况于人类乎!人之与天地也同。万物之形虽异,其情一体

---

① 《吕氏春秋·恃君览·恃君》,陈奇猷校释:《吕氏春秋新校释》,上海古籍出版社2002年版,第1330页。

② 《吕氏春秋·恃君览·恃君》,陈奇猷校释:《吕氏春秋新校释》,上海古籍出版社2002年版,第1331页。

也。故古之治身与天下者,必法天地也"①;秋寒与冬寒、春多雨与夏多雨无法两立,天地不具备这个能力;也就是说,寒与暖、雨与旱是互相平衡发展的。天地自然姑且如此,人类也不可能有例外,人与天地是同一的,万物之间是互相联系平衡发展的,社会和个人修身实践的历史轨迹昭示人们,必须"法天地",即效法天地自然规律的意思,效法也就是因循天地自然规律的意思,这是人类总结文明史得出的结论,"盖闻古之清世,是法天地"②、"天道圜,地道方。圣王法之,所以立上下"③,都是具体的说明。天圆地方的具体内涵是:

> 何以说天道之圜也?精气一上一下,圜周复杂,无所稽留,故曰天道圜。何以说地道之方也?万物殊类殊形,皆有分职,不能相为,故曰地道方。④
>
> 日夜一周,圜道也。日躔二十八宿,轸与角属,圜道也。精行四时,一上一下,各与遇,圜道也。物动则萌,萌而生,生而长,长而大,大而成,成乃衰,衰乃杀,杀乃藏,圜道也。云气西行,云云然,冬夏不辍,水泉东流,日夜不休,上不竭,下不满,小为大,重为轻,圜道也……人之窍九,一有所居则八虚,八虚甚久则身毙。故唯而听,唯止。听而视,听止。⑤

精气不断上下循环运动就是天的"圜道",地道强调的是相异的万物各自具有属于自己的"分职",这是其他物不能干预的,即"不能相为"。既强调了宏观统一公平性的重要,又申明了微观个体差异性的必要,正是在两者的变奏中,人的个性潜能得到巨大的释放,社会的共性得到厚实的积累。

在天地人的坐标上,选择效法天地,还在于上面提到的天的"顺"、地的"固"都是自然的,无法改变的;人的"信"需要通过人的行为来完成,人是有情感的动物,行为始终受制于自己的情感,而以自己之是非为是非来判断又是人之常情;在这个意义上,人的"信"永远是一个可变的因子,为了避免人的这种弱性因子发挥作用,《吕览》提出"法天地"的另一个原因就在于天地

---

① 《吕氏春秋·仲春纪·情欲》,陈奇猷校释:《吕氏春秋新校释》,上海古籍出版社 2002 年版,第 87 页。

② 《十二纪·序意》,陈奇猷校释:《吕氏春秋新校释》,上海古籍出版社 2002 年版,第 654 页。

③ 《季春纪·圜道》,陈奇猷校释:《吕氏春秋新校释》,上海古籍出版社 2002 年版,第 174 页。

④ 《季春纪·圜道》,陈奇猷校释:《吕氏春秋新校释》,上海古籍出版社 2002 年版,第 174 页。

⑤ 《季春纪·圜道》,陈奇猷校释:《吕氏春秋新校释》,上海古籍出版社 2002 年版,第 174 页。

的无偏：

> 天无私覆也，地无私载也，日月无私烛也，四时无私行也。行其德
> 而万物得遂长焉。①
> 天地至大矣，至众矣，将奚不有为也而无以为，为矣而无以为之。②

所有万物能够得到天地、日月、四时的营养而自然生长，这里的无差别性在于它们的"无私覆""无私载""无私烛""无私行"，即在不偏的行为中得到保证；天地不仅存在不为的理由，而且无什么可为，是完全彻底的无为，这就是"行其德"，即"行也者，行其数也；行数，循其理，平其私"③。遵行客观规律即"数"而行，就能因循理则，治理平息私；有为就是有私，有私则无差别性将荡然无存。这里的"私"都是偏的意思，"公"是不偏的意思。

偏能带来社会的灾难，即"夫私视使目盲，私听使耳聋，私虑使心狂；三者皆私设精则智无由公，智不公则福日衰，灾日隆"④。群聚的社会生活必须靠公正不偏的行为之方来保证。

总之，如果以天人合一的视野来审视的话，《吕览》持有的是以人合天的立场，属于道家的行列。人类社会的"纪"必须因循天地的道理来保证；《吕览》三次使用"宇宙"的概念，虽然没有对此进行界定，但其视野是广阔的，得到聚焦的是万物，绝对不是人自身，这是非常明显的；在离合频道的变换中，宇宙与万物的联系与差异得到鲜活的表述，这在先秦哲学思想史上是独具特色的；其强调群聚的"相与利之"的运思，是对道家宇宙整体联系性思想的继承和发展，在中国哲学思想史的长河中具有不可磨灭的地位和意义。

二、"因则静"的本质论

上面分析了因循的哲学基础，这是一个整体联系性和个性差异性相结合的视野，差异性是联系性的源泉，联系性则是差异性的家园。但是，如果不理清何谓因循的问题，就无法走进联系性和差异性的大厦。因此，这里接

---

① 《孟春纪·去私》，陈奇猷校释：《吕氏春秋新校释》，上海古籍出版社2002年版，第56页。
② 《孟冬纪·异宝》，陈奇猷校释：《吕氏春秋新校释》，上海古籍出版社2002年版，第559页。
③ 《十二纪·序意》，陈奇猷校释：《吕氏春秋新校释》，上海古籍出版社2002年版，第654—655页。
④ 《十二纪·序意》，陈奇猷校释：《吕氏春秋新校释》，上海古籍出版社2002年版，第655页。

着要讨论的问题是何谓因循。

《慎子·因循》里首次在中国因循思想史上明确地界定了因循的内涵，即"因也者，因人之情也，人莫不自为也"和"用人之自为，不用人之为我，则莫不可得而用矣"①；这里包括两个方面，前者是基本的定义，后者则是其理由的回答，里面充满了实用的色彩。《吕览》对因循又作了明确而具有时代特色的界定。

1."因冬为寒，因夏为暑"

(1)"因者，君术"。《吕览》明确提出因循是君主的法术。它说：

> 治乱安危存亡，其道固无二也。故至智弃智，至仁忘仁，至德不德。无言无思，静以待时，时至而应，心暇者胜。凡应之理，清净公素，而正始卒。焉此治纪，无唱有和，无先有随。古之王者，其所为少，其所因多。因者，君术也。为者，臣道也。为则扰矣，因则静矣。因冬为寒，因夏为暑，君奚事哉！故曰君道无知无为，而贤于有知有为，则得之矣。②

君道因循，臣道施为；施为是有意的，故对他者势必存在干扰；因循是自然而为，势必虚静。因循的具体内涵则是"因冬为寒，因夏为暑"，寒暑是冬夏季节自然的现象，无须为，故说"奚事哉"；君道因循体现的是"无知无为"的特点，它胜过"有知有为"，所以在结果上呈现的是"得之"；因循行为在静态的层面，具有"无言无思，静以待时，时至而应，心暇者胜"的特点，是对外在他者的一种应对，而不是自己主动倡导。所以，这样的君主在心理上始终可以处在闲暇轻松的状态；在动态的层面，呈现"无唱有和，无先有随"的客观效应，没有倡导却有应和，没有先发制人的行动，却有随顺。简言之，因循是以外在客观实际为具体行为的依据，重心在外在他者，而非行为主体。就君道言之，必须以民众为一切行为决策的依据，而不是自己的主观意志。

(2)"责人则以人"。因循的切实施行，对君主而言，需要确立如何看人的准则，不然因循就失去实际的意义。它说：

> 物固不可全也。以全举人固难，物之情也。人伤尧以不慈之名，舜

---

① 《慎子·因循》，钱熙祚校：《慎子》，中华书局1954年版，第3页。
② 《吕氏春秋·审分览·任数》，陈奇猷校释：《吕氏春秋新校释》，上海古籍出版社2002年版，第1076页。

以卑父之号,禹以贪位之意,汤、武以放弑之谋,五伯以侵夺之事。由此观之,物岂可全哉?故君子责人则以人,自责则以义。责人以人则易足,易足则得人。自责以义则难为非,难为非则行饰。故任天地而有余。不肖者则不然。责人则以义,自责则以人。责人以义则难赡,难赡则失亲。自责以人则易为,易为则行苟。故天下之大而不容也,身取危,国取亡焉。此桀、纣、幽、厉之行也。尺之木必有节目,寸之玉必有瑕适。先王知务之不可全也,故择务而贵取一也。[①]

万物包括人都是不完备的,换言之,人无法十全十美,这是人的实情,如果以十全十美的标准来选拔人的话,就会非常困难,这是万物的实际情况,尧、舜、禹、汤、武、五伯也不是十全十美的。正是在这个问题上,出现了君子和小人的区别。具体而言,君子遵行的标准是"责人则以人,自责则以义",即以人的具体特征来衡量该人是否在担任的事务中尽到责任,人成了自己事务的依据和标准,而不是其他;其客观效应是容易得到满足的评价,最终走向"得人"的结果。对照自己时则运用公认的道义标准,这样的话就很难做不正当的行为,从而保持行正;最终无阻地通行于天地之中。

小人正相反,用道义的标准来要求衡量他人,这样就很难得到满足,导致失去亲睦感;对自己则依据本身的实际情况来衡量,最后导致轻易行为而无视道义要求的境地;这是为天下所无法接受,并最终导致身危国亡的险要境地,桀、纣、幽、厉的行为就是如此。总之,仿佛"尺之木必有节目,寸之玉必有瑕适"一样,实际生活中也没有十全十美的人,选择任用人最好的方法是依据人某一方面的能力或特长,即"择务而贵取一"。

要而言之,因循是一种行为,其依据是外在于行为主体的客观存在,诸如"因冬为寒,因夏为暑";其本质在行为主体的无为,无为当然不是什么都不为,而是因循外在的因素而为。

2. "一也者制令,两也者从听"

在分析了何谓因循以后,还需考虑的问题就是以何因循,即因循所依据的标准是什么。这是重视因循问题运思中的一个普遍的视角,《吕览》也不例外:

---

① 《吕氏春秋·离俗览·举难》,陈奇猷校释:《吕氏春秋新校释》,上海古籍出版社 2002 年版,第 1318—1319 页。

　　道也者,视之不见,听之不闻,不可为状。有知不见之见、不闻之闻、无状之状者,则几于知之矣。道也者,至精也,不可为形,不可为名,强为之〔名〕谓之太一。故一也者制令,两也者从听。先圣择两法一,是以知万物之情。故能以一听政者,乐君臣,和远近,说黔首,合宗亲;能以一治其身者,免于灾,终其寿,全其天;能以一治其国者,奸邪去,贤者至,大化成;能以一治天下者,寒暑适,风雨时,为圣人。故知一则明,明两则狂。①

　　资料显示,道就是一,视觉、听觉没有办法把握它,也无法对此命名,勉强称此为"太一",即一,这些显然是对老子思想的借鉴。要理解这里的完整思想,关键在于"一也者制令,两也者从听";"一也者制令"昭示的是道是法度制定依据的意思,"两也者从听"表示的是万物是从顺的所在的意思,"听"有顺从的意思;在"两"与"一"相对的句式里,不难推定"两"的所指是道以外的万物,这与上面分析的离与合的运思是一致的;这在"先圣择两法一,是以知万物之情"的句式里也可得到自然的证明;前面是"两",后面就是"万物之情",实现认知的方法是"择两法一";"法一"是因循道的意思,"择"是区别的意思,完整的意思是因循道来分别万物个体,这样的话就出现了"知万物之情"的自然结果。

　　用道来进行日常事务的管理,则君臣、宗亲、远近、民众之间的关系自然趋于和谐愉悦;用道来修身,则能免灾、尽寿、全性;用道来治理国家,则奸邪离、贤人至、教化成;用道来治理天下,则寒暑和适、风调雨顺、圣人辈出。所以,认识道就能明达②,明白万物就能达到超出常度的境地③,也就是如鱼得水、得心应手。陈奇猷的注释把"两"理解成君臣关系中的臣,显然偏离了"万物之情"的主线。这是必须注意的。

　　以道为因循的武器,实际上,道是万物的宗本,由于无法名状,就用一来勉强表示,但一既具有公平一致的意思,也有以一应万的内容。对具体的万物而言,一是不具体,只有落实到万物时才显示出适合该物的信息,"一也

---

　　① 《吕氏春秋·仲夏纪·大乐》,陈奇猷校释:《吕氏春秋新校释》,上海古籍出版社2002年版,第259—260页。

　　② 名词的"明"是先秦的一个重要概念,庄子也有"明"的论述,如"欲是其所非而非其所是,则莫若以明"(《庄子·齐物论》,(清)郭庆藩辑:《庄子集释》,中华书局1961年版,第63页),就是例证。"明"与"神明"的联系等都是重要的问题,值得探讨。

　　③ 参见"早朝晏罢,以告制兵者,行说语众,以明其道。"(《吕氏春秋·孟秋纪·禁塞》,陈奇猷校释:《吕氏春秋新校释》,上海古籍出版社2002年版,第406页)

齐至贵,莫知其原,莫知其端,莫知其始,莫知其终,而万物以为宗"①,"夫一能应万,无方而持之者,唯有道者能之"②,就是佐证。

必须注意的是,《吕览》"因者,君术也。为者,臣道也"的明确规定,"因"与"为"相对的句式告诉人们,因就是无为的代名词,而这一解释就是后来人们习惯说的黄老道家的君主无为而臣下有为,这是老子"道常无为而无不为"(《老子》37 章)、"无为而无不为"(《老子》48 章)时代的现实演绎。因此,《吕览》在对先秦因循运思总结和发展的同时,设置了与黄老道家连接的桥梁。

三、"循乎其与阴阳化"的对象论

在理论上,因循存在对象的问题,这就是这里接着要讨论的内容。综观《吕览》,其因循的对象主要有以下几个方面。

1. "以 道 为 宗"

道虽已在上面的以何因循问题上作了讨论,但在《吕览》里,道具有双重的身份,它同时也是因循的对象。

(1)"繇其道"。名号是客观存在于社会生活之中的,但名号的获取必须因循道而进行,即"名号大显,不可强求,必繇其道"③;"繇"通"由",其本义是随从,即因循。道是社会客观规律的表征,是对社会生活现象的总结。以下的资料可以证明这一点:

> 齐人有好猎者,旷日持久而不得兽,入则愧其家室,出则愧其知友州里。惟其所以不得之故,则狗恶也。欲得良狗,则家贫无以,于是还疾耕。疾耕则家富,家富则有以求良狗,狗良则数得兽矣,田猎之获常过人矣。非独猎也,百事也尽然。霸王有不先耕而成霸王者,古今无有。此贤不肖之所以殊也。贤不肖之所欲与人同,尧、桀、幽、厉皆然,所以为之异。故贤主察之,以为不可,弗为;以为可,故为之。为之必繇

---

① 《吕氏春秋·季春纪·圜道》,陈奇猷校释:《吕氏春秋新校释》,上海古籍出版社 2002 年版,第 174—175 页。

② 《吕氏春秋·审分览·君守》,陈奇猷校释:《吕氏春秋新校释》,上海古籍出版社 2002 年版,第 1060 页。

③ 《吕氏春秋·不苟论·贵当》,陈奇猷校释:《吕氏春秋新校释》,上海古籍出版社 2002 年版,第 1637 页。

其道,物莫之能害,此功之所以相万也。①

齐人爱好打猎,但总是打不到野兽,心中顿生愧疚之感,思考其原因,认为过在于猎狗。但是,家里贫穷,没有能力获取好的猎狗,于是就在家里努力耕作,家里逐渐富裕起来,并购买了好的猎狗,因而打猎获得的野兽也常常超过其他人。这里包含的道理,不仅仅局限在打猎这一件事情上,其他的事情也如此;在当时的社会,耕种庄稼就是基本的生活之道,国家的治理也一样。对此认识的不同,就是"贤不肖"的分水岭。"贤不肖"欲望的东西是与人相同的,尧、桀、幽、厉也没有例外,但满足欲望所依据的理由是相异的;贤明的人能深察这一点,是否施行某一行为,以"可""不可"为衡量的标准,而"可""不可"的结果则来之于道的过滤,即"为之必繇其道",一切行为都因循道来进行,不会受到来自外在他物的伤害,从而收到事半功倍的效果。

(2)"以道为宗"。因循道是以道为宗本的过程,它说:

> 帝也者,天下之〔所〕适也。王也者,天下之〔所〕往也。得道之人,贵为天子而不骄倨,富有天下而不骋夸,卑为布衣而不瘁摄,贫无衣食而不忧慑。狠乎其诚自有也,觉乎其不疑有以也,桀乎其必不渝移也,循乎其与阴阳化也,勿勿乎其心之坚固也,空空乎其不为巧故也,迷乎其志气之远也,〔风乎其高而无极也,〕昏乎其深而不测也,确乎其节之不庳也,就就乎其不肯自是也,鹄乎其羞用智虑也,假乎其轻俗诽誉也。以天为法,以德为行,以道为宗。与物变化而无所终穷,精充天地而不竭,神覆宇宙而无望。莫知其始,莫知其终,莫知其门,莫知其端,莫知其源。其大无外,其小无内,此之谓至贵。②

帝王作为"天下之适""天下之往",即天下所归往,关键在对道的体得。具体而言,身为天子而不骄傲,富有天下而不放纵奢侈,布衣生活而不忧伤迷乱,贫无衣食而不忧愁悲戚。恳恳诚意,不怀疑原因,不改变志向,因循阴阳而化育,心地坚固,远离智巧,志气高远,高不可际,深不可测,具备节操而不低下,顺从而不自以为是,以用智虑为羞耻,轻视世俗毁誉;在具体的细节上,他们以天道自然为法则,以实际的获得为行为的追求,以道为宗本,与

---

① 《吕氏春秋·不苟论·贵当》,陈奇猷校释:《吕氏春秋新校释》,上海古籍出版社 2002 年版,第 1638 页。

② 《吕氏春秋·慎大览·下贤》,陈奇猷校释:《吕氏春秋新校释》,上海古籍出版社 2002 年版,第 886 页。

万物变化始终，精神充满宇宙；无法知道其始、终、门径、边际以及源头。道是充满宇宙的至大，故无外；道作为本身的决定者则是至小的存在，故无内。

就得道者所具有的特质而言，道的大道自然的品性，以及以实际获取为行为的价值目标追求，是值得重视的地方，这直接成为强调功用运思的营养。

2."循　　理"

道既有自然规律的因素，也有社会规律的方面；后者无疑是前者的延伸和演绎。与此相联系的还有理，理是《吕览》因循行为的一个重要对象：

> 人主，太上喜怒必循理，其次不循理，必数更，虽未至大贤，犹足以盖浊世矣。①
>
> 养由基射兕，中石，矢乃饮羽，诚乎兕也。伯乐学相马，所见无非马者，诚乎马也。宋之庖丁好解牛，所见无非死牛者，三年而不见生牛，用刀十九年，刃若新磨研，顺其理，诚乎牛也。②

喜怒因循理即在理的轨道上运行，这是有德君主最高的行为之方；在次要的层面，即使不能因循理来行为，但也绝对不能完全听从自身的主观意志，而需要借助于改革"必数更"来保证行为的客观科学性。"射兕""相马""解牛"，虽然主题不同，但当事人对从事事业的诚挚之心即"诚"是相同的；在这个基础之上，就是"顺其理"，庖丁解牛的技术就是诚挚和因循牛体之理的结果。

无论是一个国家的社会治理，还是个人职业生涯的实践，因循理是必然的课题。

（1）何谓理？理是是非的宗本，它说：

> 郑国多相县以书者，子产令无县书，邓析致之。子产令无致书，邓析倚之。令无穷，则邓析应之亦无穷矣。是可不可无辩也。可不可无辩，而以赏罚，其罚愈疾，其乱愈疾，此为国之禁也。故辩而不当

---

① 《吕氏春秋·似顺论·似顺》，陈奇猷校释：《吕氏春秋新校释》，上海古籍出版社2002年版，第1645页。

② 《吕氏春秋·季秋纪·精通》，陈奇猷校释：《吕氏春秋新校释》，上海古籍出版社2002年版，第514页。

理则伪,知而不当理则诈。诈伪之民,先王之所诛也。理也者,是非之宗也。①

郑国的故事告诉人们,文饰或弯曲法令条文的事情,在社会治理中都是不可取的,诸如子产、邓析,在无穷的"无县书""无致书"和"致之""倚之"的辩论实践中,可与不可的判断标准荡然无存;依据这样变化不止的法令来进行赏罚的话,只能导致混乱,这是治国之所禁。辩论虽然是必要的,但不能相悖于理,因为,理是是非的宗本。子产、邓析的辩论由于违背理,所以是伪诈的。

(2)"中理"。对理的因循,实际就是"中理然后动"的过程。它说:

> 贤者之事也,虽贵不苟为,虽听不自阿,必中理然后动,必当义然后举,此忠臣之行也。贤主之所说,而不肖主之所不说,非恶其声也。人主虽不肖,其说忠臣之声与贤主同,行其实则与贤主有异。异,故其功名祸福亦异。②

行为是否施行的理由不在外在的高贵,即使听从他者也不阿谀奉承,必须以是否符合理义为标准。

这里"中理"与"当义"并提,与上面的"当理"具有相同的意义,这为理是是非的宗本这一事实所决定。当然,理义与法家的理存在差异性,可以说,这里有儒家思想的影响,这也是需要注意的地方。

3."顺 其 时"

时是《吕览》因循的又一对象。具体包含以下内容。

(1)顺时。时具有非常重要的地位,它说:"是月也,易关市,来商旅,入货贿,以便民事。四方来杂,远乡皆至,则财物不匮,上无乏用,百事乃遂。凡举事无逆天数,必顺其时,乃因其类。"③秋季是收获的季节,必须"易关市",即通过整治关市的方法,以招徕商旅,聚集更多的货物,从而方便民

① 《吕氏春秋·审应览·离谓》,陈奇猷校释:《吕氏春秋新校释》,上海古籍出版社 2002 年版,第 1187 页。
② 《吕氏春秋·不苟论·不苟》,陈奇猷校释:《吕氏春秋新校释》,上海古籍出版社 2002 年版,第 1592 页。
③ 《吕氏春秋·仲秋纪·仲秋》,陈奇猷校释:《吕氏春秋新校释》,上海古籍出版社 2002 年版,第 427 页。

事,以备国家之用。换言之,举事必须因循时令,这里的时是时令的意思,具有自然性,也就是"举事无逆天数"的"天数"。

（2）知时。要顺时,必须认识时：

> 圣人之见时,若步之与影不可离。故有道之士未遇时,隐匿分窜,勤以待时。时至,有从布衣而为天子者,有从千乘而得天下者,有从卑贱而佐三王者,有从匹夫而报万乘者,故圣人之所贵唯时也。水冻方固,后稷不种,后稷之种必待春,故人虽智而不遇时无功。方叶之茂美,终日采之而不知,秋霜既下,众林皆嬴。事之难易,不在小大,务在知时。①

从圣人的生活实践来看,他们始终与时同在;有道者则能够"勤以待时",这里的"时"是时机的意思;时机一到,他们就会发生巨大的变化,诸如"从布衣而为天子"等例子;因此,圣人非常贵时,他们即使聪慧,但不遇时机的话,就不会取得实际的功效,诸如后稷不种于寒冬季节而种于春,就是知时的表现;春天叶茂、秋天叶落的事情也一样;事情的难易不在事情本身的大小,关键在是否"知时";只有知时,才能顺时。

时还有时令的意思,"上田夫食九人,下田夫食五人,可以益,不可以损。一人治之,十人食之,六畜皆在其中矣。此大任地之道也。故当时之务,不兴土功,不作师徒,庶人不冠弁、娶妻、嫁女、享祀,不酒醴聚众,农不上闻,不敢私藉于庸。为害于时也。苟非同姓,农不出御,女不外嫁,以安农也"②,就是例证。时令与人的生活息息相关,故遇农忙时,必须集中一切力量,使用一切手段来保证农事的顺利进行,以不妨碍农时。

（3）时利。知时的关键在于时对当时的人而言具有至关重要的意义,由于生产力低下,人往往依靠时令来获得生存等所必需的物质,因此,对时的考虑,存在对利益的考虑,可以称为时利。下面的资料就是具体说明：

> 然后制野禁。野禁有五：地未辟易,不操麻,不出粪;齿年未长,不敢为园圃;量力不足,不敢渠地而耕;农不敢行贾;不敢为异事,为害于时也。然后制四时之禁：山不敢伐材下木,泽不敢灰僇,缳网罝罦不敢

---

① 《吕氏春秋·孝行览·首时》,陈奇猷校释：《吕氏春秋新校释》,上海古籍出版社2002年版,第773页。

② 《吕氏春秋·士容论·上农》,陈奇猷校释：《吕氏春秋新校释》,上海古籍出版社2002年版,第1719页。

出于门,众罟不敢入于渊,泽非舟虞不敢缘绝,为害其时也。①

　　故如石户之农、北人无择、卞随、务光者,其视天下,若六合之外,人之所不能察。其视富贵也,苟可得已,则必不之赖。高节厉行,独乐其意,而物莫之害。不漫于利,不牵于执,而羞居浊世……若夫舜、汤,则苞裹覆容,缘不得已而动,因时而为,以爱利为本,以万民为义。②

"制四时之禁"的时是时令的意思,"因时而为"的时则是时机的意思。但在面对这两种时时,必须以利益实现为本。时令的场合,不仅不能做为害时令价值实现的事情,而且要养育时利持续生发效用的条件,这相当于我们今天所说的持续发展,"山不敢伐材下木"等就是具体的内容。人的场合则应该因循时机而行为,行为追求以利益为本,但利益不是个人一己的考虑,而是民众的需要。

　　无论是自然的方面还是社会的方面,都要考虑利益的实现,而不能做为害的事情,尤其是对有节制地利用自然资源的运思,在今天具有的积极意义是显而易见的。

　　(4)适时。适时推重的是时机性,具有恰到好处的意思。它说:

　　　　兵所自来者久矣。尧战于丹水之浦,以服南蛮。舜却苗民,更易其俗。禹攻曹、魏、屈骜、有扈,以行其教。三王以上,固皆用兵也。乱则用,治则止。治而攻之,不祥莫大焉。乱而弗讨,害民莫长焉。此治乱之化也,文武之所由起也。文者爱之徵也,武者恶之表也。爱恶循义,文武有常,圣人之元也。譬之若寒暑之序,时至而事生之。圣人不能为时,而能以事适时。事适于时者其功大。③

战争的讨论在《吕览》中有许多,总体上主张有节制地使用战争。这里视战争为制止乱的武器,乱一旦制止,就必须立即停止战争;但处乱而不出兵征讨,则是害民的举措。换言之,社会治就采用文,文是爱的象征;社会乱就采用武即战争的形式来解决,这是恶的表征。无论何者,都必须"循义","义"

　　① 《吕氏春秋·士容论·上农》,陈奇猷校释:《吕氏春秋新校释》,上海古籍出版社 2002 年版,第 1719—1720 页。
　　② 《吕氏春秋·离俗览·离俗》,陈奇猷校释:《吕氏春秋新校释》,上海古籍出版社 2002 年版,第 1243 页。
　　③ 《吕氏春秋·恃君览·召类》,陈奇猷校释:《吕氏春秋新校释》,上海古籍出版社 2002 年版,第 1369 页。

是宜的意思,这里是合社会、时代之宜的意思,后面的"时至而事生之"就是具体的理由回答。圣人虽然有过人之处,但也无法制造时宜,只能"以事适时",这是实现最大社会功用的方法。

上面讨论知时时谈到遇时的问题,与这里的适时存在一定的联系。可以说,遇时是行为主体等待客观时机、时宜的到来,适时则是行为主体主动寻找合适的机会而对接时机、时宜;前者纯粹为被动性,后者则融进了一些人的主动性,这是必须注意的。

(5)因时而化。时不是固定不变,所以,"因时而化"是因时行为的必然内容:

> 荆人欲袭宋,使人先表滩水。滩水暴益,荆人弗知,循表而夜涉,溺死者千有余人,军惊而坏都舍。向其先表之时可导也,今水已变而益多矣,荆人尚犹循表而导之,此其所以败也。今世之主,法先王之法也,有似于此……故治国无法则乱,守法而弗变则悖,悖乱不可以持国。世易时移,变法宜矣……故凡举事必循法以动,变法者因时而化,若此论则无过务矣。①
>
> 夫不敢议法者,众庶也;以死守〔法〕者,有司也;因时变法者,贤主也。②

荆人循表而夜涉的行为之所以失败,就在于没有考虑到"滩水暴益"的实际情况。治理国家的事务也一样,离不开因循法度来完成,而法先王之法虽然是内容之一,但如果不加以变化则势必产生悖乱。因此,"因时变法"是君主的一个重要职责。

在上面的分析中,可以清楚地看到,因时而行为是《吕览》思想的一个重要方面,尤其是在利益的轨道上适时而行为的运思,与有节制地利用自然资源而走持续发展道路的运思,不仅在思想史上具有重要的价值意义,而且在今天仍然具有现实的指导意义。

4."因 其 势"

势也是因循的一个对象,与时是紧密联系的,时势是人们日常使用的概

---

① 《吕氏春秋·慎大览·察今》,陈奇猷校释:《吕氏春秋新校释》,上海古籍出版社 2002 年版,第 944—945 页。

② 《吕氏春秋·慎大览·察今》,陈奇猷校释:《吕氏春秋新校释》,上海古籍出版社 2002 年版,第 945 页。

念。势是一种综合的情势和趋势,表示一种力量,是人力所无法逆转的。它说:"汤其无郼,武其无岐,贤虽十全,不能成功。汤、武之贤而犹藉资乎势,又况不及汤、武者乎?故以大畜小吉,以小畜大灭,以重使轻从,以轻使重凶……凡王也者,穷苦之救也。水用舟,陆用车,途用辅,沙用鸠,山用樏,因其势者其令行。"①社会的治理必须因循实际的情势来进行,即"因其势者其令行",这样法令就容易得到施行。战争也一样,"夫民无常勇,亦无常怯。有气则实,实则勇;无气则虚,虚则怯。怯勇虚实,其由甚微,不可不知。勇则战,怯则北。战而胜者,战其勇者也。战而北者,战其怯者也。怯勇无常,倏忽往来,而莫知其方,惟圣人独见其所由然……善用兵者,诸边之内莫不与斗,虽厮舆白徒,方数百里皆来会战,势使之然也"②,利用具体的情势才能取得胜利,不能硬打。

势与时一样,都具有客观性,是人力无法逆转的,因循而用是最好的方法。

5. "顺 性"

作为因循对象的道、理、时、势,都是外在于人的存在。但在因循的大厦里,人性也是因循的对象。

(1)顺性。本性是万物的根本,它说:

> 治物者不于物于人,治人者〔不于人于事〕,〔治事者〕不于事于君,治君者不于君于天子,治天子者不于天子于欲,治欲者不于欲于性。性者,万物之本也,不可长,不可短,因其固然而然之,此天之数也。③

对物、人、事、君、天子、欲的治理,关键在于对本性的治理。这是因为本性是万物的宗本,具有"不可长""不可短"④的特点;对本性治理的方法则是"因

---

① 《吕氏春秋·审分览·慎势》,陈奇猷校释:《吕氏春秋新校释》,上海古籍出版社 2002 年版,第 1120 页。

② 《吕氏春秋·仲秋纪·决胜》,陈奇猷校释:《吕氏春秋新校释》,上海古籍出版社 2002 年版,第 457 页。

③ 《吕氏春秋·不苟论·贵当》,陈奇猷校释:《吕氏春秋新校释》,上海古籍出版社 2002 年版,第 1637 页。

④ 参见"彼正正者,不失其性命之情。故合者不为骈,而枝者不为跂;长者不为有余,短者不为不足。是故凫胫虽短,续之则忧;鹤胫虽长,断之则悲。故性长非所断,性短非所续,无所去忧也。意仁义其非人情乎!彼仁人何其多忧也?"(《庄子·骈拇》,(清)郭庆藩辑:《庄子集释》,中华书局1961 年版,第 317 页)

其固然而然之"，即因循本性的固然为本性的样态，这是天道自然。"固然"
是对庄子运思的借鉴，庄子说到"依乎天理，批大郤，导大窾，因其固然"①，
这里的"固然"自是牛之固然，牛本来的样态。

本性既然不可长短，即后天无法改变本性，这也正是因循本性固然而为
本性现实的样态运思的基础。在这个意义上，本性不存在治理的必要。其
实，在《吕览》关于本性的整体运思中，本性能否依归固然的轨道而运行，要
受到来自欲望的干扰，这就是治理存在的必要性，这在下面讨论。

在《吕览》的思想体系里，强调顺性，在于顺性具有聪明长寿的现实功
效。它说：

> 昔者先圣王，成其身而天下成，治其身而天下治。故善响者不于响
> 于声，善影者不于影于形，为天下者不于天下于身……言正诸身也。故
> 反其道而身善矣，行义则人善矣，乐备君道而百官已治矣，万民已利矣。
> 三者之成也，在于无为。无为之道曰胜天，义曰利身，君曰勿身。勿身
> 督听，利身平静，胜天顺性。顺性则聪明寿长，平静则业进乐乡，督听则
> 奸塞不皇。②

在声响、形影的关系中，声、形为主而响、影为次。治理天下的事务，其关键
不在天下而在治理者本人，这就是正身。社会的治理者如果能依归道而行
为的话则势必身善；能施行其宜的话，民众势必日臻于善；乐备君主无为之
道的话，其他职官势必司职行事，民众势必利益无限。要做到这三个方面，
关键在无为。无为之道就是因任天行事，故为"胜天"，这里的"天"是天性
的意思，这在下面的分析中会得到进一步的阐明；无为之义在于不用智巧，
利于身心康健，故为"利身"；无为之君施行职分管理，自身不参与具体事
务，故为"勿身"。"勿身"不是什么都不做，督听官员司职情况的述职能保
证其职责不偏差；内外即健康的身心与民众势必日臻于善的氛围或境遇，都
呈现一种平静的状态；因任天在社会管理事务中的落实就是顺性，即因循官
员的本性特征而进行具体的使用和管理。因顺本性而行为是一种聪明的举
措，势必长寿；在平静的氛围和境遇里，民众势必进业而乐乡其化；督听则奸
邪闭塞而不惶惑。

---

① 《庄子·养生主》，(清)郭庆藩辑：《庄子集释》，中华书局1961年版，第119页。

② 《吕氏春秋·季春纪·先己》，陈奇猷校释：《吕氏春秋新校释》，上海古籍出版社2002年
版，第146—147页。

(2)全性。因循本性无论对个人的性命,还是对事业都具有积极的意义。不过,因循本性不是简单"因其固然而然之",还包括全性的内容:

> 始生之者,天也;养成之者,人也。能养天之所生而勿撄之谓天子。天子之动也,以全天为故者也。此官之所自立也。立官者以全生也。今世之惑主,多官而反以害生,则失所为立之矣。譬之若修兵者,以备寇也。今修兵而反以自攻,则亦失所为修之矣。①

"始生之者,天也"是对上面"胜天"的具体解释;后天对人性的养成则属于人的方面;能养育天性而对此不触犯最为重要,它以保全天性为依归。就人而言,保全天性是五官存在的理由所在,五官的产生为了保全人的本性即"全生",前面的"天"是天性,这里的"生"同性,指的是人的本性。因为,天的价值的落实必须走入人的世界,不然毫无意义,这就是这里同时使用"天"和"生"的理由之所在。下面的资料可以帮助加深理解:

> 子华子曰:"全生为上,亏生次之,死次之,迫生为下。"故所谓尊生者,全生之谓;所谓全生者,六欲皆得其宜也。所谓亏生者,六欲分得其宜也。亏生则于其尊之者薄矣。其亏弥甚者也,其尊弥薄。所谓死者,无有所以知,复其未生也。所谓迫生者,六欲莫得其宜也,皆获其所甚恶者。服是也,辱是也。辱莫大于不义,故不义,迫生也。而迫生非独不义也,故曰迫生不若死。②

"六欲"是《吕览》最早提出的概念,东汉高诱注释为"六欲,生、死、耳、目、口、鼻也",因此是指人与生俱来的生理需求或欲望。生理需求和欲望的满足,适宜最重要。这里说的全生、亏生、死、迫生的差异就表现在"宜"的差异上;全生者是"六欲皆得其宜",亏生者是"六欲分得其宜",迫生者是"六欲莫得其宜",所以生不如死。

社会治理的情况也一样,官员位置的设立是为了保全民众性命的,官员的位置不断增多,反而不听使用,失去了凭依官员来落实社会治理事务的初衷;这仿佛士兵和武器等装备的准备,本是为了防备敌寇的,如果用于自相

---

① 《吕氏春秋·孟春纪·本生》,陈奇猷校释:《吕氏春秋新校释》,上海古籍出版社 2002 年版,第 21 页。

② 《吕氏春秋·仲春纪·贵生》,陈奇猷校释:《吕氏春秋新校释》,上海古籍出版社 2002 年版,第 76—77 页。

残杀，就失去了装备的理由。社会治理的最大的目标之一是保全民众的天性：

> 万物章章，以害一生，生无不伤；以便一生，生无不长。故圣人之制万物也，以全其天也。天全则神和矣，目明矣，耳聪矣，鼻臭矣，口敏矣，三百六十节皆通利矣。若此人者，不言而信，不谋而当，不虑而得，精通乎天地，神覆乎宇宙；其于物无不受也，无不裹也，若天地然；上为天子而不骄，下为匹夫而不惛，此之谓全德之人。①

万物繁盛，以害一生，则没有不被伤害的；而便利一生，则没有不成长的。所以，圣人制御万物，在于保全他们的天性；天性得以保全则精神谐和，视觉明亮，听觉聪敏，嗅觉灵敏，味觉灵美；这样的人精神与宇宙天地共作，持守自然无为的行为之方，包容万物，与万物共始终。

总之，无论是个人修身还是社会治理的实践，保全人的天性即本性的本真状态最为重要。

（3）节制欲望。万物具有不同的固然，但是，万物在宇宙中生活，各自的固然必须共同依据宇宙这个舞台而展开自己的生活历程，任何一个个物都无法在与外在他物隔离的状态下完成自身生活需要的实现。就人而言，其五官的存在本身就需要欲望的满足。在总体上，《吕览》虽然追求保全天性，强调具体过程中的"顺耳目，不逆志"②，但如果完全顺从欲望而行为的话，则必然走向混乱，"凡居于天地之间、六合之内者，其务为相安利也，夫为相害危者，不可胜数。人事皆然；事随心，心随欲。欲无度者，其心无度。心无度者，则其所为不可知矣"③，就是佐证；在宇宙世界，万物之间并非一定"相安利"，即利益对方，事实是"相害危"的情况不可胜数，但是自然界的实践走的似乎是达尔文所说的适者生存的道路；人的世界的事务也不例外，事随顺人的思想，思想随顺人的欲望，欲望没有适度的话，其思想即心也势必无度，思想无度就失去了行为的理由，即"所为"；正是在这个意义上，节制欲望就有了登台的机会。具体的运思如下：

---

① 《吕氏春秋·孟春纪·本生》，陈奇猷校释：《吕氏春秋新校释》，上海古籍出版社2002年版，第22页。
② 《吕氏春秋·孟夏纪·尊师》，陈奇猷校释：《吕氏春秋新校释》，上海古籍出版社2002年版，第208页。
③ 《吕氏春秋·恃君览·观表》，陈奇猷校释：《吕氏春秋新校释》，上海古籍出版社2002年版，第1421—1422页。

首先,"适欲"原则。在《吕览》看来,欲正是修身治国的关键,古代圣王的诀窍就在因循天性而应对欲望,即"欲不正,以治身则夭,以治国则亡。故古之圣王,审顺其天而以行欲,则民无不令矣,功无不立矣。圣王执一,四夷皆至者,其此之谓也!执一者至贵也,至贵者无敌"①;依照人的本性特征来应对人的欲望,民众没有不服从法令的,势必带来功业显著。"审顺其天而以行欲"就是"执一",这是"至贵",无敌于天下。

追求长生是人的欲望之一,其欲望实现的途径就是因循本性,即"顺之",但过分追求欲望的满足,则适得其反,"使乌获疾引牛尾,尾绝力勯而牛不可行,逆也。使五尺竖子引其棬,而牛恣所以之,顺也。世之人主贵人,无贤不肖,莫不欲长生久视,而日逆其生,欲之何益?凡生之长也,顺之也,使生不顺者欲也。故圣人必先适欲"②,告诉人们的就是这个道理。因此,"适欲"最为重要。具体而言,就是"适耳目,节嗜欲,释智谋,去巧故,而游意乎无穷之次,事心乎自然之途。若此则无以害其天矣。无以害其天则知精,知精则知神,知神之谓得一"③;"适欲"包括人的各种器官基本欲望的满足,"适耳目"告诉人们的就是这个故事;"适耳目"的具体内容就是"节嗜欲""释智谋""去巧故","嗜欲""智谋""巧故"都是偏离自然之途的存在,所以必须采取节制、释放、去除的方法来加以消解。把欲望置放在适度的位置上,这样才能达到"无以害其天"的效果,而最终把精神调控在天性保全的轨道上。下面的资料也是最好的说明:

> 天生阴阳寒暑燥湿,四时之化,万物之变,莫不为利,莫不为害。圣人察阴阳之宜,辨万物之利以便生,故精神安乎形,而年寿得长焉。长也者,非短而续之也,毕其数也。毕数之务,在乎去害。何谓去害?大甘、大酸、大苦、大辛、大咸,五者充形则生害矣。大喜、大怒、大忧、大恐、大哀,五者接神则生害矣。大寒、大热、大燥、大湿、大风、大霖、大雾,七者动精则生害矣。故凡养生,莫若知本,知本则疾无由至矣。④

---

① 《吕氏春秋·离俗览·为欲》,陈奇猷校释:《吕氏春秋新校释》,上海古籍出版社 2002 年版,第 1303 页。

② 《吕氏春秋·孟春纪·重己》,陈奇猷校释:《吕氏春秋新校释》,上海古籍出版社 2002 年版,第 35 页。

③ 《吕氏春秋·季春纪·论人》,陈奇猷校释:《吕氏春秋新校释》,上海古籍出版社 2002 年版,第 162 页。

④ 《吕氏春秋·季春纪·尽数》,陈奇猷校释:《吕氏春秋新校释》,上海古籍出版社 2002 年版,第 138—139 页。

自然界有"阴阳之宜",人也有"宜"的问题;长寿、短寿完全是本性决定的,即"长也者,非短而续之",最终在于"毕其数"即尽数,要尽数就必须去害,去害是为了保持宜,诸如大甘、大酸、大苦、大辛、大咸和大喜、大怒、大忧、大恐、大哀,以及大寒、大热、大燥、大湿、大风、大霖、大雾都不是正常的适宜状态,是一种极端,只能带来害处,宜就是要保持一种谐和的调顺状态,这是宗本。

其次,"利于性则取之"。"适欲"可以说是因循本性的总的原则,在具体操作的层面上,就是依归本性来加以把握。下面的资料就是具体的说明:

> 夫水之性清,土者抇之,故不得清。人之性寿,物者抇之,故不得寿。物也者,所以养性也,非所以性养也。今世之人,惑者多以性养物,则不知轻重也。不知轻重,则重者为轻,轻者为重矣。若此,则每动无不败。以此为君悖,以此为臣乱,以此为子狂。三者国有一焉,无幸必亡。①
>
> 今有声于此,耳听之必慊,已听之则使人聋,必弗听。有色于此,目视之必慊,已视之则使人盲,必弗视。有味于此,口食之必慊,已食之则使人瘖,必弗食。是故圣人之于声色滋味也,利于性则取之,害于性则舍之,此全性之道也。世之贵富者,其于声色滋味也多惑者,日夜求,幸而得之则遁焉;遁焉,性恶得不伤。②

水的本性是清澈的,但土的搅乱就无法保持清澈的状态;人的本性本是长寿的,但外物的搅乱就无法实现长寿。物是滋养本性的存在,而不是依靠本性来得以滋养的存在。现在,惑人的行为往往是以性来养物,不知事情的轻重,结果轻重倒置,势必失败;无论对君臣还是子民,带来的结果只能是悖论。以物养性虽然是无法逾越的门径,但必须以"利"为取舍的原则,即"利于性则取之,害于性则舍之"。"慊"是满足的意思,"已"是太、过的意思,表示程度上超过度。声、色、味能使人的听觉、视觉、味觉得到满足的享受,但如果超过度,则势必产生"使人聋""使人盲""使人瘖",即诗人聋、盲、哑,"瘖"同喑,是哑的意思。必须注意的是,这里的"必弗听""必弗视""必弗

------

① 《吕氏春秋·孟春纪·本生》,陈奇猷校释:《吕氏春秋新校释》,上海古籍出版社 2002 年版,第 21 页。

② 《吕氏春秋·孟春纪·本生》,陈奇猷校释:《吕氏春秋新校释》,上海古籍出版社 2002 年版,第 21—22 页。

食"不是完全否定人对声、色、味的满足,而是强调不过度的意思,以是否对本性有利为标准,这是"全性之道";一味顺从声、色、味的满足,势必伤害本性,这是必须注意的。

总之,因循本性在于保全人的天性,实现长生久视;但人始终处在外物的包围之中,在以物养性的实践中,必须防止陷入以性养物的泥潭;以物养性的关键在于是否对本性有利,这是顺性的度,人必须节制对本性有害的欲望。

6."顺 民 心"

上面顺性是一般的讨论,在社会整治的层面,人性就聚焦为民性,这也是《吕览》推重的因循对象之一。

(1)"顺民所喜"。对统治者而言,顺从民众的喜好来进行管理非常重要。

> 殷汤良车七十乘,必死六千人,以戊子战于郕,遂禽推移、大牺,登自鸣条,乃入巢门,遂有夏。桀既奔走,于是行大仁慈,以恤黔首,反桀之事,遂其贤良,顺民所喜,远近归之,故王天下。①

"民所喜"是顺从的对象,这样远近的民众都来归附、归顺。所以,"凡圣人之动作也,必察其所以之,与其所以为"②。

(2)"顺民心"。与此相联系的是顺从民心:

> 先王先顺民心,故功名成。夫德民心以大立功名者,上世多有之矣。失民心而立功名者,未之曾有也。得民心有道,万乘之国,百户之邑,民无有不说。取民之所说而民取矣,民之所说岂众哉? 此取民之要也。③

顺从民心来进行社会治理,可以得民心,成就功名,历史上这样的例子不少;

---

① 《吕氏春秋·仲秋纪·简选》,陈奇猷校释:《吕氏春秋新校释》,上海古籍出版社 2002 年版,第 445—446 页。

② 《吕氏春秋·仲春纪·贵生》,陈奇猷校释:《吕氏春秋新校释》,上海古籍出版社 2002 年版,第 76 页。

③ 《吕氏春秋·季秋纪·顺民》,陈奇猷校释:《吕氏春秋新校释》,上海古籍出版社 2002 年版,第 484—485 页。

国家不在大小,依归愉悦民众物事的轨道来进行管理民众,这样势必得到民众的信任,这就是得民心之道。这里"德民心"和"得民心"并用,虽然在德、得相同的频道可以得到解释,但也存在着依凭道德来获取民心因素的考虑。下面的资料就是佐证:

> 　　武王虎贲三千人,简车三百乘,以要甲子之期于牧野而纣为禽。显贤者之位,进殷之遗老,而问民之所欲,行德及禽兽,行罚不辟天子,亲殷如周,视人如己,天下美其德,万民说其义,故立为天子。①

"问民之所欲"与"取民之所说"的内涵是相同的,这里的"行德及禽兽""天下美其德,万民说其义"正是上面"德民心"的具体注释。

顺从民心来进行管理,能够受到巨大的功效,"三代所宝莫如因,因则无敌。禹通三江五湖,决伊阙,沟回陆,注之东海,因水之力也。舜一徙成邑,再徙成都,三徙成国,而尧授之位,因人之心也。汤、武以千乘制夏、商,因民之欲也。如秦者立而至,有车也;适越者坐而至,有舟也。秦、越,远途也,竫立安坐而至者,因其械也"②,就是具体的说明。"因水之力""因人之心""因民之欲""因其械"折射着相同的信息,它们是禹、尧、舜、汤、武等实现功业实践手段之一。在这个意义上,政治上的因循,也包含着社会是民众的社会、民众是社会主体的运思。因此,政治实践贯彻因循,当是实现民主管理可能的条件。

以上通过道、理、时、势、本性、民心,分析了《吕览》的因循对象。前四者都是外在于人的存在,虽然里面不能完全排除人的因素,但总的方面是客观的,存在人力无法改变的因素,对它们的因循,正是弥补人自身不足而实现强大的需要;本性是万物内在的客观,即"固然",因循本性是为了"全性",所以不能一味顺从欲望的发展,必须节制欲望而依归以物养性的轨道;民心与本性相比,其客观性得到了弱化,而主观性得到了加强;有时本性与民心是不同的,民心更具有动态的变化性,这种动态的变化性如果得到政治的不良利用的话,往往会造成扭曲人性的可怕后果,如这里的"取民之所说"的考虑就不是符合人性的做法,而是简单的"民取"的目的。这也是必须注意的地方。

───────────

　　① 《吕氏春秋·仲秋纪·简选》,陈奇猷校释:《吕氏春秋新校释》,上海古籍出版社2002年版,第446页。

　　② 《吕氏春秋·慎大览·贵因》,陈奇猷校释:《吕氏春秋新校释》,上海古籍出版社2002年版,第933—934页。

四、"因美而良之"的实践论

至此的讨论基本上都局限在理论层面的问题。因循在思想史上的定位主要在其实践,没有实践的介入,因循的价值就无所附丽。因此,以下分析的视角将进入实践的层面,首先要分析的就是如何因循的问题。

在总体上,《吕览》在以下的论述中回答了如何因循的问题。

> 田骈以道术说齐,齐王应之曰:"寡人所有者,齐国也,愿闻齐国之政。"田骈对曰:"臣之言,无政而可以得政。譬之若林木,无材而可以得材。愿王之自取齐国之政也。"骈犹浅言之也,博言之,岂独齐国之政哉!变化应来而皆有章,因性任物而莫不宜当,彭祖以寿,三代以昌,五帝以昭,神农以鸿。①

这里必须引起注意的是"因性任物而莫不宜当",意思是因循万物的本性特征来使用之;人的事务也一样,因循人的特点来加以使用,即"任物",能带来的结果是"莫不宜当","宜"是适宜的意思,"当"是相称的意思;换言之,"因性任物"可以使人与具体的位置相匹配,这为完成职务奠定了坚实的一步。下面就按着这里的思路来展开分析。

1."因人之力以自为力"

(1)"因美而良之"。自然的方面。《吕览》在论述到精气的聚集时说:

> 精气之集也,必有入也。集于羽鸟与为飞扬,集于走兽与为流行,集于珠玉与为精朗,集于树木与为茂长,集于圣人与为夐明。精气之来也,因轻而扬之,因走而行之,因美而良之,因长而养之,因智而明之。②

精气与具体的物结合后才产生具体的意义,所以,这里用的是"必有入"。精气具体聚集在羽鸟、走兽、珠玉、树木、圣人上,就出现"飞扬""流行""精朗""茂长""夐明"的结果;就精气的动态历程而言,这是一个因循的实

① 《吕氏春秋·审分览·执一》,陈奇猷校释:《吕氏春秋新校释》,上海古籍出版社2002年版,第1144页。
② 《吕氏春秋·季春纪·尽数》,陈奇猷校释:《吕氏春秋新校释》,上海古籍出版社2002年版,第139页。

践过程，即"因轻而扬之""因走而行之""因美而良之""因长而养之""因智而明之"。也就是说，精气因羽鸟轻而使之飞扬，因野兽善跑而使之行踪毫无拘泥，因珠玉质美而使之精良，因树木生长而使之长养，因聪智而使之明锐。

这里论述的内容涵盖一切领域，既有动物，也有植物和他物（珠玉），精气当是道的具象；道虽是宇宙的根本，但它无法离开万物而产生任何效用，宇宙万物是其实现自身价值和意义的土壤。所以，它要因循万物的某一特性来加以长养发展，离开万物，就无所谓"扬之""行之""良之""养之""明之"，而借助万物，道就实现了自己的"扬""行""良""养""明"的价值，而在"扬"等行为中，包含了道的主动性的因子。

（2）"因而兴制"。在《吕览》的视野里，推重因循是因为具有明确的个人不可能在一切方面都擅长的意识，这在前面的论述中已经提到，下面的资料也充分证明这一点："骥骜绿耳背日而西走，至乎夕则日在其前矣。目固有不见也，智固有不知也，数固有不及也。不知其说所以然而然，圣人因而兴制，不事心焉。"[1]骥骜、绿耳都是良马，背日而西行，自以为跑在日之前，但至夕日却在前面。这就是后面说的目本来就有看不到的地方，智能本来就有不知道的领域，数（术）本来就有不能起作用的方面；现在不知说者所以为说之故[2]，所以圣人"因而兴制，不事心焉"，因循物事道理而建立法制，依据法制来判断说者之说，而不是劳累心智去揣摩。"兴制"、术的运思显然是对法家思想的继承和总结，这在一定程度上也反映了在人类文明实践中，人优化自身进化的运思，法度就是人为了保障人自身灵敏的举措之一。

在《吕览》看来，因循是借助外在他者力量的一种有效的方法。

善说者若巧士，因人之力以自为力，因其来而与来，因其往而与往；不设形象，与生与长；因而言之，与影与响；与盛与衰，以之所归。力虽多，材虽劲，以制其命。顺风而呼，声不加疾也；登高而望，目不加明也，

---

① 《吕氏春秋·似顺论·别类》，陈奇猷校释：《吕氏春秋新校释》，上海古籍出版社2002年版，第1652页。

② 参见"相剑者曰：'白所以为坚也，黄所以为韧也，黄白杂则坚且韧，良剑也。'难者曰：'白所以为不韧也，黄所以为不坚也，黄白杂则不坚且不韧也。又柔则卷，坚则折，剑折且卷，焉得为利剑？'剑之情未革，而或以为良，或以为恶，说使之也。故有以聪明听说则妄说者止，无以聪明听说，则尧、桀无别矣。此忠臣之所患也，贤者之所以废也。"（《吕氏春秋·似顺论·别类》，陈奇猷校释：《吕氏春秋新校释》，上海古籍出版社2002年版，第1651页）

所因便也。①

　　昔者禹一沐而三捉发，一食而三起，以礼有道之士，通乎己之不足
也。通乎己之不足，则不与物争矣。愉易平静以待之，使夫自以之。因
然而然之，使夫自言之。亡国之主反此，乃自贤而少人，少人则说者持
容而不极，听者自多而不得，虽有天下何益焉！②

这里虽然是对善说者、巧士的描述，但也反映了因循的内在本质。说者因循
借助被说者之力而自然而然成为自己之力，因循其来往而来往；没有预先臆
想的设计，因循被说者思维的生长而生长；因循被说者的言说而言说，就如
影随形、响随声一样；因循被说者的盛衰为依归；力虽多，材虽强，但依归性
命的轨道而行为，即不对被说者施行强制的行为。这样的行为仿佛顺风而
呼、登高而望，声音、目光本身没有发生任何变化，却收到了客观而超乎平常
的"疾"和"明"的效果，这就是因循"风"和"高"的自然条件而产生的效果，
所以称为"所因便"。

　　大禹对待有道之士的故事告诉人们，知道自己的不足是处理好人己
关系的前提，由于自己不足，故"不与物争"，和悦平静地对待他者，自己
不先言及，让对方自己言及之。因循物之然而对此做然的判断，这仿佛自
然言说一样。亡国之君主正好与此相反，自贤而以他人不如自己，即"少
人"，少人则说者持容而不尽其言，听者自以为聪明而无所得，这没有丝毫
的益处。

　　以法制为标准来消解因自己主观不足而带来的弊病，切实因循外在条
件而成就事业，即"因便"。

　　（3）"时至而应"。因循行为的另一种说法就是应对的行为，在行为整
体的层面，它属于第二层次的行为，是对第一层次行为做出的具体应对，这
是如何因循的一种另样回答，"治乱安危存亡，其道固无二也。故至智弃
智，至仁忘仁，至德不德。无言无思，静以待时，时至而应，心暇者胜。凡应
之理，清净公素，而正卒始"③，就是具体的说明。换言之，因循行为不是主
动出击，而是等待时机而行；要做到这一点，没有主动的言说，不使用心智，

①　《吕氏春秋·慎大览·顺说》，陈奇猷校释：《吕氏春秋新校释》，上海古籍出版社2002年
版，第913页。

②　《吕氏春秋·有始览·谨听》，陈奇猷校释：《吕氏春秋新校释》，上海古籍出版社2002年
版，第709页。

③　《吕氏春秋·审分览·任数》，陈奇猷校释：《吕氏春秋新校释》，上海古籍出版社2002年
版，第1076页。

保持平静放松的心态,时机一来,立即作出回应。凡时至而应之之理,必清静无为,素朴公正,以正物事之终始。这是"至智""至仁""至德"的行为,在形下的层面没有任何智、仁、德的痕迹;因此,它直接关系到治乱、安危、存亡。由于应对是等待时机,没有主观的方案,所以不仅心境比较放松,而且冷峻中保持着客观性。

2."因形而任之"

这里要讨论的是政治领域里的特殊情况,即君臣关系里的因循。可以说,这是因循在政治领域里的运用,这也是后来黄老道家君主无为而臣下有为的前阶段的轨迹。这不仅是先秦因循思想发展的内在内容,而且是连接黄老道家的桥梁。君道、臣道在老子、庄子那里没有用例,只有在法家那里找到用例。诸如《管子》里,君道的用例约有 7 个、臣道约有 3 个;君上的用例约有 4 个,臣下的用例约有 23 个。《商君书》里,君道、臣道的用例各约有 1 个,君上的用例有 1 个。《韩非子》里,君道的用例约有 3 个;君上的用例约有 10 个,臣下的用例约有 9 个。《吕览》里,君道的用例约有 16 个、臣道约有 1 个;另外"君术"的用例有 1 个,臣下的用例约有 2 个。君臣关系概念的演进反映着思想的变化,尤其值得注意的是,"君术"的概念,《韩非子》里法术的概念虽然约出现 37 次之多,但没有出现君术和臣术;后来的《鹖冠子·道端》虽有"君道知人,臣术知事"①,但仅此一例。这些数据可以反映出思想演进的时代先后端绪。

(1)职分。《吕览》认为"凡为治必先定分"②。"分"就是职分,"王之立官也,必使之方,方则分定,分定则下不相隐……今五音之无不应也,其分审也。宫、徵、商、羽、角,各处其处,音皆调均,不可以相违,此所以无不受也。贤主之立官有似于此。百官各处其职、治其事以待主,主无不安矣"③,显示的是同样的道理。"方"是道理、方法的意思,设立官职必须借助于一定的方法,有方法才能确定具体的职分,职分定了以后上下就必须按职分的规定办事,这样就不会出现相互隐瞒的事情;这仿佛五音之间互相应和是由于各自的功能区分周密一样。职分确定后,官员就能按照自己的职分要求而尽职,君主没有什么可以担忧的。

---

① 《鹖冠子·道端》,黄怀信撰:《鹖冠子彙校集注》,中华书局 2004 年版,第 100 页。
② 《吕氏春秋·似顺论·处方》,陈奇猷校释:《吕氏春秋新校释》,上海古籍出版社 2002 年版,第 1678 页。
③ 《吕氏春秋·季春纪·圜道》,陈奇猷校释:《吕氏春秋新校释》,上海古籍出版社 2002 年版,第 175 页。

《吕览》不仅有"定分"的运思,而且有明确的职分名称的概括。

> 夫不敢议法者,众庶也;以死守[法]者,有司也;因时变法者,贤主也。①
> 今有人于此,求牛则名马,求马则名牛,所求必不得矣,而因用威怒,有司必诽怨矣,牛马必扰乱矣。百官,众有司也。万物,群牛马也。②

老百姓是不敢议论法度的,有司即百官是具体执行法度的,只有君主才是法度的制定者,法度的制定必须"因时变法"。这里君主、有司的职分非常明确。

(2)君道的目的在于利群众。在人类历史上,君道的确立存在目的追求,这就是"故反其道而身善矣,行义则人善矣,乐备君道而百官已治矣,万民已利矣"③"群之可聚也,相与利之也。利之出于群也,君道立也。故君道立则利出于群,而人备可完矣"。④乐备君道的话,百官就能尽职,民众就能获得利益。君道的施行是百官尽职、民众实现利益的需要。另一方面,在宇宙中,人并没有其他动物强大,但依靠群聚却能够驾驭它们,这是因为群聚能使人相互满足需要并利对方;由群聚带来的利益的需要才产生了君道,故君道的建立是民众享受群利的保证,君道这一人为的防备可算完备的考虑。一言以蔽之,君道的目的在于民众的利益实现。

(3)君道的条件是谦恭和无为。君道是君主之道,首先需要君主本人的支持。

首先是君主的谨慎恭敬。"上尊下卑。卑则不得以小观上。尊则恣,恣则轻小物,轻小物则上无道知下,下无道知上。上下不相知,则上非下,下怨上矣。人臣之情,不能为所怨;人主之情,不能爱所非。此上下大相失道也。故贤主谨小物以论好恶。"⑤上尊下卑可以说是世俗文化的表现之一。

---

① 《吕氏春秋·慎大览·察今》,陈奇猷校释:《吕氏春秋新校释》,上海古籍出版社2002年版,第945页。
② 《吕氏春秋·审分览·审分》,陈奇猷校释:《吕氏春秋新校释》,上海古籍出版社2002年版,第1040页。
③ 《吕氏春秋·季春纪·先己》,陈奇猷校释:《吕氏春秋新校释》,上海古籍出版社2002年版,第147页。
④ 《吕氏春秋·恃君览·恃君》,陈奇猷校释:《吕氏春秋新校释》,上海古籍出版社2002年版,第1330页。
⑤ 《吕氏春秋·似顺论·慎小》,陈奇猷校释:《吕氏春秋新校释》,上海古籍出版社2002年版,第1689页。

在卑位的人不得"以小观上",即不能小看君上;享受尊贵的待遇,往往容易产生放纵,放纵则容易轻视处在卑位的人即"小物"①,这样就失去了了知下情的途径,下面自然也不知道上面的情况,最终导致上下非怨的结果;臣下无法做"所怨"的事情,君主无法爱"所非"的人,上下关系陷入反常,即"失道"。要解决这一问题,就需要君主的"谨小物以论好恶",即谨慎对待处在卑位的人和表明自己的好恶。谨慎的态度需要恭敬的情感,这是健康君道成立的条件之一。

其次是"无知"。"得道者必静,静者无知;知乃无知,可以言君道也……故曰天无形,而万物以成;至精无象,而万物以化;大圣无事,而千官尽能……君也者,以无当为当,以无得为得者也。当与得不在于君,而在于臣。故善为君者无识,其次无事。有识则有不备矣,有事则有不恢矣。不备不恢,此官之所以疑,而邪之所从来也……众智众能之所持也,不可以一物一方安也。"②得道者能保持虚静,虚静者则不以自己的知为知;真正的知是"无知",抵达无知的境地,就可以谈君道了。天道正是以无形、无象来成就化成万物的;圣人无事,臣下就能尽能即发挥自己的能力。君主以臣下的当和得为自己的当和得,即"以无当为当""以无得为得",这是"无识""无事"的表现;"有识""有事"势必存在不完备的地方,这会带来疑问和产生邪恶。因此,面对"众智众能"最好的方法是因循之,"一物一方"是最忌讳的;这一运思与"是以大君因民之能为资,尽包而畜之,无能去取焉。是故不设一方以求于人,故所求者无不足也。大君不择其下,故足;不择其下,则易为下矣。易为下则莫不容,莫不容故多下,多下之谓太上。君臣之道:臣事事而君无事,君逸乐而臣任劳,臣尽智力以善其事,而君无与焉,仰成而已。故事无不治,治之正道然也"③相一致。

总之,君道的条件是谦恭谨慎和无知,无知就是无事,不是什么都不知道,也不是什么都不做,而是不以臆想的知识去面对世界,因循外物自然而为,不是自己主动而为。

(4)君道的本质在因循。《吕览》的君道就是君术,本质就是因循,即"因者,君术也。为者,臣道也……君奚事哉! 故曰君道无知无为,而贤于

---

①　高诱注释"小物"为"凡小事也",这值得商榷。这里不是小事、大事的讨论,而且这里的"小物"与前句的"小"相区别,这是当引起注意的地方。

②　《吕氏春秋·审分览·君守》,陈奇猷校释:《吕氏春秋新校释》,上海古籍出版社 2002 年版,第 1059—1060 页。

③　《慎子·民杂》,钱熙祚校:《慎子》,中华书局 1954 年版,第 3—4 页。

有知有为,则得之矣"①;臣道是具体的为,这就是君道无为臣道有为的经典表述。其具体规定有以下两个方面。

首先,"无智无能无为"。它说:

> 先王用非其有,如己有之,通乎君道者也。夫君也者,处虚服素而无智,故能使众智也;能反无能,故能使众能也;能执无为,故能使众为也。无智无能无为,此君之所执也。人主之惑者则不然。以其智强智,以其能强能,以其为强。此处人臣之职也。处人臣之职,而欲无壅塞,虽舜不能为。②
>
> 人主知能不能之可以君民也,则幽诡愚险之言〔不入于超,有职者〕无不职矣,百官有司之事毕力竭智矣。五帝三王之君民也,下固不过毕力竭智也。夫君人而知无恃其能勇力诚信,则近之矣。凡君也者,处平静,任德化,以听其要。若此则形性弥赢而耳目愈精,百官慎职而莫敢愉綖,人事其事,以充其名。名实相保,之谓知道。③

君主采用的是自己没有的,仿佛自己持有一样,这种行为是精通君道的举措。君主持有的关键在无智、无能、无为;换言之,就是依归无智、无能、无为的轨道,以众智、众能、众为为自己的智、能、为;臣下的行为正相反,即"以其智强智,以其能强能,以其为强为"。如果君主做臣下的事务,其管理要想畅通的话,就是痴人说梦。

人主懂得因循自己不能而为能的话,就可以领导民众了,无用之言则不入于朝,在职位上的官员没有不尽力做事的。君主如果认识到社会治理不能依靠自己的能、勇力、诚信的话,这就接近领悟君道了;君道的根本在于平静,让万物自然化育,这样君主形性弥收敛而耳目愈精,百官尽职而不敢懈怠,大家做应做的事,使名实一致,这是知道的表现。

其次,"矜服性命之情"。因循就是无为,借助外在万物的力量成就万物,就因循借助实践而言,仍然是可把握的,这就是万物的"性命之情":

---

① 《吕氏春秋·审分览·任数》,陈奇猷校释:《吕氏春秋新校释》,上海古籍出版社 2002 年版,第 1076 页。

② 《吕氏春秋·似顺论·分职》,陈奇猷校释:《吕氏春秋新校释》,上海古籍出版社 2002 年版,第 1666 页。

③ 《吕氏春秋·审分览·勿躬》,陈奇猷校释:《吕氏春秋新校释》,上海古籍出版社 2002 年版,第 1089—1090 页。

　　　　大桡作甲子,黔如作虏首,容成作〔调〕历,羲和作占日,尚仪作占
　　月,后益作占岁,胡曹作衣,夷羿作弓,祝融作市,仪狄作酒,高元作室,
　　虞姁作舟,伯益作井,赤冀作臼,乘雅作驾,寒哀作御,王冰作服牛,史皇
　　作图,巫彭作医,巫咸作筮。此二十官者,圣人之所以治天下也。圣王
　　不能二十官之事,然而使二十官尽其巧,毕其能,圣王在上故也。圣王
　　之所不能也,所以能之也;所不知也,所以知之也。养其神、修其德而化
　　矣,岂必劳形愁〔虑〕弊耳目哉……今日南面,百邪自正,而天下皆反其
　　情,黔首毕乐其志,安育其性,而莫为不成。故善为君者,矜服性命之
　　情,而百官已治矣,黔首已亲矣,名号已章矣。①

圣王不会二十官员的事情,却能使他们尽能,这是精通君道的原因。这里的
关键是圣王之不能、不知是能、知的缘由所在,只要努力养德修身就行,不需
要劳神。发挥臣下能力的诀窍在于让他们始终复返性情而行为,即"矜服
性命之情",带来的自然结果是百官尽职、民众亲近、名实一致,"君服性命
之情,去爱恶之心,用虚无为本,以听有用之言,谓之朝……故治天下之要存
乎除奸,除奸之要存乎治官,治官之要存乎治道,治道之要存乎知性命"②,
昭示的也是同样的思想。

　　显然,君道的本质是自然无为,但自然无为的依据则是性命之情。这就
是说,因循的依据始终在行为主体的外在,而不是行为主体的主观政治需
要,政治上的需要必须在因循臣下的能力、行为、智慧来具体成就的实践中
得到完成。这是必须注意的。

　　(5)君道功效。强调君道的一个直接因素就是其现实的功效,以下的
资料就是佐证:

　　　　奚仲作车,仓颉作书,后稷作稼,皋陶作刑,昆吾作陶,夏鲧作城。
　　此六人者,所作当矣,然而非主道者。故曰作者扰,因者平。惟彼君道,
　　得命之情。故任天下而不强,此之谓全人。③

────────────

　　① 《吕氏春秋·审分览·勿躬》,陈奇猷校释:《吕氏春秋新校释》,上海古籍出版社2002年
版,第1088—1089页。
　　② 《吕氏春秋·审分览·知度》,陈奇猷校释:《吕氏春秋新校释》,上海古籍出版社2002年
版,第1103页。
　　③ 《吕氏春秋·审分览·君守》,陈奇猷校释:《吕氏春秋新校释》,上海古籍出版社2002年
版,第1061页。

> 通乎君道,则能令智者谋矣,能令勇者怒矣,能令辩者语矣。①

奚仲等六人做的"作车"等六件事情,是合宜的,但不是君道的事务。所以说,有意作为则扰乱他者,因循则平静。只有君道,能得性命之情,任用天下能人而不以自己为强,从而保持平静的心态。精通君道,能使聪明的人为自己出谋划策,能使勇敢的人为自己奋勇作战,能使能言善辩的人为自己说话,自己不需要强;换言之,以他人之强为强。

(6)"因形而任之"。上面提到圣人"因而兴制",法律制度之所以重要,是因为它是君主社会治理的依据。

> 问而不诏,知而不为,和而不矜,成而不处,止者不行,行者不止,因形而任之,不制于物,无肯为使,清静以公,神通乎六合,德耀乎海外,意观乎无穷,誉流乎无止。②

君道"因形而任之",这里的"形"通"刑",指的是法度,即因循法度而任用人才,不制于物,秉公办事;这里的"不诏""不为""不矜""不处""不行""不止"是"因形而任之"的保证。

> 灵公之论宛春③,可谓知君道矣。君者固无任,而以职受任。工拙,下也;赏罚,法也,君奚事哉?若是则受赏者无德,而抵诛者无怨矣,人自反而已,此治之至也。④

君主本来就没有具体的职务,而按照具体的职务授予具体的事务。事务完成的好坏,即"工拙",则是臣下的事情;对"工拙"要赏罚,赏罚的依据是法

---

① 《吕氏春秋·似顺论·分职》,陈奇猷校释:《吕氏春秋新校释》,上海古籍出版社2002年版,第1666页。

② 《吕氏春秋·审分览·审分》,陈奇猷校释:《吕氏春秋新校释》,上海古籍出版社2002年版,第1040—1041页。

③ 参见"卫灵公天寒凿池,宛春谏曰:'天寒起役,恐伤民。'公曰:'天寒乎?'宛春曰:'君衣狐裘,坐熊席,陬隅有灶,是以不寒。今民衣敝不补,履决不组,君则不寒矣,民则寒矣。'公曰:'善。'令罢役。左右以谏曰:'君凿池,不知天之寒也,而春也知。以春之知之也而令罢之,德将归于春也,而怨将归于君。'公曰:'不然。夫春也,鲁国之匹夫也,而我举之,夫民未有见焉。今将令民以此见之。且春也有善,于寡人有也,春之善非寡人之善欤?'"(《吕氏春秋·似顺论·分职》,陈奇猷校释:《吕氏春秋新校释》,上海古籍出版社2002年版,第1668页)

④ 《吕氏春秋·似顺论·分职》,陈奇猷校释:《吕氏春秋新校释》,上海古籍出版社2002年版,第1668页。

度,这样的话,君主有何事而为呢? 这样的话,因功受赏者就没有感戴恩德之想,因过受罚者则无怨之心,大家反观自己的功过而已,这是社会治理的最高状态。

3."尊 贤 使 能"

上面讨论了如何因循的问题,虽然分析了君道臣道,但在实践的层面仍然属于非常浅表的问题。因此,这里要分析的就是具体操作层面的如何使用人才的问题,这是在因循讨论中无法回避的内容。

(1)"量小大而知材木"。君主使用臣下,仿佛匠人建造宫室,一定要了解材木的特点,然后把它们用到适当的位置上。

> 人主之患,必在任人而不能用之,用之而与不知者议之也。绝江者托于船,致远者托于骥,霸王者托于贤。伊尹、吕尚、管夷吾、百里奚,此霸王之船骥也。释父兄与子弟非疏之也,任庖人钓者与仇人仆虏非阿之也。持社稷立功名之道,不得不然也。犹大匠之为宫室也,量小大而知材木矣,訾功丈而知人数矣。故小臣、吕尚听而天下知殷、周之王也,管夷吾、百里奚任而天下知齐、秦之霸也。岂特〔船骥之绝江致〕远哉!①

"霸王者托于贤",管夷吾、百里奚的任用而使天下知齐、秦之霸就是这个道理;要使用贤明的臣下,关键在于知道他们的特点而把他们用到能够发挥其能力的位置上,这就是"量小大而知材木"和"訾功丈而知人数","訾"与"量"具有相同的意思,"功丈"指的是具体的标准,这与前面讨论的"因形而任之"的"形"具有同样的内容。

(2)"尊贤使能"。使能在社会治理中非常重要,"夏后伯启与有扈战于甘泽而不胜,六卿请复之,夏后伯启曰:'不可。吾地不浅,吾民不寡,战而不胜,是吾德薄而教不善也。'于是乎处不重席,食不贰味,琴瑟不张,钟鼓不修,子女不饬,亲亲长长,尊贤使能。期年而有扈氏服。故欲胜人者,必先自胜,欲论人者必先自论,欲知人者必先自知"②,就是这个道理。一个国家要战胜他国,关键是要首先战胜自己,即"自胜","尊贤使能"就是国家自胜的有效途径之一。

---

① 《吕氏春秋·审分览·知度》,陈奇猷校释:《吕氏春秋新校释》,上海古籍出版社 2002 年版,第 1104 页。

② 《吕氏春秋·季春纪·先己》,陈奇猷校释:《吕氏春秋新校释》,上海古籍出版社 2002 年版,第 147 页。

尊贤使能也是法家社会治理运思中的一个重要思想,显然,《吕览》是对法家思想的借鉴。但就确立的君道的意义而言,君主的作为在于以臣下的有为为依归,使用人才就是形下层面有为功业的保证。

《吕览》对因循在政治领域的应用具有非常系统的思想,不仅有明确的君道、臣道概念的使用,而且把君道规定为因循,臣道规定为作为。可见,作者对君主有为行为对社会管理行为的有害面有着深刻的认识,为了避免这种有害性的产生,用因循来概括君道,显然,与社会的进步需要众人的力量而非君主一人的意识紧密联系。君主能力的表现就在于整合其他人的能力,不仅设置臣下自由抒发意见的舞台非常重要,而且尊贤使能的大门必须始终敞开。君主行为之方就是上面提到的"不诏""不为""不矜""不处""不行""不止"等,但结果却是"于全乎去能,于假乎去事,于知乎去几,所知者妙矣。若此则能顺其天,意气得游乎寂寞之宇矣,形性得安乎自然之所矣。全乎万物而不宰,泽被天下而莫知其所自始"①;"全"在前后的语境里,当是全性的意思,前面讨论时已经分析,这是《吕览》的一个重要思想;"于全乎去能"的意思是全性存在于"去能";"于假乎去事"的意思是因循万物自化在于"去事";"于知乎去几"的意思是知存在于"去几"。"能"是能力,"事"是事务,"几"是审察,它们都是有为而相悖于自然无为的精神的,所以要除去,即"去",其理由就是上面所说的"圣王之所不能也,所以能之也;所不知也,所以知之也"②。这一运思与上面分析的"夫君也者,处虚服素而无智,故能使众智也;能反无能,故能使众能也;能执无为,故能使众为也。无智无能无为,此君之所执也"③完全吻合。它所带来的自然效应则是心气在寂静的宇宙之间遨游,形性在自然的港湾得到安逸,保全万物而不加以主宰,利泽覆盖天下却不知道从何处而来。

五、"督名审实"的活性化论

在因循问题的运思中,不得不思考的一点是,因循可以说是动态关系中的一种管理术数,如何保持因循管理动态上的顺畅,也是必然的课题之一,

---

① 《吕氏春秋·审分览·审分》,陈奇猷校释:《吕氏春秋新校释》,上海古籍出版社 2002 年版,第 1041 页。

② 《吕氏春秋·审分览·勿躬》,陈奇猷校释:《吕氏春秋新校释》,上海古籍出版社 2002 年版,第 1088 页。

③ 《吕氏春秋·似顺论·分职》,陈奇猷校释:《吕氏春秋新校释》,上海古籍出版社 2002 年版,第 1666 页。

这就是下面要讨论的内容。

1. “取其实以责其名”

循名责实是法家的一个重要运思,诸如“〔循〕名而督实,按实而定名,名实相生,反相为情”①,“〔循〕名而督实”就是“循名责实”②、“缘形而责实”③,核实名是否与实相称;在内容上,是“按实而定名”,依据实来确定名称④,而不是相反。道家思想中也有名实问题的讨论,诸如“名者,实之宾也”⑤、“名实者,圣人之所不能胜也,而况若乎”⑥、“故先圣不一其能,不同其事。名止于实,义设于适,是之谓条达而福持”⑦,就是佐证。《吕览》正是在借鉴这些思想的基础上提出的。

(1)“至治之务在于正名”。社会的整治正名最为重要。它说:

今有人于此,求牛则名马,求马则名牛,所求必不得矣,而因用威怒,有司必诽怨矣,牛马必扰乱矣。百官,众有司也。万物,群牛马也。不正其名,不分其职,而数用刑罚,乱莫大焉。夫说以智通而实以遇悗,誉以高贤而充以卑下,赞以洁白而随以汙僈,任以公法而处以贪枉,用以勇敢而堙以罢怯。此五者,皆以牛为马,以马为牛,名不正也。故名不正,则人主忧劳勤苦,而官职烦乱悖逆矣。国之亡也,名之伤也,从此生矣……故至治之务在于正名。名正则人生不忧劳矣,不忧劳则不伤其耳目之主。⑧

---

① 《管子·九守》,(清)黎翔凤撰:《管子校注》,中华书局2004年版,第1046页。

② 参见“循名责实,察法立威,是明主也。夫明于形者,分不遇于事;察于动者,用不失则利。故明君审一,万物自足。名不可以外务,智不可以从他,求诸己之谓也。”(《邓子·无厚》,《百子全书》上,浙江古籍出版社1998年版,第473页下—474页上)

③ 参见“夫治之法莫大于私不行,功莫大于使民不争。今也立法而行私,与法争,其乱也甚于无法。立君而争,愚与君争,其乱也甚于无君。故有道之国,则私善不行,君立而愚者不尊,民一于君,事断于法,此国之道也。明君之督大臣,缘身而责名,缘名而责形,缘形而责实,臣惧其重诛之至,于是不敢行其私也。”(《邓子·转辞》,《百子全书》上,浙江古籍出版社1998年版,第474页下)

④ 参见“夫任臣之法,闇则不任也,慧则不从也,仁则不亲也,勇则不近也,信则不信也。不以人用人,故谓之神。怒出于不怒,为出于不为;视于无有,则得其所见;听于无声,则得其所闻;故无形者有形之本,无声者声之母;循名责实,实之极也;按实定名,名之极也。参以相平,转而相成,故得之形名。”(《邓子·转辞》,《百子全书》上,浙江古籍出版社1998年版,第474页下)

⑤ 《庄子·逍遥游》,(清)郭庆藩辑:《庄子集释》,中华书局1961年版,第24页。

⑥ 《庄子·人间世》,(清)郭庆藩辑:《庄子集释》,中华书局1961年版,第139页。

⑦ 《庄子·至乐》,(清)郭庆藩辑:《庄子集释》,中华书局1961年版,第621—622页。

⑧ 《吕氏春秋·审分览·审分》,陈奇猷校释:《吕氏春秋新校释》,上海古籍出版社2002年版,第1040页。

牛名马、马名牛,是名实不相符的表现。在管理的事务中,百官就是有司,正名是分职的前提,离开正名,刑罚就无法使用。诸如称为"智通"却是愚惑即"遇悗"、誉为"高贤"而实为"卑下"、赞为洁白而随以贪得即"汙僈"、任用公法而处以贪赃枉法即"贪枉"、使用勇敢而实际充满疲怯的五种情况,都是"以牛为马,以马为牛"的表现,属于名不正。在君臣关系里,名不正,则君主辛苦忧劳,官职混乱互相抵触;国家的亡乱、名的伤害也必然从这里开始。社会最高治理的事务在正名,名正则人的本性不忧劳,本性不忧劳则不伤耳目等器官完成正常职务的能力①。

(2)"当其任"。正名得到确立后,有司的当务非常重要,"所贵法者,为其当务也"②;宇宙自然也处在"当"的状态,即"天地车轮,终则复始,极则复反,莫不咸当"③。它说:

> 人主以好暴示能,以好唱自奋,人臣以不争持位,以听从取容,是君代有司为有司也,是臣得后随以进其业也。君臣不定,耳虽闻不可以听,目虽见不可以视,心虽知不可以举,势使之也。凡耳之闻也藉于静,目之见也藉于昭,心之知也藉于理。君臣易操,则上之三官者废矣。④

"好暴示能"的"暴"通"曝",是显露的意思;"好唱自奋"的"唱"即"倡",是倡导的意思;两者都是积极的有为,与君道的无智、无能、无为的精神不相吻合;臣下的情况,"不争持位"的"争"通"诤"是谏言的意思,"听从取容"是阿意曲从而自容的意思,与臣下有为的本质相抵牾。这是不当任的表现,即"君代有司为有司";君臣之间的职分不明确确定,耳虽闻但无法听到五音,目虽可见但无法看到五色,心虽知但无法举要,这为名不正的君臣关系所决定即"势使之";一般而言,耳之闻需要清静的环境,目之见需要明亮的条件,心之知即认识物事需要借助理,理是准则,能保持相对的公平;君臣关系

---

① 参见"夫为人主而身察百官,则日不足,力不给。且上用目则下饰观,上用耳则下饰声,上用虑则下繁辞。先王以三者为不足,故舍己能,而因法数,审赏罚。先王之所守要,故法省而不侵。"(《韩非子·有度》,陈奇猷校注:《韩非子新校注》,上海古籍出版社2000年版,第107页)

② 《吕氏春秋·仲冬纪·当务》,陈奇猷校释:《吕氏春秋新校释》,上海古籍出版社2002年版,第602页。

③ 《吕氏春秋·仲夏纪·大乐》,陈奇猷校释:《吕氏春秋新校释》,上海古籍出版社2002年版,第258页。

④ 《吕氏春秋·审分览·任数》,陈奇猷校释:《吕氏春秋新校释》,上海古籍出版社2002年版,第1075页。

的倒置,则耳、目、心三官的职能就废弃了。

因此,君臣是政治机器上的器官,名正是器官发挥正常功效的基本前提条件,依据正名,"当而处之"最为重要。

　　　　至治之世,其民不好空言虚辞,不好淫学流说。贤不肖各反其质,行其情,不雕其素,蒙厚纯朴,以事其上;若此则工拙愚智勇惧可得以故易官,易官则各当其任矣。①

　　　　冬与夏不能两刑,草与稼不能两成,新谷熟而陈谷亏,凡有角者无上齿,果实繁者木必庳,用智褊者功无遂,天之数也。故天子不处全,不处极,不处盈。全则必缺,极则必反,盈则必亏。先王知物之不可两大,故择务,当而处之。②

在至治之世,臣下的工拙愚智勇惧都无所藏,这样就可依据法典来调整官职;官职调整后,各适其能,故"各当其任",官职的调整首先要考虑的是能否"当其任"。当然,在开始时就要确立,强调因循的一个理由就是人无完人。这里的"不处全""不处极""不处盈"也一样,这样可以避免"缺""反""亏"的产生;仿佛草和庄稼不能同时得到生长一样,人也一样,所以,"择务,当而处之"。

(3)"督名审实"。当务、当任非常重要,但如何加以判断呢?《吕览》认为:

　　　　人主出声应容,不可不审。凡主有识,言不欲先。人唱我和,人先我随,以其出为之入,以其言为之名,取其实以责其名,则说者不敢妄言,而人主之所执其要矣。③

　　　　故有道之主,因而不为,责而不诏,去想去意,静虚以待,不伐之言,不奋之事,督名审实,官使自司,以不知为道,以奈何为宝。④

---

① 《吕氏春秋·审分览·知度》,陈奇猷校释:《吕氏春秋新校释》,上海古籍出版社 2002 年版,第 1102—1103 页。

② 《吕氏春秋·不苟论·博志》,陈奇猷校释:《吕氏春秋新校释》,上海古籍出版社 2002 年版,第 1627 页。

③ 《吕氏春秋·审应览·审应》,陈奇猷校释:《吕氏春秋新校释》,上海古籍出版社 2002 年版,第 1151 页。

④ 《吕氏春秋·审分览·知度》,陈奇猷校释:《吕氏春秋新校释》,上海古籍出版社 2002 年版,第 1103 页。

君道之要是"取其实以责其名","责"是责问的意思,依据实来责问名,而不是相反;就具体的君臣关系而言,就是君主按照臣下司职的实际情况来对照职分的要求,如果一致,就是尽职,不一致就是失职;这样能说会道的人就不敢"妄言"了。作为君主,要保持"人先我随"的行为之方。在实际的操作过程中,就是"责而不诏",责问而不主动告诫,坚守因循无为的行为之方。总之,君主贵在"以不知为道""以奈何为宝","不知""奈何"即无可奈何的意思,两者都没有显示明确的价值臆想,是"去想去意"的自然结果,从而虚静以待臣下展示各自的才能[①],所以,君主不以言自我矜伐,不以事自我矜奋,依归"督名审实"的轨道,让臣下自司其职,这符合君道无智、无能即"因而不为"的取向。

(4)验证。"督名审实"可以说是方法论的运思,仍然不是具体的方法。就具体的方法而言,《吕览》重视"察",认为"夫得言不可不察。数传而白为黑,黑为白。故狗似玃,玃似母猴,母猴似人。人之与狗则远矣,此愚者之所以大过也。闻而审则为福矣,闻而不审,不若无闻矣。齐桓公闻管子于鲍叔,楚庄闻孙叔敖于沈尹筮,审之也,故国霸诸侯也。吴王闻越王勾践于太宰嚭,智伯闻赵襄子于张武,不审也,故国亡身死也"[②];"察"是审察的意思,仅仅止步于传闻是远远不够的,必须对传闻加以审察,审察与否的结果是"国霸"和"国亡"。它又说:

> 凡论人,通则观其所礼,贵则观其所进,富则观其所养,听则观其所行,止则观其所好,习则观其所言,穷则观其所不受,贱则观其所不为。喜之以验其守,乐之以验其僻,怒之以验其节,惧之以验其持,哀之以验其人,苦之以验其志。八观六验,此贤主之所以论人也。[③]

通达则观察其礼仪的情况,贵则观察其进荐的情况,富则观察其养贤的情况,听则观察其所言施行的情况,无事之时即"止"则观察其爱好的情况,习行则观察其言说的情况,穷则观察其不接受的情况,贱则观察其不为的情

---

① 参见"圣人执要,四方来效。虚而待之,彼自以之。四海既藏,道阴见阳。左右既立,开门而当。勿变勿易,与二俱行。行之不已,是谓履理也。"(《韩非子·扬权》,陈奇猷校注:《韩非子新校注》,上海古籍出版社2000年版,第137页)

② 《吕氏春秋·慎行论·察传》,陈奇猷校释:《吕氏春秋新校释》,上海古籍出版社2002年版,第1536页。

③ 《吕氏春秋·季春纪·论人》,陈奇猷校释:《吕氏春秋新校释》,上海古籍出版社2002年版,第162—163页。

况。使之喜悦而验证其操守,使之快乐而验证其僻性,使之发怒而验证其节制能力,使之惧怕而验证其持守,使之悲哀而验证其为人之方,使之痛苦而验证其意志。这八观①、六验就是君主论人的具体方法。这种验证类似于今天所说的考验,设置不同的场景以深入观察人的各种品性,这对"督名审实"无疑是有益的。

正名、当务、督名审实、观验组成循名责实之链;正名是其前提和起点,当务则是结果和终点,观验是正名走向当务的桥梁,督名审实则整个链条动态的制衡环节;它们缺一不可,连动共作,以保证君道无为因循在社会治理领域里所期望效果的切实产生。

2. 赏 罚

重视赏罚是《吕览》的一个重要思想,它是因循实践活性化的一个重要机制。在总体上,它更注重对罪责的追究,"凡官者,以治为任,以乱为罪。今乱而无责,则乱愈长矣"②,就是具体的说明;官吏以治其职事为能,以乱其职事为罪;如果不追究罪责,则会助长混乱。可以说,赏罚是统治的一个手段,对这个手段的价值评价、内容的考虑等问题,这里都有规定,下面就分别进行析理。

(1)义与赏罚。在《吕览》的心目中,道德的力量最大。

> 为天下及国,莫如以德,莫如行义。以德以义,不赏而民劝,不罚而邪止。此神农、黄帝之政也。以德以义,则四海之大,江河之水,不能亢矣;太华之高,会稽之险,不能障矣;阖庐之教,孙、吴之兵,不能当矣。故古之王者,德回乎天地,瞻乎四海,东西南北极日月之所烛,天覆地载,爱恶不藏,虚素以公,小民皆之其敌而不知其所以然,此之谓顺天。〔其〕教变容改俗而莫得其所受之,此之谓顺情。故古之人,身隐而功著,形息而名彰,说通而化奋,利行乎天下,而民不识,岂必以严罚厚赏哉? 严罚厚赏,此衰世之政也。③

> 凡用民,太上以义,其次以赏罚。其义则不足死,赏罚则不足去就,

---

① 汉魏时刘邵的《人物志》里就有专门的《八观》,这显然在思想史的坐标里具有共同性的特点。

② 《吕氏春秋·审分览·任数》,陈奇猷校释:《吕氏春秋新校释》,上海古籍出版社 2002 年版,第 1075 页。

③ 《吕氏春秋·离俗览·上德》,陈奇猷校释:《吕氏春秋新校释》,上海古籍出版社 2002 年版,第 1264—1265 页。

若是而能用其民者,古今无有。民无常用也,无常不用也,唯得其道为可。①

凡使贤不肖异,使不肖以赏罚,使贤以义。故贤主之使其下也必义,审赏罚,然后贤不肖尽为用矣。②

国家的治理,德义可以收到"不赏而民劝""不罚而邪止"的效应;古代的经验也昭示,依凭德义来进行社会的统治,民众就能因循天性即顺天来加以应对,其社会的教化也能在不知不觉中消长于人情。因此,无须严罚厚赏,严罚厚赏是"衰世之政"的产品。所以,"凡用民,太上以义,其次以赏罚",因为赏罚不足去恶就善。另外,就德义与赏罚而言,实际上有着对象的限制。也就是说,赏罚是对"不肖"的,德义是对贤人的;通过德义和赏罚,可以使"贤不肖"都发挥他们各自的作用,以产生最大的社会效能。

在"贤不肖"都是客观存在的事实这个角度,最大限度地发挥人的作用,正是因循的价值追求之一,这一运思在《吕览》的整体思想中并不矛盾。

(2)何谓赏罚? 上面已经分析到德义和赏罚分别具有不同的对象,但为何而赏罚也是一个客观的问题。它说:

凡人之所以恶为无道不义者,为其罚也;所以蕲有道行有义者,为其赏也。今无道不义存,存者赏之也;而有道行义穷,穷者罚之也。赏不善而罚善,欲民之治也,不亦难乎?③

人不愿做无道不义的事情,是因为要受惩罚;祈求有道做有义的事情,是因为要受奖赏。这里明显以善与不善为标准,这是基于道德评价的结果。

(3)赏罚的实质。因为善故受赏,因为恶故受罚;但赏罚的内涵是什么呢? 它说:

当禹之时,天下万国,至于汤而三千余国,今无存者矣,皆不能用其民也。民之不用,赏罚不充也。汤、武因夏、商之民也,得所以用之也。

---

① 《吕氏春秋·离俗览·用民》,陈奇猷校释:《吕氏春秋新校释》,上海古籍出版社 2002 年版,第 1279 页。

② 《吕氏春秋·恃君览·知分》,陈奇猷校释:《吕氏春秋新校释》,上海古籍出版社 2002 年版,第 1356 页。

③ 《吕氏春秋·孟秋纪·振乱》,陈奇猷校释:《吕氏春秋新校释》,上海古籍出版社 2002 年版,第 399 页。

管、商亦因齐、秦之民也,得所以用之也。民之用也有故,得其故,民无
所不用。用民有纪有纲。壹引其纪,万目皆起,壹引其纲,万目皆张。
为民纪纲者何也? 欲也恶也。何欲何恶? 欲荣利,恶辱害。辱害所以
为罚充也,荣利所以为赏实也。赏罚皆有充实,则民无不用矣。①

赏必须依归功名利禄来进行,罚必须依归耻辱和损害来进行,这样的话,赏
罚就落到了实处,这是发挥民用的纲纪。必须注意的是,赏罚是社会的层面
借助一定的方式对个人加以激励或遏制的手段,社会性是非常明显的,诸如
功名利禄等都是这样,这也是需要注意的地方。

　　(4)赏罚的必要。之所以提赏罚,是因为存在必要性,即"赏罚之柄,此
上之所以使也。其所以加者义,则忠信亲爱之道彰。久彰而愈长,民之安之
若性,此之谓教成。教成,则虽有厚赏严威弗能禁"②;赏罚的根本所在正是
君主运用的理由,但仅仅赏罚是不够的,必须加上义,这样的话,就能彰明忠
信亲爱之道,经过长期的赏罚实践,民众就会习惯并感到安逸,仿佛本性本
有的因子一样,这是教化的成功。教化一旦成功,即使采用赏罚也无法停止
教化产生效用。显然,这里的教化是道德教化;教化与赏罚只有相辅相成,
才能收到"民之安之若性"的效果。

　　(5)赏罚要当。在《吕览》看来,"赏罚信乎民,何事而不成"③、"赏罚不
信,则民易犯法,不可使令"④,"信"就是诚信,这在赏罚实践中至关重要。
那么,如何才能建立起诚信呢? 这就是"当"。

　　首先,不当遭乱。《吕览》认为,"命有司申严百刑,斩杀必当,无或枉
桡,决狱不当,反受其殃"⑤、"凡乱者,刑名不当也"⑥;决狱不当,反受其害,
故刑罚一定要得当,不当势必带来混乱。

　　其次,"观归"。赏罚要预测带来的结果。它说:

---

　　① 《吕氏春秋·离俗览·用民》,陈奇猷校释:《吕氏春秋新校释》,上海古籍出版社 2002 年
版,第 1279—1280 页。
　　② 《吕氏春秋·孝行览·义赏》,陈奇猷校释:《吕氏春秋新校释》,上海古籍出版社 2002 年
版,第 786 页。
　　③ 《吕氏春秋·似顺论·慎小》,陈奇猷校释:《吕氏春秋新校释》,上海古籍出版社 2002 年
版,第 1690 页。
　　④ 《吕氏春秋·离俗览·贵信》,陈奇猷校释:《吕氏春秋新校释》,上海古籍出版社 2002 年
版,第 1312 页。
　　⑤ 《吕氏春秋·仲秋纪·仲秋》,陈奇猷校释:《吕氏春秋新校释》,上海古籍出版社 2002 年
版,第 426 页。
　　⑥ 《吕氏春秋·先识览·正名》,陈奇猷校释:《吕氏春秋新校释》,上海古籍出版社 2002 年
版,第 1029 页。

　　民无道知天,民以四时寒暑日月星辰之行知天。四时寒暑日月星辰之行当,则诸生有血气之类皆得其处而安其产。人臣亦无道知主,人臣以赏罚爵禄之所加知主。主之赏罚爵禄之所加者宜,则亲疏远近贤不肖皆尽其力而以为用矣。①

　　凡赏非以爱之也,罚非以恶之也,用观归也。所归善,虽恶之赏;所归不善,虽爱之罚。此先王之所以治乱安危也。②

　　赏罚如果得当,人们就必然尽力为社会所用,赏罚虽然是君主之柄,但民众可以从赏罚之中体会其合宜与否,所以,赏罚宜当。要保证当,关键在不以个人的爱恶为标准,而是在依据一般标准决定的情况下,再参考"观归",即预测赏罚带来的结果;如果能带来好的结果,即使个人厌恶也照样行赏;如果能带来坏的结果,即使个人喜好也照样行罚;这就是一个社会治乱安危的原因所在。

　　最后,赏罚得当。《吕览》认为,"行爵出禄,必当其位"③。"爵"是爵位即官职,"禄"是俸禄,这一定要"当其位"即与具体的位置相称。"君子之自行也,动必缘义,行必诚义,俗虽谓之穷,通也。行不诚义,动不缘义,俗虽谓之通,穷也。然则君子之穷通,有异乎俗者也。故当功以受赏,当罪以受罚。赏不当,虽与之必辞。罚诚当,虽赦之不外"④,表达的也是这个意思。对君子而言,是否接受奖赏,以"当功"为依据,如果不当功,即使给予奖赏也一定谢绝;是否接受惩罚,也以"当罪"为依据,如果当罚,即使赦免也决不逃避。

　　在赏罚问题上的"观归"即对将会产生的结果预测,这实际上是我们今天所说的预警机制的萌芽,值得重视。但是,不能忽视的是,"观归"虽然是对个人爱恶的否定,但毕竟对赏罚所依据的基本标准是一个挑战,标准的权威性无疑会受到质疑。由于个人主要是臣下可以在来自君主的赏罚中判断适宜性,所以,相称的赏罚对激励臣下的潜力和积极性无疑具有积极的意义,赏罚本身也是对因循成果的一种自然支撑,这是不能忽视的。

---

① 《吕氏春秋·不苟论·当赏》,陈奇猷校释:《吕氏春秋新校释》,上海古籍出版社2002年版,第1619页。
② 《吕氏春秋·不苟论·当赏》,陈奇猷校释:《吕氏春秋新校释》,上海古籍出版社2002年版,第1620页。
③ 《吕氏春秋·孟夏纪·孟夏》,陈奇猷校释:《吕氏春秋新校释》,上海古籍出版社2002年版,第188页。
④ 《吕氏春秋·离俗览·高义》,陈奇猷校释:《吕氏春秋新校释》,上海古籍出版社2002年版,第1254页。

　　"督名审实"是对因循实践效果的检查,正名、当务非常重要;正名是当务的前提条件,当务是正名开出的自然的花朵;观察验证的方法则是检查是否当务的显微镜,是避免言行不一致等虚假现象生发的有效手段。赏罚是对"督名审实"结果的实际回应,"当赏""当罚"即当最为重要,这是对上面当务的自然回应;当务本身是对正名的落实,但对当务具体内涵的检验,就自然落实到"当赏""当罚"上,两者是互为联系的;没有"督名审实",赏罚就没有依据;没有赏罚,"督名审实"就没有意义。两者的整合支撑着因循实践的大厦,本身也是润滑活性因循实践的机制。

　　《吕览》是中国先秦因循思想的终结样态,具有丰富的内容和完整的思想体系。这里既有道家思想的继承,诸如宇宙一体、道为万物宗本、万物、自然的运思;也有法家思想的吸收,诸如督名审实、法、理的运思;更有自己的创造,如对"因者,君术也。为者,臣道也"的崭新规定,以及"为则扰矣,因则静矣。因冬为寒,因夏为暑"的界定,无疑把对因循的理解和价值预测推到了时代的高度;不仅如此,视因循为君道、作为为臣道,是对老子"无为而无不为"抽象运思演绎于社会实践层面的典范;重视因循,与其"三代所宝莫如因,因则无敌"①、"因则贫贱可以胜富贵矣,小弱可以制强大矣"②的实功思想是紧密联系,不是为因循而因循,之所以要推重因循的行为,既是人群聚实现互利的需要,又是弥补人无完人即聚集一切力量而完成个体之所不能;人必须在相互性中找到属于自己的位置,人的价值不是个人有为,而是在认识到自己的不足的视域中迅速对接他者之能并给予实现的机会,这就是君道的无知无为是最终能知能为之所在的枢机所在。君道无为、臣道有为的思想又是直接连接黄老道家相应运思的桥梁。

　　最后,必须注意的是,《吕览》的因循思想也显示了在被动前提下的积极主动的倾向,诸如"因性任物而莫不宜当""因其固然而然之"等,就是具体的说明;这里都是双动词,即因、任和因、然,前面的因循行为的主体和后面的"任物""然之"行为的主体是相同的,这就是在被动前提下的主动行为,"任物""然之"是行为主体的主动行为,这是必须注意的。在语言形式上,这是双动宾语言结构。这些都是值得注意的。

---

　　① 《吕氏春秋·慎大览·贵因》,陈奇猷校释:《吕氏春秋新校释》,上海古籍出版社 2002 年版,第 933 页。

　　② 《吕氏春秋·慎大览·报更》,陈奇猷校释:《吕氏春秋新校释》,上海古籍出版社 2002 年版,第 914 页。

第十一章　因循的理论图案

一、为 何 因 循

因循就是因循天道,外在之天就是客观规律,即道、常,内在之天就是本性自然即性分。但必须质问的是为何要因循,这是因循行为实现自身价值的前提。在行为学的意义上,因循是关系中的产物,离开关系就无所谓因循,因为因循本身需要对象的支持,没有对象就是孤家寡人,离开对象就无法因循;就因循行为而言,包括行为主体和行为客体。这是不言自明的道理。所以,讲因循,认可关系是前提,这是必须首先明确的。在主客体变动的关系中,要使因循行为成为人的自觉选择,在理性认识上解决为何要因循的问题是最为基本的环节。对此的具体回答,则通过以下"整体联系的相对性"和"万物本性的独特性"两个方面来演绎。

1. 整体联系的相对性

不难知道,因循行为本身只有在行为主体和行为客体的互作共存中才能得到完成和价值体现,离开具体的关系就无所谓因循。众所周知,就人类的文明而言,人与自然最初是和谐共存的,人就在自然之中,《圣经》中描绘的伊甸园就是这种和谐生活的缩影。但是,当亚当和夏娃违背耶和华的旨意偷吃伊甸园中的禁果时,不仅这种和谐被打破了,而且人的行为伤害了自然,使自然带上了人化的痕迹,人类的文明就是在背离真正的自然而走上人化自然的征程上得到发展的,老子的"大道废,安有仁义"(《老子》18 章),就是绝妙的总结;仁义作为人类治理社会的工具,正是在大道遭到破坏而缺场的情况下得到登台表演机会的。实践证明,人类过分关注自身利益的满足,而轻视乃至无视宇宙其他物类的价值,使自身的行为越发偏离真正自然的轨道,在人化自然的道路上越走越远,日本科学家汤川秀树的运思不可不谓精当的总结,即"生活在科学文明之中,我们在原始自然界面前不再感到人的无能了。另一方面,我们现在不得不担忧人类会不会沉没到科学文明这种人类自造的第二个自然界中去了。老子的'天地不仁,以万物为刍狗'的声明获得了新的和威胁性的意义,如果我们把'天地'看做包括第二自然界在内的自然界,并把'万物'看做包括人本身在内的话"①。

宇宙本身是一个联系的整体,万物的价值具有相对性,例如,老子就认为在宇宙中存在天、地、人、道"四大",但他们是互相平等的关系,共同决定于自然,即"人法地,地法天,天法道,道法自然"(《老子》25章);在另一意义上,也完全可以说,道就是自然,它是在天、地、人中无处不在的存在,是规范人维持天、地、人一体和谐关系的准则。天地一体的思想到庄子那里得到更为明确的表述,即"天地与我并生,而万物与我为一"②,不仅如此,庄子还最早使用了宇宙的概念,诸如"旁日月,挟宇宙"③、"有问道而应之者,不知道也。虽问道者,亦未闻道。道无问,问无应。无问问之,是问穷也;无应应之,是无内也。以无内待问穷,若是者,外不观乎宇宙,内不知乎大初,是以不过乎昆仑,不游乎太虚"④,就是佐证。"外不观乎宇宙"等的结果,跟不能逾越昆仑山一样;显然,庄子的宇宙已经具有深在的哲学意义。"与我并生""与我为一"的"与",显示的都是基于相互性境遇中的相对性的特点;换言之,"东方神秘主义的主要流派……都认为宇宙是一个相互联系的整体,其中没有任何部分比其他部分更为基本"。⑤　人类文明的发展不能无视自身是宇宙一员的事实,必须在顾及宇宙其他物类的前提下来追求自己利益的满足;人不能把自己绝对化,确立自身整体联系视野中的相对位置,在不断重构具体关系的实践中,因循宇宙规律来行为,这不仅是人类履行自身责任的先决条件,而且是自身价值实现的唯一途径,这就是为何因循的外在理由。

2. 万物本性的独特性

反映整体联系性的规律就是道,诸如法家的"凡道,无根无茎,无叶无荣,万物以生,万物以成,命之曰道"⑥、"得天之道,其事若自然;失天之道,虽立不安"⑦,都是具体的说明;这告诫人在遵循天地自然之道中来完成人

---

① [日]汤川秀树著,周林东译:《创造力与直觉:一个物理学家对于东西方的考察》,河北科学技术出版社2000年版,第61页。

② 《庄子·齐物论》,(清)郭庆藩辑:《庄子集释》,中华书局1961年版,第79页。

③ 《庄子·齐物论》,(清)郭庆藩辑:《庄子集释》,中华书局1961年版,第100页。

④ 《庄子·知北游》,(清)郭庆藩辑:《庄子集释》,中华书局1961年版,第758页。

⑤ [美]F.卡普拉著,朱润生译:《物理学之"道"——近代物理学与东方神秘主义》,北京出版社1999年版,第28页。

⑥ 《管子·内业》,(清)黎翔凤撰:《管子校注》,中华书局2004年版,第937页。

⑦ 《管子·形势》,(清)黎翔凤撰:《管子校注》,中华书局2004年版,第42页。

道的辉煌。总之,"道也者,万物之要也"①;因循道来行为这是宇宙万物过尽可能地接近与真正自然相一致生活的唯一途径;在宇宙中,万物具有同等的地位和权利,这种地位和权利不是绝对的,仅具有相对的意义。

另一方面,在宇宙生物链中具有同等地位的万物,都具有自身的本性砝码,这砝码没有统一的模式,只有独特的样态,具有不可重复性。换言之,每个万物在宇宙生物链中的责任履行和价值实现都是通过自身独特的本性基因来完成的,这无法用统一的标准来加以衡量。因为,万物都具有属于自己的"性分",这独特的性分是无法复制的,诸如庄子的"穷发之北有冥海者,天池也。有鱼焉,其广数千里,未有知其修者,其名为鲲。有鸟焉,其名为鹏,背若太山,翼若垂天之云,抟扶摇羊角而上者九万里,绝云气,负青天,然后图南,且适南冥也。斥鴳笑之曰:'彼且奚适也? 我腾跃而上,不过数仞而下,翱翔蓬蒿之间,此亦飞之至也。而彼且奚适也?'此小大之辩也。"②斥鴳和鲲鹏所形成的"小大"的差异,是它们各自的"性分"特征所决定的,相互不能成为互相比较的标准;"昔者庄周梦为胡蝶,栩栩然胡蝶也,自喻适志与! 不知周也。俄然觉,则蘧蘧然周也。不知周之梦为胡蝶与,胡蝶之梦为周与? 周与胡蝶,则必有分矣。此之谓物化"③;庄周和蝴蝶各自具有自己的"分",万物本有的"分"是评价万物的唯一标准,郭象的"夫觉梦之分,无异于死生之辩也。今所以自喻适志,由其分定,非由无分也"的注释,告诉我们的正是依据万物各自特性来评价万物的重要性;正是在这个意义上,庄子提出"故夫知效一官,行比一乡,德合一君,而徵一国者,其自视也亦若此矣。而宋荣子犹然笑之。且举世而誉之而不加劝,举世而非之而不加沮,定乎内外之分,辩乎荣辱之境,斯已矣。彼其于世未数数然也。虽然,犹有未树也。夫列子御风而行,泠然善也,旬有五日而后反。彼于致福者,未数数然也"④,"定乎内外之分"是万物获得自身发展的前提条件,获得自己性分的发展,是实现幸福的关键即"致福";无视性分的现实,一味向外的追求都是伤害本性发展的障碍。

对一个社会而言,让每个个体获得自己性分的最大发展,无疑是社会合力得以提升的必要条件;要做到这一点,因循个体的性分特征来设计具体的行为对策,无疑是最大限度地激发个体潜力的最佳途径,这就是为何要因循的内在理由。

① 《管子·君臣上》,(清)黎翔凤撰:《管子校注》,中华书局 2004 年版,第 563 页。
② 《庄子·逍遥游》,(清)郭庆藩辑:《庄子集释》,中华书局 1961 年版,第 14 页。
③ 《庄子·齐物论》,(清)郭庆藩辑:《庄子集释》,中华书局 1961 年版,第 112 页。
④ 《庄子·逍遥游》,(清)郭庆藩辑:《庄子集释》,中华书局 1961 年版,第 16—17 页。

二、因循的目的

推重因循行为的思想,有一个共通点就是对实功的追求,这就是选择因循行为的目的。

1. 无用之用的视野

推重因循的思想家,虽然重视功用,但道家和法家所侧重的方面并不完全一样。道家仍然在相互联系的层面来展开对功用的认识,诸如老子的"三十辐共一毂,当其无,有车之用。埏埴以为器,当其无,有埴①器之用。凿户牖以为室,当其无,有室之用。故有之以为利,无之以为用"(《老子》11章),强调了"当其无",才有具体物的用;车轮、器皿、房子的中空,才体现或实现它们各自的功用。在这个意义上,我们看到的具体物对人们的益处,实际都是"无"的功用的发挥;老子显然是在有无的相互性上来讨论具体的功用的。所以,如果把老子的思想说出虚无主义的话,那就委屈老子了。不过老子是在他自己的文化基因密码上来具体展开功用思想的,这也正是他立足现实试图寻找解决问题方案的基点。所以,老子强调的"不自伐故有功,弗矜故能长②"(《老子》22章)、"自伐者无功,自矜者不长"(《老子》24章),就显示出在功用实践上的独特路径和功夫。不自我夸耀,所以功效卓著;不自我矜持,所以天长地久。这里的"长"就是"有功"的表现,而"无功"的行为正好与此相反即"不长"。在老子的系统里,道本身就是功用的结晶,"道③氾兮,其可左右;成功遂事而弗名有④"(《老子》34章),道遍流宇宙,无所不到;成功遂事而不自以为有功。所以,在具体的实践生活里,就行为客体的万物而言,则处在"功成事遂,百姓皆谓我自然"(《老子》17章)的境遇里。显然,这些就是在因循相互联系性的基础上的运思。

老子利、用的独特的视野,到庄子那里,就明确地概括为"无用之用"。惠子对庄子说,有一棵大树,由于"其大本拥踵而不中绳墨""其小枝卷曲而

---

① "埴"据帛书本增补。
② "不自是故彰,不自见故明,不自伐故有功,弗矜故能长"通行本为"不自见故明,不自是故彰,不自伐故有功,不自矜故长",现据帛书本改定。帛书本22章与通行本24章的内容一致,而这里的前后顺序正是考虑到了与22章的一致。
③ "道"通行本为"大道",现据帛书本改定。
④ "成功遂事而弗名有"通行本为"万物恃之而生而不辞,功成不名有",现据帛书本改定。

不中规矩",所以,木匠路过也不看,你说的话也是"大而无用,众所同去也"①;庄子说,现实生活中,"人皆知有用之用,而莫知无用之用也"②,但"知无用而始可与言用矣"③,因此,"今子有大树,患其无用,何不树之于无何有之乡,广莫之野,彷徨乎无为其侧,逍遥乎寝卧其下"④;现实经验层面的无用在庄子这里实现了道家意义的有用。关于道家功效的运思,诸如"不独儒学,道家亦然。《老子》五千言不能从本体论、存在论去理解(可惜多数学者均如此)。《老子》原与兵家有关。它讲的'道'也是异常实用的'如何办''如何做'。真是'应用之妙,存乎一心';虽有理则,并无常规。所以'道可道,非常道',如果能说道出来,也就不是道了。而无欲(无目的性)才可能客观地观看事理行走的微妙;有欲(有目的性)便可以主观地抓住事物的要害(徽),如此等等。都是实用理性的行动辩证法,并非静观的宇宙论或本体论"⑤,就是对老子功用思想的肯定,可惜没有得到应有的重视。其实,李泽厚还把道家的"名",称为"实用政治"⑥,这些都是值得我们认真思考的课题。

2. 用力寡而功立

在道家看来,"终身役役而不见其成功"⑦是一件悲哀的事情。"终身役役"给我们昭示了功用和方法的问题,追求功用除需要打破经验层面无用的限制外,还必须选择适当的实践方法,诸如"夫帝王之德,以天地为宗,以道德为主,以无为为常。无为也,则用天下而有余;有为也,则为天下用而不足……天不产而万物化,地不长而万物育,帝王无为而天下功"⑧,告诉我们的就是方法论的问题。换言之,就是自然无为的方法。这里主要是指行

---

①　《庄子·逍遥游》,(清)郭庆藩辑:《庄子集释》,中华书局1961年版,第39页。

②　《庄子·人间世》,(清)郭庆藩辑:《庄子集释》,中华书局1961年版,第186页。

③　《庄子·外物》,(清)郭庆藩辑:《庄子集释》,中华书局1961年版,第936页。

④　《庄子·逍遥游》,(清)郭庆藩辑:《庄子集释》,中华书局1961年版,第40页。

⑤　李泽厚:《论语今读》,安徽文艺出版社1998年版,第215页。

⑥　参见"语言文字这种原始巨大功能,保存在孔子以及后世高度重视语言的态度上。所以中国古代的名学,并不是逻辑学,它研讨的核心仍然是语言和语词的实际应用和可能出现的现实悖论……如此重'正名',即后来法家'以名责实,循名求实'的政治统治张本,在一定意义上,法家也是从孔学发展而来,孔子不是说'君君臣臣、父父子子'吗? 这就是名实——正名问题。'名'是社会秩序、规范、礼制的具体法则,谨守不失,即可'无为'而治。儒、道、法均讲'无为而治',均讲'名',此'名'非语言、逻辑,乃实用政治。"(李泽厚:《论语今读》,安徽文艺出版社1998年版,第301—302页)

⑦　《庄子·齐物论》,(清)郭庆藩辑:《庄子集释》,中华书局1961年版,第56页。

⑧　《庄子·天道》,(清)郭庆藩辑:《庄子集释》,中华书局1961年版,第465页。

为主体的无为,即不有意而为,给行为客体提供最大的展示自己能力、发挥自己才性的空间,也就是老子的"无为而无不为"运思的实际演绎,这称为"以功观之,因其所有而有之;则万物莫不有;因其所无而无之,则万物莫不无;知东西之相反而不可以相无,则功分定矣"①,就是因循万物的本性而实现最大的功用。对具体的万物而言,"功分"是相异的,这是必须注意的。

因循天道自然而追求功效也是法家的选择,"其功顺天者天助之,其功逆天者天违之;天之所助,虽小必大;天之所违,虽成必败;顺天者有其功,逆天者怀其凶,不可复振也"②,"闻古之善用人者,必循天顺人而明赏罚。循天则用力寡而功立,顺人则刑罚省而令行,明赏罚则伯夷、盗跖不乱"③,这实际上就是"因其所为,各以自成"④,自然获得功成。尤其值得注意的是,在社会实践中,虽然强调自然功成,但"凡功者,其入多、其出少乃可谓功。今大费无罪而少得为功,则人臣出大费而成小功,小功成而主亦有害"⑤,告诉我们一个在实功实践中如何实现最大效益的问题,效益就是"用力寡而功立",这是实现"天道因则大,化则细"⑥的切实环节,在全社会最终实现物无弃物、人无弃人的最大功用的局面。注重效益的运思不仅在中国哲学思想史上实为难得,而且在因循思想史的长河里也昭示出积极的价值意义;这些仍然是我们21世纪现代化实践需要考虑的课题。

3. 因资而立功

在因循思想里,不仅在思想内容上存在强调实功的特点,而且在语言形式上显示实功是因循的直接追求,"随时以举事,因资而立功,用万物之能而获利其上"⑦、"循天则用力寡而功立"⑧、"夫审天者,察列星而知四时,因也;推历者,视月行而知晦朔,因也;禹之裸国,裸入衣出,因也;墨子见荆王,锦衣吹笙,因也;孔子道弥子瑕见厘夫人,因也;汤、武遭乱世,临苦民,扬其

① 《庄子·秋水》,(清)郭庆藩辑:《庄子集释》,中华书局1961年版,第577—578页。
② 《管子·形势》,(清)黎翔凤撰:《管子校注》,中华书局2004年版,第44页。
③ 《韩非子·用人》,陈奇猷校注:《韩非子新校注》,上海古籍出版社2000年版,第540页。
④ 《韩非子·扬权》,陈奇猷校注:《韩非子新校注》,上海古籍出版社2000年版,第157页。
⑤ 《韩非子·南面》,陈奇猷校注:《韩非子新校注》,上海古籍出版社2000年版,第330—331页。
⑥ 《慎子·威德》,钱熙祚校:《慎子》,中华书局1954年版,第3页。
⑦ 《韩非子·喻老》,陈奇猷校注:《韩非子新校注》,上海古籍出版社2000年版,第454页。
⑧ 《韩非子·用人》,陈奇猷校注:《韩非子新校注》,上海古籍出版社2000年版,第540页。

义,成其功,因也。故因则功,专则拙;因者无敌"①;在"因资""循天"的被
动前提下包含着"立功""功立"的主动性追求的意欲,因循就能够走向实功
即"因则功"。正是在这个意义上,因循通向无敌的境地。

众所周知,一个社会的发展无法离开具体思想理论的指导;在先秦诸子
百家的思想大合唱中,在重视功用的方面,道家的"无用之用",以及法家对
实功的考量和强调都是值得重视的。尤其是法家的相关思想,都是基于社
会的实际治理这个点来切入的;实功的实现是一个社会走向强大、民众走向
富裕的前提;没有实功的获得,其他都是空话。毋庸置疑,在理论上,实功的
运思是创新的前提和桥梁,没有实功的获得,新的价值无从体现;在实践的
层面,实功的积淀使创新变得充实和成为可能;换言之,实功的成果直接成
为创新的物质基础。这是应该引起重视的。

三、因循的价值特征

强调功效是因循思想中的一条红线,这是因循的目的追求。认识因循
思想,不得不重视的一个问题是,如何在动态的价值平台上来加以审视,这
是一个新的视角,但这是在文化积淀频道上、夯实文化实力视域中不得回避
的问题,这也是21世纪全球化背景下给中国人文研究提出的最为现实的问
题。世界文化走向的客观轨迹和现实,让人不得不关注的问题是:现代化的
建设不仅是经济的建设,而且必须包含文化的建设;建设不在文化上落实,
根本无现代化可言。

1.价 值 互 利

在价值平台的动态层面上,因循显示的特征是"辅",即辅助,这一价值
特征虽在老子"袭常"的因循思想中就得到了确立。不过,无论是在哲学思
想还是在教育思想的研究中,老子的这一深层的睿智的思考没有引起任何
的重视。辅助运思的原点仍然是相互依附,也就是前面所说的宇宙的整体
联系性。这在郭店竹简的资料中也可以得到佐证:

> 大一生水,水反辅大一,是以成天。天反辅大一,是以成地。天地
> 〔复相辅〕,是以成神明。神明复相辅也,是以成阴阳。阴阳复相辅也,

---

① 《吕氏春秋·慎大览·贵因》,陈奇猷校释:《吕氏春秋新校释》,上海古籍出版社2002年
版,第389—390页。

是以成四时。四时复【相】辅也,是以成寒热。寒热复相辅也,是以成
湿燥。湿燥复相辅也,成岁而止。故岁者,湿燥之所生也。湿燥者,寒
热之所生也。寒热者,【四时之所生也。】四时者,阴阳之所生【也】。阴
阳者,神明之所生也。神明者,天地之所生也。天地者,大一之所生也。
是故大一藏於水,行于时。周而又〔始,以己为〕万物母;一缺一盈,以
己为万物经。①

　　这里的"反辅""复相辅"的"辅"的意思是相互依存的意思,宇宙万物是相
互依存的,离开一方,另一方则无所附丽;这一相互依存的事实,在价值判断
的层面,描绘的无疑是一幅相互利益的图画,诸如太一与水、阴阳与四时等
关系,就是互利的关系;这也是整体相互联系性视域下的对只顾一己之利这
一狭隘性的排除和克服;相互性虽然存在利益的让渡,但互利是总体的特
征,老子的"天之道,利而不害"(《老子》81章)就是对宇宙万物互利性的具
体的说明。

2. 辅助万物本性的自然发展

　　宇宙万物互相依存的客观现实,在现实社会的治理层面,给我们揭示了
两个方面的课题。一是宏观的方面,社会治理必须与"时"保持一致。"圣
人将动必知,愚人至危易辞。圣人能辅时,不能违时。知者善谋,不如当时。
精时者,日少而功多。夫谋无主则困,事无备则废。是以圣王务具其备。而
慎守其时。以备待时,以时兴事,时至而举兵。绝坚而攻国,破大而制地,大
本而小标,埻近而攻远。以大牵小,以强使弱,以众致寡。德利百姓,威震天
下,令行诸侯而不拂,近无不服,远无不听"②;如果无法与"时"保持一致的
关系,就势必脱离与"时"的依存关系,"辅时""违时"就是这两种关系的写
照。不仅如此,而且在与时保持一致的实践能够带来高效益即"日少而功
多"。这无疑告诫人类在社会文明的实践中,不能依凭人的主观臆想而行
为,而必须与时俱进,这一运思也就是庄子的"与道相辅而行"③。
　　另一是微观的方面,个人的社会化必须与个人的本性特征协调一致,而
不是社会的需要。这就是老子"是以圣人欲不欲,不贵难得之货。学不学,
复众人之所过。能辅万物之自然,而不敢为"(《老子》64章)告诉我们的哲

①　《太一生水》,荆门市博物馆:《郭店楚墓竹简》,文物出版社1998年版,第41—42页。
②　《管子·霸言》,(清)黎翔凤撰:《管子校注》,中华书局2004年版,第469页。
③　《庄子·山木》,(清)郭庆藩辑:《庄子集释》,中华书局1961年版,第672页。

理;竹简本老子也有相同的文献。"辅万物之自然"的意思是辅助万物的自然本性让其协调自身规律合理发展,而不是依据社会整治者的主观臆想或所谓的社会需要来规划;"我们始终身处其中。正是事物间这种内在、构成性的关系,使它们拥有了反身性,且在时空之流中相互依存、彼此共在。"①

这完全是配角的意识,这也完全符合因循在整体上尊重客体、客体第一的价值理念和哲学运思。在这样的社会中,"'每个部分都包含着全体,而又在全体之中'这一概念,在大乘佛教华严宗中阐述得最为充分……这部佛经的最后部分称为《普贤行愿品》,其中讲述了一个年轻的朝山进香者苏达那的故事,极为生动地说明了他对宇宙的神秘体验。在他看来,宇宙是一个相互联系的完美网络,其中一切事物相互作用的方式都是每一种事物中皆含有其他事物。铃木大拙意译的这部佛经中有一段用一座壮丽的城堡形象来表达苏达那的体验:'这座城堡像天空一样的宽阔广大。地上铺着[无数的]各种宝石,城堡中有[无数的]宫殿、游廊、窗户、楼梯间、栏杆和过道,它们全都由七种珍贵的宝石做成……在这座装饰华丽的城堡里还有千百座高楼,每座高楼都像主堡本身一样的装饰华丽,像天空一样的广阔,所有这些数不清的高楼全然不互相妨碍,每座高楼都在与所有其他高楼完美的协调中保持着各自的独立存在,这里没有什么妨碍着一座高楼与所有其他高楼单独地或者集体地相融合;存在着一种完美的混合,而又极为有序的状态。年轻的朝山进香者苏达那看见他自己既在整个城堡中,又在每一座高楼中,其中每个部分都包含着全体,而又在全体之中。'"②

人类文明的进程实际是从"自然"与人类的相悖开始的,无论是老子的"大道废,安有仁义;慧智出,安有大伪;六亲不和,安有孝慈;国家昏乱,安有贞臣"(《老子》18章)所揭示的文明走向,还是《圣经》中耶和华上帝把偷吃禁果的亚当和夏娃驱逐出伊甸园的事实,都是由人的智慧形成的与真正自然相背离的结局,这预示着宇宙万物自然和谐状态终结,人类从此走向第二自然的生活境遇。一个不可否认的事实是,第二自然对人而言,仍然是一个理想,辅助万物的自然发展就是人与第二自然相协调生活的前提。这是人类必须具有的自觉,但不是已经具有的自觉。这也是因循实践对人类生活所持有的重要性所在。

① [美]安乐哲(Roger T.Ames)、郝大维(David L.Hall)著,何金俐译:《道不远人——比较哲学视域中的〈老子〉》,学苑出版社2004年版,第23页。
② [美]F.卡普拉著,朱润生译:《物理学之"道"——近代物理学与东方神秘主义》,北京出版社1999年版,第281—282页。

四、因循的价值目标

　　重视外在他者和重视内在德性的思想家,其社会文明实践的追求目标自然也不一样。这就是在因循思想中"宜"给我们的思考。换言之,"宜"是因循行为的价值目标。

1. 何　谓　宜

　　就中国的因循哲学而言,"宜"是一个非常值得重视和研究的概念,迄今还没有出现对此专门研究的成果。

　　在中国伦理思想史的视野里,"宜"与"义"存在着紧密的联系,用"宜"来解释"义",也是最为常见的诠释之一,诸如"义者,谓各处其宜也。礼者,因人之情,缘义之理,而为之节文者也,故礼者谓有理也。理也者,明分以谕义之意也。故礼出乎义,义出乎理,理因乎宜者也"①,就是具体的总结。"义"即道义,是社会的道德规则,代表社会各方面都处在当处的适宜的位置上。显然,这是一种和谐协调的状态。另一方面,就具体的社会整治而言,"义"又通过具体的"礼"来得以演绎,这就是"礼者,因人之情,缘义之理,而为之节文者也"。另外,"礼"就是有理;有理的缘由在于"明分以谕义","明分以谕义"的具体内容则是"因人之情,缘义之理";"因人之情"属于"明分"的内容,"缘义之理"则属于"谕义"的方面。在整体的层面,理不是简单的礼、义,而是对如何达到合宜状态的理性或规律性的反映和揭示。

　　显然,无论是礼、义、理,都包含着社会等级的因素,庄子的"以道观分而君臣之义明"②、"定乎内外之分"③里的"分",就是反映这种等级性的概念;内是先天本性上的差异,外是后天社会担当上的差异。庄子的"是故古之明大道者,先明天而道德次之,道德已明而仁义次之,仁义已明而分守次之,分守已明而形名次之,形名已明而因任次之,因任已明而原省次之,原省已明而是非次之,是非已明而赏罚次之。赏罚已明而愚知处宜,贵贱履位,仁贤不肖袭情,必分其能,必由其名。以此事上,以此畜下,以此治物,以此修身,知谋不用,必归其天,此之谓大平,治之至也"④,就是对社会治理程序的最好表达;道、德、仁义、分守、形名、因任、原省、是非、赏罚构成社会治理

　　① 《管子·心术上》,(清)黎翔凤撰:《管子校注》,中华书局2004年版,第770页。
　　② 《庄子·天地》,(清)郭庆藩辑:《庄子集释》,中华书局1961年版,第404页。
　　③ 《庄子·逍遥游》,(清)郭庆藩辑:《庄子集释》,中华书局1961年版,第16页。
　　④ 《庄子·天道》,(清)郭庆藩辑:《庄子集释》,中华书局1961年版,第471页。

的具体环节,分守即职分、职守是其中的一个部分,而且成为因任环节的条件;这些环节的完美联动,收到的客观效果是"愚知处宜""贵贱履位""仁贤不肖袭情",大家都能在适合自己本性特征的职位上,发挥自己的才能;这是"治之至"的状态。

2. 皆 得 其 宜

宜虽然具有等级性,但依据万物的本性性分的特征来行为最为重要。就个人而言,存在各种欲望需要,这些需要必须协调平衡发展,不能片面强调和追求,"子华子曰:'全生为上,亏生次之,死次之,迫生为下。'故所谓尊生者,全生之谓;所谓全生者,六欲皆得其宜也。所谓亏生者,六欲分得其宜也。亏生则於其尊之者薄矣。其亏弥甚者也,其尊弥薄。所谓死者,无有所以知,复其未生也。所谓迫生者,六欲莫得其宜也,皆获其所甚恶者。服是也,辱是也。辱莫大于不义,故不义,迫生。而迫生非独不义也,故曰迫生不若死。奚以知其然也? 耳闻所恶,不若无闻。目见所恶,不若无见。故雷则掩耳,电则掩目,此其比也。凡六欲者,皆知其所甚恶,而必不得免,不若无有所以知。无有所以知者,死之谓也,故迫生不若死"①;这里围绕"全生""亏生""死""迫生"四种情况而进行了具体的比喻说明。从"全生"到"迫生",在生的质量上呈递降的趋势,导致递降的内在因子在应对"六欲"的不同方法;就全生而言,"六欲皆得其宜",即耳目口鼻等欲望得到适宜的对处;亏生是"六欲分得其宜",即六欲部分得到满足;迫生则是"六欲莫得其宜",六欲没有得到合理对待。对人而言,死意味着理智的失去,所以无所谓合宜与否。欲望处理不当,对人是最大的不幸,所以,迫生不如死。这里要注意的是,"辱莫大於不义,故不义,迫生也"中的"义",实际就是"宜","不义"就是"不宜",与"莫得其宜"是相同的。

个人是社会的基本因子,离开基本因子的协调而追求社会的和谐是不可能的事情。正是在这个意义上,因循强调依顺万物本性而行为,"性者,万物之本也,不可长,不可短,因其固然而然之,此天地之数也"②;本性是万物生命的根本,对此采取任何人为的行为都是有害于万物的,这就是"不可长,不可短"所包含的道理;唯一能采取的行为就是"因其固然而然之",即因循本性本来的样子来对待它,这是天地自然告诉我们的道理。显然,这是

---

① 《吕氏春秋·仲春纪·贵生》,陈奇猷校释:《吕氏春秋新校释》,上海古籍出版社2002年版,第41—42页。

② 《吕氏春秋·不苟论·贵当》,陈奇猷校释:《吕氏春秋新校释》,上海古籍出版社2002年版,第654页。

实现个人之宜的关键。

在因循思想家的眼里,具备宜的品性的大的存在,"大国者下流。天下之交,天下之牝。牝常以静胜牡,以静为下。故大国以下小国,则取小国;小国以下大国,则取大国。故或下以取,或下而取。大国不过欲兼畜人,小国不过欲入事人,夫两者各得其所欲,大者宜为下"(《老子》61 章),在大小的境遇里,两者协调和谐氛围的取得,关键在"大者宜为下",这就是自然实现"两者各得其所欲"。众所周知,处下是道家自然无为的品性之一,也可以说是因循这一自然在方法论层面精神的体现,"天之不违,以不离一。天若离一,反还为物。不创不作,与天地合德。节奎相信,如月应日。此圣人之所以宜世也"①,讲的就是这个道理。圣人之所以与世保持相宜的关系,就在于他能因循万物本性而为。

3. 各 处 其 宜

宜对万物而言,是客观存在的,"山陵岑岩,渊泉闳流,泉逾瀷而不尽,薄承瀷而不满,高下肥硗,物有所宜"②、"夫物者有所宜"③的资料说明,万物内在存有适宜的理由。但是,个人是社会的基本因子,必须过社会生活。对统治者而言,如何使个人存有的适宜的理由得到外显的机会,这是一个社会能否稳定的基本环节,也是实现社会最高治理的条件,"圣治乎?官施而不失其宜,拔举而不失其能,毕见其情事而行其所为,行言自为而天下化,手挠顾指,四方之民莫不俱至,此之谓圣治"④,就是具体的例证。施行行为做到"不失其宜",选拔人才做到"不失其能",这样的话,个人得到了符合自己本性特性的社会位置,自己的能力得到完美的发展,即"毕见其情事而行其所为,行言自为而天下化"。

个人的本性存在差异是客观的,其能力存在差异也是事实。全社会的适宜是建筑在个人本性适宜发展的基础上的宜,而判断个人适宜的标准不是社会的条文,而是个人自己的本性,这是非常重要的,这也是因循思想的意义所在,诸如"夫贵为天子,富有天下,是人情之所同欲也。然则从人之欲则执不能容,物不能赡也。故先王案为之制礼义以分之,使有贵贱之等,长幼之差,知愚、能不能之分,皆使人载其事而各得其宜,然后使谷禄多少厚

---

① 《鹖冠子·天则》,黄怀信撰:《鹖冠子汇校集注》,中华书局 2004 年版,第 37 页。
② 《管子·宙合》,(清)黎翔凤撰:《管子校注》,中华书局 2004 年版,第 234 页。
③ 《韩非子·扬权》,陈奇猷校注:《韩非子新校注》,上海古籍出版社 2000 年版,第 141 页。
④ 《庄子·天地》,(清)郭庆藩辑:《庄子集释》,中华书局 1961 年版,第 440 页。

薄之称,是夫群居和一之道也"①,告诉我们的就是这个道理。社会的适宜
实际就是社会"群居和一之道"的具体演绎。

在动态的层面,社会适宜的实现依靠的是"若夫谪德而定次,量能而授
官,使贤不肖皆得其位,能不能皆得其官,万物得其宜"②,依据实际能力进
行社会位置的分配,"治国之臣,效功于国以履位,见能于官以受职,尽力于
权衡以任事。人臣皆宜其能,胜其官,轻其任"③,这样就能保住"人臣皆宜
其能,胜其官,轻其任",也就是"材者有所施,各处其宜,故上下无为。使鸡
司夜,令狸执鼠,皆用其能,上乃无事"④;"各处其宜"的状态是顺性而为的
实践,所以称为"上下无为",这样每个人都能做好自己的本职工作。

总之,社会层面适宜的实现,最为关键的是"因性任物而莫不宜当"⑤。
要注意的是,合宜、适宜不是个别人的情况,离开万物本性合宜的发展,即使
是圣人也无法获得合宜,这也体现了在实现他者的利益中满足个人利益实
现的精神实质,这是他者优位的价值取向。

---

① 《荀子·荣辱》,(清末民初)王先谦著:《荀子集解》,中华书局 1988 年版,第 70—71 页。

② 《荀子·儒效》,(清末民初)王先谦著:《荀子集解》,中华书局 1988 年版,第 121 页。

③ 《韩非子·用人》,陈奇猷校注:《韩非子新校注》,上海古籍出版社 2000 年版,第 540 页。

④ 《韩非子·扬权》,陈奇猷校注:《韩非子新校注》,上海古籍出版社 2000 年版,第 141—142 页。

⑤ 《吕氏春秋·审分览·执一》,陈奇猷校释:《吕氏春秋新校释》,上海古籍出版社 2002 年版,第 470 页。

第十二章　因循的实践演绎

一、因循的活性化

审视因循思想,无法忽视的是,因循理论的提出,并非为因循而因循,而是为功效、个人和社会之宜而因循的价值追求。但这仅是一个方面,更为重要的是,因循思想在动态层面所显示出的实功追求的倾向的具体落实,就是如何保持因循实践持续有效和充满活力,这正是这里要讨论的问题。

1. 循 名 责 实

上面讨论的因才授事,就是依据人的实际能力把人安置到适宜的位置上。但是,虽然实际的安置是经过具体的观察和考察以后才做的决定,但仅此无法断定这种抉择就是正确的。正是在这个重要的环节上,因循思想表现出真正功用追求的睿智,这就是"循名责实",这是因循在实践过程中的特殊运用。

"循名责实"的明确提出,约可推测到春秋末期,与子产同时的"名辨之学"的倡始人、思想家邓析(公元前545—508年)。他的思想主要包括三个方面:一是强调"循名责实,君之事也"①,"循名责实,察法立威,是明王也……上循名以督实,下奉教而不违"②;换言之,"循名责实"是君上的事务,切实做好这一事务,将是法律建立自己威慑力的唯一途径,即"察法立威"。二是推重"明君之督大臣,缘身而责名,缘名而责形,缘形而责实,臣惧其重诛之至,于是不敢行其私也"③,作为君上事务的"循名责实"的切实实现,可以堵塞"行其私"的通道,从而在社会的层面建立实功。三是"名"的依归是"实",即"循名责实,实之极也。按实定名,名之极也。参以相平,转而相成,故得之形名"④。这一运思在君臣关系上的具体化,就是要依据臣下的实绩来确立其名位,具有打破终身制思想的萌芽。

---

① 《邓子·无厚》,《百子全书》上,浙江古籍出版社1998年版,第473页。
② 《邓子·无厚》,《百子全书》上,浙江古籍出版社1998年版,第473—474页。
③ 《邓子·转辞》,《百子全书》上,浙江古籍出版社1998年版,第474页。
④ 《邓子·转辞》,《百子全书》上,浙江古籍出版社1998年版,第474页。

在名实的关系上，"实"是根本，是"主"，"名"是"宾"，这一运思在其他学派那里也得到了认同，诸如"名者，实之宾也，吾将为宾乎？鹪鹩巢于深林，不过一枝；偃鼠饮河，不过满腹。归休乎君，予无所用天下为。庖人虽不治庖，尸祝不越樽俎而代之矣"①，就是对此的形象诠释。"庖人""尸祝"各自有自己的职责，这是名所决定的；在社会职务的层面，作为个人做好自己的本职工作，而不逾越职务的规定，诸如"尸祝不越樽俎而代之"，就是坚守自己的职务岗位而做好本职工作的形象表述，这显然是为厚实的角色意识所决定的，没有角色意识是无法做到不逾越位置的。这是个人方面必须履行的职责，体现的是如何保持名实的一致。

在社会的层面，因才授事、实效的具体检验，也是一个循名督实的过程，诸如"修名而督实，按实而定名，名实相生，反相为情；名实当则治，不当则乱；名生于实，实生于德，德生于理，理生于智，智生于当"②，就是具体的揭示。名实虽然是"相生"的互相关系，但这仅是次层面的情况；在主要的方面，名是依据具体的实而决定的，在这个意义上，实始终是第一位的存在，名仅是第二位的产物；或者可以说是副产品。当名实处处相符时，就会出现一个人人各尽其责的完美的社会秩序，这是名实"当"的情况，也是社会实现治的情况，这时的名、实、德、理、智处在相符统一的境地；名实不相符即"不当"的情况，名、实、德、理、智之间相互矛盾，而社会就是乱的状态。这整个过程就是"修名而督实"的实践。"修名"的"修"实际就是"循"，这种情况是古代文献中的一个通例。这一思想在后来韩非就直接把它概括成"循名"，"今申不害言术……术者，因任而授官，循名而责实，操杀生之柄，课群臣之能者也"③，就是例证。在此我们还必须注意的是，这种"因任而授官，循名而责实"的实践事务专门以群臣为对象，而不是面向一般民众的。

实际上，这种循名而责实的实践被称为"参同"或"参验"，"同"就是审定名实之间是否同，即一致，而参验也是要找到名实之间是否一致或两者之间的实际情况，"有言者自为名，有事者自为形。形名参同，君乃无事焉，归之其情"④、"循名实而定是非，因参验而审言辞。是以左右近习之臣，知伪诈之不可以得安也"⑤，都是这一情况的说明；通过这一实践环节，君主可以

　　① 《庄子·逍遥游》，（清）郭庆藩辑：《庄子集释》，中华书局1961年版，第22页。
　　② 《管子·九守》，（清）黎翔凤撰：《管子校注》，中华书局2004年版，第1046页。
　　③ 《韩非子·定法》，陈奇猷校注：《韩非子新校注》，上海古籍出版社2000年版，第957页。
　　④ 《韩非子·主道》，陈奇猷校注：《韩非子新校注》，上海古籍出版社2000年版，第67页。
　　⑤ 《韩非子·奸劫弑臣》，陈奇猷校注：《韩非子新校注》，上海古籍出版社2000年版，第282页。

知道臣下是否称职,而不能仅凭臣下自己的言说,依据这样的"参验",君主就可以实现"无事",这也就是君主无为而臣下有为的一种情况。

2. 赏 罚 当 宜

在因循活性化实践中,因循思想中与"宜"相关的切入点,其实还有赏罚的问题,这是调节因循实践的有力举措之一。"明主之治国也,案其当宜,行其正理。故其当赏者,群臣不得辞也。其当罚者,群臣不敢避也。夫赏功诛罪,所以为天下致利除害也。草茅弗去则害禾谷,盗贼弗诛则伤良民。夫舍公法而行私惠,则是利奸邪而长暴乱也。行私惠而赏无功,则是使民偷幸而望于上也。行私惠而赦有罪,则是使民轻上而易为非也。夫舍公法,用私惠,明主不为也"①告诉我们,赏罚必须"当"。当也是相称的意思,与宜具有相同的内涵;两者的不同不过在施行行为的时序上存在先后,当是过程中的判断,宜是结果上的鉴定,下面的资料就是佐证,即"故明主之治也,明分职而课功劳,有功者赏,乱治者诛。诛赏之所加,各得其宜,而主不自与焉"②。

利用赏罚来调控因循实践,可以说是老子始创的因循思想进一步世俗化的表现,这也主要是君主调控臣下的一种手段,是法家"法"的内容之一,"法者,宪令着于官府,刑罚必于民心,赏存乎慎法,而罚加乎奸令者也……此不可一无,皆帝王之具也"③;这一趋向在后来的因循思想演绎中得到了坚持,"君子之自行也,动必缘义,行必诚义,俗虽谓之穷,通也。行不诚义,动不缘义,俗虽谓之通,穷也。然则君子之穷通,有异乎俗者也。故当功以受赏,当罪以受罚。赏不当,虽与之必辞。罚诚当,虽赦之不外。度之于国必利,张之于主必宜,内反于心不惭然后动"④;就赏罚而言,其预期效果的实现关键在"当功""当罪"。就赏而言,如不相符合,作为个人应该拒绝接受即"必辞";就罚而言,如果与事实符合,即使得到赦免也不作例外,即照样接受惩罚,这种行为成为依归道义也是实现社会宜的基本要求。

在因循的系统里,通过赏罚是臣下认识君主而努力工作的有效途径,这仿佛民众通过具体的四时寒暑来认识天道一样,"民无道知天,民以四时寒

---

① 《管子·明法解》,(清)黎翔凤撰:《管子校注》,中华书局 2004 年版,第 1211 页。

② 《管子·明法解》,(清)黎翔凤撰:《管子校注》,中华书局 2004 年版,第 1219—1220 页。

③ 《韩非子·定法》,陈奇猷校注:《韩非子新校注》,上海古籍出版社 2000 年版,第 957—958 页。

④ 《吕氏春秋·离俗览·高义》,陈奇猷校释:《吕氏春秋新校释》,上海古籍出版社 2002 年版,第 1254—1255 页。

暑日月星辰之行知天。四时寒暑日月星辰之行当,则诸生有血气之类皆得其处而安其产。人臣亦无道知主,人臣以赏罚爵禄之所加知主。主之赏罚爵禄之所加者宜,则亲疏远近贤不肖皆尽其力而以为用矣"①,就是最好的说明。

毋庸置疑,循名责实和赏罚是因循实践活性化的有效机制保证,思想家不满足于实功的追求,而且在如何保证实功实现的坐标上为我们留下了闪光的训示,这是非常重要的,是文化有效积淀的动力因子。

二、因循的创新基因

迄今对因循思想无视的事实,跟我们把因循与守旧自然捆绑无疑存在紧密的联系。简言之,因循的价值取向是创新。创新不是空中楼阁,它是通过因顺客观规律而为的实践渐进产生的,诸如"因其固然而然之"体现着明显的因革性,"因其固然"是"因"的方面,"然之"是"革"的内容,这是因循中的活性化因子,它最终敲响创新的门铃。具体将通过以下几个视野来进行分析。

1. 因循万物的本有规律

众所周知,任何创新都不是瞬间的产物,都是积累的自然结果,离开积累也无所谓创新;而因循就是积累的实践因子,这是无人注意到的文化事实。在因循思想里,其创新的因子主要表现在被动前提下的主动性,这是连接创新的桥梁。庄子中有庖丁解牛的故事,庖丁在说明他自己技术演进的过程时说:"臣之所好者道也,进乎技矣。始臣之解牛之时,所见无非全牛者。三年之后,未尝见全牛也。方今之时,臣以神遇而不以目视,官知止而神欲行。依乎天理,批大卻,导大窾,因其固然。"②要注意的是:这里的"因其固然",这是庖丁"以神遇而不以目视"即最高境界时的情况;"固然"是牛身体特征的固有状态,在引申的层面就是依据牛的本性特征而解剖牛。因循在这里是动词,固然是宾语;体现的仅是庖丁因循牛的本性特征而进行解剖的情况。不过,这不是庄子因循思想的全部,庄子思想中对因循最为经典的表述在北海若的言说中可以找到。北海若谈了如何观察万物不同的方

① 《吕氏春秋·不苟论·当赏》,陈奇猷校释:《吕氏春秋新校释》,上海古籍出版社2002年版,第1619页。

② 《庄子·养生主》,(清)郭庆藩辑:《庄子集释》,中华书局1961年版,第119页。

法:一是"以道观之,物无贵贱";道是即物而形于万物之中的,万物之形不同,但他们都是道在形下的一种样态,不同的形态并非成为以差异即不平等来判断万物的依据,因为"物无贵贱",万物都是平等的,这是真正主权平等。二是"以物观之,自贵而相贱;以俗观之,贵贱不在己";"物"不是道,没有普适性,是个别的代表;"俗"的意思是世俗,显然也不是内在于万物的东西,而是外在于万物的一种存在。在总体上,物、俗作为判断的标准显然缺乏客观性。北海若的立足点自然在道,而不是其他。

2. 在因循中创新

在以上的基础上,北海若提出了以道观察万物的具体方法,这就是精典的"以差观之,因其所大而大之,则万物莫不大;因其所小而小之,则万物莫不小;知天地之为稊米也,知毫末之为丘山也,则差数睹矣。以功观之,因其所有而有之;则万物莫不有;因其所无而无之……以趣观之,因其所然而然之,则万物莫不然;因其所非而非之,则万物莫不非"[1];前面的"因其固然"在这里是"因其所然而然之","因其所然"是单纯的因循行为,后面的"然之"行为的主体与前面因循行为的主体是相同的,但这里"然之"已经不是单纯的因循行为了,而是在被动的前提下的主动积极性的彰显,这正是人的创造性发挥得最好通道和时机。在整体上,文化力量的彰显是长期积累的结果,如何积累? 在文化的长河里存在着枢机。在一般的意义上,文化是人理性力量的反映,是一个国家民族力量和特征的显示,现代化的实践,如果没有文化就不能算是真正的现代化;文化虽然是自然积淀,但需要什么样的文化是可以选择的,正是各民族在不同选择的实践积累中,形成了不同的文化特征;选择正是人理性力量的体现。在因循的情景里,积累就是因循,就是"因其所然"即因循万物的本有规律;选择就是"然之"。人的创造性、创新意向都可以在这里得到释放和价值实现的机会,完成在因循中创新的价值实践。

在语言形式上,这种语言结构是一个双动宾的二维结构。也就是说,"因"是动词,"其所然"是宾语,构成第一层次的动宾结构;"然之"的"然"是动词,"之"是宾语,构成第二层次的动宾结构。总而言之,就是动一(因)→宾一(其所然)→动二(然)→宾二(之)的结构;"其所然"是物被视为该物的理由,"之"指的是物,两个宾语所指相同,而且两个动词也都是同一行为主体发出的。可以说,在语言结构形式上,已经打破了内篇"因其固然"

---

[1]　《庄子·秋水》,(清)郭庆藩辑:《庄子集释》,中华书局 1961 年版,第 577—578 页。

的框架,取得了因循哲学里当时当有的最高成就,这是不容忽视的。其他的"因其所大而大之""因其所小而小之""因其所有而有之""因其所无而无之""因其所非而非之",也是具有相同语言结构的用例。

庄子因循思想在语言哲学上创设的特点,在后来因循思想的演绎实践中,得到了吸收和继承,诸如"且夫物众而智寡,寡不胜众,智不足以遍知物,故因物以治物。下众而上寡,寡不胜众,者言君不足以遍知臣也,故因人以知人。是以形体不劳而事治,智虑不用而奸得"①,其中的"因物以治物"和"因人以知人""随时以举事,因资而立功,用万物之能而获利其上"②,就是庄子对万物如何因循运思在社会整治领域里的运用,其语言形式基本继承了庄子的运思。后来的《吕氏春秋》则在个人和社会两个层面的因循实践上,全部继承了庄子的语言形式,"性者,万物之本也,不可长,不可短,因其固然而然之,此天之数也"③、"因性任物而莫不宜当"④,就是具体的例证。

最后,不得不说的是,在二维动宾语言结构的因循运思中,持有的创新因子是不言自明的。没有因循就无所谓积累,没有选择就无所谓创新;积累和选择缺一不可,两者的完美结合,才能在一个民族的文化力上真正得到体现。在因循思想的长河里,这一倾向虽然在创始人老子那里没有得到确立,但老子"惟道是从""袭常"思想中推重的因循道来行为的运思,实际上从无形道的特性本身来说,无疑给人们创造性的发挥提供了最大的空间,"在道家传统中,'道',就像'建筑'、'学习'、'工作'这些术语一样,既体现过程,也带来成果。它始终是'情境性创造力'得以发生的时空基架"⑤的评价,值得我们深思。我想创新之所以在因循行为的实践中变得真实,就在于因循行为实质上的主观臆想缺失性,没有固定的主观标准,即物而形成具体的标准和方法,正是在这样的实践演绎里,形成了最大的"时空基架",这不仅为维护整体上积淀奔放设置了最好的途径,而且也为个人创造力的发挥提供了最大的空间,这些都是值得我们重视和进一步研究的。

---

① 《韩非子·难三》,陈奇猷校注:《韩非子新校注》,上海古籍出版社2000年版,第914页。
② 《韩非子·喻老》,陈奇猷校注:《韩非子新校注》,上海古籍出版社2000年版,第454页。
③ 《吕氏春秋·不苟论·贵当》,陈奇猷校释:《吕氏春秋新校释》,上海古籍出版社2002年版,第1637页。
④ 《吕氏春秋·审分览·执一》,陈奇猷校释:《吕氏春秋新校释》,上海古籍出版社2002年版,第1144页。
⑤ [美]安乐哲(Roger T. Ames)、郝大维(David L. Hall)著,何金俐译:《道不远人——比较哲学视域中的〈老子〉》,学苑出版社2004年版,第21页。

3. 因循实践需要规避的问题

因循虽然具有创新的基因,但因循与创新的联系并非必然。换言之,因循行为的实行并不必然带来创新的结果。这在前面的分析中已经得到了究明。无论是道家还是法家,重视因循的思想都强调依归道来因循实践的重要性。据此,如何来理解道,就关系到因循实践可能带来的效果。

（1）理性认识的"道"是习以为常的存在

众所周知,老子强调"常道"的重要性,"道可道,非常道。名可名,非常名"（《老子》1章）,就是具体的证明。在我国的老子研究中,对此的理解仍然存在模糊的地方。在"常"的层面,一般而言,它指常则,常则在现实生活中的样态以自然之常、社会之常（包括各项法律制度、道德规范等）和人性之常（个人本性的自然特征）而得以生活的演绎。值得注意的是,自然、社会、人性之常,指的是它们的真正法则、规律;这是客观存在宇宙之中的;人可以对此加以认识,但人对此的认识成果不过是"习以为常",而不是"常"本身,即不是对真正法则、规律的完全把握。人对自然、社会、人性之常的认识,只能获得阶段性的成果,真正的法则永远是人理性认识的对象。换言之,人的理性只能不断地靠近真正法则、规律的大门,无法敲开大门,无法穷尽真正的常则,诸如日本首位诺贝尔奖获得者、理论物理学家汤川秀树对老子"道可道,非常道。名可名,非常名"的解释就是一个例证,即"真正的道——自然法则——不是惯常的道,不是公认的事物秩序。真正的名称——真正的概念——不是惯常的名称,不是公认的名称"①;"惯常""公认"就是人类理性的习以为常,不是自然、社会、人性真正的"常",这是必须明确的。所以,"在伽利略和牛顿于17世纪发现物理学的新'道'之前,亚里士多德物理学就是公认的概念。当牛顿力学建立起来并被认为是正确的'道'的时候,牛顿力学就又成为唯一一得到公认的概念了。20世纪物理学是从超越'惯常的道'并发现新的'道'开始的"②;这一解释无疑是非常形象而精彩的。

显然,人类在对自然等法则的探索和求问中,不断更新着"惯常""公认"的内容,这是人类理性的价值所在,这一更新无疑是对原有"惯常""公认"的打破和超越,是一种破旧立新,正是在这种破旧立新的人类文明的探

① ［日］汤川秀树著,周林东译:《创造力与直觉:一个物理学家对于东西方的考察》,河北科学技术出版社2000年版,第57—58页。

② ［日］汤川秀树著,周林东译:《创造力与直觉:一个物理学家对于东西方的考察》,河北科学技术出版社2000年版,第58页。

索实践中,人类谱写着"袭常"之常的常新不旧的赞歌,这是人类理性的价值和人之所以为人的本质所在。总之,真正的常是宇宙的法则,人类理性之常是习以为常,只是对宇宙法则的阶段性的认识和把握,人类理性无法真正抵达宇宙法则的港湾,只能接近;在时间的维度上,自然、社会、人性之常对人而言永远处在动态的翻新中,永远是告别昨天的陈旧而迎接明天崭新的过程。因此,人类必须对宇宙真正的常持存敬畏之心,不能以自己的习以为常而忘却真正的"常道"。

（2）对"守旧"的超越

众所周知,中国哲学里的因循,在研究中始终没有受到应有的重视,这一现实的出现,是我们民族思维的定式所致。毋庸讳言,在我国文化氛围里,因循总是跟"守旧"相联系的,带有一定的贬义性,这源于《辞源》《辞海》的释义。《辞源》解释《史记·太史公自序》"其术以虚无为本,以因循为用"为"守旧法而不加变更";《辞海》解释《汉书·循吏传序》"光（霍光）因循守职,无所改作"为"沿袭,照旧不改"。都包含"守旧""照旧"和"不加变更""不改"两个方面。就文本来看,似乎很难与"旧"相连;前者的解释根本与原文毫无必然联系,即使是后者,"无所改作"也根本得不出"照旧不改"的解释,只是说明没有"改作"的理由;在政治生活领域,"因循守职"对稳定社会秩序又是何等的重要! 这种解释无端地设定了"新"与"旧"的对置、贬"旧"扬"新"的人为前提,缺乏科学的依据。因此,长期以来,不分具体的诸如家庭、社会、职业等不同的生活领域（相同的人在不同的领域具有不同的角色要求）,一概否定因循行为的价值,过分强调灵活机动,这一事实对社会生活领域的影响尤为重大。

当然,一个不可否认的事实是,在因循思想的长河中,不是完全没有"旧"的介入,这就是"百里之地,其等位爵服,足以容天下之贤士矣;其官职事业,足以容天下之能士矣;循其旧法,择其善者而明用之,足以顺服好利之人矣"[1]告诉我们的事实。这里的"旧法"指的是既定的法度;荀子的时代,虽然处在大变动之中,但法度也不是说变就变,况且荀子强调的也是"择其善者而明用之",选择其中有益的部分来加以运用,这样带来的效果是能够使好利之人顺服;所以,这里的"旧"没有贬损的意思;而且在新的没有登台之前,它仍然是"旧之新"。这是必须注意的。

---

① 《荀子·王霸》,（清末民初）王先谦著:《荀子集解》,中华书局 1988 年版,第 214—215 页。

众所周知，《淮南子》也非常强调因循，诸如"循天者，与道游者也"①、"循道理之数，因天地之自然，则六合不足均也。是故禹之决渎也，因水以为师；神农之播谷也，因苗以为教"②，以及"是故圣人守清道而抱雌节，因循应变，常后而不先"③，这里既有对因循对象"天""天地之自然""道理"等的揭示，也有因循本质特征"应变"和"常后而不先"即处后的总结，这些显然与先秦道家的因循主旨保持着一致性；就"旧"而言，明确提出"苟利于民，不必法古；苟周于事，不必循旧"④，遵循原有的规则不是不可变的，只要能利益民众、助成事务，就"不必循旧"。

因此，即使在明确地使用"旧"的文献中，也不能得出"守旧""照旧"的主观结论，这是我们必须注意的；同时这正是我们在审察因循这一文化因子的效用时，必须加以主观克服的臆想成见。

（3）因循必须审时势

因循行为的第一要素是外在他者，自己始终只具有第二位的意义。尽管这是因循行为得以成立的前提，但一旦因循行为得到施行，或者说因循行为施行的程度，都取决于行为主体的人自身。人是有情感的存在体，这是古代中国思想家的共识之一；在这个意义上，人的情感无疑会成为影响因循行为实现本身价值的因素。在另一层面，正如荀子所言，"性者，天之就也；情者，性之质也；欲者，情之应也。以所欲为可得而求之，情之所必不免也"⑤；情、欲是紧密联系。所以，在一定意义上，也可以说，人的欲望直接关系到因循这一文化因子发挥效应的程度，"人事皆然；事随心，心随欲。欲无度者，其心无度。心无度者，则其所为不可知矣"⑥；在这个意义上，就存在一个如何对待欲望的问题。具体而言，一方面需要尊重客观规律，这是"适欲"的方面，"凡生之长也，顺之也，使生不顺者欲也。故圣人必先适欲"⑦，说的就

①　《淮南子·原道》，刘文典撰，冯逸、乔华点校：《淮南鸿烈集解》，中华书局1989年版，第20页。

②　《淮南子·原道》，刘文典撰，冯逸、乔华点校：《淮南鸿烈集解》，中华书局1989年版，第15—16页。

③　《淮南子·原道》，刘文典撰，冯逸、乔华点校：《淮南鸿烈集解》，中华书局1989年版，第27页。

④　《淮南子·氾论》，刘文典撰，冯逸、乔华点校：《淮南鸿烈集解》，中华书局1989年版，第427页。

⑤　《荀子·正名》，（清末民初）王先谦著：《荀子集解》，中华书局1988年版，第428页。

⑥　《吕氏春秋·恃君览·观表》，陈奇猷校释：《吕氏春秋新校释》，上海古籍出版社2002年版，第1422页。

⑦　《吕氏春秋·孟春纪·重己》，陈奇猷校释：《吕氏春秋新校释》，上海古籍出版社2002年版，第35页。

是这个意思；这是发挥万物、个人潜在力量的关键；这是因循行为主体对待他者欲望的应对之方。另一方面，在对待自己欲望的方面，也要坚持"正"的原则，"欲不正，以治身则夭，以治国则亡。故古之圣王，审顺其天而以行欲，则民无不令矣，功无不立矣"①，说的就是这个意思。

正欲不是一个空洞口号，其内容就是"时势"。因循的对象主要是自然之常、社会之常和人性之常。但是，这些常不是孤立的存在物，它们必须在一定的环境中才能产生意义。所以，不能简单机械地因循常则而不顾具体的时势，"因可势，求易道，故用力寡而功名立"②，就非常重要；"因可势"中包含的对情势的价值判断的运思，以及实功的考量，这就不是一个简单的因循。

与"势"相联系的是"时"。客观的事实告诉我们，人类文明是通过法度来推进的。可是，一个不可否认的事实是，由于人类理性无法穷尽对常则的认识，而且认识的成果需要长时间的实践努力。换言之，人的认识具有滞后性，所以，底线是法度必须适时而变，即"故治国无法则乱，守法而弗变则悖，悖乱不可以持国。世易时移，变法宜矣……故凡举事必循法以动，变法者因时而化，若此论则无过务矣"③。但如果不加以变化则势必产生悖乱。因此，"因时变法"是君主的一个重要职责，即"因时变法者，贤主也"。④

显然，在正欲的事务上，如果能够切实处理好"因可势"和"因时而化"，那就能够规避因机械因循带来的不利后果。在最终的意义上，因循是人发出的行为，人是主体，人必须把客观性置于第一位，对人类自己的理性存在无法避免的缺陷有自觉的认识，处处对客观性持敬畏的心态，这样就能堵塞臆想的因循具有"守旧"陈式发生作用的任何机会，为人类文化的有效积淀培育最佳的文化因子。

三、因循的心理机制

因循的原点在道家，这里讨论心理机制的问题，自然无法离开道家思想

---

① 《吕氏春秋·离俗览·为欲》，陈奇猷校释：《吕氏春秋新校释》，上海古籍出版社 2002 年版，第 1303 页。

② 《韩非子·观行》，陈奇猷校注：《韩非子新校注》，上海古籍出版社 2000 年版，第 522 页。

③ 《吕氏春秋·慎大览·察今》，陈奇猷校释：《吕氏春秋新校释》，上海古籍出版社 2002 年版，第 945 页。

④ 《吕氏春秋·慎大览·察今》，陈奇猷校释：《吕氏春秋新校释》，上海古籍出版社 2002 年版，第 945 页。

的审视。众所周知,英国科学家李约瑟早在 20 世纪 50 年代时,就把道家称为神秘主义,我想之所以为神秘主义,关键在道家接近人类和宇宙的方法不仅在中国先秦百家争鸣的时代持有独特的色彩,而且西方人也感到分外夺目。作为一种思想,道家的运思也受到西方心理学家的重视,马斯洛的认识具有一定的代表性,即"干涉科学与科学本身不是同义词;其他战术也是可能的,科学家有其他可获得的方法和其他的认知途径。有一种我想在此描述的方法,道家的接近究明万物本性的方法。我必须再次强调,对积极的科学,它不是作为一种专用的方法或一种万全之策,或者一个对手。就一个可以获得两种方法的好的科学家而言,两种方法中的任何一种,在他认为适合时他都能够运用,这比仅持有供他支配的一种方法的好的科学家会更有力"①,强调了道家方法对科学的重要性。

1. 接受的心理

在行为学的意义上,因循是相互关系中的行为,离开相互关系就没有因循的对象,自然也无所谓因循。因循是行为主体因循外在客体而发的行为,客体的特性是因循行为的主要依据。在心理学的意义上,主体对客体的因循,无疑是以主体对客体的认可为前提的,认可又是以尊重和敬畏的心理为基础的,离开敬畏的因循,只是为一时的外在因素而影响的短暂行为,不是真正意义上的因循。尊重和敬畏的心理正是一种接受的态度,接受外在的他者,与给予的态度正好相反;给予是从主体自身的需要出发的行为,而缺乏对自己给予的东西是否切合外在他者的需要这一根本性要素的考虑。道家这一特点与儒家思想正好相反,"儒家和法家的复杂思想形态是阳性的,有为的,僵硬的,控制的,侵略的,理性的,给予的。道家激烈而彻底地打破这种思想,他们强调阴柔的,宽恕的,忍让的,曲成的,退守的,神秘的,接受的态度"②,当是精辟的总结。

接受的态度源于对他者的敬畏,枢机是他人优位,处下、不争、不敢为都包含着对他者的尊重和敬畏,构成因循最深在的心理基础,使因循最终成为可能。

2. 虚静的心境

接受的态度与处下、不争等行为之方存在内在联系是不言而喻的事实,

---

① Abraham H. Maslow: *The Psychology of Science: A Reconnaissance*. Gateway Editions, Led. South Bend Indiana, 1966:65.

② Joseph Needham: *Science and Civilization in China Volume 2: History of Scientific Thought*. The Syndics of The Cambridge University Press, London 1956:59.

它们都是同一层面上的不同的样态。可是,我们不得不追问的是,在更为深在的层次上,它们又依归何物呢? 回答是虚静。换言之,真正的处下、不争必须有虚静的心态来支持。我认为这绝对不是偶然的猜测,而是必然的结论,虚静也正是道家最为重要的认识世界的方法之一,马斯洛说:"命令一个人去采取接受的、或道家的、或屈服的行为,就是告诉一个紧张的人,他必须放松,他虽想放松,但只是苦于不知如何去做。宁静、镇定、沉着、不为、平和、放松——可能这些词会更好地表达我的意思,虽然它们并非完全正确。在任何情况下,它们持有的有关对恐惧、紧张、愤怒、急躁的暗示,是乐于接受和不干涉的敌人,这表明人必定能够尊重他正在研究和学习的东西,人一定能够让其面对的对象成为它自己、遵从它,甚至赞同它即将成为的样子,并在审视它本有的样子中感到一种奖赏乃至快乐,展示其自身内在的本性,不干扰和不改变而依据观察者的本性特征。"①这里就提到了"宁静",这的确把握住了道家思想的本质。

在推重因循的思想家那里,视虚静为天地自然之道,"虚静无为,道之情也"②、"静胜热,清静为天下正"(《老子》45 章)、"天曰虚,地曰静,乃不伐"③,就是具体的说明。正是在这个认识前提下,他们认为人类社会的治理就在于依据天地的虚静之道来进行,"致虚极,守静笃,万物并作,吾以观复。夫物芸芸,各复归其根。归根曰静,是谓复命。复命曰常,知常曰明,不知常,妄作凶。知常容,容乃公,公乃王,王乃天,天乃道,道乃久"(《老子》16 章)、"纷乎其若乱,静之而自治"④、"故圣人云,我无为而民自化,我好静而民自正,我无事而民自富,我无欲而民自朴"(《老子》57 章),都是具体的例证。换言之,依据虚静之道来进行社会治理也就是依据客观实际来进行治理,不主观有意妄为,用老子的话说就是"以无事取天下"(《老子》57 章),因为,"动则失位,静乃自得"⑤。具体而言,主要包括以下几个方面的内容:

(1)"静因之道"

在学理的层面,因循是宇宙关系中的话题,离开关系就无所谓因循;在宽泛的意义上,我们可以称这种关系为社会关系。在一般的意义上,社会中

①　Abraham H. Maslow:*The Psychology of Science:A Reconnaissance*. Gateway Editions, Led. South Bend Indiana,1966:95.

②　《韩非·扬权》,陈奇猷校注:《韩非子新校注》,上海古籍出版社 2000 年版,第 156 页。

③　《管子·心术上》,(清)黎翔凤撰:《管子校注》,中华书局 2004 年版,第 764 页。

④　《管子·心术上》,(清)黎翔凤撰:《管子校注》,中华书局 2004 年版,第 764 页。

⑤　《管子·心术上》,(清)黎翔凤撰:《管子校注》,中华书局 2004 年版,第 758 页。

存在管理者和被管理者,尤其是在现代社会这种关系落实到具体的人际层面来切入话题的话,其对象就永远是一个变动的存在。在这个意义上,对象只具有符号的意义,内容是随着现实的变化而变化的,管理者不可能永远是管理者,被管理者也不可能永远是被管理者。管理者和被管理者的称谓是现代的产物,古代是君主和民众,尽管在时代的长河里,君主和民众也仅具有符号的意义,但民众是无法变为君主的。因此在古代,因循就变成了君主治理社会之道。在具体的治理实践中,治理者本身的虚静非常重要,"圣人执一以静,使名自命,令事自定,不见其采,不故素正。因而任之,使自事之。因而予之,彼将自举之。正与处之,使皆自定之……圣人之道,去智与巧……虚以静后,未尝用已"①、"是以明君守始以知万物之源,治纪以知善败之端。故虚静以待令,令名自命出也,令事自定也。虚则知实之情,静则知动者正"②、"故有道之主,因而不为,责而不诏,去想去意,静虚以待"③,就是具体的说明。对统治者而言,虚静就是"去智与巧""未尝用已""去想去意",因循万物而让万物实现"自命""自定""自事""自举""自定"。

以上这种情况,在管子那里就是"是故有道之君,其处也若无知,其应物也若偶之,静因之道也"④,与万物相处好像"无知"一样,与万物相应仿佛木偶一样,外在的万物完全处在主要的位置上,这就是静因之道;换言之,因循就是虚静。

（2）心静

虚静的行为源自虚静的心境,这是一种本质上的静,不是为了静而静,庄子的表达最为典型:

> 天道运而无所积,故万物成;帝道运而无所积,故天下归;圣道运而无所积,故海内服。明于天,通于圣,六通四辟于帝王之德者,其自为也,昧然无不静者矣。圣人之静也,非曰静也善,故静也;万物无足以铙心者,故静也。水静则明烛须眉,平中准,大匠取法焉。水静犹明,而况精神! 圣人之心静乎! 天地之鉴也,万物之镜也。夫虚静恬淡寂漠无为者,天地之平而道德之至也……静则无为,无为也则任事者责矣……

---

① 《韩非子·扬权》,陈奇猷校注:《韩非子新校注》,上海古籍出版社2000年版,第145页
② 《韩非子·主道》,陈奇猷校注:《韩非子新校注》,上海古籍出版社2000年版,第67页。
③ 《吕氏春秋·审分览·知度》,陈奇猷校释:《吕氏春秋新校释》,上海古籍出版社2002年版,第457页。
④ 《管子·心术上》,(清)黎翔凤撰:《管子校注》,中华书局2004年版,第765页。

> 夫虚静恬淡寂漠无为者,万物之本也。①

心静是"故静","故"是原来的意思。万物无法打扰其心,就是"故静"的状态,"铙"通"扰"。"故静"是一种本有的无为状态,这为万物按自己本性能动自为创设了最好的条件。

人生活具体的社会里,现实各种名利等无时不在侵袭着人,圣人对外在的万物不动心,这与他对道的认识和修炼分不开,"故静"就是要调适好外在各种利欲的纷扰,从而保持心正的状态,"贵富显严名利六者,悖意者也。容动色理气意六者,缪心者也。恶欲喜怒哀乐六者,累德者也。智能去就取舍六者,塞道者也。此四六者不荡乎胸中则正。正则静,静则清明,清明则虚,虚则无为而无不为也"②,就是具体的说明;这里直接把虚静作为"无为而无不为"的前提,"无为"指的是因循行为主体的情况,"无不为"是行为客体所取得的实际效果。其实,达到"故静"也就是对道体得的过程,"得道者必静,静者无知。知乃无知,可以言君道也……天之大静,既静而又宁,可以为天下正"③,就是最好的总结。

(3)"因则静"

上面提到管子的"静因之道",这在后来因循思想的发展中,直接把因循作为走向虚静的前提或途径,这一思想倾向与君主无为而臣下有为相一致,虚静作为社会整治中因循实践的前提条件,是君主或圣人必备的素质,所以圣人通过修炼而达到心静显得特别重要,而《吕氏春秋》直接把因循作为走向虚静的条件,这在推重因循在社会整治中的重要性的同时,也彰显了君主无为而臣下有为在社会层面价值真正实现的意向,下面的资料就是说明:

> 古之王者,其所为少,其所因多。因者,君术也。为者,臣道也。为则扰矣,因则静矣。因冬为寒,因夏为暑,君奚事哉! 故曰:君道无知无为,而贤于有知有为,则得之矣。④

---

① 《庄子·天道》,(清)郭庆藩辑:《庄子集释》,中华书局 1961 年版,第 457 页。

② 《吕氏春秋·似顺论·有度》,陈奇猷校释:《吕氏春秋新校释》,上海古籍出版社 2002 年版,第 666 页。

③ 《吕氏春秋·审分览·君守》,陈奇猷校释:《吕氏春秋新校释》,上海古籍出版社 2002 年版,第 1059 页。

④ 《吕氏春秋·审分览·任数》,陈奇猷校释:《吕氏春秋新校释》,上海古籍出版社 2002 年版,第 447 页。

对君主而言,因循就是虚静;反言之,能保持虚静的状态,就为因循行为的实施准备了个体的前提条件;同时,这为臣下的有为创造了最佳的氛围,在功效上能实现最好的获得。

另一方面,"因则静"也包含以下的意思:因循而行的话,万物各自获得按照自身本性而运行发展的最佳外在条件。在联系的视野上,各自都相安无事而获得价值实现,在社会的层面根本没有纷扰的情况,显示一派宁静的风景。换言之,君主的因循行为,可以带来宁静的社会氛围。这种宁静的氛围无疑为个人宁静心境的获取创设了最为现实的条件。

总之,因循的心理机制在接受性,接受的态度在虚静的心态,主观的虚静必然带来客观的宁静,这在本质上是一种不干扰万物的态度,给万物营造依归自身本性而运行的最佳途径,即"在任何情况下,你在保持万物本有的状态、在世界和万物的纯具象状态,或者授予它们具体的性质,能做什么呢?当然,你不为这些所惊恐(正如许多人一样)吗?仅有一件事情你能做,就是当你处在被动接受的状态时和准备接受时,根本不知道它,沉思它,细细品味它,惊叹于它,着迷于它,有希望地欣赏它,去做的事情就是不做任何有为的事情"①。

四、因循的形下图画

前面分析的虽然是先秦的因循思想,但在时间的长河里,因循思想的前后发展仍然存在一定的差异,尽力勾勒这些差异既是还因循思想以原貌的需要,也是深化其研究之必需。对此,以下主要通过两个视角来加以反映。

1. 从道治理由内向外的转向

众所周知,《史记·论六家之要指》里的"以虚无为本,以因循为用"这一对道家思想的总结,实际上侧重在黄老道家。换言之,这一总结是史学大师司马谈眼中审察的结果,他本身就生活在黄老道家思想十分活跃的时代,无疑与道家思想存在着紧密的联系,但不等于道家思想特色的全部,两者存在着客观的区别;也可以说这种区别和差异就是前后期之间的差异。

因循思想的创始人老子,强调"孔德之容,惟道是从"(《老子》21章),推重"袭常",而道的特征是"莫之命而常自然"(《老子》51章),自然无为是

---

① Abraham H. Maslow: *The Psychology of Science: A Reconnaissance*. Gateway Editions, Led. South Bend Indiana, 1966:98-99。

道的本质特征之一,这就是道之常即常道;这种常道是无法加以表述和言说的,即"道可道,非常道"(《老子》1 章)。在老子的心目中,人的理性具有蔑视外在客观性的隐形的弊端①,设置不可表述的道,就是给人树立一座必须肃然起敬的丰碑,给人类理性附设上必须崇敬外在客观公平的道的因子,以避免人类朝自己理性一味发展而走向狭隘边缘,把一切结论置放在自身理性的结论之上;没有给外在客观的必然性留有足够的余地,正是在这样的前提下,老子推重因循常道,告诫人类必须依归自然来设计自己的生活,这是人类乐园的基础。所以,老子勾勒的是开放的宇宙世界,他的无形、无名等组成的"无形式"就是其思想宗旨诉诸的形式之一,科学家汤川秀树的总结非常经典:"伊壁鸠鲁自始至终坚持区分存在和非存在,而老子和庄子则是从存在和非存在的区分还不存在的地方出发的。他们相信,'浑沌'比有形物体更加基本。他们相信,达到心神宁静的方式不是把存在物看成继续照此存在下去,而是把所有的存在物看成或迟或早要回到非存在中去。"②"非存在"就是一种无形的存在。

　　老子强调因循道,虽然涉及的领域比较广,诸如"事无事,味无味"(《老子》63 章)、"为无为,则无不治"(《老子》3 章),都是具体的说明。虽然这里也有社会治理方面的内容,诸如"道常无为,而无不为,侯王若能守之,万物将自化"(《老子》37 章)里有"侯王",强调侯王如果能够持守道而自然无为,万物就会得到自然的发展。尽管在思想实质上与其强调的"惟道是从"相一致,但在这里的具体文献里,毕竟没有出现含有因循意思的字样。可以说,因循思想的早期样态,主要是在宽泛的层面而展开的,没有聚焦在社会治理的领域,这在后来的庄子那里也是这样,侧重对于万物个体本性因循重要性的强调,这是必须注意的。

---

　　① 参见"特别说来,老子的哲学在所有这些哲学中是最古老的。在人类社会漫长的历史——也许应该广泛地说是在人类的漫长历史中,地球上许多不同地区曾经产生过各种文明,但又都衰亡了,而且我不由得感到,早在两千多年前,老子就已经预见到了今天人类文明的状况,甚至已经预见到了未来人类文明所将达到的状况。或者这样说也许更为正确:老子当时就已发现了一种形势,这种形势虽然表面上完全不同于今天人类所面临的形势,但事实上二者却是很相似的。可能正是这个原因,他才写了《老子》这部奇特的书。不管怎么说,使人感到惊讶的总是,生活在科学文明发展以前某一时代,老子怎么会向从近代开始的科学文化提出那样严厉的指控。"([日]汤川秀树著,周林东译:《创造力与直觉:一个物理学家对于东西方的考察》,河北科学技术出版社 2000 年版,第99—100 页)
　　② [日]汤川秀树著,周林东译:《创造力与直觉:一个物理学家对于东西方的考察》,河北科学技术出版社 2000 年版,第 84—85 页。

2. 君主无为而臣下有为

众所周知,庄子对君臣有一定的认识,"以道观言而天下之君正,以道观分而君臣之义明,以道观能而天下之官治,以道泛观而万物之应备"①,就是例证;不仅如此,而且在社会治理的层面,也有对君臣产生问题的思考,即"其臣妾不足以相治乎? 其递相为君臣乎"②。但庄子的因循思想也仍依归在老子思想的轨道得到事实上的演绎。这是首先必须注意的。

因循思想的发展,很快在社会整治的领域得到聚焦,君道、臣道等概念也随之占有自己的位置,诸如《管子》《慎子》里"君臣之道"的用例各有 1 次;《管子》里出现"臣道"3 次、"臣术"2 次、"君道"7 次、"君之道"1 次、"主道"7 次,专门有《君臣》篇;《韩非子》里约出现"君道"3 次、"明君之道"3 次、"君之道"1 次、"主道"6 次,专门有《主道》篇,虽没有"臣道"的使用,但"群臣"约出现 103 次、"君臣"约有 25 个,《八奸》就是讨论"人臣之所道成奸者"的"八术"的;《鹖冠子》里"主道"2 个、"君道"1 个、臣术 1 个;《吕氏春秋》里出现"君道"16 次、"臣道"1 次。

(1)君臣之道相异

君臣之道有着不同的规定,"明君如身,臣如手;君若号,臣若响;君设其本,臣操其末;君治其要,臣行其详;君操其柄,臣事其常"③说明,君主宛如号角,臣下则是号角发出的响声;君主是主要的,"设其本""治其要""操其柄"就是具体说明;臣下是次要的,"操其末""行其详""事其常"就是具体的细节,这里的"常"是日常事务的意思,不是根本的意思。在社会治理的角度,君主持有生杀大权,臣下的地位是非常卑微的,"人主者,擅生杀,处威势,操令行禁止之柄,以御其群臣,此主道也。人臣者,处卑贱,奉主令,守本任,治分职,此臣道也"④就是具体说明。社会治理的枢机在君臣之道的分际要分明,君主履行君主的职责,臣下履行臣下的责任,这是为法度所明确规定好的。对君主而言,"君道,度法而已矣"⑤,历史的经验证明,"先王之治国也,不淫意于法之外,不为惠于法之内也。动无非法者,所以禁过

---

① 《庄子·天地》,(清)郭庆藩辑:《庄子集释》,中华书局 1961 年版,第 404 页。
② 《庄子·齐物论》,(清)郭庆藩辑:《庄子集释》,中华书局 1961 年版,第 56 页。
③ 《申子·大体》,《太平御览》卷三百九十《人事部三一·言语》,(宋)李昉等撰:《太平御览》,中华书局 1960 年版。
④ 《管子·明法解》,(清)黎翔凤撰:《管子校注》,中华书局 2004 年版,第 1208 页。
⑤ 《管子·山权数》,(清)黎翔凤撰:《管子校注》,中华书局 2004 年版,第 1314 页。

而外私也"①。

君臣之道不分明的话,社会势必走向混乱,即"君臣共道则乱"②,因此,"所谓治国者,主道明也;所谓乱国者,臣术胜也"③。

(2)"因者,君术也;为者,臣道也"

君臣之道可以概括为"因"和"为",即"古之王者,其所为少,其所因多。因者,君术也。为者,臣道也。为则扰矣,因则静矣。因冬为寒,因夏为暑,君奚事哉! 故曰君道无知无为,而贤于有知有为,则得之矣"④,事实证明,就君主而言,"无知无为"之道要比"有知有为"优越,是实现实功治理的保障。这里必须注意的是,因循称为君术,"术"的本义是城邑中的道路,《广雅》的解释是"术,道也";显然,把因循直接称为君主之道。

首先,因循的内涵是"因任而授官"。对社会治理而言,各种职分得到落实最为关键,"明主者,有术数而不可得欺也,审于法禁而不可犯也,察于分职而不可乱也。故群臣不敢行其私,贵臣不得蔽贱,近者不得塞远,孤寡老弱不失其所职,竟内明辨而不相逾越。此之谓治国"⑤;国家的治理实际就是职分的功能有条不紊地演绎并得以落实。作为"术"的因循与法是不同的,"术者,因任而授官,循名而责实,操杀生之柄,课群臣之能者也……法者,宪令着于官府,刑罚必于民心,赏存乎慎法,而罚加乎奸令者也……此不可一无,皆帝王之具也"⑥;君主之道是"因任而授官,循名而责实",任用臣下并对他们的职责进行检查,是专门"课群臣之能"的。

其次,选贤论材。要"因任而授官",就必须选择人才;要选择人才,必须知人,即"君道知人,臣术知事"⑦,"是以为人君者,坐万物之原,而官诸生之职者也。选贤论材而待之以法。举而得其人,坐而收其福,不可胜收也……是以明君审知胜任之臣者也"⑧,都是具体的说明。选拔人才并非主观臆想,而必须"待之以法"。

再次,君主无为而"能使众为"。君主的因循实际是因循人的才能来把

　①　《管子·明法》,(清)黎翔凤撰:《管子校注》,中华书局 2004 年版,第 914 页。

　②　《管子·明法》,(清)黎翔凤撰:《管子校注》,中华书局 2004 年版,第 914 页。

　③　《管子·明法》,(清)黎翔凤撰:《管子校注》,中华书局 2004 年版,第 913 页。

　④　《吕氏春秋·审分览·任数》,陈奇猷校释:《吕氏春秋新校释》,上海古籍出版社 2002 年版,第 1075—1076 页。

　⑤　《管子·明法解》,(清)黎翔凤撰:《管子校注》,中华书局 2004 年版,第 1207 页。

　⑥　《韩非子·定法》,陈奇猷校注:《韩非子新校注》,上海古籍出版社 2000 年版,第 957—958 页。

　⑦　《鹖冠子·道端》,黄怀信撰:《鹖冠子汇校集注》,中华书局 2004 年版,第 100 页。

　⑧　《管子·君臣上》,(清)黎翔凤撰:《管子校注》,中华书局 2004 年版,第 554 页。

他们用到适宜的位置上,是通过臣下来完成具体的社会管理的事务,而不是自己亲自做;现实生活中的事务必须为,不然,人的实际生活无法为继。因循对事务的完成做了宏观上的规定,以下的资料都说明这个问题:

> 夫君也者,处虚服素而无智,故能使众智也;能反无能,故能使众能也;能执无为,故能使众为也。无智无能无为,此君之所执也。①
> 君也者,以无当为当,以无得为得者也。当与得不在于君,而在于臣。故善为君者无识,其次无事。有识则有不备矣,有事则有不恢矣。②

君主自己处在虚静的状态,不用自己的智慧,依归无能即不勉强使用自己的才能;坚持无为的原则,但并非什么都不做,而是"能使众智""能使众能""能使众为";对君主而言,"无当"就是"当","无得"就是"得","当"与"得"不在君而在臣;这就是无识、无事之必然,是君主的"所执"。

在语言形式上,"能使众为"已经接近于臣下有为,这也就是上面提到的"君道知人,臣术知事","知事"就是知道如何完成具体的事务。

最后,"袭常"的新解。老子强调"袭常"的"常",其内涵就是常道即外在的规律。但是,在因循思想的演绎中,"常"也被赋予了全新的内容,即

> 故有智而不以虑,使万物知其处;有行而不以贤,观臣下之所因;有勇而不以怒,使群臣尽其武。是故去智而有明,去贤而有功,去勇而有强。群臣守职,百官有常,因能而使之,是谓习常……明君之道,使智者尽其虑,而君因以断事,故君不穷尽智;贤者效其材,君因而任之,故君不穷于能;有功则君有其贤,有过则臣任其罪,故君不穷于名。是故不贤而为贤者师,不智而为智者正。臣有其劳,君有其成功。此之谓贤主之经也。③

实际上,"群臣守职,百官有常,因能而使之"就是"习常"的具体内容,这是一幅使智者尽虑、能者尽能的图画;在价值考量的天平上,是君主有功而臣

---

① 《吕氏春秋·似顺论·分职》,陈奇猷校释:《吕氏春秋新校释》,上海古籍出版社2002年版,第1666页。
② 《吕氏春秋·审分览·君守》,陈奇猷校释:《吕氏春秋新校释》,上海古籍出版社2002年版,第1060页。
③ 《韩非子·主道》,陈奇猷校注:《韩非子新校注》,上海古籍出版社2000年版,第66—67页。

下有劳。换言之，"有功则君有其贤""有过则臣任其罪"。

通过上面的分析，可以清晰地看到，老子推重"惟道是从""袭常"，是与道持有"无为而无不为"的特质分不开的。在老子的时点，无为而无不为主要侧重在一般层面的抽象理证，其因循虽然涉及一切领域，包括社会治理领域的"为无为，则无不治"（《老子》3 章），但围绕因循的具体设想，仍有侧重在学理认识层面的特点，而缺乏经验领域的实际对接和对策的考虑，这个后来在社会治理中得到对接和活用的全新解释。老子"袭常"的"常"也有原来的宇宙之常，变成了因任、循名而责实之常。因循思想不仅占据了社会治理的领域，而且通过"能执无为，故能使众为"的思想和语言形成，构筑了通向后来黄老道家的君主无为而臣下有为的桥梁；或者说形成了君无为而臣有为的原初样态，完成了因循形上学理特色向经验形下活用的根本性转化，使因循思想的发展达到了最高的成就。

总之，因循是共通于道、法家之间的共识，这种共识的形成不是偶然的现象，而是为道、法家共同重视人以外的他者即道、法所决定，"因道全法"①可谓最好的解释，这一特点明显区别于儒家重视人内在善性的情况。但儒家思想一统的现实导致因循这一整个哲学本有的概念长期被无视，至今的《辞源》《辞海》的"守旧""照旧"和"不加变更""不改"的臆想价值定位，显然缺乏科学的依据，因为正如在前面的讨论中已经明了的那样，因循还有因革、因任的内容，它们与革新具有紧密的内在联系。因此，聚焦因循这一整个哲学本有的概念，科学厘定其本有意义，对深入和完善中国哲学研究本身、对营筑完整的中国哲学图像以及展示中国古代文化的魅力具有积极价值。

---

① 《韩非子·大体》，陈奇猷校注：《韩非子新校注》，上海古籍出版社 2000 年版，第 555 页。

主要参考文献

一、中 文 著 作

1. (唐)魏徵等撰:《群书治要》,清道光 27 年〔1847〕山西灵石杨氏刻运筹簃丛书四十七卷本。

2. 陈烈著:《法家政治哲学》,华通书局 1929 年版。

3. 谢无量:《韩非》,中华书局 1932 年版。

4. 陈启天:《中国法家概论》,中华书局 1936 年版。

5. 张心澂编著:《伪书通考》,商务印书馆 1939 年版。

6. (清)皮锡瑞:《经学通论》,中华书局 1954 年版。

7. (周)慎到撰,钱熙祚校:《慎子》,中华书局 1954 年版。

8. (清)戴望:《管子校正》,中华书局 1954 年版。

9. (清)王先慎:《韩非子集解》,中华书局 1954 年版。

10. 孙诒让:《墨子闲诂》,中华书局 1954 年版。

11. (东汉)高诱注:《吕氏春秋注》,中华书局 1954 年版。

12. 钱熙祚校:《尹文子》,中华书局 1954 年版。

13. 严万里校:《商君书》,中华书局 1954 年版。

14. (汉)王充:《论衡》,中华书局 1954 年版。

15. 侯外庐等:《中国思想通史》,人民出版社 1957 年版。

16. (宋)李昉等撰:《太平御览》,中华书局 1960 年版。

17. (清)郭庆藩辑:《庄子集释》,中华书局 1961 年版。

18. (汉)班固撰:《汉书》,中华书局 1962 年版。

19. (宋)范晔撰:《后汉书》,中华书局 1965 年版。

20. (唐)欧阳询撰,汪绍楹校:《艺文类聚》,上海古籍出版社 1965 年版。

21. 高亨注译:《商君书注译》,中华书局 1974 年版。

22. (清)魏源:《老子本义》,《魏源集》(上册),中华书局 1976 年版。

23. 北京大学《荀子》注释组:《荀子新注》,中华书局 1979 年版。

24. (宋)王安石著,容肇祖辑:《王安石老子注辑本》,中华书局 1979 年版。

25. 杨伯峻撰:《列子集释》,中华书局 1979 年版。

26. (魏)王弼著,楼宇烈校释:《王弼集校释》,中华书局 1980 年版。

27. (清)阮元校刻:《十三经注疏》,中华书局 1980 年版。

28. (魏)何晏著,(清)阮元校刻:《论语集解》,《十三经注疏》,中华书局 1980 年版。

29. 杨伯峻译注:《论语译注》,中华书局 1980 年版。

30.(清)段玉裁注:《说文解字注》,上海古籍出版社 1981 年版。

31. 张岱年:《中国哲学史史料学》,生活·读书·新知三联书店 1982 年版。

32. 张岱年:《中国哲学大纲》,中国社会科学出版社 1982 年版。

33.(唐)欧阳询等辑:《艺文类聚》,上海古籍出版社 1982 年排印本。

34.(汉)司马迁撰:《史记》,中华书局 1982 年版。

35. 梁启雄:《荀子简释》,中华书局 1983 年版。

36. 陈鼓应注译:《庄子今注今译》,中华书局 1983 年版。

37. 黄公伟:《法家哲学体系指归》,台湾商务印书馆 1983 年版。

38. 吴光:《黄老之学通论》,浙江人民出版社 1985 年版。

39. 李泽厚:《中国古代思想史论》,人民出版社 1986 年版。

40. 蒋礼鸿撰:《商君书锥指》,中华书局 1986 年版。

41.《二十五史》,上海古籍出版社、上海书店 1986 年版。

42. 牟钟鉴:《〈吕氏春秋〉与〈淮南子〉思想研究》,齐鲁书社 1987 年版。

43.(清)焦循撰:《孟子正义》,中华书局 1987 年版。

44. 张立文:《中国哲学范畴发展史》(天道篇),中国人民大学出版社 1988 年版。

45. 刘笑敢:《庄子哲学及其演变》,中国社会科学出版社 1988 年版。

46. 王先谦:《荀子集解》,中华书局 1988 年版。

47. 刘文典撰:《淮南鸿烈集解》,中华书局 1989 年版。

48. 张岱年著:《中国古典哲学概念范畴要论》,中国社会科学出版社 1989 年版。

49. 黄晖撰:《论衡校释》,中华书局 1990 年版。

50.[英]李约瑟著,陈立夫等译:《中国古代科学思想史》,江西人民出版社 1990 年版。

51. 王叔岷撰:《先秦道法思想讲稿》,台湾"中央研究院中国文哲研究所":《中国文哲专刊》2,1991 年 5 月。

52. 陈鼓应:《老庄新论》,上海古籍出版社 1992 年版。

53. 吕思勉:《先秦学术概论·下编分论·道家》,《民国丛书·第四编》,上海书店 1992 年版。

54.(清)王念孙:《广雅疏证》,中华书局 1993 年版。

55. 王卡点校:《老子道德经河上公章句》,中华书局 1993 年版。

56.(汉)严遵著,王德有点校:《老子指归》,中华书局 1994 年版。

57.(宋)李昉编纂:《太平御览》,河北教育出版社 1994 年版。

58. 邬国义等撰:《国语译注》,上海古籍出版社 1994 年版。

59. 陈鼓应注译:《黄帝四经今注今译——马王堆汉墓出土帛书》,台湾商务印书馆 1995 年版。

60. 张立文:《中国哲学范畴发展史》(人道篇),中国人民大学出版社 1995 年版。

61. 吕思勉:《经子解题》,华东师范大学出版社 1995 年版。

62. 胡家聪:《管子新探》,中国社会科学出版社 1995 年版。

63. 高明撰:《帛书老子校注》,中华书局 1996 年版。

64.(唐)柳宗元:《柳宗元全集》,上海古籍出版社 1997 年版。

65. 费孝通:《乡土中国　生育制度》,北京大学出版社 1998 年版。

66. 荆门博物馆:《郭店楚墓竹简》,文物出版社 1998 年版。

67.《百子全书》上,浙江古籍出版社 1998 年版。

68. 崔仁义:《荆门郭店楚简〈老子〉研究》,科学出版社 1998 年版。

69. 李泽厚:《论语今读》,安徽文艺出版社 1998 年版。

70. 王德有:《以道观之——庄子哲学的视角》,人民出版社 1998 年版。

71. 张运华:《先秦两汉道家思想研究》,吉林教育出版社 1998 年版。

72.[美]F. 卡普拉著,朱润生译:《物理学之"道"——近代物理学与东方神秘主义》,北京出版社 1999 年版。

73. 武汉大学中国文化研究院编:《郭店楚简国际学术研讨会论文集》,湖北人民出版社 2000 年版。

74.[日]汤川秀树著,周林东译:《创造力与直觉:一个物理学家对于东西方的考察》,河北科学技术出版社 2000 年版。

75.(清)王念孙撰:《读书杂志》,江苏古籍出版社 2000 年版。

76.(战国)韩非著,陈奇猷校注:《韩非子新校注》,上海古籍出版社 2000 年版。

77. 钱穆:《先秦诸子系年》,商务印书馆 2001 年版。

78. 王利器注疏:《吕氏春秋注疏》,巴蜀书社 2002 年版。

79. 李零:《郭店楚简校读记》,北京大学出版社 2002 年版。

80. 陈奇猷校释:《吕氏春秋新校释》,上海古籍出版社 2002 年版。

81. 刘学智:《儒道哲学阐释》,中华书局 2002 年版。

82. 李定凯编校:《闻一多学术文钞·周易与庄子研究》,巴蜀书社 2003 年版。

83.[英]葛瑞汉著,张海晏译:《论道者:中国古代哲学论辩》,中国社会科学出版社 2003 年版。

84. 许建良:《魏晋玄学伦理思想研究》,人民出版社 2003 年版。

85. 陈鼓应注译:《老子今注今译》,商务印书馆 2003 年版。

86.[美]本杰明·史华兹著,程钢译:《古代中国的思想世界》,江苏人民出版社 2004 年版。

87. 黎翔凤撰:《管子校注》,中华书局 2004 年版。

88. 余英时:《中国思想传统的现代诠释》,江苏人民出版社 2004 年版。

89.[美]安乐哲(Roger T. Ames)、郝大维(David L. Hall)著,何金俐译:《道不远人——比较哲学视域中的〈老子〉》,学苑出版社 2004 年版。

90. 黄怀信撰:《鹖冠子彙校集注》,中华书局 2004 年版。

91. 陈鼓应:《管子四篇诠释——稷下道家代表作解析》,商务印书馆 2006 年版。

92. 许建良:《先秦道家的道德世界》,中国社会科学出版社 2006 年版。

93.陈鼓应注译:《黄帝四经今注今译——马王堆汉墓出土帛书》,商务印书馆 2007 年版。

94.李零著:《郭店楚简校读记》(增订本),中国人民大学出版社 2007 年版。

95.许建良:《先秦儒家的道德世界》,中国社会科学出版社 2008 年版。

96.司马琪主编:《十家论管》,上海人民出版社 2008 年版。

97.许维遹撰,梁运华整理:《吕氏春秋集释》,中华书局 2009 年版。

98.邓小南:《创新与因循:从"祖宗之法"看宋代政治基调》,《新华文摘》2009 年第 2 期。

99.许建良:《先秦法家的道德世界》,人民出版社 2012 年版。

100.许建良:《〈道德经〉的图谱》,上海三联书店 2014 年版。

101.许建良:《先秦哲学史》,上海三联书店 2014 年版。

二、外 文 著 作

1.[日]津田左右吉:《道家の思想と其の展開》,东京,岩波书店 1939 年版。

2.[日]木村英一:《法家思想の研究》,东京,弘文堂书房 1944 年版。

3.[日]木村英一:《老子の新研究》,东京,創文社 1959 年版。

4.[日]湯川秀樹:《旅客:物理學家的回憶》,东京,角川书店 1960 年版。

5.[日]金谷治:《秦漢思想史の研究》,东京,日本學術振興會 1960 年版。

6.[日]武内義雄:《中國思想史》,东京,岩波书店 1963 年版。

7.《武内義雄全集》第五卷,东京,角川书店 1978 年版。

8.[日]福永光司:《道教と日本文化》,京都,人文書院 1982 年版。

9.[日]中嶋隆藏:《莊子——在俗中超俗》,东京,集英社 1984 年版。

10.[日]中島隆藏:《六朝思想の研究——士大夫と佛教思想》,东京,平乐寺书店 1985 年版。

11.[日]金谷治:《管子の研究》,东京,岩波书社 1987 年版。

12.《金谷治中国思想论集》(中卷),东京,平河出版社 1997 年版。

13.大阪大学中國學會:《中國研究集刊》,1999 年 6 月第二十四號。

14.[日]井上了:《〈慎子〉"因"の思想》,《待兼山论业》(哲学编)33 号,1999 年)

15.Joseph Needham:*Science and Civilization in China Volume* 2:*History of Scientific Thought*.The Syndics of The Cambridge University Press,London 1956.

16.Abraham H.Maslow:*The Psychology of Science*:*A Reconnaissance*.Gateway Editions,Led.South Bend Indiana,1966.

后　记

众所周知,"豆腐"在我国具有悠久的历史,但它在世界文化中留下的印痕却与中国无关。当您去美国超市时,您会发现豆腐的英文写为"Tofu",显然这是特殊的英语发音,但不是汉语拼音,而是日语的发音;关于这点,留学日本的人都是清楚的。从这个简单的例子里,不难发现,文化的确存在如何传承和弘扬的问题。中华文化的内涵无疑是整个中华思想,我们不能对古代文化做任何狭隘化的处理。但至今的实践历程昭示,我们对古代优秀文化的处理往往缺乏科学合理性,过多地强调儒家文化的价值,而忽视了诸子百家声音的价值,失去了中华民族文化最大化在经济发展中实现自己价值的机会。本书的主题也与此相联系。"因循"虽然是中国古代哲学的一个本有的概念,但始终没有得到正面的重视,仅有的关注在《辞海》《词源》里也是与"守旧"紧密联系的;在一般的生活里,较多关注的也是灵活机动的方面,"因循"的形象往往与"死板"相连。

1992年9月,我到日本国立大阪大学文学部伦理学研究室做访问学者,获得了对学术研究、大学教学的全新的见识;由于大阪大学伦理学研究室的研究主要以阅读西方英文原著为主,尤其是英国的经典,这与直接在西方国家学习西方伦理学相比,其不足是显而易见的。一年后我就来到了鲁迅曾经留学过的日本东北大学文学部留学,那里有日本文科"象牙之塔"的美誉,尤其是日本思想史研究;东北大学坐落在日本东北美丽的仙台,尤其是她的绿化,可以与当时的南京媲美;半年后我就进入了硕士研究生的学习,在准备硕士论文(《王弼"性其情"的伦理思想研究》)的过程中,我的导师中岛隆藏对魏晋时期的"因""随"等反映"因循"特征问题重视的学术探讨,引起了我极大的关注,因为在国内对此完全无人问津;从此一发不可收拾,硕士、博士论文都把"因循"问题作为道德实践层面的一个问题来加以把握和审视。

从那时起,对"因循"问题的思考至今已有25个年头了。其间虽然有关注程度张弛的细微差别,但从未停止过对这一问题的思考和资料的收集。2001年回国后的研究也从来没有离开过"因循"问题的聚焦,无论是在《先秦道家的道德世界》《先秦儒家的道德世界》《先秦法家的道德世界》里,还是在《先秦哲学史》里,"因循"问题都得到了聚焦,我想这无疑是全面认识

中国古代哲学思想的结果,自然也是全面认知和深化中国古代哲学思想的
必要条件。文化的现代化不能为固定的框架所局限,不能夜郎自大,必须拓
宽视野,真正把中国古代百花齐放、百家争鸣的智慧总结出来,使之凝聚为
中国文化的有机因素,这是在世界舞台上确立"中国元素"的必要的基本
环节。

　　本书就是我在25年学习研究中不断积累的成果,感谢国家社科基金的
后期资助,使之出版成为可能;同时,本书的出版也给学术界提供了一个批
评、商榷的客观机会,营设了一个对此问题深入思考研究的窗口。我想对在
本书校对过程中付出艰辛劳动的孟繁璞、杨庭颂、路高学、赛子豪、李平安、
王萍萍、李浩伟、覃小妮、李珊珊、王鹏辉同学表示深深的谢意! 人民出版社
编审方国根先生在本书出版的进程中,给予了大力支持,谨表真诚的感谢。

　　最后,愿把此书敬献给在我需要帮助时给予帮助、关照、支持的邹丹博
士,没有她的助推,不可能有这一成果的面世。

许建良

2018 年 1 月于美国 Bozeman

2019 年 11 月再改于南京

策划编辑:方国根

责任编辑:武丛伟

图书在版编目(CIP)数据

先秦因循哲学论/许建良 著. —北京:人民出版社,2021.7
(国家社科基金后期资助项目)
ISBN 978-7-01-022847-1

Ⅰ.①先… Ⅱ.①许… Ⅲ.①先秦哲学-学术研究 Ⅳ.①B220.5

中国版本图书馆 CIP 数据核字(2020)第 249328 号

先秦因循哲学论

XIAN QIN YIN XUN ZHEXUE LUN

许建良 著

人民出版社 出版发行
(100706 北京市东城区隆福寺街 99 号)

中煤(北京)印务有限公司印刷 新华书店经销

2021 年 7 月第 1 版 2021 年 7 月北京第 1 次印刷
开本:710 毫米×1000 毫米 1/16 印张:21.75
字数:379 千字

ISBN 978-7-01-022847-1 定价:78.00 元

邮购地址 100706 北京市东城区隆福寺街 99 号
人民东方图书销售中心 电话 (010)65250042 65289539